谨此，对本书编撰出版获得

"贵州科学技术协会专项资金"资助，致以诚挚的谢意！

贵州科学家 *Biography* 传记

—— 第四卷 ——

《贵州科学家传记丛书》编委会/编

班程农/主编

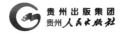

贵州出版集团
贵州人民出版社

图书在版编目（CIP）数据

贵州科学家传记丛书. 第四卷 /《贵州科学家传记丛书》编委会编. -- 贵阳：贵州人民出版社，2023.3

ISBN 978-7-221-17556-4

Ⅰ.①贵… Ⅱ.①贵… Ⅲ.①科学家－传记－贵州 Ⅳ.①K826.1

中国版本图书馆CIP数据核字(2022)第225565号

GUIZHOU KEXUEJIA ZHUANJI · DISIJUAN

贵州科学家传记·第四卷

《贵州科学家传记丛书》编委会　编　　班程农　主编

责任编辑　程林骁　徐楚韵
装帧设计　黄红梅

出版发行　贵州出版集团　贵州人民出版社
地　　址　贵阳市观山湖区中天会展城会展东路SOHO公寓A座
印　　刷　贵州新华印务有限责任公司
规　　格　787毫米×1092毫米　1／16
字　　数　570千字
印　　张　29.5
版　　次　2023年3月第1版
印　　次　2023年5月第2次印刷
书　　号　ISBN 978-7-221-17556-4
定　　价　98.00元

《贵州科学家传记丛书》

编委会

序

　　由贵州省政协原副主席、省老科学技术工作者协会会长班程农同志牵头，贵州省科学技术协会、省老科学技术工作者协会、省人力资源开发促进会共同编撰的《贵州科学家传记丛书》（以下简称：《丛书》）第四卷收录了17位在贵州工作过和贵州籍的科技界优秀人物入传，全面生动地将科学家的风貌和精神呈现出来。我很赞赏贵州的同志们收集和编撰科学家人物传记方面的杰出成果。

　　《丛书》展现了科学家对国家科学技术发展作出的重大贡献，以及对贵州这片热土的奉献和热爱，表现了科学家在艰苦条件下的拼搏精神，以及经济欠发达地区科技发展的艰辛。读者不仅可以读到科学家们在艰苦条件下的卓越成就和感人故事，还可以详尽了解科学家所在学科领域的发展历史和主要贡献。

　　2010年起，中国科协联合中组部、教育部等12部委组织实施老科学家学术成长资料采集工程。这项抢救性工程充分体现了党和国家对老科学家的关心和爱护。《丛书》是"老科学家学术成长资料采集工程"的延续。《丛书》以传记的形式将科学家的成果展现给社会公众，又立体化地刻画了人物，实现了真实性、专业性、可读性的有机统一。通过《丛书》，青少年可以更真实系统深入地了解科学家的成就、贡献、经历和品格。进而充分激发他们的创新激情和对科学的浓厚兴趣。

　　《丛书》具有较高的历史价值和人格引导意义。首先是记录和反映了历史，从科学家一个又一个艰苦奋斗历程和鲜活事迹切入，折射了社会、民族、国家的发展历史；其次是科学家传记具有创新精神的人格引导意义。通过一些重要且有意义的"生命节点"，具体而生动地塑造科学家的人物形象，"润物细无声"地给广大读者以人格引导。

　　《丛书》宣传的科学家精神对于欠发达地区更具特殊意义。贵州建省600多年以来，就是一个"移民"大省。从明清时期大量"流官"入黔，到抗日战争时期，再到新中国成立初期和"三线建设"时期，大量外籍人士进入贵州，其中不乏有学识、有能力的人才。《丛书》记载了坚持创新、勇于探索、不畏艰难、顽强不屈、奋斗到底的科学家精神，鼓励了外来先进科技和理念与本土多彩文化的有机融合，引导人们更深入地理解科研活动和科技发展的过程，增进对科技创新的了解，在潜移默化中更深刻地认识科学精神、科学方法。经济欠发达地区的后发赶超更需要学习科学家百折不挠的毅力和勇于担当的胸襟，营造科学家拼搏精神得以大力弘扬的空间和环境，加快跨越式发展的步伐。

我期待并相信，《丛书》将让广大读者更加感知到科技创新的不易和科学家丰功伟绩，激励广大人民群众特别是青少年学习弘扬科学家精神，奋发有为、无私奉献，为实现中华民族伟大复兴的中国梦贡献力量。

是为序。

目　录

晶色芳华

—— 记中国工程院院士王静康

◆ 涂万作

王静康（1938.4.9—）女，出生于河北省秦皇岛市。工业结晶科学与技术专家、中国工业结晶之母。

1999年当选中国工程院院士，现为天津大学化工学院教授（博士生导师）、国家结晶科学与工程国际联合研究中心主任、中国化学工程与制药工程专业认证委员会主任、天津市科协名誉主席。曾任教育部高等学校化学与化工学科教学指导委员会副主任、化学工程与工艺专业教学指导分委员会主任，天津市科协主席、市侨联副主席等职。

1965年研究生毕业于天津大学，先后在贵州工学院、天津纺织工学院、天津大学任教。自1980年调入天津大学工作至今，长期致力于工业结晶科学与技术创新研发及其成果产业转化，创立我国第一个工业结晶及医药结晶技术研发基地，建立贵州磷化工技术与装备等多个院士工作站，连续主持并完成国家"七五"至"十二五"期间重大科技攻关及支撑计划等项目，所自主创新专利成果已应用于百余家企业。荣获国家技术发明二等奖及三等奖各1项，国家科技进步二等奖3项，以及何梁何利科学与技术进步奖，天津市科技重大成就奖，国家教学成果一等奖等。主编国家"九五"及"十五"教育部统编教材《化工设计》等化工专著五部，所负责的《化工设计》课程被评为国家级精品课程，已培养出硕士、博士、博士后150余名，发表论文300余篇。

引 子

……
不是天上的仙女，
却是人间的女神，
比梦更美，
比幻想更动人——
是劳动创造的结晶。

这是艾青观看乌兰诺娃芭蕾舞《小夜曲》后写下的诗句。

乌兰诺娃——苏联芭蕾舞艺术大师，她的舞蹈"像云一样柔软，像风一样轻"，姿态曼妙。

在中国化工领域，也有一位舞者，舞蹈里有飞扬的旋律，有激昂的音符，有挥洒的青春，有绽放的年华……她就是我国化工科研之"女神"王静康院士。

王静康——"中国工业结晶之母"，毕生无怨无悔，扎根科研一线，殚诚毕虑，所获得的中国首届"新世纪巾帼发明家"、中国优秀科技工作者、国家"八五"科技攻关先进个人、国家级教学成果奖及"五一劳动奖章"、全国"三八红旗手"、天津市特等劳动模范、天津市优秀教师、全国教书育人楷模等众多荣誉，正是"劳动创造美"的最好注脚。

书香秦皇岛

秦皇岛，一座文化积淀深厚的城市。1954年，在北戴河避暑的毛泽东主席即兴填词《浪淘沙·北戴河》，让无数国人为之向往——

大雨落幽燕，白浪滔天，秦皇岛外打鱼船。一片汪洋都不见，知向谁边？
往事越千年，魏武挥鞭，东临碣石有遗篇。萧瑟秋风今又是，换了人间。

北戴河古称渝水，清光绪年间，因沙河流经戴家山而改称戴河。顾名思义，北戴河意为戴河之北，位于秦皇岛西南。旖旎的海滨风光，使之成为渤海湾的避暑胜地，驰名中外。

秦皇岛原是一处由风化花岗岩组成的剥蚀性残山，孤立近海。明代诗人杨珌曾描述为："古殿远连云缥缈，荒台俯瞰水潺湲。"19世纪末，因港口建设不断扩张，才陆屿相连。公元前215年，秦始皇东巡昌黎碣石山，留下《碣石门辞》石刻，即名：秦皇岛。公元207年，魏武帝曹操亦登临碣石，面对苍茫大海，触景生情，写下气势磅礴的四言诗《观沧海》。至今"日月之行，若出其中；星汉灿烂，若出其里"之句，仍让人感叹作者开阔的胸襟、宏大的抱负。

秦皇岛璀璨的历史人文深深地影响着一代又一代秦皇岛人。前几年，《人民日报》以题为《探访"城市书房"走进"书香秦皇岛"》的文章，报道过秦皇岛市全民阅读活动盛况，再现了秦皇岛的文化之美：那是一座掩映在树木中的书屋，看似灰砖土瓦的旧院老宅，里面却宽敞明亮，氤氲着宁静的现代气息……

1938年4月9日，王静康就出生在这充满历史韵味的城市里。这是一个地道的书香之家，父亲王恩明时任秦皇岛耀华玻璃厂副总工程师；母亲娄淑英，一位贤淑端庄的知识女性，当年以优异的成绩毕业于天津女子师范学院，一个偶然机会与王恩明结识、相恋。王静康是父母的幺女，上面有大哥王仪康、二哥王仁康、三哥王健康，以及姐姐王瑞康，按出生顺位王瑞康排在第二，王静康叫她二姐。"仪、瑞、仁、健、静"，字义上虽无逻辑联系，却彰显了父母对子女的要求与期望。王静康兄弟姐妹五个，从小沐浴在母爱的温暖之中。王静康记忆里的母亲，知书达理，宽容善良，亲切和蔼。无论生活多么艰难，母亲总会想方设法购买新书，使得书籍成为屋里最美的风景。家庭氛围融洽，子女们看书阅读和父母的谆谆教诲相得益彰。那时，王静康最爱听母亲讲花木兰、穆桂英、梁红玉之类巾帼不让须眉的故事，幼小的心灵早早种下励志的种子。三岁的时候，母亲第一次带她看海，见到洁白柔软的沙滩，小静康高兴得手舞足蹈，哥哥姐姐们在沙滩上快乐奔跑，还不时向她招手。她蹒跚追赶，摔倒了爬起再跑，反复多次，直到追上他们。这些母亲看在眼里，心里头很是为小女儿的倔强劲儿赞许。

关于父亲王恩明，得从1919年五四运动说起，当革命浪潮席卷全国，正在天津南开中学读书的王恩明深受影响。随着学生罢课和市民请愿活动扩散至天津，王恩明的爱国热情迅速被点燃，并积极投身其中。受进步思想鼓舞，一年后，王恩明怀着科技救国的理想，远赴美国普渡大学学习化工冶金专业。普渡大学是著名的高等学府，位列美国工科前十。中国的两弹元勋邓稼先、第一代火箭专家梁思礼、热能工程奠基人陈学俊和王补宣皆毕业于此。

求学期间，王恩明刻苦用功，学习成绩名列前茅。1924年，王恩明刚毕业即被匹兹堡卡耐基钢铁公司聘用为工程师。该公司规模居美国同行业之首，经济待遇优厚，工作环境优良，生活条件优越，如此"三优"，却没能留住王恩明。此时他心之所想，就是报效祖国，完成他科技救国、实业救国的宏愿。经两年的准备，他回到祖国，受聘于秦皇岛耀华玻璃厂。那是一段相对平静的时光，王恩明与娄淑英终成眷属，五个孩子相继出世。正当王恩明尽心竭力、忘我工作之际，抗日战争爆发。面对侵华日军种种暴行，王恩明义愤难平！当得知日本人即将接管耀华玻璃厂的消息时，王恩明果断递交辞呈。为了挽留，日本人对他软硬兼施，耍尽手段，先是以高官厚禄利诱；继而关押，严刑拷打，直至他病危住院。可王恩明始终抱定"誓死不当亡国奴""决不为日寇做事"的信念，与之周旋。

1942年，王恩明不顾满身伤痛，携家带口，逃离秦皇岛，来到祖籍天津。

由于一时找不到合适工作，一家人生活陷入拮据，几乎当掉所有值钱的东西，靠着娄淑英精打细算度日。尽管生活艰困，但王恩明坚持送五个孩子上学读书的意愿不变。他咬紧牙关，想方设法将孩子们分别送到教学条件、质量均领先的南开中学和耀华学校。

王静康进的是耀华学校小学部。耀华学校原名"天津市耀华中学"，创办于1927年，其前身为庄乐峰先生创办的天津公学，1934年更名耀华。这是一座中西合璧、设施齐全，门类完整的学校，含有小学部、男生中学部、女生中学部、体育馆、图书馆等，又从国外购进物理、化学、生物等实验仪器。能在这样的学校接受基础教育，对王静康来说已经领先在起跑线上。

进校不久，学校成立"童子军"，要求穿同一式样的校服。王静康家无钱给每个孩子添置，唯一的一件，从大到穿到小，轮到王静康时，已经补丁摞补丁了。就因为校服太过破旧，学校体育运动会挑选仪仗队队员时，王静康总是被排除在外，尽管她个子高、长相清秀。

对于父亲王恩明，子女都能进校读书是最好的慰藉。他常常告诫他的孩子们："国家兴亡，匹夫有责，要好好学习，将来报效国家。"抗战胜利后，王恩明应好友侯德榜之邀再次赴美。侯德榜是中国重化学工业的开拓者、杰出的化学家。他与王恩明此行的目标是考察国外化工厂模式，以便积累经验，为中国未来化工厂的建立和设计做准备工作。

一晃十年过去，新中国成立。此时，远在大洋彼岸的侯德榜、王恩明早已按捺不住内心的激动：祖国利益高于一切！他们克服重重阻碍，巧妙设计归国路线，通过绕道邻邦，辗转回到北京。并于1949年10月1日，作为海外归来的爱国科学家代表，被邀请出席新中国开国大典。

　　新中国成立伊始，各行各业你追我赶，王恩明同许多知识分子一样，满腔热情投入到化工设计工作中来。他因勤奋努力、业绩突出，于1956年被国家提升为我国第一批"一级工程师"。回首那个激情燃烧的年代，王恩明无怨无悔。虽然经历过1957年被定为右派（1978年被平反）下放到湖南玻璃厂的挫折，但他始终信念坚定，忠诚于祖国的化工事业。他曾立下的誓言："拒绝富足，成就气节；铭记祖国，造就伟大。"并对子女们说："作为中国人，就应该为自己的国家努力工作，我为此回国，决不后悔，希望你们都致力科技，为国奉献。"王恩明这样教导孩子，自己首先这样践行，他为党和人民事业奉献一切的坚定信念，是他良好家风形成的灵魂和基础。所以五个子女也不负所望，在不同岗位发挥才干，成为各自学科领域的佼佼者。王静康自不必说，她的大哥王仪康为中科院研究员，曾作为第一人获国家科技进步一等奖；二姐王瑞康是天津胸科医院专家级主任医师；二哥王仁康担任国防部某工厂的高级工程师；三哥王健康是一所大学的教授，可谓"一门五子皆才俊"。

　　父辈的榜样，家庭的教育，是王静康收获的第一笔宝贵财富，也是她之后求学、工作、科研攻关的精神动力。

师恩重如山

　　1949年，王静康顺利考入天津南开中学。因为是父亲王恩明的母校，让她有一种天然的亲切感。入校那天，11岁的王静康就暗下决心，要像父亲一样成为一名化学化工领域的佼佼者。

　　一到学校，王静康便扎进书本埋头读书，班主任老师对这位身体条件优越的女学生十分喜爱。有一次，老师对王静康说，一个好学生，应该是全面的，除了学习，还要有好的体能，你的身体条件很好，建议你多参加一些体育锻炼。为此，老师还亲自带着王静康练习跑步、跳远、高低杠和打篮球，运动场上经常出现她奔跑的身影。王静康不负老师所望，在高三时代表学校参加天津市中学生运动会，取得了跳远和四百米接力两项比赛第一名的好成绩。

王静康的中学阶段是在学习与运动中交替度过的，直到1955年7月高中毕业，顺利考入天津大学。那时的天津大学，是许多学子的向往之地，素以"实事求是"的校训、"严谨治学"的校风著称。王静康报考的化工专业，是父亲王恩明一生为之奋斗的学科，而女承父学，更是王静康早已定下的心愿。

五年的大学时光转瞬即逝，1960年7月，王静康本科毕业并获学士学位，随后留校任教。这一年，恰逢全国通过考试招收研究生的工作全面启动，王静康随即报考，又以优异的成绩被录取，成为天津大学第一批有机合成专业的研究生。让王静康意想不到的是，她的导师竟是她慕名已久的化工专家张建侯教授。张建侯是中国化学工程学家、教育家，还是一位爱国学者。他1951年获得美国麻省理工学院博士学位后，拒绝了一家大型企业高薪留美工作的邀请，毅然回国。张建侯早年研究对应状态原理，硕果累累，于1988年获得国家教委科技进步奖，是国务院学位委员会第一届学科评议组成员。作为全国最大化工系——天津大学化工系主任，张建侯培养了一大批化工科技尖端人才，王静康就是其中之一。

十年青春，芳华绽放。从1955年进入天津大学，到1965年研究生毕业，王静康由一个青涩女孩成长为具有一定实践能力的化工科研工作者。这十年里，她在完成学业的同时，也收获了深厚的师生情、真挚的同窗情，以及纯美的爱情，每当忆起辛苦与快乐交织的校园时光，王静康的心就会漾起一缕缕幸福的涟漪……

她忘不了恩师张建侯教授的谆谆教诲，忘不了图书馆的袭袭书香，忘不了实验室里的日日夜夜，亦忘不了与数载同窗许锡恩的相遇相知。作为导师的张建侯对他的弟子说："做我的学生30岁前是不许谈婚论嫁的。因为从科学报国到科学强国有很长的路要走，时间不等人，能把自己一生的研究与教学同国家建设和人民的需要相结合，是人生最大的光荣！"

王静康印象中的恩师张建侯，率直诚恳，宽严相济。平时和蔼可亲，可一到了学术问题上，就丁是丁卯是卯，实事求是，一板一眼。他对所带学生划定的及格线是70分，他要求学生在攻读研究生期间，无论遇到何种困难，必须独立进行查阅数据、建立实验流程、制定研究方案、完成实验、取得实验结果等各个环节的操作，要求"从事科学研究，必须具备独立工作的能力"。在他的科研日程里，从没有节假日一说，即使是春节或寒、暑假，他都坚持每天到实验室查看指导。他要求学生获得的实验数据，必须经过三次重复试验后才能确定，若不小心写错试验记录，不能涂改，只能重写，以免被误认为是故意修改。他对学生们查阅国际、国内参考文献时的规定是：必须写出所阅读参考文献的起止页码，甚至细化到怎么记录、怎么总结的每一步流程。所有这些，无不彰显张建侯精益求精、一丝不苟的工作态度和严肃认真的学人精神，也让身为学生的王静康受益匪浅。

1965年，王静康研究生毕业后，服从国家支援西部地区建设安排，去到大西南的贵州。七年后调天津纺织学院任教，1980年回到天津大学。她和许锡恩这对同窗恋人，一直谨遵师嘱，直到1969年才牵手走进婚姻殿堂，刚好31岁。他们约定，在今后婚姻生活中，必须做到"事业第一，家庭第二；工作第一，家务第二"，并秉持恩师教诲：独立创新、顽强拼搏、严谨细致、实事求是。

1991年1月14日，张建侯因心血管病骤发突然病逝。噩耗传来，王静康悲痛万分，她深知老师一直惜时如金，忘我工作，连一次正常的体检都不肯抽出时间，平常生病难受时就自己硬扛。临终的前一天，他还在办公室审阅博士研究生论文，与同事讨论系里工作。悲伤之余，王静康想到了自己的学生时代，从耀华小学、南开中学、天津大学一路走来，得到了许多前辈的谆谆教诲，深感师恩重如山！她此时最大的心愿，就是传承好老师们的爱国主义情怀，倾其所学，报效国家。

而与她有相同志愿的正是她的先生许锡恩。对于王静康，许锡恩不仅是丈夫，也是人生知己，是科研路上的战友。许锡恩同样是天津大学的高材生，1961年毕业留校后就被张建侯教授选为助手，与王静康同一师门。在老师和同学眼里，许锡恩是一位酷爱教学与科研的才子，更是心无旁骛的工作狂人。从他身上，王静康看到了父亲王恩明的意志品质，看到了导师张建侯的执着精神。关于许锡恩，也有一段鲜为人知的经历。"文革"结束不久，许锡恩通过国家英语考试关，于1978年作为国家派出的第一批（也是天津大学首位）出国访问学者，赴美国匹兹堡大学化工系从事化工过程分析与计算机模拟软件的学习深造。他的导师是该校著名的J.W.Tierney教授（以下简称J教授），刚开始，J教授对大陆学者的知识水平心存疑虑。许锡恩以他的刻苦钻研、聪明才智，很快让J教授看到了一个不一样的中国学生。这得益于许锡恩在很短的时间内，就取得了突出的研究成果，还完成了两篇高质量的研究论文。J教授很是惊讶，称许锡恩是他所有学生中最聪明、最勤奋的一个。不久，经J教授推荐，许锡恩的论文《精馏塔系的严格计算——非均相共沸物的模拟》，在美国化学工程师学会1980年会议上宣读，并登上美国顶级化工杂志。随着学业的推进，为了掌握更多前沿学科资料，许锡恩又转入威斯康森大学化工系深造，再次取得丰硕成果。1981年5月的一天，许锡恩归国之际，J教授还到机场送行，师徒依依惜别。此后每年中国的春节、西方的圣诞节，两人还互寄贺卡，互致问候。

许锡恩赴美的几年里，王静康一边完成教学任务，一边料理家务和教育两个孩子。同时，还参与张远谋教授主导的01号国家"六五"攻关项目，频繁出差，异常忙碌。为了不让丈夫分心，王静康总是报喜不报忧，压力再大也独自承担，直到许锡恩学成归来。

说起许锡恩回国，有这样一个插曲：当初国家对第一批赴美访问学者实行的是经费供给制，许锡恩为了给国家省钱，将衣物打包走廉价海运，腾出手来携带两箱沉甸甸的书籍。没想到，海上托运的衣物遭遇意外全都丢失，两箱书籍完好无损。许锡恩庆幸自己有先见之明，因为书籍才是他最珍惜的物件。正是其中一本国际化工设计方面的著作，为后来王静康撰写第一本化工过程设计教材，提供了核心参考。

1983年，许锡恩作为技术负责人，参加了国家"六五"重点攻关项目——环氧丙烷攻关会战。他把在国外学习到的化工过程分析与计算机模拟方法，用于该项目的工程放大并取得成功，继而实现产业化。他也因此获得1988年国家科技进步二等奖，以及该项目的中国发明专利。此后，许锡恩还担任了天津大学一碳化工国家重点实验室主任、化工系主任、联合化工国家重点实验室副主任等职，在国际、国内重要的期刊发表论文50余篇。

可让王静康异常痛苦的，是在得知许锡恩罹患胃癌之后。知夫莫若妻，王静康心里最清楚，那是许锡恩常年生活的不规律所致。她深深自责，没有尽到妻子的责任。1997年，王静康陪着许锡恩做了全胃切除，手术虽然成功，但亟需卧床休息。可许锡恩仍忘我工作，甚至坚持出差做学术报告，直到1998年再次病倒。做学问与科教工作是许锡恩一生的追求，即使在病床上，还坚持为学生修改毕业论文，还要王静康帮他寻找相关参考书籍。弥留之际，他嘱咐王静康不要为他的离世而悲伤，要以事业为重，因为"事业第一"是他俩的初心，也是初恋时的约定。1999年，61岁的许锡恩离开了他一生钟爱的事业和风雨相伴的妻子。

丈夫的英年早逝，给王静康留下无尽的伤痛与思念，好在一双儿女已经长大，他们传承着父母优良的基因，各自在求学路上扬帆前行。每当夜深人静，王静康会想起父亲王恩明、恩师张建侯和丈夫许锡恩，以及他们未竣的事业。有时候，也会回忆起年轻时候的一些往事，比如在遥远大西南的那段经历——

依依贵州情

那是1965年，国家发出支援西部建设号召，研究生刚毕业的王静康积极响应，并作为全国首批支援西部的大学生，来到位于大西南的贵州工学院，成为该校化工系一名教师，一待就是七年。

此时的贵州工学院，还是一所建成不久的大学，校园基础设施尚在继续完善阶段。该校成立的背景是：解放之初的贵州，属于相对贫穷，少数民族人口占50%以上的落后地区，教育资源缺乏，没有一所像样的工科类大学，这非常不利于全省的科技进步与经济发展。对此，贵州省委十分重视，于1958年3月决定成立贵州工学院。从4月初组建"贵州工学院筹建委员会"开始，到5月正式动工，再到9月第一批学生进校，仅用了半年时间。建设者们夜以继日，加班加点，一举完成了教学大楼主体工程建设，为此后的边上课、边基建、边完善的新常态打下基础。

当然，如此短时间内兴办的学校，条件的简陋可想而知。这对于从天津大学来的王静康，感受尤为深刻。但她早已做好了充分的心理准备，"如果什么都好，还用得着'支援'吗！"她这样对自己说。

贵州工学院位于贵州省首府贵阳市南郊的蔡家关，离城区有二十多里地，中间隔着长长的糯米冲，山路蜿蜒。校园紧依上寨和下寨两个布依族寨子，一条清澈的雅河从旁绕过，流向山后清澈如镜的阿哈水库。初来乍到的王静康，很快被周边的自然景色与少数民族风情深深吸引。

王静康是当时贵州工学院三名研究生中的一个，正值二十六七岁的年华，又来自繁华的大都市天津，因优雅的气质、秀美的外表，备受关注。可王静康却没有半点的骄娇二气，相反热情率真、平易近人，很快就和大家打成一片了。尽管学校吃住条件远不如天津优越，但新的环境、新的面孔，仍让王静康有了不一样的体验。每到晚上，她边备课，边写心得体会，畅谈感受。

1966年，"文革"爆发，一夜之间学校全部停课，多数教职工投入"运动"之中，有的充当"造反派"，有的做了"保守派"，也有"中间派"的。王静康是新人，没有派性倾向，加之为人低调。所以，当她向驻校工宣队提出下厂接受工农兵再教育申请时，很快便得到了批准。

王静康去的地方是贵州省清镇化工厂，这是一家在三线建设背景下建立起来的大型企业。1964年10月，以吉林化学工业公司为主，并在辽宁锦西化工厂和天津化工厂抽调部分工人和技术人员，组成了化学工业部第九化工建设公司（简称"九化"），负责筹建贵州有机化工厂，一批批年轻工人和知识分子纷至沓来，在此建功立业。

化工厂之所以选址清镇，是因为这里地下资源丰富，有铝土矿、赤铁矿、硫铁矿、煤、大理石等三十多种矿藏，其中铝土矿为贵州铝厂主要的矿源基地之一。且地理环境优越，与红枫湖、百花湖、东风湖、索风湖四湖毗邻，有暗流河、猫跳河、鸭池河三水萦绕。

王静康在化工厂期间，同技术工人相互学习，取长补短，建立了深厚的友谊。专业知识丰富的王静康，总是主动向工人师傅学习实际操作技能，积累实践经验，如管道、阀门、仪表的安装与维修等。通过互动，王静康体会到，设计图纸上的每一个标识，都与工人师傅的作业息息相关。有一次，厂里要建一个直径约0.5米的通风管道，管道口径大还带拐弯。王静康边看边琢磨："这个弧度应该怎么计算呢？既要通畅，还要保证连接处平滑严实，下料太难了！"没等想明白，刚好走来三位八级技工，他们分别是管道工、焊工和钳工，三人一通比划，便直接把大钢板搬来画线、切割、焊接，不一会儿工夫，通风管道便焊接完毕。一旁的王静康简直看呆了，尤其焊工焊出来的纹路就像细小的云朵，一片一片既匀称又美观。还有一次，一工人师傅正准备按工程师设计好的图纸施工，忽然发现图中仪表标注的位置不合理。他认为仪表安装后需要经常查看或更换零部件，如果放在一个不便于拆装的位置，会给今后的维修造成困难。负责设计的工程师觉得技工的意见很合理，当即做了调整。在场的王静康深受启发，她想到了大学课堂上老师常讲的一句话："设计纸上一条线，工人血汗千千万。"真是经验之谈。所以，后来在推广科研项目时，王静康特别留心仪表安装的位置是否合理。

下工厂的两年，对于王静康是积累实践经验的两年，她也毫不吝啬地将自己的知识奉献给工人师傅。那时候的技术工人虽都有过硬的操作技能，但大都文化程度不高，对原理的认识存在盲区，多数时候是凭经验做事，一定程度上限制了技能的发挥。对此，工人师傅们也很清楚。所以当得知王静康是天津大学化工系的研究生时，便有了请她当老师的想法。工人师傅们想到的厂领导也早就想到了，这么好的资源不用岂不可惜！很快，厂里就办起了业余学校，还开设化工原理、数学等课程，并聘请王静康担任老师。

业余学校第一期开班就招收了16名学员，他们大都是六级以上技工，年龄在四五十岁，属于业务上的顶梁柱。当他们走进课堂，一个个显得异常兴奋，有的还激动得流下眼泪，他们早就盼望有这样的学习机会。

由于生产任务重、工期紧，上课只能安排在工余时间和节假日。可师傅们没一个有怨言的，他们认真听课，自觉做作业，自始至终学习劲头十足。这些都让年轻的王静康为之感动，上课时也特别专注、用心。

王静康是化工专业的高材生，化工厂恰好是她发挥专长的用武之地。下厂这段时间，是王静康宝贵的人生经历。尽管很忙，可她从未放松对自己专业的钻研，看书学习更是每天的必修课，她坚信父亲曾经的教导：知识总有一天是会派上用场的。

在化工厂的学习锻炼，拉近了王静康与工人师傅的距离，她也渐渐地喜欢上这片土地，甚至同厂里女职工一样爱吃蕨菜和折耳根。折耳根，南方人叫鱼腥草，初尝时感觉腥涩，一旦习惯了，便欲罢不能。所以在节假日，王静康除了上课，也偶尔和厂里青年女工一道，到河边湖畔采蕨菜、捡蘑菇、挖折耳根，留下了许多美好的回忆。多年后，她还深有感慨地说："在贵州下工厂是下对了，和工人师傅相处过程中我学到了很多东西。"还说自己和贵州的感情是建立在"折耳根"的基础之上的。

两年时间很快过去，王静康又回到了贵州工学院。在课堂上，她将自己在工厂积累的实践经验应用到教学中，坚持产学研相结合，从一年级起就给学生讲"化工设计概论"。她告诫学生，作为化学工程师，要有责任感，要讲职业道德。并强调："产业化工程不是设计师一个人的事，而是一项由各层级工程技术人员团结起来才能完成好的工作。对于工科学生，认识到这一点非常重要，因为只有实现科研成果产业化，才能创造出真正的价值。"

在工学院，王静康除了教学还参与实验室的科研工作。当时有一项实验叫作"光气法聚碳酸酯"。聚碳酸酯（英文简称PC），又称PC塑料，是一种强韧的热塑性树脂，属于碳酸的聚酯类。由于碳酸本身并不稳定，但其衍生物（如光气、尿素、碳酸盐、碳酸酯）具有一定稳定性，抗冲击强度高，抗蠕变性能好，能抵制日光、雨淋和气温变化的影响。聚碳酸酯是20世纪50年代末开始发展的合成材料，被广泛用于电子电气、电动工具、交通运输、汽车、机械、仪表、建筑、信息存储、光学材料、医疗器械、体育用品、民用制品、保安、航空航天及国防军工等领域。

贵州工学院成立后不久，就承担了由原料化学工厂下达的试验研究项目，即：光气法聚碳酸酯50t/年实验。由于"光气"毒性大，加之当时学校实验室条件简陋，因此存在很大的危险性。据贵州工学院有机合成教研室教授陈天祥回忆，他当时做"光气"时，就出现过白血球急剧减少，虽是二十几岁的小伙子，却连上楼梯都感觉困难。那时候，作为贵州工学院为数不多的研究生，王静康自然是做"光气"的骨干力量。她常常在没有严格的防护设施、没有劳保用品的情况下迎难而上。在实验室，不叫苦，不怕累，那股子"革命加拼命"的劲头，给同事们留下深刻印象。化工系教研室教授曾祥清、副教授李建忠谈到王静康时说，作为大城市来的年轻女老师，她不仅低调俭朴，做事也很认真，能吃苦，肯钻研。可以说光气法聚碳酸酯试验研究项目的成功，跟王静康的付出是分不开的。

实验室的女同事黄祥英、宁焕彩回忆，王静康刚来贵阳那阵，还闹出"拿麦苗当韭菜""问棉花是不是开在树上"之类的笑话。毕竟从小生活在天津那样的大城市，大家也就一笑了之。在吃的方面，王静康最离不开的两样"宝贝"就是折耳根和红辣椒，从开始的排斥到后来的喜爱，可以看出她适应当地生活的能力。在贵州工学院，不管是男老师还是女同事没有不喜欢王静康的，还称她是个接地气、有激情、闲不住，且乐于助人的热心女生。

王静康因为在工学院的七年，而将贵阳称之为"第二故乡"。她对贵州的情感，并未因1972年的离开而疏远，她的心一直牵挂着贵州、贵州工学院和清镇化工厂。尽管贵州工学院早已更名贵州工业大学，蔡家关校区也换了几茬主人，但薪火相传的"老贵工"精神，一直伴随和激励着王静康，以及她之后的科研人生。

1999年，因一个特殊机缘，贵州工业大学化工系与王静康又重新取得联系。当时贵州工业大学化工系缺少拥有博士学位的教师，希望王静康能为化工系教师攻读博士研究生提供支持。她二话没说就爽快地答应下来，并提出按照天津大学博士统招入学考试的必要条件录取。贵州工业大学化工系老师李天祥，就是经单位推荐，于2000年通过天津大学博士统招入学考试，而成为王静康的学生的。

读博期间，李天祥确定研究课题时举棋不定，老师王静康参考自己在贵州工作的经验，建议李天祥结合贵州特色，开展贵州苗药的提取与分离研究。因为贵州山地多、土质好，是天然的药材库。李天祥心领神会，很快将博士研究课题确定为："米槁精油的提取与分离方法及其化学成分的研究"，而论文的研究重点也是围绕分离工程展开，其间，还不断得到王老师的悉心指导。

2004年，贵州瓮福集团聘请王静康院士担任博士后科研工作站合作导师、院士工作站进站专家。恰在此时，李天祥博士毕业回到贵州，被天津大学博士后科研流动站、瓮福（集团）有限责任公司企业博士后科研工作站联合聘用，继续在王静康指导下工作，并从事"结晶法工艺制备电子级磷酸-半水磷酸结晶过程"课题研究。李天祥又在老师帮助下，建成了5000T/a的工业示范装置。这是我国首个利用湿法磷酸净化酸生产出达到SEMI-Ⅱ标准（半导体行业电子级磷酸二级标准）的电子级磷酸的工业化装置，对于满足电力化学市场需求，影响深远。

2015年，王静康在贵州出任中低品位磷矿及其共伴生资源高效利用国家重点实验室学术委员会主任，她用先进的工业结晶技术为瓮福集团的"电子级磷酸""工业一铵""磷酸脲"等项目的产业化实施提供了重要的技术支撑。瓮福（集团）有限责任公司是经国务院批准的政策性债转股大型企业——贵州宏福实业开发有限总公司改制组建，是集磷矿采选、磷复肥、磷煤化工、氟碘化工生产、科研、贸易为一体的国有大型磷化工企业，是国家"八五""九五"重点工程，公司先后荣获"全国质量效益型先进企业"、"中国化工百强企业"、国家"AAAA级"标准化良好行为企业、"首届全国矿产资源合理开发利用先进矿山企业"、"全国民族团结进步模范集体"等殊荣。2011年荣获"中国工业大奖"表彰奖，2012年荣获全国"五一劳动奖状"，2016年荣获"十二五"全国石油和化学工业环保先进单位。

2013年11月，公司成为贵州省唯一代表入选央视大型电视纪录片《大国重器》的拍摄单位，表明瓮福在中国制造业发展中的重要位置。2014年，公司获第三届"中国工业大奖"提名奖。2015年荣获贵州省优秀企业（贵州省内企业一百强排名第三位）。2018年荣获贵州省省长质量奖；自主开发的"湿法磷酸净化微化工成套技术及其工业应用"2018年获得中国石化联合会科技进步一等奖；自主开发产品"湿法净化磷酸"2018年荣获工业和信息化部与中国工业经济联合会联合颁发的"制造业单项冠军产品（2019年—2021年）"。自主开发的"湿法磷酸高值化和清洁生产的微化工技术及应用"2019年获得国家科学技术进步奖二等奖。2021年获得第三届"贵州诚信示范企业"称号。

这些成绩的取得，与企业建有"瓮福集团磷化工技术与装备院士工作站""博士后科研工作站"及其指导密不可分。该站是经贵州省科技厅批准，于2018年通过全国院士专家工作站首次组织的认证，院士团队分别为王静康院士团队、徐德龙院士团队、孙优贤院士团队等，曾获"全国模范院士专家工作站"称号。

作为驻站院士，王静康有专门的办公场所，驻站期间，她经常下到实验室调研、指导。科研是瓮福集团发展的灵魂，所积累的荣誉也印证了这一点。如：2009年企业被认定为"高新技术企业"，2010年被评定为"国家级创新型企业"，2013年获国家发展和改革委员会批准建设"磷资源高效利用国家地方联合工程研究中心"，2015年获科技部批准建设国家重点实验室"中低品位磷矿及其共伴生资源高效利用国家重点实验室"，2014年被列为"贵州省创新型领军企业"，2019年被工业与信息化部评定为"国家技术创新示范企业"，在最近一轮的国家认定企业技术中心评价中，瓮福集团技术中心得分83.4分，全国1098家技术中心中排名第203位，行业排名第一。公司主要产品磷酸二铵、磷酸一铵被评为"中国名牌产品""国家免检产品"，宏福商标被国家商务部授予"最具市场竞争力品牌"，产品畅销30多个国家和地区，国内市场网络覆盖所有省区市。

从1965年在贵州工学院工作、2004年受聘瓮福集团院士工作站进站专家到现在，可以说王静康跟贵州有着难以割舍的情感。有这样一个小故事，2014年，重点实验室主任助理史连军受瓮福（集团）委托，前往天津大学为受聘院士王静康颁发"贵州省中低品位磷矿及其伴生资源高效利用重点实验室"聘书，同时汇报实验室工作开展情况。那天，恰逢王静康要主持一个学术会议，身边的工作人员提醒史连军，考虑到院士本人身体和工作繁忙情况，要求他的汇报尽量简明扼要。可王静康听说是贵州来的同志，十分高兴，在听过汇报之后，还聊起当年在贵州工作的往事，连连感慨。不知不觉，原定15分钟的汇报延长到了一个多小时，可王静康院士仍意犹未尽，无奈会议在即，只好告一段落。

王静康是我国杰出的工业结晶科学与技术专家，在贵州的经历也许只是她人生长河中的一朵浪花，但那份浓浓的情谊却一直延续着。

01号项目

王静康在贵州度过了七年的青春岁月，于1972年调往天津纺织工学院。当时的背景是：1971年国家为改变中国没有化纤专业与人才的现状，由教育部在天津纺织工学院增设化纤专业，亟需一批具有化工合成专业研究生资历的教师进入，而王静康恰好具备所需条件。这才经组织上协商，调王静康回津参与天津纺织工学院第一个化纤专业的建设与教学工作。

天津纺织工学院原名河北纺织工学院，于1958年9月由天津大学纺织工程系与纺织工业部天津纺织工业学校组建而成，是中国北方的一所专业设置比较齐全的纺织工业大学。王静康在这里经历了长达八年的教学工作。那时的她，一边教学，一边研究有关高分子与化纤领域的交叉学科方面的课题，收获颇丰，为她后来承担的国家科技攻关项目奠定了厚实的理论基础。

1980年，教育部批准在天津大学化工系成立全国第一个化工系统工程研究室，以承接"六五"国家"01号科技攻关项目"，即"青海盐湖钾盐生产的系统工程研究"。这一任务落到了化学工程专家张远谋教授的肩上，而张远谋正是化工系统工程研究室主任，他在组建科技攻关团队时，首先想到的人选就是王静康。关于张远谋，不仅是我国知名的化工专家，还是杰出的教育家。1943年毕业于西南联大化工系，后赴美国衣阿华州立农工学院研究院留学并获硕士学位。他的德国导师曾执意留他继续攻读博士并提供资助，被他婉言谢绝。王静康对这位同父亲一样的爱国知识分子，一直深怀敬意。当得知即将进入他主持的"01号科技攻关项目"团队时，十分兴奋！而在张远谋眼里，王静康这个天津大学化工系毕业的优等生，更是他团队不可或缺的骨干力量。

就这样在张远谋的推荐下，经天津大学与天津纺织工学院协商，王静康顺利调回母校。重返阔别已久的天大化工系，王静康像远嫁的女儿回到了娘家，一切是那样的熟悉、亲切，她庆幸、她自豪，她由衷地感谢张远谋教授将自己引上了"工业结晶之路"，因为从此时起，她的命运就和国家一系列相关重大攻关项目，紧密地联系在一起了。

01号项目意义重大，从资源环境看，钾肥稀缺一直是我国的短板。经科学家们多次勘查发现，青海盐湖中氯化钾含量极高，如果能够从中提取到钾盐，就能解决工农业生产的燃眉之急。但由于没有成熟的开发技术，明摆着的资源得不到开发和利用。而那些掌握了核心技术专利的国外公司，无一不对我国实施技术封锁，垄断现有市场。若要购买，必须承受其开出的数百亿元天价。可见，开发青海盐湖项目迫在眉睫。作为攻关团队主要成员、分课题组长的王静康，此时想得最多的是一定要拿下属于我们自己的工业结晶技术，决不再受制于人。面对人才、设备、技术等条件均不完备的现实，王静康毫不气馁，她和课题组同志横下一条心，再难的堡垒也要攻克下来。

刚开始时，没有原料，项目组就克服困难就从青海转运；没有场地，就在实验室旁边盖起中试生产车间。为了确保中试车间顺利建成，作为主任的张远谋，通过多方协调，从香港引进HP1000小型计算机，这在国内还是第一个。紧接着建起具有计算机信息化控制的中试生产线，开启了国内计算机辅助信息化控制的产业化模式，助力王静康攻关团队，坚定地走上现代工业结晶研发与产业化的创新之路。

那是一个持续五年的漫长过程。在张远谋主导下，王静康和团队成员既当科研人员，又当生产工人。他们从"试验、提取"到"提取、试验"，从"小试"到"中试"，反反复复，不懈努力。经1800多个日日夜夜的艰苦攻关，终于结出硕果，拿出了自主创新的工业结晶技术，即：可以由我国青海盐湖拥有丰富钾盐资源的光卤石中，提取中国稀缺的钾肥，且各项指标均达到了国际先进水平。

"六五"国家"01号科技攻关项目"的成功，不仅结束了外国相关技术的垄断，为我国自主建立钾肥产业做出贡献，更重要的是培育了一个面向国家产业第一线的高校化工攻关的国家级创新团队。这个团队最大特点是：实现了由交叉学科教授与研究员及工程科技人才的完美组合。

第一次成功，让王静康备受鼓舞，她要感谢的人中，排在第一的就是张远谋教授，是受到他坚韧不拔与奉献精神的影响，使自己的信念更加坚定。王静康知道，张教授的兄弟姐妹都在美国，唯独他怀着对祖国的热爱、对事业的执着，将毕生精力奉献给国家，将全部知识传授给学生。他还身兼民盟中央第六届常委、民盟天津市主委、全国政协委员、天津市人大代表等多项职务，繁重的社会工作，却从未影响到他对"六五"攻关项目的研发。尤其让王静康感动的是，张远谋于1985年向学校提出，要将自己一手创立的"研究室"和带出的"创新攻关团队"交由王静康担纲。学校对此十分重视，并经过严格考核，正式任命王静康接任张远谋化工系统工程研究室的主任一职。

在张远谋看来，这是一个十分正确的决定。而对于王静康，则是一份信赖，一分重托，更是一份责任！工作交接之际，张远谋语重心长，鼓励王静康要勇往直前，敢于挑起中国工业结晶的重担，为国家"工业结晶技术研发与产业转化"做出更大贡献。此时此刻，王静康又想到了恩师张建侯，正因为有张建侯、有张远谋、有侯德榜、有父亲王恩明这样一批又一批爱国科学家的无私奉献，才使得祖国的科研事业不断传承，发扬光大。

诚然，王静康将要面对的是如何研发更高标准、更具前沿性的工业结晶技术，没想到这样的使命说来就来。1985年，国家科委给王静康团队下达了国家"七五"重点科技攻关项目，即："用结晶法由同分异构体中分离高纯对二氯苯"的研发并实现产业化。该项目形成的背景是，20世纪80—90年代，世界地毯以中国的毛纺工艺为最佳，出口量大。但由于出口途径以海运为主，路途遥远，运输时间长，地毯极易遭遇虫蛀，被称之为"世界级难题"。而当时国际普遍流行的办法是，使用防蛀防霉能力较强的二氯苯防蛀剂。可这种技术在我国还是空白，那些掌握了该专利技术的国家，无一例外地实行高价封锁。所以国家才将此作为"七五"重点科技攻关项目，交给了天津大学王静康的科研团队。

王静康深知，这是一道从难分离的三种同分异构体混合物中提取出99.9%高纯单一精细化学品的工业技术难题，要攻克它谈何容易。但王静康没有退缩，也不能退缩。她决定采取"借鉴、发现、研究、实验"的办法分阶段进行。紧接着通过查阅大量文献，王静康了解到国外都是用塔式结晶专利技术达到该类物系提取分离精制目标的，且其结晶、过滤、洗涤、溶解等精制单元操作，也都是集成在一个塔式结晶器内进行。起初，王静康试图走模仿的老路。可所有模仿变通的小、中试研究结果，都不尽人意，无法满足扩大生产的要求。

于是，王静康又经过多次的试验、推翻，推翻后再试验，反反复复，一直未取得突破性进展。转眼三年多了，离五年达标的日期一天天临近，怎么办？挫折、迷茫，责任的压力，让王静康一时急躁、焦虑、无所适从。这时候的这一切，老教授、老前辈们看在眼里，他们在关注王静康科研进度的同时，也示意她不要急，应静下心来分析原因，提醒她可以换个思路想想。是呀，换个思路也许是个正确的选择。王静康忽然心有所悟，想起父亲曾讲过的故事，说有一化学药品之所以叫"六六六"，就是因为失败了 665 次，到第 666 次时才获得成功。失败是成功之母！王静康茅塞顿开，决定放弃模仿，另辟蹊径。很快在分析总结失败经验的过程中，研究出了一种新的技术。通过反复的小试、中试，取得了重大突破。然后取样送北京分析，结果显示，对二氯苯的纯度达到了 99.9%！这又是一个好消息，意味着一项新技术由此诞生。

随着"七五"重点科技攻关项目的一次开车成功，预示着"世界级难题"被攻克。这就是具有自主专利产权的新型"塔式液膜熔融结晶"技术与设备，产品指标达到国际先进水平。而这套年3000吨产品的产业化设备从投资额看，仅仅为原先准备引进设备费用的十分之一，经济上为国家节约了巨额资金，意味着在技术上不用再看别人的"脸色"了。

攻关的成功，让王静康彻底解放了思想，也让她坚信，依靠别人的专利是没有出路的，核心技术必须掌握在自己的手中。而一味模仿，只能束缚自己的创新思想，唯有走自己的路，前途才是光明的，才能不辱使命，不负国家。

为此，国家计委、科委和财政部联合为该项目颁发"七五"攻关优异成果证书，并将其列为国家重点推广项目。国家科委更是于1988年在王静康所在的"系统工程研究室"门口，又加挂了一块"国家工业结晶技术研究推广中心"的牌子，它标志着第一个"中国工业结晶"研发重地，在天津大学诞生了。

晶美耀中华

王静康领衔的"国家工业结晶技术研究推广中心"一经挂牌，便很快成为中国医药领域开展自主知识产权攻坚的重要阵地。不久，一项新的研发项目又摆到了王静康的案头，这次研发跟人们熟悉的青霉素有关。

青霉素，是一种临床应用广泛的重要抗生素，在很长一段时间内，我国青霉素主要依靠进口，直到20世纪80年代才开始大量自主生产，继而成为青霉素生产大国，其产量占到了世界总量的四分之一。但是，由于受制药技术的限制，青霉素灌装定量不准，纯度不够，严重影响了后期使用。甚至临床上还发现，有些患者在注射青霉素时，出现较为严重的过敏现象。对此，国家考虑要提高工业界精制结晶技术，就得购买国外的结晶器，同样会面对国际专利垄断。而在当时，引进一台百吨级的青霉素结晶器就得上千万元，是一个极其沉重的负担。针对这一技术难题，国家于1990年又给王静康团队下达了"八五"科技攻关任务，即"青霉素结晶新工艺和设备在生产中的应用与开发"项目。

接到任务后，王静康团队快速进入青霉素结晶工艺流程的研究。考虑到这是关系国计民生的大事，一开始王静康就给自己定下两大目标：一是原定五年期的项目必须提前完成；二是按自行设计建成信息化调控工业结晶生产线，必须一次开车成功。为此，王静康带领团队夜以继日，全力以赴。在王静康看来，偶尔一次小型实验的成功，不能算是真正的成功，只有20次以上，甚至上百次的重复数据才算得上是可靠、有效的数据，才能进入设计阶段。这也是王静康对实验数据认定的标准。

一段时间过后，当结晶工艺流程进入最后阶段，为确保一次开车成功，王静康就和团队住进承担实验任务的工厂，一待就是半个月。在工厂，王静康坚持每天参与倒班，现场培训技工，讲解要点，指导操作。她深知，精密的计算机辅助操作与调控的结晶生产线，容不得半点疏忽，一不小心按错一个按钮，就会导致生产失控，后果不堪设想。所以，越是接近成功，王静康就越发小心，几乎到了寸步不离的程度。

高强度的工作，导致王静康甲状腺疾病复发，不得不到医院接受检查。医生的结论是：必须尽快手术。可王静康为了项目进度，一再推迟手术时间，直到土建工程和设备进入安装期才同意住进医院。在病床上，王静康依然惦记着项目的进展。当得知即将进入设备技术调试阶段，便不顾术后体虚，硬是赶到现场。她仔细查看仪表、管道及附属设备的选型与安装，不放过任何一个细节，及时发现问题及时处理。就这样，王静康前前后后检查调试了七次还不放心，还要再复查。最后连厂方的负责人都失去耐心了，直接对她说："王老师，开车吧，失败了我们负责。"可王静康不为所动，坚持到所有的疑问被消除，百分之百地满足设计要求，才同意装料试车。

她的严格把关，确保了一次试车生产成功，使得她定下的两大目标得以实现。对此，厂方十分满意，当即表示今后的相关项目，还要与王静康团队合作。

"青霉素结晶新工艺和设备在生产中的应用与开发"项目的成功，使得每吨青霉素年增经济效益达2万元之多。这一成果被国家科委和国家医药管理局列为重点推广项目，使之应用于全国90%的青霉素产业，还应用于多种抗菌素的生产。在满足了国内需求的同时远销国外，占据80%以上的国际市场。

可以说，国家工业结晶技术研究推广中心一战成名。作为中国医药领域开展自主知识产权攻坚克难的排头兵，国内结晶研究领域的王牌团队，陆续又有"工业结晶"方面的国家科技攻关项目进来。而无论项目规模大小，全都做到了"产业化一次试车成功"。

1991年，王静康团队又接受了天津市经委的攻关项目"结晶流砂状氟化氢钠"工业化生产。这是一种新型反应结晶技术及最佳操作时间表应用软件，可延伸用于所承担的有关半合抗药物，及其中间体精制过程的国家"九五"重点科技攻关项目中，用以控制微晶产品晶型及粒度分布。使用该技术生产出的医药高端产品，不但质与量均超越国际药典标准，而且在收率与能耗方面也显著优于国际水平。这一项目同样很快取得了成功，不仅为出口创汇赢得明显经济效益，还获1992年天津市优秀新产品二等奖和1999年国家科技进步二等奖，王静康均为第一完成人。

随着工业结晶科技领域快速发展，重要的特定晶型药物及高端功能产品的有效晶形，以及制备法已被国际专利所垄断与封锁。王静康早已觉察到，晶体分子组装与形态学指标优化技术将是21世纪国际晶体工程研发竞争的焦点。她提前运筹帷幄，带领团队系统地分析与研究过九类12种功能粒子产品的"晶体分子组装与形态优化技术"，总结其存在的共性规律，完成了由分子层次研究，直至产业化集成创新的多尺度研发目标，一举获得六项中国发明专利（王静康均为第一发明人）。这些专利分别在十个大型工厂实现了成果产业转化，产业化生产线均通过国家与部委级验收与鉴定，其主要结论是：质量及技术经济指标（节能、降耗、减排）均达到并部分超过国际先进水平。

该研发成果的直接经济效益显著，项目投产后三年新增年产值12.44亿元，新增利税2.86亿元，创收外汇3171万美元。其社会效益也随之凸显，例如：天津天药药业股份有限公司击败了号称"国际王牌"的法国罗素公司等国际竞争对手；地塞米松磷酸钠系列产品进入欧美等高端产品市场，分别占据50％的世界市场和60％的国内市场份额。该研发成果属于结晶工程领域共性技术，建立的药物晶形优化方法学，为我国在国际医药市场竞争中，由粗品原料药出口大国向强国转化，为自主创新的关键核心技术提供了有力支撑。该成果还于2008年获国家技术发明二等奖。

从20世纪80年代中期开始，王静康带领她的团队由理论研究创新，到产业化技术开发成功，全都实现了成果产业转化。连续承担并出色完成了国家"七五""八五""九五""十五""十一五""十二五"一系列重大科研攻关及支撑计划等重点项目。先后在发明塔式液膜熔融结晶共性技术与设备、耦合结晶新技术、分子组装与晶形优化技术等方面打开缺口，破解了"由同质多晶形行为物系制造唯一特定晶形产品"的国际难题，从而打破垄断，穿越封锁，用自主创新技术，为国内26个地区的产业部门建立了百余条国际先进的工业结晶生产线，且均为一次开车成功的"交钥匙工程"。

王静康应用自主创新技术填补了多项空白，奠定中国现代工业结晶关键共性精制技术的基础，为我国不同领域的产业结晶技术现代化与功能产品高端化做出了重要贡献。归纳起来有以下三个方面——

一是系统发展了工业结晶理论与技术。王静康率先提出了工业结晶系统工程集成理论与设计新方法；发明了熔融液膜结晶新技术；提出了精馏结晶及反应结晶等耦合结晶新技术；发明了粒子过程晶体产品分子组装及形态优化等绿色过程集成技术；这些产业的成功转化，印证了发明成果的可靠性与先进性。

二是专注于工业结晶领域科技创新成果的产业转化，取得了创造性成就及显著的应用成效，推动了我国相关产业的技术进步。如：打破封锁，自主创新，实现新型熔融结晶技术研究与工程化；完成新型溶液结晶技术与绿色过程集成研发；完成新型反应结晶集成技术与模拟放大项目；完成晶体分子组装与形态学指标优化技术。

三是推动国内外的学术交流，培养创新型科技人才。王静康创建了我国第一个工业结晶技术研究推广基地，致力于在实际的攻关项目中培养创新人才，为我国新型结晶技术的持续发展奠定了基础。

王静康在科研之余，还编写了《化学工程手册》第十篇《结晶》等著作。在不同省、市举办"工业结晶技术讲座与培训班"20余次，培训人数达2000余人。组织、参与、主持多个学术会议，如1990年"全国首届工业结晶学术会议"，1995年"全国首届医药结晶技术研讨会"，1998年"中国首届国际工业结晶会议"，2004年"国际工业结晶会议"，2006年"绿色化学化工国际论坛"，2009年"晶体工程与药物传送系统国际会议""282次香山科学会议"，2009年"中国工程院化工、冶金与材料学部学术年会"，2011年"绿色化学科学与工程国际高端研讨会"，2012年与欧洲合办的"国际工业结晶研讨会"，2014年"第七届中国工业结晶科学与绿色精制技术研讨会"等等，还主持出版了会议论文集，为学术界和产业界学习与创业提供参考。

由于王静康在国际学术界的影响，她受到美、英、德、澳等国学术部门邀请，参与会议交流，如：2002年第十五届国际工业结晶会议被选为科学委员会成员并主持大会等。

2015年，国家工业结晶工程技术研究中心联合深圳华润九新药业有限公司等单位合作完成的"高端医药产品精制结晶技术的研发与产业化"成果获得国家科技进步二等奖。该成果揭示了药物晶体超分子组装机理，研发了绿色精制结晶成套工艺，集成创新了高端医药产品的精制结晶生产线，实现了结晶新技术、新工艺和新装备的突破。产业化后，企业生产的头孢唑林钠药物抽检合格率从70%提升到近100%，成功挽救了一批濒临破产的企业；还申请了国外发明专利，三年累计实现销售收入28.6亿元，新增利润7.7亿元，新增税收3.5亿元。

作为研究型大学教师，王静康致力于创新人才的培养和科技创新平台的建设，推动国内外学术交流，主编了国家"九五"及"十五"教育部统编教材《化工设计》及《化工过程设计》，首次将计算机辅助化工过程设计与经济纳入大学及研究生统编教材，于2007年获第八届中国石油和化学工业优秀教材一等奖。她主持的"化工类多元化和国际化研究生教育创新体系的构建"研究生教改项目，荣获2009年第六届高等教育国家级教学成果一等奖。

作为中国科协领导下的化学工程和制药工程认证委员会主任，王静康主持的"构建国际实质等效的化工专业认证标准，提高毕业生国际竞赛力"成果，获2014年第七届高等教育国家级教学成果一等奖。

近三十年来，国家和部委授予了王静康和她团队成员多项奖励。如：国家技术发明二等奖、三等奖各1项；国家科技进步二等奖3项；教育部科技进步一等奖2项；国家教委科技进步一等奖1项；天津市技术发明一等奖1项；中国专利优秀奖3项（第十一、十三及十七届）、中国侨界（创新成果）贡献奖、中国产学研合作创新奖；高等教育国家级教学成果一等奖3项（第六届、七届、八届）；第八届中国石油和化学工业协会优秀教材一等奖1项；所负责的化工设计本科生课程被评为国家级精品课程等等。同时，王静康获国家多个荣誉称号。如："八五"科技攻关先进个人、天津市特等劳动模范称号、全国"五一劳动奖章"、全国"三八红旗手"、天津市优秀教师、中国首届"新世纪巾帼发明家"十杰之首。曾为天津代表团成员出席党的十六大、十七大会议。作为唯一完成人荣获何梁何利科学与技术进步奖及天津市科技重大成就奖。

成功背后是艰辛的付出。王静康始终不忘老一代科学家爱国敬业、实事求是、艰苦奋斗的精神，带领团队深入生产一线，克服各种难以想象的困难，为的是实现产业化一次开车成功。三十多年来，王静康的足迹遍布全国除西藏以外的不同省市的百余家工厂，有时在车间一待就是十几个小时。常常半天顾不上喝一口水，错过吃饭时间更是常事，饿了就吃点方便面。如遇特殊情况，还要在露天棚下作业，即便朔风凛冽、寒冷刺骨，也不放松对仪表的观察。

跟随王静康下厂的项目组成员都知道，咸鸭蛋、方便面，是她的日常菜谱。可王静康说："辛苦不算什么，只有看到自己的科研成果转化为现实生产力时，才是自己最满足、最幸福的时刻。"在她和团队的共同努力下，"结晶中心"几乎成了得奖专业户。她所承担的每一个项目几乎都能获奖。她的成果和声誉被国际上广泛认可，她发表的论文被国外多家权威学术刊物转载，并与国外结晶研究专家和研究机构建立了长期合作关系。1998年至今，她已成功组织并主持了国内三届"国际工业结晶会议"，并亲任大会组委会主席。她的研究工作是"结晶"，一如她的人生，晶莹璀璨，美耀华夏。

桃李竞春荣

"凡报我这里的研究生，就一个条件：没有寒暑假、节假日，无此思想准备，可另做选择。"这是王静康对准备报考她研究生的学生说的话。她心里清楚，"很多孩子考上大学，报了化工，但未必明白学这些课程要干什么、能干什么。"多年来，王静康和团队承担的大都是国家科技重点攻关项目，所研发的成果要求保密，不做宣传，不发表文章。如果没有"国家责任重于一切"的信念，是很难坚持的。言之在先，是爱护，也是尊重。这也从一个侧面印证了做王静康的学生，首先要能耐得住寂寞、俯得下身子，然后还要经得起挫折与失败的考验，就像她的老师张建侯当年要求她的一样。

身为老师，王静康很爱护她的学生，所以才把品质的培养、灵魂的塑造放在首位。她一直要求她的学生，必须具有国家至上、民族至上、人民至上的精神境界，还要有勇挑大梁、独当一面的过硬本领。她希望学生要有远大理想，要有为祖国的繁荣富强而学习、而努力的思想准备。她认为国家对创新型科技人才的基本素质要求，不外乎六点：一是具有高尚的人生理想，热爱祖国、热爱人民，热爱科技事业，坚持为祖国、为人民勇攀科技高峰，实现自己的人生理想和人生价值。二是具有追求真理的志向和勇气，保持强烈的创新欲望和探索未知领域的坚定意志。三是具有严谨的科学精神、科学方法和科学研究能力。四是具有广阔的国际视野、敏锐的专业洞察力，构建自己广博而精深的知识结构，明确科技发展的创新方向。五是具有牢固的团结协作精神，以及带领创新团队进行重大科技攻关的能力。六是具有扎实的基本功，做到刻苦奋斗、求真务实、淡泊名利、坚韧不拔、勇于攀登。

王静康一直承担着本科生及研究生教学工作，她将自己领先发明的塔式液膜熔融结晶共性技术与设备、率先开拓的耦合结晶新技术、创新发展的化工结晶过程系统工程理论等，毫无保留地写入了她的《工业结晶与粒子过程》研究生教材。她带领团队连续完成国家下达的"七五"到"十二五"工业结晶领域的重大科技攻关和科技支撑计划项目，以及省部级攻关和产学研合作项目过程中所做的工程设计及CAC 和 CAD 方案，成为本科生《现代化工设计概论》教材的教学案例。1985年以来，王静康独著或与人合作共发表论文380余篇，其中SCI收录179篇；授权发明专利56项；编著的《化工过程设计》教材在2021年荣获首届全国优秀教材建设一等奖，这是全国化工方向唯一一个一等奖。

对于教学，王静康一直坚持改革与创新、"新工科"与"卓越化学工程师培养计划"相结合，坚持思政育人、科研育人、国际化育人的"三位一体"教学模式。她在为本科生、研究生授课时，坚持把教学与科研融为一体，将基础性研究、技术性创新和产业化成果，以及研发实践提升的规律与取得的教训等融入其中，潜移默化，润物无声，使学生自觉养成"学研合一"的思维习惯。实践证明，她的这一方法，为化工行业培养了大批拔尖的创新人才。她主持的科研项目还3次获得国家教学成果一等奖，继而创建了具有国际实质等效的化工专业认证体系，并与国际接轨。

王静康一直坚持要让中国学生能够与世界著名大学毕业生"同台竞技"，为的是提高学生的可持续发展能力和国际竞争力。近年来，为了使研究生在自主创新上走向国际前沿，王静康还与美国麻省理工学院（MIT）化工系、美国密歇根大学制药系、美国宾夕法尼亚州立大学工程科学系、加拿大西安大略大学等高校，以及德国马普生物物理研究所，诺贝尔奖奖金得主等多位著名专家学者，进行国际合作研究，并建立了中外联合培养博士生的模式。在国家外专局支持下，使研究生们走向国际领先的研究领域。王静康常说："我是工科高校的老师，培养创新型人才是我的职责所在。科研与教学于我是一种快乐，更是一种精神寄托。"

执教数十年来，王静康先后培养硕士生、博士生、博士后超百名。他们中间，有的成为国内、外的大学教授；有的是科技部门或企业的高级工程师、研究员；有的还是国家重要攻关项目的领军人物。用王静康的话说，她的学生早已是"青出于蓝而胜于蓝"了。

学生们的成就让王静康由衷欣慰，但最让她骄傲、自豪的还是"人民教师"这一崇高称号。在科研教学的漫长岁月里，无论在哪儿，王静康都秉持家风传承，谨遵师训、夫嘱，学习和弘扬他们的爱国精神。她在科学报国的路上已走过五十多个春秋，如今青丝变白发，却桃李满天下。她的学生也像她对待她的老师一样，充满着爱戴与崇敬之情。

在学生心目中，王静康是严师，是慈母，更是推心置腹的朋友。作为严师，王静康说一不二。她的学生郭志超说："工业项目按一般要求，搞实验重复3遍就可复制，但王老师要求我们至少要重复20遍，甚至60遍。"郭志超认为自己在结晶中心学习的几年，最大的收获是提升了克服困难的勇气和信心。因为工业项目不能像自然科学一小步一小步地走，要大踏步地前进，要么成功，要么失败，没有第三种选择。王静康对学生的严格是以成才为出发点的。当学生遇到困难时，她又表现出慈母般的关爱。如学生李天祥来自偏远的贵州，属于单位委托培养的博士生，生活上存在一定困难。王静康就通过协调额外给他一份博士津贴，鼓励他安心学习。更让李天祥感动是大年三十王静康老师还为他修改博士论文，一起讨论、研究论文内容。王静康对学生博士论文的要求十分严格，有时修改不下十余次，任何细小的瑕疵都不放过，甚至学生发表论文也要经她修改后才被允许。李天祥说："正因为有老师的严格教导，我的师兄弟、师姐妹们才在各自岗位上都取得了比较大的成绩，很多还是所在领域的领军人物，相比之下，自己愧对老师的教诲。"

类似的话，学生张美景也说过："王院士于我，亦师、亦友、亦如慈祥的母亲。她高尚正直，学识渊博，严于律己，宽以待人。"

多年来，王静康和她的团队，先后承接国家科技攻关、科技支撑计划项目十余项，省部级重大项目近百项，这些科研项目产业转化后，年均新增产值十亿元以上。长期繁重的科研工作，导致王静康双眼严重白内障，不得不实施手术换上人工晶体。她的学生龚俊波说："王老师的眼睛、甲状腺都做过手术，可每次刚拆了纱布就迫不及待到实验室来做指导。""老师现在年纪大了，依然没有周末的概念，让我们做学生的很钦佩，也很心疼她。"

若论王静康对待工作的态度，她的学生，也是助手的鲍颖最有发言权。在鲍颖心目中，王老师身为科研团队的领头人，但更像是指挥若定的主帅，遇事沉着冷静，事再多也不慌乱，以做好、做对为原则，不被时间和形式左右。比如，有一堆急事，你找她，她不理。她先看，先问，捡最重要的先办，往往中午或下班才轮到处理你想办的事。鲍颖深有感触地说："现在越来越理解了，王老师要办的事太多，必须按轻重缓急来排序处理。她让我办的一般是些小事、琐事。大的、重要的事情她都亲自办，而且有条不紊、不急不乱，这不是一般人能做得到的。"

多年来，王静康做过的事、说过的话，都牢牢印在她的同事和学生们心中。比如，接受采访时她对记者说："感觉自己能给国家做出一点工作，能做一点贡献，能够为咱们中国以后进入科技强国之列，做一点贡献，我觉得是我最大的心愿，也是我的幸福。"

在实验室她对学生说："我们研究的项目最后都是要向产业化转型的，必须做到保证质量，反复确认。只有当你亲眼看到自己的科研成果转化为现实生产力时，你才会真正理解质量的重要性。"因为"国际竞争是质量的竞争、实力的竞争，归根结蒂是科学技术的竞争，体现的是科技工作者的责任感和使命感"。

谈到项目攻关时她对团队成员说："工程科学的研究，离不开一个团队的共同努力，有时甚至是几代人持续不断的努力。所幸的是，在我的探索路上，总有老师和前辈的鞭策和鼓励。"

多少年来，王静康就像上满发条的时针，不知疲倦地旋转着，日复一日，年复一年。即使到了80高龄，她还带领科研团队去到海拔2000多米的西宁高原，在青海民族大学建立院士工作站讲学。若论成功，王静康当之无愧，可她认为还有好多的事需要以更大的努力去做。她在多个场合总是这样说："我有一个梦想——在有生之年，看到我们国家由粗品制造大国向高端精品制造强国转变。"

王静康的贡献在别人看来是何等的了不起，可她认为是很自然的事，她说："因为自己的老师、前辈，包括父亲和哥哥姐姐们也一直是这么做的。"极平常的话语，却彰显了学术师承与良好家风。王静康的低调源自她的淡泊名利。但凡在高校从事教学工作的人，都知道论文发表的重要性，那既是个人能力的体现，又是晋升职级的必要条件。王静康的许多研发成果，因国家战略需要而被雪藏起来。当被问及是否觉得吃亏了，王静康的回答是："化工是一个国家科技发展的基础，在如此重要的学术领域里工作，能针对国家经济建设的基础产业需求开展研发工作，为国家的长远发展做出自己的贡献，是很骄傲和幸福的事情，相比之下，个人名利算得了什么！"尽管在不同场合，王静康被冠以"专家、学者、院士或科学家"，她的学生渴望自己的论文上有"指导教师王静康"这样的签字，那是一种认可，更是一份荣耀。可在王静康看来，还是"王老师"这个称呼最实在、最亲切。

科技强国，是王静康一直追求的人生理想，也是她最想传承给学生的坚定信念。她一生中有许多闪光的时刻，但让她终生难忘的是2019年9月10日那个特殊的教师节——

在北京，在人民大会堂，习近平总书记与教书育人楷模共同庆祝教师节，并与教师们亲切合影。站在第一排的王静康神采奕奕，脸上洋溢着节日的欢快。当她会后回到实验室时，发现自己与总书记握手的照片已经挂在了实验室最醒目的位置，她知道，那是学生们的杰作。一时间，满满的幸福感从她的心底浮起……

芳华静若兰

曹植诗云:"白日曜青天,时雨静飞尘。"意思是太阳照亮天空,夏雨浇落浮尘。若引申,便见得一个"静"字的妙处。"飞尘",不正是名利场上的熙熙攘攘,现实中的是是非非吗!纷扰的世事,浮躁的现实,唯"静"可安。

王静康是父母最小的孩子,父亲为她取名"静康"是极具深意的。静影沉璧,宁静致远,精研静虑。静,是心态,是素养,是境界,更是智慧。以"静"为名,足见父亲王恩明对小女儿静康寄予的厚望。人如其名,王静康从学生时代,到教书育人,再到为人景仰的科学家,给人的印象是,衣着朴素却气质高雅,仪态从容而心性宁静。所以在天津大学,被称作"女神"的,并非明星大腕、T台超模,而恰恰是不施粉黛、不加饰品的王静康院士,而属于她的舞台,是课堂,是实验室,是工厂车间。她所承担的都是国家重大科技攻关项目,她的成功,从根本上改变了中国工业结晶的落后状况,也改写了世界结晶产业的格局,她才因此而被誉为"中国工业结晶之母"。

2019年,七十周年国庆前夕,电视台采访王静康时,她从包里取出"庆祝中华人民共和国成立七十周年纪念章",然后对记者说,这是自己最珍贵的饰品。王静康之所以看重这枚纪念章,因为那是中共中央、国务院、中央军委给予她的最高荣誉,是对她、也是对广大科研工作者无私奉献的科学家精神的肯定。什么叫科学家精神,即:胸怀祖国、服务人民的爱国精神;勇攀高峰、敢为人先的创新精神;追求真理、严谨治学的求实精神;淡泊名利、潜心研究的奉献精神;集智攻关、团结协作的协同精神;甘为人梯、奖掖后进的育人精神,这些在王静康身上都可以看到。

回首过往,除去在贵州的七年,王静康的求学与科研生涯大都定格在了天津。王静康说:"我爱天津,天津是我永远的家园。"说起天津,其名由明朝永乐帝朱棣率军南渡海河,袭取沧州而得,意为天子经过的渡口。天津堪称是中国古代唯一有确切建城时间记录的城市,仅海河两岸,就有悠久的利顺德码头、西洋风格的北安桥、"老龙头"火车站,以及和平广场等不同流派的中西建筑,它们各领风骚,交相辉映,正所谓"一条海河景观带,半部中国近代史"。但建筑群中最具文化气韵的非天津大学、南开系列学校莫属，那正是王静康从茵茵绿意到艳艳芳华的毓秀之地。

王静康自1972年到1980年在天津纺织学院担任讲师，此后一直在天津大学工作，并被评为副教授、教授。接下来简历是这样的：1984年7月加入中国共产党，1993年享受国务院特殊津贴，1999年当选中国工程院院士。2002年1月起，先后任中国工程院化工、冶金与材料学部常委会委员，中国化工学会常务理事，教育部化学化工教学指导委员会副主任，教育部科技委委员，化学工程专业认证组组长，全国医药创新技术市场协会副理事长，天津化工与化学协同创新中心学位委员会主席。

王静康还担任过天津市科协主席，任职期间启动了"天津科技工作者之家"建设项目，为天津市科技创新引领高质量发展，提供了有力的人才与智力支撑。退下来后又被推举为名誉主席，可她还是那样真心诚意为天津的科技工作者服务。王静康还当选中国共产党第十六次、第十七次全国代表大会代表，其间收到很多群众来信，里面写满了对科技界、教育界的建议和希望。在王静康看来，这不是普通的信件，而是人民的重托，饱含了人民对教育、对科技强国的关心和支持。她郑重地将这些建议和希望全部转交给大会，认真履行作为党代表的职责和使命。

王静康对学术的执着，可以说是贯穿于她科研人生的始终，她将全部的能量投入科学强国的事业。为此，《光明日报》记者于2019年的春节前夕，专程采访了正在住院的王静康。那天，她正在病床上校对即将出版的书稿，见到记者的第一句话就是："你们来得正好，我有两件事情需要媒体帮忙：一是出版书籍《中国生态工业系统与循环经济发展战略研究》上、中、下三卷本一套，这是我们研究团队的最新成果；二是希望通过本书的影响，推进相关技术领域的创新，使之在能源化工领域形成新的学科，以及在传统化石能源及相关新能源方面有所突破。作为以知识分子为主要读者对象的报纸，请你们帮助宣传和呼吁！"

王静康反客为主的一席话让记者感动，一为王静康生病住院还在忙工作上的事；二为她的平易近人，身为院士居然没有一点架子，反倒亲切得像自家奶奶。记者灵机一动，当场请她为报纸寄语。王静康也十分乐意地在稿纸上题写："办好光明日报，做知识分子的精神家园"。记者的采访收获颇丰。第二天，署名文章《王静康院士的"忘我"》，就出现在了《光明日报》的第三版上。

"莫道桑榆晚，为霞尚满天。"已经84岁的王静康，依然心在科研。对她来说，年龄不过是数字的叠加，因为"女神"是不老的！

自古以来，人们一直把兰花视为高洁、典雅、爱国与坚贞的象征。而王静康院士恰恰具备了兰花的精神与品性，清香素雅，端庄典雅。若以明代薛纲的《咏兰诗》来诠释，也许再恰当不过："我爱幽兰异众芳，不将颜色媚春阳。西风寒露深林下，任是无人也自香。"

矿床密码的破译者

——记中国科学院院士胡瑞忠

◆ 孔海蓉

胡瑞忠 （1958.12—）湖南省道县人，男，博士，中共党员，中国科学院院士，矿床学和矿床地球化学家。国际矿床地质学会会士（SEG Fellow），中国科学院地球化学研究所研究员，中国科学院大学教授。1975年参加工作，1988年在成都理工大学获博士学位，先后赴新西兰地质与核科学研究所、英国曼彻斯特大学、美国加州理工学院访问研究。曾任中国矿物岩石地球化学学会理事长，中国科学院地球化学研究所党委书记、所长。现任中国科学院矿床地球化学国家重点实验室主任、国际矿床成因协会（IAGOD）中国国家委员会副主席、矿床学国际权威期刊《Mineralium Deposita》副主编、国家自然科学核心期刊《矿物学报》主编、中国地质学会矿床地质专业委员会副主任等。1999年获国家杰出青年基金资助，3次担任国家973项目首席科学家，在现代矿床学研究方法、金属矿产成矿与预测、矿产资源科技发展战略等研究领域取得系统性创新成果，获2项国家自然科学二等奖、5项省部级科技成果一等奖，以及中国科学院科技促进发展奖和贵州省最高科学技术奖，并获中国科学院青年科学家奖、中国青年科技奖、全国优秀留学回国人员奖和贵州省十大杰出青年、全国优秀科技工作者称号，是第十二届全国人民代表大会代表。

人生驿站

最好的管理莫过于示范，最好的教育莫过于感染。家庭是人生成长的摇篮。许多人认为"父亲决定孩子飞多高，母亲决定孩子飞多远"，而学校为孩子插上飞翔的翅膀。

道县古称道州，位于湖南省南部，与两广交界，秦始皇二十六年（公元前221年）置县。境内峰峦叠翠，丘陵遍布，山川交错，湖南省的第二座高峰都庞岭国家自然保护区由东挺入，湘江东源的潇水河穿县城而过，每年端午节老百姓都会聚集于此，举行热闹的龙舟赛，以纪念我国伟大爱国诗人屈原。道县民风朴实，老百姓外刚内柔，风趣厚道，就像潇水河的水有时凶猛而激进，但多时是温柔平和的，静静地流着。《水经注·湘水》说"潇者，水清深也"，这里养育了宋代理学鼻祖周敦颐、清代大书法家何绍基及近代革命家何宝珍等历史名人。1958年12月，胡瑞忠出生在道县蚣坝镇（原小甲公社）松柏塘村。

1

松柏塘村离县城十几公里，去县城要徒步两公里到最近的镇上搭车。20世纪90年代村里通了电，2010年左右修建了直达县城的公路。村子前方是丘陵，后面是山。前面的丘陵区是农田，春日里，稻田绿油油的一片，风一吹，一浪又一浪地起着波澜。大人们在田里除稗草，娃娃们在水田里抓鱼摸田螺。村后的山，不高，长满了马尾松和野栗子树。夏天和秋天，这里是孩子们的主战场。夏天，天气一热，各种野菌子相继冒出来，女崽们一大早就来到山上捡菌子，浅黄色的鸡油菌、白色的鸡枞菌、炭灰色的伞巴拉，都是改善伙食的美味。男孩们则随便捡根木棍，东戳西掀的，到处撒野，遇到有毒不能吃的菌子，踢它一脚。秋天，野栗子熟了，裂开了口，摘下来，剥开放在嘴里，糯香绵甜。马尾松下，厚厚的松针，躺在上面，松软舒适。胡瑞忠喜欢钻进这片林子，寻找书里面讲的神秘"宝藏"，跟同伴们在这里"打野战"，模仿电影里的情节，打日寇斗伪军，或者一个人在树枝间漏下的阳光下，吹喜欢的笛子。这片并不肥沃的土地，以它最慷慨的方式滋养着这里的儿女们。

　　胡瑞忠的父亲胡祥维老先生不喜多话，却并不沉闷，做事笃实，有着潜在的幽默细胞。胡瑞忠小妹说，父亲是"我见过的最聪明的长辈"。生产队里，胡老先生负责犁耙过的田地，土块深厚疏松，平整均匀。种的辣椒一行一行的，整整齐齐。八九岁的胡瑞忠到生产队帮父亲捆稻草、堆草垛"挣工分"，他见小伙伴们大都比他动作快，急得直催父亲教他快点捆的方法。父亲讲，"现在慢点，不怕的。捆扎实了，堆的时候拿起来才方便。不捆扎实，走在半路散了，还得花时间和力气重新捆。这就是磨刀不误砍柴工嘛。"收工时，胡瑞忠和父亲堆的草垛是最多最整齐的。胡瑞忠慢慢明白了，"做事情基础要牢固，有的时候费事就是省事，慢就是快，急不得"。

　　那时候，一家八口住四间旧泥砖瓦房。一下雨，家里的盆盆罐罐就不够用了，雨水在房子里滴滴答答地入盆入罐。遇上又下雨还刮风，即使在三更半夜，全家人也会立马爬起来躲在门框下，害怕土房塌下来被砸到。担惊受怕的日子让胡老先生打定主意一定要盖新房子。新房子的地原来是个水塘，晚上，胡老先生在月光下挑土、挑石头填塘。每隔一段时间攒够几块钱，就去买一两根杉树回来。他每次都是天刚蒙蒙亮就起床，带上几个煨好的红薯作为一天的口粮，走到很远的瑶山，直到半夜才扛回那些杉树。不管多累，他都要轻轻地把木材放在墙脚边，码放得整整齐齐。"爸爸，您太辛苦了，我和您一起进瑶山扛树吧。""不行，你受不了。""我13岁了，又是长子，一定要替您分担分担！"倔强的胡瑞忠硬是跟着父亲进山扛树，当天他就累吐了，因此父亲再也没让他沾边修房子的事了。就这样，挖土、踩泥、制砖、晾砖，每一块砖都经过了胡老先生的双手，就连瓦片也是胡老先生从四公里以外的镇上买来一担一担挑回来的。两三年之后，一栋方方正正、宽敞明亮的房子挺拔地立在村子的最前面，成为村里的第一栋新房子。

　　多年后，胡瑞忠感叹地说，是父亲用他的行动让我们懂得，不管前面的路多难，认准了就要坚持走下去，不要放弃希望和对未来的追求。我想，胡瑞忠身上那股做什么都要做出一个名堂的蛮劲、韧劲和细心劲，多半是受到了他父亲的影响，也印证了心理学家格尔迪所说的——"父亲是一种独特的存在，对培养孩子有一种特别的力量。"

　　如果说父亲决定孩子飞多高，那么母亲就决定孩子飞多远。胡瑞忠的母亲蒋冬姣老太太勤俭持家，贤淑善良，明白事理。老太太一年四季都不闲着，养猪、养鸡、养鸭，贴补家用。年底卖猪、鸭和鸡蛋换来的钱，用来缴兄妹六个的学费。养猪是一件很累的事，南方人养猪喂熟食，不是直接把菜叶子给猪吃的，而是必须将野菜、青菜叶子、红薯藤等各种猪食剁碎再加点米、糠、红薯煮熟。老太太好强，每年都会比村民们多养两三头猪。兄妹几个放学回来，第一件事就是到外面找猪菜。

蒋老太太手极灵巧，腌咸菜和做针线活都在行。夏天，腌芋头梗腌扁豆；秋天，腌姜腌辣椒腌豆角；冬天，腌青菜腌萝卜。兄妹六个上学住校，需要带上一周的咸菜。老太太做腌姜、腌萝卜最拿手，这些是胡瑞忠每年春节回家都要吃的。仔姜洗净，晾去水分，与剁好的红辣椒一起腌，过年时开坛，姜变成淡淡的金色，与红辣椒一起，相互映衬，好看又好吃，下饭又解腻。

蒋老太太会裁缝，村里的妇女纳鞋底、做衣服，都老找她"剪样子"。布料铺好，画上粉笔印，拿起剪刀，咔嚓咔嚓，手起刀落，好了。小时候，兄妹六个的衣服都是老太太做的。她亲手把缝制好的棉衣棉裤给六个孩子穿上，帮他们抵御南方的寒冬。那个时候的道县比现在冷很多，池塘结的冰，上面是可以走人的。

在那段艰辛的岁月里，一到农历六月左右，村里家家户户粮食短缺，不得不东挪西借。胡瑞忠家虽然人多但劳力少，兄妹六人不是年龄太小就是还在上学的阶段，多亏了胡老先生的勤劳和蒋老太太的精打细算，青黄不接的事倒还是少见，大多时候还有余粮接济邻居。有一两年，田里的稻谷弯了腰又还没能收割的那些天，胡瑞忠见邻居元竹奶奶捧着一个竹米筒来找母亲借米。"母亲接过米筒打开米缸，因为我家的米也快没了，她整个上半身埋进米缸舀半天，才端出来白花花的一米筒递过去，对元竹奶奶说，不要还了啊，过几天就出新米了。"母亲的言传身教无形中影响着胡瑞忠，成就了他温和善良、顾全大局、做事常为同事朋友着想的品质。

2

"有见识、重视教育的父母对孩子的成长是非常重要的。"胡瑞忠回忆道，"尽管我的父母没上过学，也不识字，但他们特别有远见。特别是父亲，对读书学文化有着无比痴迷的渴望。"即使在"文化大革命"那个年代，胡瑞忠的父母也坚持让孩子们上学、读书。他们的六个子女都受到了良好的教育，在那个年代的农村着实不易。

胡瑞忠刚上小学，"文化大革命"开始了。期间，大学毕业的刘昌理被下放到村小学教书。刘老师见多识广，课堂上，除了教孩子们读书、认字、数数，也经常会讲讲城市里的"新鲜事"。车头冒烟的火车、天空飞翔的飞机、宏伟的天安门广场、构思巧妙的都江堰……这些新奇的事儿激发了村里孩子们对外面世界的好奇和向往。

胡瑞忠小学毕业了。看到儿子那张几乎布满了一根油条两个大饼（代指100分）的成绩单，父亲显得非常开心！"开学就要去镇上读中学，走读的话，每天单边就要走四公里，太耽误学习了，还日晒雨淋的，在天寒地冻、赤日炎炎的日子里更是会伤着身体。我和你妈妈商量过了，你还是寄宿在学校吧。""可是，家里还有弟弟、妹妹，用钱的地方好多呢。""这不是你操心的，你的任务就是把学习搞好，给弟弟妹妹做个好榜样！"就这样，胡瑞忠成为一名寄宿学生。

报到的那天，同学们被胡瑞忠拎的那只刷上透明桐油、带着淡淡金色的实木书箱所吸引。胡瑞忠挠了挠头，脑腆中带着骄傲，"我爸爸找的泡桐木，他说泡桐木有特殊的香味，轻便、不易生虫，我妈妈请会木工的二舅给我做的这个书箱。"他打开这只崭新的书箱，里面除了衣服、书本，还有笛子、二胡，"我是跟着村里会乐器的师傅学会的，过年时还跟着他们到各村去演出呢。妈妈知道我喜欢，就全帮我装上了。"笛子、二胡丰富了他的学生生活，而书给他带来了一个更为辽阔的世界。

那年放假回到家中，胡瑞忠感觉有点奇怪，"爸爸没在家吗？"妈妈叹了口气，"现在是农闲，地里没什么活，你爸爸去江永帮公家用炸药炸石头了。""那不是很危险吗？""你爸爸说不用担心，他心里有数。你爸爸啊，全靠有这么一双巧手和好体力来供你们上学。你看我们家自留地里的辣椒、蔬菜、水果都长得很好，可以拿到市场去换我们需要的，特别是辣椒，你爸爸打听过，那个最远的集市，价格最好。所以他挑着一百多斤辣椒宁愿走二十几里路，就是为了换个好价钱。让他歇歇，别走那么远，可他就是不听！"胡瑞忠很是自责，自己是老大，却不能为家里分担。母亲看穿了他的心思，温和地说："你要觉得内疚，就好好读书，你书读好了我们就高兴。"

3

1975年，高中毕业的胡瑞忠凭着优异的学习成绩和一手好字被选入了公社贫宣队（贫下中农社会主义教育宣传队）。不久，分配到五七中学任"拿工分"的初中数学老师。工作之余，胡瑞忠每天坚持读书、练字、吹笛子、拉二胡，期盼能够踏进大学校园，像堂哥一样当个工农兵学员。

这天刚下课，胡瑞忠不由自主地来到自己在粉白的墙上刷写的"热烈庆祝中华人民共和国成立二十八周年""农业学大寨""工业学大庆"标语前，嗅着墨香，默默地想着：堂哥被推荐到长沙读工农兵大学已经两年多，妈妈常唠叨，我是块读书的料，不知什么时候能上大学？"哥，你在发什么呆？爸让你赶紧回家。"身后悄然而至的妹妹猛地拍了他一下。胡瑞忠刚跨入家门，父亲便一把拉住他急匆匆地说，"瑞忠，我今天赶集，听说恢复高考了，你要好好复习呀！"

1977年10月，高考恢复了！这一好消息如一记春雷，响彻中国大地。从"文化大革命"开始，我国高考已经中断了十年。这十年来，全国积累了近2000万考生。尽管距离高考不到两个月时间，尽管还要准备政治、语文、数学、理化、史地这些科目，但仍有570万人报名参考，各种复习资料一书难求。

胡瑞忠翻出以前的课本，舅舅也帮忙找来复习材料。他不敢浪费一分一秒，白天给学生上课的间隙，见缝插针地从基础知识开始，分析句子、熟悉修辞手法、背诵课文、翻译古文、练习写作；晚上，他拿着练习题一道一道地做，一遍一遍地与之前的作业比较，昏黄的煤油灯一直亮到深夜。两个月不到的时间一晃而过，他硬是把一本本书读"厚"了，又把一本本书读"薄"了。考场归来，他虽信心满满，却还是有些忐忑。直到录取通知书寄到了五七中学。

那时已进入隆冬季节，寒风凛冽，铅灰色的天空忽然有一丝光芒射出，慢慢地天越来越亮，他扔掉手中看了一半的书籍，拿上录取通知书向着父母与乡亲们好似集团军作战的田地奔去，"这是命运的转折点，我要走出去重塑我的人生！"他想着、笑着，看着山，山在点头；看着水，水在轻唱。这份惊喜虽是意料之中，却仍使这个普通的日子充满了灿烂的阳光，就连石板路上凸起的石头也和他开起了玩笑，用一个漂亮的弧度送他飞扑出去，为自己滑跪庆祝！

"胡瑞忠收到录取通知书了！"这个消息在潮湿、寒冷的冬天里，让平静的小乡村一下子沸腾了。乡亲们从房子里、田间涌出来，争相传看这张录取通知书。作为提前录取生，这可是全区四个公社的第一张大学录取通知书！由于积累的考生多，招生名额少，当年湖南的录取率不到4%，是恢复高考后迄今为止录取率最低的一年。

上大学后，胡瑞忠更加认识到"走出去"的重要性。听课、上图书馆、出野外、做实验、写读书报告，尽管非常忙碌，但他仍然不忘给弟弟妹妹写信，"机会总是留给有准备的人。"鼓励他们要好好学习，天天向上；跟他们说"抱怨解决不了问题"，要求他们积极乐观面对一切。胡瑞忠的小妹后来回忆："读初中时，虽然还不懂什么是博士，但信封下方的'博84级'让我无比自豪，并立志将来也要读博士。"家里六兄妹在他的带动和影响下，其中两个弟弟妹妹陆续考取了大学，最小的妹妹也如愿攻读了博士学位。

4

1978年3月8日，胡瑞忠来到成都地质学院（现成都理工大学）报到，就读三系放射性矿产地质专业。校园绿树成荫，环境优美。道路两旁高大的梧桐树、碧波微澜的砚湖、古朴典雅的教学楼实验楼、宽敞明亮的图书馆、馆藏丰富的博物馆、校园四处在晨读的莘莘学子，都给胡瑞忠留下了深刻印象。刚入校，一切都是那么生疏又深感亲切，新鲜又略显熟悉。

成都地质学院原名成都地质勘探学院，建立于1956年，与北京地质学院和长春地质学院并列为当时我国最重要的三所地质院校。三系，因为保密原因，是1966年"三线建设"时期由当时的系主任金景福教授带队，从北京地质学院整建制迁入成都地质学院的，主要专业是放射性矿产地质和放射性地球物理，肩负着为国家核军工和国家核能发展提供铀资源而培养高层次人才的重任。"开发矿业"由毛泽东主席为该系第一任主任任湘教授亲笔题写。"背起我们的行装，攀上层层的山峰。我们满怀无限的希望，为祖国寻找出富饶的矿藏。"我国无数地质人的足迹走向祖国大江南北，"开发矿业"这四个字，成为最能唤起他们共鸣而激情澎湃的宣言。三系的老师，拥有全国放射性地质学科杰出的师资队伍，他们当中有许多著名教授，大多早年留学苏联，博而专，专而红，有造诣，教学水平高。

胡瑞忠所在的77612班，有30位同学，清一色的男生。他们来自不同的省份和不同的行业，年龄差异大，算是两代人。年龄最大的史东海入学时已经35岁，之前任海南某公社党委书记，担任班长。胡瑞忠当年19岁，在班上年龄偏小，担任班团支部书记。

作为全国恢复高考后的第一批大学生，基本都有农村艰苦生活的历练，或上山下乡或回乡务农，深感进入大学的机会来之不易，每个人都铆足了劲，在"比学赶帮超"的氛围里，如饥似渴地学习。"大学是积累知识的重要时期，知识面广一点，思路就会开阔一些。"胡瑞忠回忆道。他不满足于课堂和课本，经常跑到图书馆如痴如醉地读书，教室里、砚湖边、校园后面的红旗渠旁，甚至学校附近农田里的稻草堆上，时常都能见到他勤学苦读的身影。看书于他而言，犹如享用一顿丰盛的大餐。他读的书多而杂，除了专业知识，还有其他科学类的书，甚至是文史类的。他特别喜欢研讨，对各种学术理论和观点追根问底。"当然，也不是一天到晚只是单纯忙功课，我们也组织不少文体活动，这叫'心有猛虎，细嗅玫瑰'，劳逸结合嘛。"中秋节时节，胡瑞忠与史东海等班干部组织同学们以寝室为单位打扑克牌比赛，输了的就贴胡子、背诵诗歌，亦或即兴表演。"我和同寝室的倪师军扑克打得比较好，所以我们寝室输得比较少，当然输赢不重要。"胡瑞忠笑道，"中秋节嘛，大家在一起，就像一个大家庭，家好月圆。"搞地质的有很多野外作业，要背很重的矿石标本走很长的路，风餐露宿，没有好身体是吃不消的。胡瑞忠和班干们组织打篮球、踢足球，同学们轮番上阵，痛痛快快地出一身汗，既锻炼了身体，又增强了团队协作能力和集体荣誉感，也让大家换换脑子松松弦。

入学时，老师谈到了专业理想，"国家迫切需要铀矿地质人才，这也是我们提前录取优秀学生的原因。要学好铀矿地质，必须热爱铀矿地质，刻苦钻研，不怕吃苦，甘于奉献；要做好就要多思考，多交流，多问几个为什么，走出一条与众不同的新路子，为祖国做贡献！"这番话对胡瑞忠有极大的冲击力，祖国的需要，就是自己的职责所在！这也是他在这个专业读完本科，紧接着继续攻读硕士和博士的巨大动力。当时我国研究生学位制度刚恢复，能授权招研究生的单位、导师和招生名额都很少，能考取硕士和博士研究生的，可谓凤毛麟角。

教铀矿床学的罗朝文老师对胡瑞忠的努力学习感到非常欣慰，"地质学需要思维连通，学习要注重课本与文献调研相结合，才能提升学生的认知能力。""胡瑞忠的铀矿床学课程考试答案，思路清晰，分析到位，不仅完美地回答了规定的知识点，还结合文献阅读提出了许多联想、推理和对未来的展望，所以得了100分，我是实在不能打101分。"

胡瑞忠在学校不仅学习成绩优秀，还是学校社团组织的活跃分子。他曾担任校学生会主席，带领全校学生开展丰富多彩的学生活动。1985年，他当选为共青团全国代表会议代表，去北京人民大会堂参加会议，是四川省代表团里唯一的高等院校学生代表。母校老师说：胡瑞忠勤学敏思，刻苦努力，是学生中的佼佼者和学校学子的青春偶像。作为校学生会主席，他带领同学们创造了许多辉煌，为推动学生德智体美劳全面发展做出了重要贡献。

攀登高峰

恩格斯曾说：在科学上没有平坦的大道，只有不畏劳苦，沿着陡峭山路攀登的人，才有希望达到光辉的顶点。当然，没有深入的思考，再勤奋都没有意义。

矿产资源是工农业的"粮食"，分金属矿产、非金属矿产和能源矿产，缺少这些矿产人类社会将无法正常运行和发展。例如，没有金、银、铜、铁、铝等金属矿产，就不能生产飞机、轮船、汽车和手机；没有钾盐和磷矿这些非金属矿产，就制造不出钾肥和磷肥，人类的"饭碗"就成问题；没有煤炭、石油、天然气这些能源矿产，飞机、轮船、汽车就走不了路。

地球中的化学元素，相对均匀地分布在各类岩石中，要靠"鬼斧神工"把它们聚集到一些局部的地方富集起来，才能形成人类可以开采的矿床。找到这些地方（找矿）如同大海捞针，难度很大，需要解决矿产资源如何形成、去哪里寻找这些重要问题。胡瑞忠就是针对这些难题，破译金属矿床的"密码"，判断出形成金属矿床的"鬼斧神工"是什么，为"到哪找"和"怎样找"矿产资源提供科学依据。

1

最初，胡瑞忠是研究铀矿的。铀矿是制造原子弹、核潜艇和发展核能的重要原料，在国防军工和新能源产业有重大用途。

胡瑞忠从本科到硕士、博士、博士后阶段，主要学习和研究铀矿地质。几位导师对他的铀矿研究起到了重要的引路作用，比如硕士、博士研究生导师金景福教授，博士后阶段的导师涂光炽院士等。金景福是著名铀矿地质学家，是国务院批准的我国为数很少的最早期博士生导师之一，编著了由原子能出版社出版的全国第一部高校统编教材《铀矿床学》，为培养高层次铀矿地质人才做出卓越贡献；涂光炽是我国地球化学事业的重要奠基人，成果卓著，享誉国内外，早期也长期从事铀矿地质研究，并据此提出了矿床学的"改造成矿"新理论。

攻读硕士、博士学位期间，胡瑞忠先后研究302铀矿床和XW铀矿床。金景福对胡瑞忠寄予很大希望，期盼他能学有所成，为发展国家的铀矿事业做贡献。金景福曾两次带着胡瑞忠去矿床开展野外考察，他们先从成都到韶关，然后再从韶关去矿山。矿山位于粤北山区，从韶关到矿山有一百多公里，道路崎岖。广东花岗岩多，分布面积大，这两个矿就长在花岗岩的断裂带中。广东属于亚热带气候，多雨潮湿，花岗岩风化形成的地表土层很厚，森林茂密，给科学考察带来了不少障碍。胡瑞忠非常感谢金景福教会他这种地貌条件地质考察"转山沟、下坑道、查钻孔"的三字经和重点地段逢山开路的主要方法，这些让他受益匪浅。

金景福当时是成都地质学院三系的主任，公务繁忙，在指导胡瑞忠熟悉了研究区的基本地质特征和工作方法后，便返回了成都，按照研究计划，胡瑞忠开启独立考察之路。肩背地质包，带着罗盘、地质锤、放大镜"三大件"，穿梭于河流峡谷、地下坑道、山峦密林之间，有时晚上就在当地老乡家入睡。惊险也会时时光临。有天，胡瑞忠收获满满，肩背采集到的二三十公斤宝贵样品，从野外返回驻地。沿途是峡谷，崎岖的山路又窄又滑，两边长了不少杂草和小灌木。他边走边思考问题，脚下一滑，打了个趔趄，幸好眼疾手快，一把抓住岩壁上的树枝，才稳住了身体。好险啊，仿佛那些岩壁、树枝都在提醒他，做科研必须要时刻保持清醒的头脑。

就这样，每次在野外一待就是一两个月。艰苦的野外考察结束后，胡瑞忠一头扎进实验室，切割样品、磨制光片、镜下观察，做各种化学分析。在硕士和博士的六年里，除了课堂学习之外，他大多数时间都在野外、实验室、图书馆度过。经过六年的努力，胡瑞忠对302铀矿床和ＸＷ铀矿床是什么时候形成的、岩石里极低浓度的铀如何转移进入水流体、水流体里的铀又怎么样跑到花岗岩的断裂带中沉淀、富集，并最终形成铀矿床的整个过程有了较为深入的认识。这为他之后在中国科学院地球化学研究所（位于贵阳，以下简称地化所）继续破译华南铀矿床"密码"，建立铀成矿的系统理论，奠定了很好的基础。研究成果获得地质矿产部科技进步奖二等奖（排名第五）。

2

1988年3月胡瑞忠博士毕业，留校任成都地质学院讲师。一年后，来到地化所做博士后，在合作导师涂光炽、于津生、李朝阳的指导下，从事西藏花岗岩和华南铀矿研究。

涂光炽告诫学生："设想要海阔天空，观察要全面细致；实验要准确可靠，分析要客观周到；立论要有根有据，推论要适可而止；结论要留有余地，文字要言简意赅。"他要求学生们，要多关注地球科学相关信息，用敏锐的眼光去把握国际科学前沿。

前辈的谆谆教诲让胡瑞忠深受启发。

青藏高原是地球第三极，位于印度板块和欧亚板块结合部位，受两个板块碰撞的影响，山峰高耸入云，各类岩浆岩广泛分布，是探讨地球形成、演化的天然实验室，也是国内外地球科学和环境科学研究的热土。胡瑞忠进入地化所后的第一件事，就是在涂光炽和于津生指导下，做西藏冈底斯山花岗岩的锶、氧同位素研究，借此了解花岗岩的成因和动力学。

1989年春夏之交，胡瑞忠从地化所借来一个日产RICOH-5相机，带着必要的地质工具，从贵阳经成都飞至拉萨贡嘎机场，到西藏开展野外考察。进藏第一天，人生地不熟的胡瑞忠住进位于拉萨附近堆龙德庆县的西藏自治区地矿局区域地质调查大队招待所。这是座低矮的一层小平房，孤零零地立在离地质队家属区约100米远的地方，篾片编制而成的天花板，松散地放在几根木头上。半夜，胡瑞忠还没睡着，躺在床上，复盘当天的工作，思考第二天的计划，这是他多年的习惯，特别是外出野外考察。第一次来西藏，尽管高原反应不大，但头还是有点闷沉。夜，很深了，家属区那些稍有动静就"汪汪"叫个不停的狗都没了声息。突然，胡瑞忠听到"唰唰"的响声，像从天花板发出的，又像是从窗户那传来。胡瑞忠没有放在心里，估计是什么小动物吧。他翻了个身，用力把床弄出声音，还故意咳嗽了几声。唰唰声停止了，四周变得更为安静。过了一会，"唰唰"声又响起，这声音一下一下的，胡瑞忠心里开始发怵，"有小偷进屋偷相机？这可是所里的贵重器材！"于是大喝几声，"谁？干吗呢？"很快，一年轻小伙拿着手电筒，从家属区跑了过来，"出什么事了？"两人仔细一查看，原来是天花板上几只大耗子在捣蛋。之后，胡瑞忠住进了这个年轻小伙家里，吃住都在一起。这个好心的年轻人，是这个地质队的负责人夏斌。他南京大学研究生毕业后，主动放弃内地工作的机会，自愿申请去了西藏，后来任中国科学院广州地球化学研究所所长，也成了胡瑞忠的好朋友，这真是一生的缘分。

夏斌当时说："你是我在西藏见过的第一个有博士学位的人。"当时全国研究生很少，两人都有研究生经历，脾性相投，互有相见恨晚的感觉。夏斌主动提出当向导，在队里申请了一辆北京吉普车，陪同胡瑞忠一起去野外考察。他们两人与一位藏族司机，沿雅鲁藏布江一带进行了20多天的野外调查。每天穿行在高山大江之间，公路又窄又陡又颠，有时公路就在雅鲁藏布江边上，能清晰地听见江水翻滚怒吼的声音；有时车辆行驶在江边，一下子就上升到离江面好几百米甚至上千米的高度，像坐过山车。考察的最高处是唐古拉山口，海拔5000余米。历经千险万苦，胡瑞忠终于完成了这次考察任务。

关于西藏花岗岩的研究成果，胡瑞忠发表在当时竞争力很强的《科学通报》上，受到新西兰地质与核科学研究所资深科学家Peter Blattner博士的关注，他因此特别资助胡瑞忠赴新西兰，对新西兰的Taupo火山岩带进行了半年的类似研究。

胡瑞忠博士后阶段的主业，是研究华南铀矿床的成矿机制，这是他在地化所三位导师指导下开展的工作。华南几个省，包括广东、广西、湖南、江西、浙江、福建、贵州等，是我国最重要的铀矿产地之一，按矿床周围的岩石类型的不同，分为花岗岩型、火山岩型、沉积岩型三种类型，它们产在这些岩石的断裂带中，是含铀热液沿断裂带运动，铀再从中沉淀下来而形成的矿床。以往对这三类矿床，基本上是分开研究的，丁是丁，卯是卯，相互不搭界。胡瑞忠注意到，三类矿床形成时代一致，都是在地壳拉张（岩石圈伸展）的条件下形成的。不仅如此，国外类似的铀矿床也形成于这样的条件下。但是，铀为什么在地壳拉张的时候大规模成矿，是国内外没有解决的难题，这个问题不解决，成矿理论建立不起来，直接影响铀矿找矿效率。

"涂先生非常注重实践，1989年起，我跟随先生学习工作后，他年事已高，但还是坚持勤跑野外。"胡瑞忠与涂光炽一起去过很多矿山，真正体会到了涂先生"观察要全面细致"的道理。贵州开阳县白马洞铀矿，提供了制造我国第一颗原子弹所需的铀。有一次，涂光炽和胡瑞忠一行人去这个矿山考察，为了在坑道里仔细观察地质现象，直到下午七点钟左右，经反复提示涂光炽才答应收工。出了坑道，大家没吃晚饭就往回赶，本以为一个多小时就可回到贵阳。谁知中途遇上倾盆大雨，车辆根本无法前行。等回到贵阳，已是三更半夜，大部分餐馆都关了门，好不容易才找到一家卖鸭块面的小馆子，大家吃完"晚饭"回到家里，已是第二天凌晨。涂先生严谨治学、一丝不苟的精神，对胡瑞忠的职业生涯产生了很大影响。

地球从深部到地表，由地核、地幔、地壳三部分组成，这三部分的矿物和化学成分都很不一样，地壳的铀含量比地核和地幔要高很多。经过仔细观察，胡瑞忠注意到，华南有铀矿分布的很多地方，都有一种叫煌斑岩的岩石存在。经过显微镜下详细观察发现，里面有一种样子长得很像眼球的颗粒，由碳酸盐矿物组成，是二氧化碳跟钙结合形成的矿物。后来，经文献调研发现，煌斑岩是地壳拉张条件下来自地幔的岩浆岩，是地球上最富含二氧化碳等挥发性成分的岩石之一，煌斑岩浆演化到了晚期，会分异出富含二氧化碳的"液珠"，这些"液珠"形成了煌斑岩中的碳酸盐矿物"眼球"。岩浆中的"液珠"，有点像水中的油珠子。胡瑞忠根据涂先生"设想要海阔天空"的教导，联想到三点：第一，铀在热液中主要以二氧化碳的化合物形式迁移，如果没有二氧化碳，将很难形成高铀含量的成矿热液，所以铀成矿需要二氧化碳。第二，难道铀成矿热液里面的二氧化碳，是来自类似于幔源煌斑岩浆中的这些"液珠"？如果这样，这些二氧化碳就应该有地幔的碳同位素指纹。第三，如果热液中的二氧化碳，真是在煌斑岩形成的时候从地幔上来的，那么煌斑岩的年龄跟铀矿床的年龄应该基本一样。

根据这三点联想，在博士后阶段，胡瑞忠主要对华南三类铀矿床中二氧化碳的来源，进行了系统研究，取得重要进展，荣获国家人事部和全国博士后管理委员会授予的"全国优秀博士后"称号。

之后，他又分别于1999年和2006年，获得了国家杰出青年基金项目、国家重点基金项目的资助，系统开展了地壳拉张与铀成矿关系的深入研究。

他研究发现，没有二氧化碳的溶液，很难把地壳岩石中的铀溶解出来，铀成矿需要的二氧化碳是从地幔来的。在这个基础上，他理清了铀成矿的整个过程：地壳拉张导致地壳与地幔贯通形成通道—地幔排气、二氧化碳上升、加入地下水形成富含二氧化碳的热液—富含二氧化碳的热液溶解出地壳岩石里的铀形成富含铀的成矿热液—这些成矿热液跑到三类岩石断裂带中沉淀下来形成了三类铀矿床。他据此建立了三类铀矿床有密切成因联系的地幔排气铀成矿模型，并提出了与此相关的主要找矿标志。

胡瑞忠的这些研究成果，发展了铀成矿理论，推动了铀矿找矿的进步。国际权威著作大篇幅推介他建立的这个成矿模型；国际著名矿床学家将他建立的模型，作为铀成矿的经典模型。研究成果于2012年获得贵州省科技进步奖一等奖（排名第一）。

此外，胡瑞忠还跟随涂光炽院士从事了分散元素矿床和超大型矿床的系统研究，研究成果分别获得2003年度贵州省科技进步奖一等奖（排名第三）和2005年度国家自然科学奖二等奖（排名第三），以及2006年度贵州省科技进步奖一等奖（排名第五）。

3

国家973项目，是国家设立的基础研究领域最高级别的重大项目，旨在解决国家战略需求中的重大科学问题，对首席科学家的要求非常高。国家973计划1998年开始实施，每个项目周期为五年。胡瑞忠作为首席科学家，先后主持完成了三个973项目的研究，取得重大突破，对发展全球成矿理论做出杰出贡献。

首席科学家究竟是做什么的？胡瑞忠解释道："首席科学家就是项目的总负责人，主要职责是找问题、定目标、提方案、带队伍。"胡瑞忠进一步解释，首席科学家最重要的任务有三个，一是明确为什么要做，要通过国内外系统调研，明确科学前沿，找出国家战略需求背后的核心科学问题是什么，难点在哪；二是明确做什么，要把核心科学问题分解成若干内容去分头解决，明确从哪几个方面去研究和达到什么增量目标；三是明确怎样做，要思考通过什么学术思想和技术途径来完成任务，这就需要设计好整体方案和组织好研究队伍。他说，一个项目，一般都会分解成六个左右的课题，需要组织多学科交叉融合的优秀队伍，由国内各科研院所、高等院校和地勘单位中，本领域的优势力量来共同承担。

胡瑞忠说："每个课题的设计都需要与项目的总体思想密切挂钩，落实对项目总目标的具体贡献。由于学科发展的阶段不同，矿床研究还不像数学，目前还难以达到完全定量化的程度，特别是针对具体矿床的形成方式，由于各自掌握的证据不同，得出的结论可能就不一样。遇见这种情况，就要组织大家一起进行学术交流，一起到野外去实地考察研讨，大家都把自己的观点亮出来，然后以集体会诊的方式，选择最符合实际的观点作为目前的'结论'，避免'瞎子摸象'。野外考察是我们研究的基础，只有到一线考察，才能掌握第一手资料，才能进行后续的分析研究。其实这和看病差不多，医生面对的是患者，我们会诊的对象是地球上的矿产。我们通过观察地质特征，分析、测试地质样品，来揭示所看到的地质现象的本质，来判断一个地方成矿的可能性；然后，通过各种地球物理、地球化学勘探手段，给这个地方做个CT，来确定矿床的具体位置。"

主持国家973项目，竞争性很强，争取一个都不容易，而胡瑞忠先后主持完成了三个973项目的研究，在全国也是少有的，付出的努力可想而知。

1999年至2004年，胡瑞忠主持的第一个973项目是"大规模成矿作用及大型矿集区预测"，也是我国实施的第一轮国家973计划中的一个，他与中国地质科学院矿产资源研究所的毛景文院士共同担任首席科学家。

胡瑞忠解释说，大规模成矿作用指的是很多种矿床在很短时间尺度内爆发性成矿的现象，大型矿集区则是指很多种矿床集中产出的区域。大规模成矿作用形成的矿床，以及大型矿集区内的矿床，占全球矿产资源总量的绝大部分，是矿床研究和勘查的重中之重。全球成矿域主要有三个，即环太平洋成矿域、特提斯成矿域、中亚成矿域。我国是这三大成矿域的交汇部位，具有很好的成矿条件。环太平洋域主要分布在东部沿海，特提斯域主要分布在云南、四川、青藏高原，中亚域主要分布在新疆、内蒙古、东北等地。但是，我国大规模成矿的规律是什么？如何预测大型矿集区？这都是尚未解决的重大科学问题，需要从全国的范围，把握我国矿产资源的形成机制和时空分布规律。

通过国土资源部、中国科学院、教育部等部门一百多位科学家五年的共同努力，该项目从地球动力学演化的视角，系统探讨了我国三大成矿域大规模成矿作用发生的背景、剖析了大型矿集区的时空结构、研发了圈定大型矿集区靶区和隐伏大矿体定位的新技术新方法，确定了中亚古生代大规模增生成矿、特提斯新生代大规模碰撞成矿、华南中生代大规模陆内成矿的时空格局，建立了区域尺度和矿集区尺度的成矿—找矿模型，为重大找矿突破发挥重要作用。研究成果于2007年获得国土资源部国土资源科学技术一等奖；2008年，在国家973计划实施十周年纪念大会上，该973项目研究团队，被评为973计划实施中"做出突出成绩"研究团队，受到科技部表彰。

4

有个小插曲发生在这天的采访交流上，"胡老师，您这件T恤可是名牌哦，穿着好年轻，哪像年过六十的人。""是名牌吗？我不知道呢，这是十多年前，我从青岛去大理，没有带够换洗衣服，也没时间去街上逛，就直接在昆明候机厅的商店买的。"不想放过这个节点，笔者又问："去云南又是野外考察吧？"张兴春笑着说，"那次胡老师是从青岛开完会，在赶下一个会议的空隙中，由青岛经昆明转机到大理，去北衙金矿与我们汇合。他对野外考察很上心，只要有时间，都要一起出野外看看。"

一旁的毕献武补充道："胡老师可是个强劳动力，一下车，就开始砸标本。""为什么不能请人来干这种体力劳动呢？""你可别小看砸标本，那可是个技术活，你得先了解矿体的产状，从最开始的围岩，到中间的矿体再到最里面的岩体，要有目的地选择自己需要的标本。我这儿有块北衙金矿的标本，你看看。"这是块不大的标本，拿在手上还真是有点沉，"这是从石头缝里长出来的，这个空洞，提供了晶体生长的良好环境，你瞧，这里面长出的红色晶体像不像玫瑰花瓣？我们称它为沙漠玫瑰。所以要敲打这么一块样本，不但要有体力，还得有经验。而且云南的紫外线很强，恰恰胡老师是既有经验，又有体力，还不怕晒，所以啊，大家都开玩笑说砸标本这活谁都没胡老师厉害。""那你们找到金矿了没？""我们从事的是基础理论研究，不是具体的找矿工作。我们通过研究知道它是什么类型的矿，它的成矿条件是什么，它的远景、规模怎样。好在它总是会给人类留下些线索，我们的工作就是需要找出这些线索。""很多矿的形成都与岩浆岩有关，比如有些铜矿和金矿属于与岩浆岩有关的亲属关系。你看这张图，这一大片区域有四个重要的矿，这是玉龙铜矿，这是马厂箐铜矿，这是姚安金矿，这就是北衙金矿。科研人员通过研究发现，它们实际上都是'堂兄弟'。""这真是太深奥了。""我们这次工作的主要任务是，通过提取北衙金矿的'DNA'，去判断它的'父亲'是谁和可能在哪里。只有找到了它的'父亲'，我们才知道它是怎样形成的，也只有在知道了它的形成条件和规律之后，我们才可能了解如何到类似的其他地方去寻找新的金矿。"

在完成了第一个973项目后，胡瑞忠敏锐地注意到，相对于板块边缘，板块内部的成矿机制还是全球性难题。于是在2007年至2012年，胡瑞忠又作为首席科学家，以"华南陆块陆内成矿作用：背景与过程"为题，开始了他的第二个973项目的研究。关于这个问题，胡瑞忠告诉笔者：地球由六大板块组成，板块与板块之间的板块边缘有三大类，一是大洋板块俯冲到大陆板块之下的俯冲带，二是大陆板块与另一大陆板块发生碰撞的碰撞带，三是大洋裂解形成的洋中脊。

胡瑞忠解释道：俯冲带、碰撞带、洋中脊都发育了很多矿产，这三大板块边缘的成矿机制，国内外的科学家做了大量研究，所以对这些地方的矿床如何形成、矿床怎样分布、主要找矿标志是什么的认识，已相对清楚，建立起了比较系统的成矿理论和找矿方法体系。但是，板块内部也成矿，而且板块内部的面积比板块边缘大得多，也有很大找矿潜力，但因为研究工作比较薄弱，大陆板块内部（简称"陆内"）如何成矿、表现出什么规律，这些都还难以圆满回答。"如果成矿机制研究不成熟、成矿规律摸不清楚，将制约大陆板块内部的找矿工作。"胡瑞忠说。

我国华南地区，包括贵州、四川、云南、湖南、江西、广东、广西等省区，是全球罕见的世界级多金属成矿域，成矿潜力大，探明的钨、锑、铋储量世界第一，钒、钛、汞、稀有金属储量全国第一，铜、铀、铅、锌、金、银、铂族元素等矿种的储量也名列全国前茅。华南的古生代地幔柱成矿系统、中生代大花岗岩省成矿系统、中生代大面积低温成矿系统，是典型的陆内成矿系统，是国际上研究陆内成矿不可多得的区域。因此，从2007年起，胡瑞忠带领团队，以华南为对象，对陆内成矿的背景与过程，进行了系统研究。

在这个项目实施过程中，胡瑞忠体检时发现脖子上患有甲状腺瘤。所里担心后果严重，立即联系省外医院，经过北京、广州权威医院的复核，确定为良性甲状腺瘤。得到结果的胡瑞忠，立即飞回贵阳，在贵阳医学院附属医院做了切除手术。得到消息的弟弟和四舅一起从湖南赶到医院，在病房门口听到，"胡老师，您不要命了吗？刚做完手术，就要往实验室跑。""没事的，我自己的病自己清楚。"弟弟忍不住冲了进来，"你清楚什么？脖子才动了手术几天，不能回去。听医生的，在医院待着！"看见还有舅舅在场，胡瑞忠耐心地解释道，"我得的不是什么大病，是良性甲状腺瘤，切除了马上就会好的。"弟弟知道，胡瑞忠当时是地化所党委书记、矿床地球化学国家重点实验室主任，手下有十来个研究生，还是973项目首席科学家，科研、教学、管理的繁重任务三管齐下，惜时如金可以理解，也说服不了他。"病情已耽误了好多时间，你们就让我回去吧。"他自认为这不是什么重病，自己身体底子又好，没休息几天，就又带着项目组人员，去野外实地考察了。"我们到野外，就是为了发现问题，为了解决疑惑，大家一定要边观察边思考，多问几个为什么。传统的板块构造理论主要注重板块边缘，比如说洋中脊、俯冲带、陆—陆碰撞带，我们现在要摸清大陆板块内部的成矿规律，为找矿提供方向。"

"你们的研究，除野外考察外，还主要从哪些方面来解决问题？"笔者十分好奇。"在野外考察的基础上，大多数工作，实际上都是在实验室完成的，比如基于分析数据的观测研究，基于计算和实验的模拟研究。"他还特别讲道，"要解决科学难题，技术方法创新很重要，这就是'工欲善其事，必先利其器'的道理。"因此，他主持的这个项目，首先是创新了地质地球化学研究方法。针对要攻克科学问题所遇到的技术瓶颈，他们研发了锆石Hf-O同位素微区原位测定标样、超微细粒金属分离提取技术、锡石微区原位U-Pb定年技术、卡林型金矿单个流体包裹体元素含量测定技术、成矿流体稀有气体同位素示踪技术等新的技术方法，为地球科学研究手段的完善做出重要贡献。

我了解到，他们以方法创新为基础，在解决关键科技问题上取得了重大进展。

他们结合后期的部分研究，建立了多个块体相互作用驱动、陆壳供给矿源、高低温矿并重、成矿面状展布为核心，明显区别于板块边缘成矿机制的陆内成矿新理论，是对矿床学的重要贡献。矿床学国际权威期刊*Mineralium Deposita*创刊55年评选出的55篇最高引用论文中，4篇是胡瑞忠团队关于华南陆内成矿的研究成果。以孙鸿烈院士为组长的国家973项目结题验收专家组认为，这个项目取得了重要创新成果，提出找矿靶区13处，与产业部门合作并经工程验证，实现了找矿勘查的重大突破。研究成果先后获得2018年度中国科学院科技促进发展奖（排名第一）、2019年度贵州省自然科学奖一等奖（排名第一）、2020年度国家自然科学奖二等奖（排名第一）。

5

2011年国务院下发《找矿突破战略行动纲要》，将找矿突破上升为国家战略。通过成矿理论和找矿方法的创新，为找矿突破提供有力支撑，是我国的一项重大任务。低温矿床，指200~250度以下形成的热液矿床。全球的低温成矿省目前主要见于我国华南和美国中西部。因此，在什么条件下才能形成低温成矿省，是全球很具特色的重要科学问题。

华南黔、湘、桂、滇、川等省区，面积约50万平方公里的广大范围内，金、锑、汞、铅、锌等低温矿床广泛发育。在该区探明的锑矿储量，占全球的50%以上，金矿储量约占全国的1/10，汞矿储量约占全国的80%，同时还是我国铅、锌矿的主要产区之一，显示出大规模低温成矿特点，构成华南低温成矿省，是研究大规模低温成矿理论的理想场所。

2014年—2018年，胡瑞忠以首席科学家身份，第三次领衔973项目，即"华南大规模低温成矿作用"。

胡瑞忠组织项目组人员研讨时说，"涂先生是我国低温成矿研究的开拓者，取得重要成果。之前，我主持的'大规模成矿作用及大型矿集区预测'和'华南陆块陆内成矿作用'这两个973项目，也涉及了华南低温成矿的研究，并取得不少进展。但是，总体来说，还有些重要科学问题没有得到很好解决。"

低温矿床很难研究。一是矿床中通常都缺少适合用放射性同位素确定年龄的矿物，很难确定矿床的成矿年龄；二是低温矿床里面的很多矿物颗粒比头发丝还细小，很难测准它们的元素—同位素组成，所以就很难判断成矿金属元素来自哪里；

三是因为不知道年龄和物质来源,从而很难知道究竟是什么动力驱动这些成矿元素聚集在一起形成了矿床。不解决这些问题,就不可能建立起低温成矿理论,会影响高效率的找矿。他们主要针对这三个问题,进行了五年的深入研究。

"可喜的是,最近几年分析测试技术得到快速发展,为解决这些问题创造了条件。"胡瑞忠说,"例如,我们课题组借助显微分析技术,通过矿物非常微细区域的形貌、结构特征观察,新发现了一些微米级大小的金红石、独居石、磷灰石这些含铀矿物,它们满足用铀—铅同位素方法确定年龄的条件,很多证据都证明这些矿物是成矿的时候形成的,虽然它们非常微细,但是可以用最近几年发展起来的离子探针技术,把矿物的年龄精确确定下来,从而准确地确定了华南大规模低温成矿的时代。"

就这样春来秋去,1800多个日日夜夜,似乎在不经意中流逝。多少个夜晚,大部分人都已沉沉睡去,夜幕下,胡瑞忠办公室的电脑屏幕上,莹莹的绿光仍在不断地闪烁跳跃,牵引着全国各地另一头的很多办公室、实验室。日夜不断地交替中,胡瑞忠领导项目组,圆满实现了该项目的预定目标。他们首次发现华南西部金锑铅锌低温成矿省,与东部钨锡多金属高温成矿省是具有成因联系的整体,颠覆了传统认识;确定成矿以后华南自西向东剥蚀程度的增强,控制了目前近地表的矿西部低温、东部高温的空间分布格局;预测低温成矿省深部存在高温钨锡矿,为未来深部找矿提供了崭新方向。

项目结题验收时,评审专家评价:"这是大规模低温成矿作用研究的重大突破,解决了长期悬而未决的问题。"因而被科技部专家组评为优秀项目。要知道,全国各学科领域的所有973项目,结题能被评为优秀的项目,只约占总项目数的1/3。

地化所矿床地球化学国家重点实验室的科研人员发自内心地称赞道:三个973项目,胡老师除吸纳国内其他单位的优秀科技工作者参加外,最大限度地组织了我们实验室的科研人员。他的心里装着每一位职工,总是积极创造条件,为青年科学家搭建施展才能的舞台;总是以自己的行动来营造公平公正、奋发有为、凝心聚力、协力创新的工作环境,在科技创新的同时,大力促进了年轻人才的健康成长;他不仅是这些项目的负责人,更是项目执行的实践者,在整个创新链条上都亲力亲为,为高质量完成项目而呕心沥血。

不容置疑,胡瑞忠三次作为国家973项目的首席科学家,带领团队攻坚克难,为解决关键科学问题,满足国家对矿产资源的战略需求,做出了重大贡献。

学者责任

一个人可能是一个时代的截图，一个面向国际学术前沿、面向国家重大需求的学者是国家的脊梁。

1

胡瑞忠常说：做科研一定要有前瞻性。

中国科学院是国家科学思想库，为国家科技战略决策提供科学依据、引领中国科学技术的发展，是中科院的重要责任。2007年7月中科院决定，面向中国现代化进程，站在国家和全局的角度，开展中国至2050年重要领域科技发展路线图战略研究，预判科技发展大势，凝聚创新方向和目标，提出核心科技问题，明确政策建议。时任中国科学院院长路甬祥作为战略研究总负责人，分18个领域进行，矿产资源领域是其中之一，胡瑞忠以其广博的知识和前瞻战略视野，被任命为矿产资源领域战略研究组组长，负责"中国至2050年矿产资源科技发展路线图"战略研究。

领到任务后不久，胡瑞忠根据战略研究的特点和可能涉及的内容，很快组织了来自8个单位，由战略科技专家、一线中青年专家、情报专家、管理专家组成的15人项目组，召开项目启动会，传达任务要求，集中大家智慧。当天晚上，胡瑞忠拿出自己存放了多年都舍不得喝的美酒，他举起酒杯，"为了国家的资源安全，为了矿产资源科技发展，我敬大家！"

启动会上，胡瑞忠根据自己长期以来的思考，结合与大家交流探讨后的意见，谈了自己的看法："矿产资源是社会经济发展的重要物质基础，开发利用矿产资源是现代化建设的必然要求。我国当下矿产资源产业的基本矛盾，主要表现在两个方面：一是我国对矿产资源的需求量很大，但已探明的很多主要矿产严重短缺，存在很大安全供应风险；二是我国矿产资源找矿潜力巨大，但对矿床的研究、勘查、开发程度偏低，与矿业开发有关的环境问题突出。"针对这一基本现实矛盾，胡瑞忠继续谈到，"通过科技创新，深挖我国矿产资源潜力，提高矿产资源利用效率，缓解我国较多主要矿产严重短缺的局面，保障资源开发与生态环境建设协调发展，是我们解决基本矛盾的主要途径。在这些方面未来如何实现科技创新，是我们这次战略研究的核心。"在这次会议上，他要求大家把中国路线图的研究放到世界科技发展格局中，融入我国未来现代化发展历程，充分体现战略性和前瞻性，以趋势预判未来，团结协作、求真务实，高质量地做出中国至2050年矿产资源科技发展路线图，为国家决策提供依据。

就这样，经过几年的调研、反复交流研讨、多层次征求意见等方式，他们高质量地完成了路线图的研究任务，经中国科学院组织专家评审，《中国至2050年矿产资源科技发展路线图》已由科学出版社出版，明确了我国矿产资源领域的战略需求、重点任务、科技目标、实现途径、政策建议，重点刻画了核心科学问题和关键技术问题。总体体现了方向性、战略性和一定的可操作性。

胡瑞忠领衔完成的这项战略研究成果，为中央决策提供了重要依据并被采纳。习近平总书记2016年在中国科学院第二十次院士大会、中国工程院第十五次院士大会、中国科协第十次全国代表大会（即科技三会）上发表重要讲话，他列举了五个例子谈到我国重大战略科技需要，其中第一个就是矿产资源。这其中凝聚了胡瑞忠等科技人员的心血。

2

根据联合国环境署的公报，从工业化早期、工业化中晚期到后工业化时代，人类利用的金属种类大幅增加。后工业化时代，以往很少被利用的一些"新金属"，都是当今社会的必需品，且安全供应存在高风险，被国际上称为关键金属，主要包括稀土、稀有、稀散金属。因为它们有着极度耐热、难熔、耐腐蚀以及良好的光电磁等独特材料性能，对发展信息通信、先进制造、航空航天、尖端武器等高新技术产业，具有重要战略意义。

近十年来，欧盟、美国、澳大利亚、日本等发达经济体，先后制定了各自的关键矿产发展战略，争夺关键矿产国际控制权。为什么国际上这么重视，胡瑞忠说出了其中的缘由：一是排他性，因为关键金属材料性能特殊，暂时不能用其他金属代替；二是爆发性，因为高新技术产业快速发展，全球对关键金属的需求爆发式增长，预测未来三十年将会增长几倍到十几倍，供需矛盾日益突出；三是战略性，这些金属矿产的全球储量不多，且分布高度不均，例如全球探明的铌储量95%都在巴西，如果巴西不出口铌，其他国家与金属铌有关的产业会寸步难行。

面对激烈的国际竞争形势，作为研究矿产资源的科学工作者，如何保证我国关键金属矿产供应链的安全？胡瑞忠非常焦虑，我国关键金属矿产资源形势严峻：一方面，很多关键金属矿产严重短缺，例如我国铌、锆、铪等金属矿产严重短缺，90%以上都依赖进口，严重影响国家安全；另一方面，一些优势关键金属矿产的传统优势不断减弱，比如稀土的探明储量，已由20世纪90年代占全球70%，降到现在的不足40%，国际话语权逐渐丧失。因此，补"缺"强"优"已是事在必行。

然而，找到新的关键金属矿产、高效利用关键金属矿产，难度都很大。胡瑞忠形象地把它归结为"三难"，并认为这"三难"主要是由关键金属矿产"稀、伴、细"这三个特征决定的，关键金属矿产大多数以元素地壳丰度低（稀）、共伴生产出（伴）和不以大颗粒矿物形式出现（细）为主要特征，客观上存在难聚集、难辨识、难分离的巨大难度，严重制约着对这些矿产资源的找矿预测、精准勘查、高效利用，迫切需要颠覆性的科技创新。

当讲到关键金属元素在矿石中可能以吸附（被吸附在其他矿物表面）、类质同象（占据其他元素的晶体位置）、固溶体（条件变化后，从其他矿物中分离出来）和微小矿物这四种形式（而不是大颗粒矿物）存在时，胡瑞忠发挥科普特长很幽默地说："关键金属元素具有英雄人物的四大特质：与人为善（被吸附）、精诚合作（类质同象）、挺身而出（固溶体）、居功不傲（微小矿物）。因为难得辨识，所以需要慧眼（高新技术）识英雄。"

与翟明国、陈骏、侯增谦等院士一起，胡瑞忠推动了我国关键金属矿产这一重大领域的研究。2019年"关键金属矿产"已列入国家自然科学基金重大研究计划，研究期限八年，2027年结束，胡瑞忠任专家组副组长。"可以预期，再过几年，我国一定能实现关键金属矿产成矿理论、元素强化分离理论的重大创新，实现理论指导找矿的重大突破。"对此，胡瑞忠充满自信。

3

近两年，胡瑞忠的目光又瞄上了低碳能源金属矿产，它同样是国家的重大需求。

胡瑞忠把其中的缘故娓娓道来：全球气候变暖，已成为世界主要非传统安全威胁，减少人为二氧化碳排放是其治理体系的核心。2020年，中国已向世界庄严承诺2030年"碳达峰"和2060年"碳中和"的"双碳"目标。加快推动绿色低碳转型，二氧化碳高排放化石能源（煤、石油、天然气）产业的变革首当其冲，发展低碳清洁能源产业、做好低碳能源对高碳化石能源的逐步替代势在必行。

那么，低碳清洁能源，怎样才能大规模替代高碳化石能源呢？这需要大力发展清洁新能源产业，例如，新能源汽车（锂电池、氢电池、电动机等）、太阳能光伏、聚光式太阳能、风能等，而这些新能源的产生，需要大量锂、钴、镍、稀土、铜等金属。所以，低碳能源金属矿产是指，对低碳清洁能源产业发展具有重大用途的一类矿产。

我国锂、钴、镍、铜等主要低碳能源矿产的对外依存度都大于70%，在世界百年未有之大变局的当今，必须要有底线思维，需要通过自立自强，在我国发现更多的这些矿产，以保障我国的资源安全。

通过系统调研，胡瑞忠发现，对这些矿产，虽然国家以前和当下也有布局，但是还是有很多"漏网"的重大科学问题。所以他建议聚焦这些"漏网"的问题错位布局，设立新的重大专项，开展低碳能源金属矿产的建制化攻关研究。

他提出了"突出优势、突破瓶颈、开拓新局、形成体系"的十六字指导思想。在中科院领导下，经专家论证，形成了新专项的研究框架：在运用新方法、新思路、新路径解决部分传统成矿区带和矿床类型的一些"硬骨头"问题的同时（老树开新枝），主攻成矿新区带和矿床新类型（新树成栋梁）；在攻克制约成矿研究和矿产勘查、利用新技术新方法的基础上，实现低碳能源金属矿产找矿方向—资源增储—高效利用的全链条创新。

那个星期天的晚上，会议室还格外明亮，胡瑞忠在这里组织阶段性学术交流会。听完发言，胡瑞忠说，"这段时间，为保证工作的顺利进行，大家经常加班加点，忘我工作，取得了长足的进步。今天是星期天，大家又加了一天的班，非常辛苦，晚上，我们还在总结这段时间的工作，我知道大家很累。我想起了一句话，不知是谁说的：世界上有两种最耀眼的光芒，一种是太阳，另一种是你努力的样子。在这里，我要为你们点赞，为你们加油！"他用目光与在场的科学工作者们意味深长地对视了一下，"我还要强调几个问题，科研最重要的是严谨，最需要的也是严谨。要注重每一个细节，不论是写立项报告、科研文章，还是工作总结，也不管是科研工作，还是管理工作，都要反复推敲、反复斟酌。要知道，你写的东西不仅仅代表你自己，还代表实验室，代表项目组，代表的是集体。交出去的东西，要确认没有问题。数据对不上，是要出大差错的，这绝对不允许。"

走出会议室，天空已布满了星星。毕献武右手揉了揉左肩，抬起头，做了个拉伸动作。"小心，胡老师又要批评你了，记住，凡事都要严谨。"听着同事们相互打趣，毕献武感叹道，"难怪胡老师申请项目的命中率那么高，就是因为他的严谨。他要么不报，要报就会反复酝酿、斟酌、打磨，从不打无把握之仗。"确实，全室的人员都清楚，胡瑞忠非常自信，当然自信的背后是他强大的知识积淀做支撑，是他对工作的每一个细节精益求精的极致追求。为做好工作，他总是加班，节假日找他，一定要到办公室。他太敬业了，不但要确立整体项目规划、完成自己的科研任务，还得把握每个课题的进展情况、难点和创新点，了解科研人员的思想状况与诉求。

因为该专项是国家已有布局的有力拓展，具有显著的先导性、前瞻性、系统性特征，有望开拓新领域新方向，很可能能够得到新的立项。胡瑞忠说，"这个专项具有很强的探索性，压力很大，但是压力也是动力，我们有信心完成，为推动我们国家低碳清洁能源产业的发展，促进我国'双碳'战略目标的实现，做出我们的贡献。"

胡瑞忠觉得，这辈子为祖国的需要做事，心里踏实。

大家风范

一个人的格局决定人生的宽度和高度。一个有大格局的人，一定是有责任、担当和不断超越自我的人，一定是胸怀大志，有登高望远胸襟和气度的人。

1

1988年3月，胡瑞忠博士毕业，留校在成都地质学院任讲师。当年，地化所的陈新沛研究员，应邀从贵阳到成都地质学院做学术讲座，并宣传动员拟在全国选拔优秀博士，去地化所做博士后研究。地化所的地位在全国同行业中十分重要，涂光炽院士又是地学界泰斗式的人物。怀着对涂先生的敬仰，有着强烈求知欲望的胡瑞忠，于1989年1月从成都来到贵阳，在三位合作导师涂光炽、于津生、李朝阳的指导下以同位素地球化学和矿床地球化学为方向，在地化所同位素地球化学研究室从事博士后研究。

因为发展的需要，1987年开始，地化所先后有200多人搬迁去广州，设立地化所的广州分部（1994年，广州分部从贵阳总部独立出来，成为现在的中国科学院广州地球化学研究所），目的是要在改革开放前沿阵地开个"窗口"，来推动地化所更好、更快地发展。胡瑞忠来到地化所不久，同位素地球化学研究室就整建制从贵阳搬迁到了广州分部，但矿床地球化学研究室仍一直在贵阳。所以胡瑞忠的博士后工作，也是一所两地，在贵阳和广州交叉进行。

1991年，胡瑞忠博士后出站。地化所广州分部的家属楼还在施工中，房少人多，一房难求，科技人员多住在棚户区的小平房。导师于津生，是同位素研究室主任，求贤若渴，动员胡瑞忠留在广州工作，广州分部所领导特别支持，特事特办，在分部院子里大家羡慕的"黄楼"，按正式职工待遇给胡瑞忠分配了一套住房。

中科院重视青年人才培养，要求所属的各个院重点实验室（当时称中科院开放研究实验室），都要配备一名35岁以下的副主任。地化所贵阳总部这边，认为当时32岁的胡瑞忠是最合适的人选，邀请他博士后出站后留在贵阳，担任地化所的中国科学院矿床地球化学重点实验室副主任。胡瑞忠左右为难，心里在落后和发达地区之间做选择。胡瑞忠很多广州朋友劝他，"大家都从贵阳往广州走，哪有从广州逆行贵阳的？"知道广州分部的安排后，涂光炽、李朝阳和时任地化所所长欧阳自远都给胡瑞忠做工作，"矿床地球化学重点实验室很需要年轻人才，我们还是希望你留在贵阳工作。"

是啊，对主要从事矿床地球化学研究的科技工作者来说，地化所的确是个好的舞台，老一辈科学家立足贵阳，创造了许多矿产资源研究的辉煌业绩，名声在全国也是响当当的。胡瑞忠心想，"涂先生、欧阳老师和李老师，不也都是因为国家需要，从北京来到贵阳了吗？""贵阳虽然生活条件艰苦些，但是做矿床研究还是有优势。"经过激烈的思想斗争，他向于津生做了思想汇报，得到了于津生的理解和支持。

就这样，胡瑞忠放弃了在广州的工作机会，选择留在贵阳。他妻子刘莉，大学毕业后分配在成都地质干部学院当老师，对胡瑞忠的选择有点不解，广州不留，成都不去，偏偏选择贵阳，真不知图个啥。不过埋怨归埋怨，最后还是跟随胡瑞忠，把户口从成都迁到了贵阳。

1994年，父母亲坐火车到贵阳儿子家，非常纳闷，怎么一路上看到的都是石头山，粮食是怎么种出来的呀？"瑞忠啊，俗话说，人往高处走，水往低处流，你为啥选择在贵阳呢？""国家在贵阳设立研究所，是有道理的，我研究的东西与地化所很吻合，所以选择留在这里。再说了，都不想在这些地区工作，这里的事谁来做呢？"胡瑞忠说服了父母。

胡瑞忠在地化所兢兢业业，快速成长，取得的成绩得到大家高度认可。1993年初，年仅34岁的他，被中国科学院破格晋升为研究员（教授），获得国务院政府特殊津贴、中国科学院青年科学家奖；1994年荣获中组部、国家人事部和中国科协颁发的"中国青年科技奖"，被评为"贵州省十大杰出青年"；1995年被批准为博士研究生导师。

胡瑞忠事业心强，顾全大局，只要组织需要，甘愿做逆行者。现在看来，胡瑞忠的选择是正确的，他在贵阳不也照样闯出了一片新天地吗？另一方面，贵州近十来年得到了快速发展，生态好、百姓富、交通发达的"爽爽贵阳"，已成为一张靓丽的名片。胡瑞忠希望，能有更多的有志者参与到西部建设的行列中来。

2

1995年11月，时任矿床地球化学重点实验室副主任的胡瑞忠，受国家留学基金资助，赴英国曼彻斯特大学，从事矿床稀有气体同位素地球化学研究。导师是国际著名地球化学家Grenville Turner教授，他是用稀有气体同位素研究矿床的鼻祖。

1996年初春，在伦敦帝国理工学院读博士的地化所研究员张兴春接到胡瑞忠从曼彻斯特打来的电话，"科技部在组织对国家、部门重点实验室的评估工作，涉及我们实验室。这事很重要，关乎实验室的发展。我总觉得心里不踏实，时间紧任务重，我想赶回所里尽点微薄之力。"张兴春了解胡瑞忠，知道他一向很有担当，把实验室的荣誉看得很重。

就这样，胡瑞忠主动从英国回贵阳了一个月，为迎接科技部对实验室的评估做准备。"丢弃"自己在曼彻斯特大学刚上手的研究，告别刚去英国陪读的妻子，自愿独自回国做公家事，需要多么强大的责任心和家国情怀啊。

一回到所里，胡瑞忠便马不停蹄地开始忙碌，协助实验室主任准备评估工作。但是，天却不遂人愿，事也不如人意。由于一批人去了广州，且1994年已独立于地化所，实验室的科研实力有所减弱，加上分所等原因，出现了人才不稳定等问题，实验室还是没能摆脱被评为C类的命运。

评估结束后返回了英国的胡瑞忠，得知这一消息，心情非常沉重。胡瑞忠留学期满后，许多人劝他继续留在国外，北京、广州等地也向他抛出了橄榄枝。何去何从？他觉得自己只能认一个理：这么多年来，正是党和国家的培养，我才取得了一些成绩，现在所里遇到了这么大的挫折，需要我，我不能只管自己，不顾实验室的生存，不顾那么多职工的期盼。我得尽自己的最大努力，为重振实验室雄风做贡献！他当然知道，实验室被亮了"黄牌"，前行之路是多么的困难。

胡瑞忠曾于1992年、1995年和2002年先后去新西兰、英国、美国留学和合作研究，每次都是按时回国。在新西兰时也一样，当时对方曾答应他可以留在新西兰从事同位素地球化学研究，但他也一样义无反顾地回到了贵阳。他说："在祖国做事，心里更加踏实。"1997年，胡瑞忠获得国家教委和国家人事部颁发的"全国优秀留学回国人员奖"。

1997年6月，38岁的胡瑞忠被任命为地化所副所长并当选所党委副书记，分管矿床地球化学重点实验室。1999年担任该实验室主任。这期间，正是实验室的低谷期，面临"两少一差"的严峻局面：一是经费少，被评为C类实验室后，科技部和中科院停拨了实验室运行经费；二是人才少，许多科研人员纷纷跳槽，当时全室科研人员中有博士学位的仅剩2人；三是环境差，一些科研设备搬往广州，实验支撑条件很不理想。看到这种情况，胡瑞忠明白，虽然实验室基础雄厚，但是一部分人去了广州后削弱了力量，而且管理上确实存在许多疏漏。所以，实验室要发展，拾回往日辉煌，就必须痛下决心，大刀阔斧地改革。

胡瑞忠想着"要为实验室的荣誉而战"，脑海里不停地思考着如何改革。经与班子成员、实验室人员共同研究，他提出抓住重点，多管齐下促发展的路径，一是加强人才队伍建设：在感情留人事业留人的基础上，针对培养、引进、稳定人才三方面的堵点，分别采取特殊政策，三头并重聚人才；二是加强研究平台建设：多途径争取经费，建立有实验室特色的分析测试和实验模拟体系；三是改革科研组织形式：围绕主攻方向，在实验室设立项目群，组织协力创新团队，避免研究工作碎片化，致力重大成果产出；四是加强国内外学术交流与合作：1999年任室主任后，在涂光炽的支持下，启动了"全国成矿理论与方法学术讨论会""低温成矿作用国际学术讨论会"两个重要的系列性全国、国际学术研讨平台，活跃学术气氛，扩大研究视野，推动国内外矿产资源研究；五是加强创新文化建设：积极营造"艰苦奋斗、和谐奋进、科学民主、爱国奉献"的创新文化和"敢为人先、严谨治学"的科学精神；六是加强制度建设：制定、完善各类规章制度，以制度规范科技人员行为，激发科技人员积极性，推动实验室高效有序运行和发展。

人是发展的第一要素，改革的重点首先要放在加强人才队伍建设上。"我们采用组合拳方式培养人才，一是由所里设置专项基金，凡是符合条件的科研人员不用申请便可获得安家费、科研启动费，享受优惠住房、特殊津贴等；二是所里与国外有关单位达成联合培养协议，对那些愿意出国，并熟知地化所文化、研究领域并有发展潜力的年轻科研人员，所里就送他们到国际一流学校、研究所去学习和工作一两年，支持他们拓展国际视野，带着新的理念，回所参与科研项目，提升科研能力。""启动两条路并行的吸引人才政策，也就是说我们的政策既要能引进外来人才，也能稳定现有人才，主要是实施所内人才计划，让本地成长的优秀人才享受外来优秀人才的同等待遇，而不是仅仅让外来和尚来念经。"

俗话说万事开头难，但开了头，难事还是一桩接一桩。为了重树科技人员的信心，激励科技人员奋发图强，胡瑞忠在实验室组织开展了"矿床地球化学事业展望"的系列性主题活动，请德高望重的老科学家讲艰苦创业的辉煌历程，向老师们学习请教，与青年科技人员交朋友，提升团队的凝聚力、向心力、创新自信心。几年来，实验室在人才队伍建设、平台建设、科学研究、创新文化建设、国内外交流与合作等方面取得重大进展，科技人员的精神面貌也发生了很大变化。

终于，在2000年中国科学院组织的重点实验室评估中，实验室被评为资源环境领域6个A类实验室之一，首批进入中国科学院创新基地。

在中国科学院的大力支持下，实验室进一步加快了建设步伐，2004年在中国科学院地学和空间科学领域17个国家、院重点实验室的评估中，取得了第3名的可喜成绩，名次超过大多数国家重点实验室，再次被评为A类实验室。

胡瑞忠很是欣慰，他和地化所，特别是矿床地球化学重点实验室人员的努力没有白费。十年磨一剑，实验室在无区位优势的条件下，取得明显进展：形成了一支规模适当、知识和年龄结构合理的优秀科技队伍；获得的国家自然科学基金项目，稳居全国同领域第一名；领衔主持了全国同领域最多的国家973项目；主持取得了包括获国家自然科学二等奖在内的一系列重要科研成果。这些进展，不仅为实验室的发展奠定了良好基础，也为国家的科技和经济社会发展做出了重要贡献。

为了实验室的进一步发展，在深思熟虑后，胡瑞忠认为实验室申报国家重点实验室的时机已成熟，便将想法向涂光炽院士汇报，得到涂先生的大力支持。胡瑞忠立即召开实验室研究员会议，共同反复谋划申报国家重点实验室的方案。他亲自部署，亲自撰写立项报告，亲自制作建设答辩的每一张PPT。胡瑞忠在那个时候很少有凌晨2点钟前睡觉的，很多时候做梦都在想着方案里的细节。

经过一年多的努力，在激烈的国内竞争中，该实验室的建设报告，在2006年获得了国家科技部的批准，该实验室晋升为矿床地球化学国家重点实验室，并于2008年顺利通过了科技部的建设验收。

科技部评估专家组认为：该实验室基础雄厚、成果突出、研究特色明显、研究力量整齐、管理有序、设备先进，具有持续创新能力。这个曾经在1996年被亮"黄牌"的C类部门重点实验室，在胡瑞忠的带领下，付出了常人无法想象的艰辛，晋升为国家重点实验室，终于走出困境，插上了腾飞的翅膀。中国科学院党组以此事为典型例子，邀请胡瑞忠在青岛召开的全院会议上，做了由弱到强、自立自强的大会报告，介绍实验室的建设和管理经验。

胡瑞忠常把"古话说得好，千人同心则得千人之力，万人异心则无一人之用"挂在嘴边。他说："团队精神非常重要，只有发挥集体力量，我们才能克服地处西部的区位劣势，把实验室做强、做优。"

"胡老师看重集体荣誉，看重集体精诚合作，为了集体宁愿牺牲自己的利益；他知识面广，逻辑思维能力强，善于抓重点，善于把握大局。""他对同事非常亲和，做事公平公正，下级有时敬他的酒，他也生怕喝不完对不起大家。""他不谋私利，有很强的凝聚力。"矿床地球化学国家重点实验室常务副主任毕献武如此说。

3

在胡瑞忠的心里，国家的事、研究所的事、群众的事就是大事，相比之下，个人的事是微不足道的。

2008年，为改善职工住房条件，地化所所务会和所党委决定，在地化所家属区，修建两栋30多层高约400套的集资住房，面积最小的105平方米，面积最大的160余平方米，命名为中科嘉园。

中科嘉园紧邻贵州省委和贵阳最好的初中——贵阳第十八中学，依山傍水，地段优越。职工集资每平方米单价是2300元，当时的市场价每平方米是7000元左右，由于利益丰厚且房源有限，职工们争抢得非常厉害。当时所里为了缓解集资房紧缺的压力，同意一批老同志可回购释放的房源。

所里根据工龄和职级分配中科嘉园，按照胡瑞忠的工龄和职级，他不仅可以分到房子，而且选房条件非常优越，加上他们夫妻双方的父母年事已高，非常渴望能改善住房条件，住上电梯房，以免受爬楼之苦。

但胡瑞忠毅然决然地放弃了集资房和回购房。他的做法家人难以接受，他耐心地说，"我们现在住的房子虽没有电梯，但还比较新，能够住下就行。""我是所里的党委书记，我们不要这次的集资房，我就能更好地做思想工作。所里稳定最重要。"

胡瑞忠积极跟大家做疏导工作，尤其是作为所领导主动放弃名额的这一举动，触动了很多职工。渐渐地，到所里分房办公室吵闹的人少了，大家不再争抢，选房分房变得井然有序。中科嘉园分配方案落实后，胡瑞忠是当时地化所同年龄段人员，甚至比他年轻十几岁的学生辈中，唯一一家只有一套住房的职工。

之后几年，贵阳市房价飙升，中科嘉园的房子一度涨到每平方米约2万元。有人问胡瑞忠后不后悔当年的决定，胡瑞忠说，"不后悔，虽然我家里在经济上受了比较大的损失，但对稳定当时研究所的大局确实是很重要的。这些年来，我们所的发展势头越来越好，这是我最欣慰的。"

感叹之余，笔者问胡瑞忠："你在研究所担任副所长、党委书记、所长的时间长达22年，你觉得在管理上最让你骄傲的几件事是什么？"他略加思索后，讲了四件事。一是以涂光炽先生为首的老一辈科学家为地化所奠定了良好基础，提升了自己领导研究所创新创业的自信和勇气；二是在西部比较困难的条件下，建成了一支年龄、知识结构相对合理的优秀科技人才队伍，因此也获得中国科学院"十二五"人事人才工作先进集体，是中科院100多个研究所受到表彰的10个单位之一；三是在以往环境地球化学国家重点实验室的基础上，建成了矿床地球化学国家重点实验室，使地化所成为中科院各研究所中拥有两个国家重点实验室的少数单位之一；四是在贵阳观山湖区，建成了环境优美、国际一流水平的地化所新研究园区，工作条件得到很大改善，为研究所的可持续发展提供了有力支撑。"团结一心，其利断金。所有的成绩都是大家共同努力的结果。"胡瑞忠说。

胡瑞忠不仅是位杰出的科学家，也是一位优秀的科技管理专家。

作为在国内外有着重要影响的著名矿床学家和矿床地球化学家，胡瑞忠为现代矿床学研究方法、金属矿床成矿与预测、矿产资源发展战略研究做出了杰出的贡献。他发表SCI论文270余篇，出版专著10部，论著被广泛引用，获得了许多奖励和荣誉，他却谦虚地说，"我们取得了一点点进步，我觉得这个进步是在前人肩膀上的进展，如果没有前面的工作进展，后面的工作取得进展是不可能的。"

　　如今，即使是节假日，胡瑞忠的身影依然时常出现在自己的办公室或实验室内，日复一日地破译着矿床的密码，以咬定青山不放松的韧劲，面向国家重大需求和国际科学前沿，一步一个脚印坚定地走着。

一生求索为国计

——记我国现代水利电力先驱许肇南

◆ 席宓禾

许肇南　（1886.12.12—1960.12.26）男，名先甲、光祖，又名夐，字肇南、少兰、少南、绍南，号石枏，汉族，贵州贵阳人。贵州省第一位赴美留学生，我国现代水利电力先驱，水利工程教育家，我国最早的电气工程师之一，中国古文字学家，中国同盟会会员，革命志士。

自贵阳私塾启蒙，到四川高等学堂、日本宏文书院、美国伊利诺伊大学、威斯康星大学、哈佛大学，为其主要求学经历。许肇南一生奔波辛劳，历任中国留美学生会会长、河海大学校长、南京下关电灯厂厂长、鄱（阳）乐（平）煤矿矿长、中山大学教授兼广东省省长秘书、宜昌海关监督署监督兼征收产销物品内地税局局长、上海市文史研究馆首批研究馆员、我国第一份科技期刊《科学》的经理员等。因劳绩卓著，曾荣膺当局颁发的五等（1916年）、四等（1919年）和三等（1920年）嘉禾勋章褒奖。

"贵州省第一位赴美留学生""辛亥革命后南京第一所公立高等学校第一任校长""培养出我国现代最早的一批优秀水利工程专家""创建中国第一座自行设计、自行施工的火力发电厂"……在许肇南先生有关的文献资料中遨游，有两个字一直浮现在脑海——先驱。

肇，有"初创""开端"之意，与"先""甲"等词旨意相近，而这些词都与同一个人有关。人如其名，纵观许肇南一生的实践，也可得到有力的印证。

以贵阳私塾启蒙为起点，他的足迹行至四川、日本、美国、南京、江西、广州、湖北、北京、上海，生命的终点定格在上海，那是1960年的冬天，他刚过完74岁的生日不到半个月。

几十年的东奔西走，在许肇南的身上浓缩为四个字：一心救国。

探寻"科学""实业""教育""文化"等救国道路，他矢志不渝，为此付出了多少艰辛？不畏跋涉的这股子闯劲从何而来？是信念、信仰，亦是贵州大地对他的源源不断的滋养。

贵阳

位于贵阳市文昌南路至护国路之间有一条老街，名指月街（巷），因明代卫指挥佥事许善所的祖宅"指月堂"而得名。如今，许氏老宅早已不见踪迹。但有关它的记忆却保留了下来。

1900年，贵阳指月街许氏老宅迎来三个陌生的"客人"，一个妇女带着两个儿子。妇女名谭扬秀，是贵州清镇人；两个孩子中，小的那个叫许肇南，时年4岁。

他们从四川巫山县而来。父亲许尧父官任巫山县县令，不幸英年罹难，许肇南一家人原本安定无忧的生活被打乱。

老家在贵阳，在巫山可以说举目无亲，无依无靠，仅凭一己之力能否把两个孩子抚养长大？谭扬秀有些担忧，最后还是决定回贵阳定居。

不料，回到贵阳的第四年，贵州白喉病大流行，许肇南和哥哥均染疾。一天上午，哥哥病危，不幸夭折；当天下午，胡姓亲戚来访，见状告知有特效草药，于是差人飞马前往某行善施药处取回了草药，救得许肇南一命，时年许肇南8岁。

命悬一线，真的万分惊险。

失去至亲的悲痛一直萦绕在这对孤儿寡母心头，对他们来说，命运是无情的，时间是苍白的，在无所依靠的世间，唯一能依靠的只有自己。

　　孩子渐渐长大，眼看着到了读书识字的年纪，谭扬秀四处打听教书先生，想让孩子接受良好的教育，将来能有一番作为。

　　能够拜贵州毕节世家路幼清老先生为师是许肇南的幸运。这个世家的背景不简单，据贵州地方志等有关史料记载，从清康熙年间到清朝末年，毕节城郊德沟的路氏家族代代都有人考取举人，并有着"一门五进士，三代三翰林"的辉煌历史。北洋政府总统徐世昌系毕节世家路朝霖妻侄。路朝霖还曾任光绪帝的老师，光绪帝因此赐匾赞誉："朝中多进士，天子是门生。"

　　入路家私塾，许肇南十分勤奋，不数年即精通古文诗书，令路幼清老先生十分喜爱，后来，还将自己的女儿路彬（字淑娟）许配给了他，可谓当时的一段佳话。

　　据《乐嘉藻日记》所记，路彬"贤淑而有见识"。

　　乐嘉藻何许人也？乐家与许家有何关联？乐嘉藻是贵州黄平人，清同治年间随家"避乱"移居贵阳，1893年中贵州乡试举人，曾参加著名的"公车上书"。乐嘉藻比许肇南大十九岁。乐嘉藻的侄子乐森璕（字伯恒）与许肇南是第二届庚款官费留学美国的同一期学生。1933年6月，乐嘉藻所著《中国建筑史》，正是在许肇南夫妇鼎力资助四百元经费的情况下才得以在武林（杭州）付印出版。

　　在那个年代，读书人的出路不外乎"科举而进仕途"，一开始，许肇南也为此准备着。在路家私塾寒窗苦读六七年，未来何去何从呢？十五六岁的许肇南开始思索。

　　正当时，中法战争"战胜而败"的信息映入他脑际，中国在前线虽然打了胜仗，但是清廷却与法国签订了一个屈辱的条约，割地赔款之辱让许肇南看到了当时清政府统治机构的腐朽和无能，年轻气盛的他感到失望。

　　1898年6月，以康有为、梁启超为代表的维新派人士通过光绪帝进行倡导学习西方，提倡科学文化，改革政治、教育制度，发展农、工、商等的资产阶级改良运动，史称戊戌变法，又称百日维新、维新变法、维新运动。这是一次具有爱国救亡意义的变法维新运动，是中国近代史上一次重要的政治改革，也是一次思想启蒙运动。对于身处贵州贵阳的许肇南来说，"维新"与他的志向似乎更为契合。

　　维新运动中有一项内容叫"科举考试废除八股文，取消多余的衙门和无用的官职"。而许肇南直接放弃了参加科举，他决定实践"维新"的主张，以寻求国家救亡图存之方。

维新运动提倡"开办新式学堂吸引人才",但那时,贵州省未能开设新式学堂。听说四川省城新成立了"四川省城高等学堂",许肇南喜出望外。

1903年,17岁的许肇南辞别母亲谭扬秀,翻山越岭只身前往成都,进入四川高等学堂,开始受到西方先进的自然科学和民主思想的影响。

由黔入川,许肇南的西学之旅正式开启。

四川

"以中国经史之学为基础,俾学生心术壹归于纯正,而后以西学瀹其智识,练其艺能,务期他日成才,各适其用,以仰副国家,造就通才,慎防流弊之意。"这是四川高等学堂第一任校长(当时称总理)胡峻的教育方针。

这样的教育理念是很合许肇南胃口的。"通才"之追求,是为救国之需要,而且对于当时的中国十分迫切。

1902年,由四川中西学堂和尊经书院、锦江书院合并创建四川通省大学堂,后朝廷又规定除京师大学堂外,各省一律称"高等学堂",于是年底改名为"四川省城高等学堂"。这便是今天四川大学的前身。

在新式学堂,许肇南接触到了制造坚船利炮所必需的数、理、化知识,他如饥似渴地汲取营养,但因学堂所聘教师是日本人,语言上的隔阂,导致他学习十分吃力,进度慢,而且所获不多。

这让他又萌生了去日本求学的念头。

"不允!"作为许家的"独苗",母亲谭氏哪里舍得。

谭扬秀不知道的是,儿子在新式学堂除了学习西方先进知识外,还受到了民主主义革命思潮的熏陶。

在校期间,许肇南与同学卢师缔(后来在孙中山大元帅府中任军长)、吴玉章(后来的"延安五老"之一、新中国教育的开拓者、中国人民大学创始人)等人交往密切,并秘密集体参加了孙中山领导的中国同盟会。当时孙中山派熊克武回四川建立分会。

《时务报》是当时维新派最重要的、影响最大的机关报,也是许肇南了解时政的必读报刊之一。逢学校放假,许肇南将日常所读资料带回了贵阳家中。母亲谭扬秀收拾儿子房间时，发现许肇南所读竟是宣传革命的书籍和鼓吹立宪的《时务报》等，吓得她赶紧拿去灶房里付之一炬。

"那是要砍脑壳的！"母亲警告他。

"不看可以，除非你同意我去日本留学！"许肇南借机又向母亲提了东渡的事。

谭扬秀心软了。她思量许久。

"好吧！但是有个条件，你得带上我和路彬！"

不多久，许肇南一家便踏上了前往日本的渡轮。

日本

1906 年，许肇南如愿以偿，"取经"日本宏文书院。

宏文书院，原名弘文学院，因为乾隆皇帝本名为爱新觉罗弘文，为避御讳，遂改名宏文书院，这是日本最早专门接受中国公派留学生的学校。

伴随着中国近代第一次留学热潮，宏文书院成为中国近代留学日本热潮中创办较早、接收留学生人数最多、影响最大的一个中国留学生特设教育机关。鲁迅在内的大量中国近代名人在此学习过。书院设有本科，学制三年，第三学年分文科和理科。除了一般学科外，还教授日语，另设各种速成科，如速成师范科、速成警务科、速成理化科、速成音乐科等，学习周期分为六个月、八个月和十二个月。

宏文书院创办者嘉纳治五郎，一直热衷于教育事业，并通过长期的教育实践，形成了一套独特的近代教育理念。宏文学院正式成立后不久，嘉纳治五郎还进行了为期三个月的中国教育考察之行。

在宏文书院，许肇南主要学习了日语、英语和科学知识。

夫人路彬游学日本，主要学习了绘画艺术。

母亲谭扬秀更多的是为他们料理家务。

这样举家留洋的，或许并不多见。不仅如此，许肇南还举家参加同盟会在日本的集会，全家人现场聆听孙中山的演说。

"中国推翻专制以后应该走什么道路？开明专制化呢，还是民主政治？……既然要流血就干脆流一次血，不要再流第二次了。"这是1906年孙中山在日本东京留学生欢迎大会上发表演说中的片段。

中国留日学生到1905年已增至8000人，革命倾向日趋强烈。据史料记载，1905年11月，日本文部省颁布《关于清国人入学之公私立学校之规则》。日本政府应清政府要求力谋加强对中国留学生的管束。日本文部省就曾训令各有关学校校长，声称清国人在本邦留学者愈来愈多，其中可能有人议论本国政治，举动不当，担任教养清国留学生之职者必须深刻注意此点，使彼等不失学生本分。《规则》颁布后，激起中国留学生的强烈反对，继而引发了中国留学生退学潮。

"怎么办？日本恐怕是待不下去了，可是学业尚未达到自己规划的目标，怎么能半途而废？"也许是受到孙中山留学美国的影响，许肇南决定只身前往美国继续求学，安排母亲和妻子返回中国。

日本政府对中国留学生的歧视政策越演越烈，至1909年7月，宏文书院因中国留学生退学潮而关闭。而此时，许肇南已经在美国研究机械工程科学了。

美国

1908年5月，许肇南赴美就读于伊利诺伊大学机械工程系，成为贵州省第一位留学美国的学生。

1909年，美国退还"庚子赔款"所多收的"余额"，限清廷选派游美学生之用。

1910年，许肇南回国，戴假发辫进出考场冒死考取第二届"赔款游美官费生"，与胡适等143名考生取得第二届清华公费生资格，再度赴美深造。他先入威斯康星大学攻读电机工程，获得该校学士学位及电气工程师职称，后又入哈佛大学攻读工业经济和经营管理。

1909年2月《东方杂志》上刊出了许肇南所撰《游美略说》，介绍游美的费用、资格、护照、旅费、置衣、通信、年限等信息。

在二次赴美途中，许肇南向同行的65位（另外有4人亦回国考取了原留美自费生）初次出洋赔款学生热情、详细地介绍了美国的情况，指导他们选择专业和学校，帮助他们迅速适应新环境，为以后的学习和研究打下了良好的基础，这批学生中包括竺可桢（气象学家，中国科学院首任副院长）、钱崇澍（雨农，我国现代植物学泰斗，中国科学院植物研究所首任所长）等众多我国科技界、教育界的老前辈。

在横渡太平洋的轮船上，许肇南便倡办《留美学生年报》（后改为季报），并首先著文《敬告同学》：爱国，自尊，尽责，笃学，探本，强毅。又译《曹君云祥（后任清华校长）致友人书》"以裨益初来和未来之留美同学"。更发表《遣派赔款留美学生办法管见》一文，建议留学生在国内读大学一、二年级，出洋读三、四年级及研究生，以提高效率和节约经费，被当局采纳，遂有"清华留美预备学校"上列学制之设（一直沿用到1929年）。但他不赞成仅由"清华"学生中考选留学生，而主张面向全国公私各校，择优录取，此建议亦被接受，而有"清华专科生"（即其他学校毕业而考取赔款公费者，如茅以升等）之出现。

留美期间，许肇南深受同学们的欢迎和拥护，被留学生推选为中国留美学生会会长。又与杨铨（杏佛）、任鸿隽、胡敦复、胡明复等共同发起，在康奈尔大学成立了"中国科学社"，以"联络同志、研究学术，以共图中国科学之发达"为宗旨，致力于"提倡科学，鼓吹实业，审定名词，传播知识"。许肇南还担当起"中国科学社"主办的我国第一份科技期刊《科学》的经理员。

这一干有识之士后又组织成立"中国工程师学会"。这两个组织后来均移回国内，成为推动中国科学文化传播的重要民间组织。

获得学士学位后，许肇南主动放弃了对硕士、博士学位的攻读，在他看来，掌握企业的建立、组织、管理及经营方法，在当时更为迫切。

留美期间，许肇南曾到美国通用电气公司所属的斯坎奈克塔底工厂中实习，和美国工人一起打铁、进餐，在电机制造的理论和实践上积累了丰富的经验。

通用公司看中了他的才干，在他哈佛大学即将毕业之际，拟以重金聘任他为远东总买办。许肇南婉言拒绝了，他自留学之时便已打定主意，学有成即归华，报效祖国。

1914年，即将留学毕业归国的许肇南多次拜访了同在美国留学的胡适，两人相谈甚欢，胡适还为许肇南作了一首诗赠别。这在公开出版的《胡适留学日记》中有记载：

许肇南（先甲）远道来访，连日倾谈极欢。肇南将归国，作诗送之：

秋风八月送残暑，天末忽逢故人许。

烹茶斗室集吾侣，高谈奕奕忘夜午。

评论人物屈指数，爽利似听蕉上雨。

明辨如闻老吏语，君家汝南今再睹。

慷慨为我道出处，"不为良相为良贾。

愿得黄金堆作坞，遍交天下之才谞。"

自言"国危在贫窭，衣食不足士气沮。

室惟四壁尘生釜，饿殍未可任艰巨。

能令通国无空庾，自有深夜不闭户。

诸公肉食等狐鼠，吾曹少年国之主。

责人无已亦无取，宜崇令德慎所树。

愿集志力相夹辅，誓为宗国去陈腐，

譬如筑室先下础，纲领既具百目举。"

我闻君言如饮醑，投袂欲起为君舞。

君归且先建旗鼓，他日归来隶君部。

南京

1914年，许肇南归国，满载学习的收获，以期有所作为。

那时，维新、立宪派状元、"东南实业领袖"、江苏教育会副会长张謇（季直）出任北洋政府农商总长兼全国水利局总长，正计划治黄导淮，疏浚大运河，开垦苏北滨海盐碱滩地，虽然多次聘请荷兰水利专家方维因(Van der Veen)和美国工程师等查勘，但仅得些原则性报告，深感大量培养本国水利人才之必要。

1915年，因袁世凯接受日本提出的"二十一条"部分要求，同时不满袁世凯公然复辟帝制的做法，张謇愤然辞职，准备继续发展实业与教育事业，但又苦于无技术人才相助。

许肇南便前去拜见张謇，向他提出设立河海工程专门学校的建议，以培养我国水利工程专业人才。这与张謇任全国水利局总长主持全国水利工作时的想法不谋而合。随后，张謇出面向当时的冀、鲁、苏、浙四省当局筹得银洋四万元，作为学校的开办费，校址暂设南京城北丁家桥江苏省咨议局。

于是，我国最早的专为培养水利工程人才的高等学府——"全国水利局河海工程专门学校"（1924年后改称河海工科大学，1927年并入中央大学，即今河海大学前身）得以成立。

学校聘前江苏教育司司长黄炎培，前都督府秘书沈恩孚为筹备正、副主任，并于1915年1月9日正式委任许肇南为"校主任"（时年28岁，1919年12月起改称校长），以拟定校章、校课、校费、校员，编写《设校旨趣书》。

同年2月7日，河海工程专门学校到直、鲁、苏、浙四省火热招生。

同年3月15日，河海工程专门学校正式开学，成为辛亥革命之后南京第一所招生开课的公立高等学校。

许肇南在《设校旨趣书》中写道："夫教育之道，贵定方针，凡百设施始有准的。此校之立所为教育方针者三：一是注重学生道德思想，以养成高尚之人格；二是注重学生身体之健康，以养成勤勉耐劳之习惯；三是教授河海工程必需之学理技术，注重实地练习，以养成切实应用之智识。"

许肇南认为，"于教员则必求其富有工程经验而热心教育者"，于是，河海工程专门学校延请了从德国留学归来的李协（我国著名水利工程专家）为教务部主任，聘留美学者许大雄、沈祖伟（"河海"第二任校长）、顾维精（后任交通大学教务长）、杨孝述（"河海"第四任校长）、张谟实（后任浙江大学教授）、刘梦锡（后任中山陵监修工程师）等为专科教师，许肇南自己则亲自教授英文、经济、簿记、实业经营等课程。

河海工程专门学校初建四年间，被迫三易校址，却仍以大部分开办经费由欧美购置专业书籍及大批仪器、设备，并相继建立起图书馆、物理试验室、化学试验室、测量仪器室、水力实验室、材料检验室、（图画及模型）陈列室、地质矿物标本室、测候所等。

靠着满腔报国志，许肇南带领"留学生们"白手起家，创建起了完全依靠本国人才的中国第一所工科大学。

当时的河海工程专门学校，十分重视学生综合素质的培养。每周都举行演讲会，演讲者既有校外的社会名流，也有校内的各科教席。演讲的主题包罗万象，不局限于工程技术，有哲学、文学、艺术、风俗等，可以是学科介绍，也可以是观感或漫谈。

这种演讲对"河海系"的学生影响很大，一方面开拓了眼界，活跃了思想；另一方面学习了知识，培养了思维。

许肇南办事注重速度，讲究实效，在创办河海工程专门学校之初，教学使用的是英文教科书，有外文教材四十余种，教师授课也大都使用英文，在学习和掌握科学知识的同时，学生的外语能力迅速提高，给学生开阔视野提供了极大的帮助，对于世界范围内新思想和新文化的传播打下了坚实的基础。

同时，许肇南鼓励和支持各教员编写中文教材。当时所聘教师、职工极少，但几乎各人都独当一面或身兼数职，批改作业及辅导自习均由任课教师亲自进行。

在全体教师、职工的努力下，河海工程专门学校于1917年春就培养出了我国现代最早的一批优秀水利工程专家，如汪胡桢（佛子岭水库总指挥、三门峡水库总工程师、中国科学院学部委员、北京水利水电学院院长、水利电力部顾问）、须恺（中央人民政府水利部总工程师）、陆克铭（指导抗美战争中的越南克服洪水灾难，受到胡志明主席亲自嘉奖）等，为我国的水利工程教育和现代水利事业奠定了基础。

1917年冬，许肇南创办了我国最早的水利科技期刊——《河海月刊》和《河海周报》，依托河海工程专门学校的教育资源，通过搭建学术科研探究阵地，在校园内营造出浓厚的学术氛围，对当时的科学界也产生了积极的影响。

1915年至1921年，在担任河海大学校长期间，许肇南克服种种困难，苦心孤诣，热心办学。对于求学之士坚持：必自问志愿富有从事河海工程事业之决心然后来学；必自审体格足胜从事河海工程事业之劳苦然后来学。他对青年学生德、体、智并重，因材施教，爱护关怀备至。为成绩优异的学生出国深造，争取国外经济资助；对于不适宜学习理工科的学生则劝其改学所长。

他有高尚的师德风范。常抱"持己则奋勉笃实为归，得人则以仁民爱物为志，师徒一堂，相为诚勉"的态度，事事率先垂范。在校期间，教授河海工程必需之学理技术，注重实地练习，以养成切实应用之智识。在他亲手制定的《设校旨趣书》中，还对于受聘的教员、就读的学生，都一一做了明确的要求，体现了强烈的科学救国精神。

由于对学生进行爱国、革命、民主、自立的教育，培养学生独立思考和独立工作的能力，并十分重视学生对改进校政的意见，许肇南深得同学们的尊敬和爱戴。

"外争主权，内除国贼！"1919年5月4日，北京爆发了一场以青年学生为主，广大群众、市民、工商人士等阶层共同参与的，通过示威游行、请愿、罢工、暴力对抗政府等多种形式进行的爱国运动，史称"五四运动"。南京各界立即响应，5月9日在小营"演武厅"举行"国耻纪念大会"，参加者有中等以上学校师生4000多人，5月13日大、中学成立学界联合会，许肇南被推选为临时主席，5月15

日又当选为参事长。

当时，北洋政府教育部下发了训令，要求各学校立即开除爱国学生，但许肇南并未依从，反使河海成了南京学界的爱国中坚。

江苏省督军署强迫许肇南开除革命学生领袖沈德济（泽民，中共早期党员，鄂豫皖苏维埃省委书记，烈士，作家沈雁冰之弟）、张闻天（应皋，中国共产党早期重要领导人）、王维克（华罗庚启蒙老师）等，然后欲逮捕之，许肇南竭力保护，直到"实在顶不住"时，才安排他们火速退学离校，他处躲避，遂免于难。

今天，背靠石城的河海大学正在为祖国培养一批又一批优秀的水利工程人才，而曾屹立于龙江之滨百年的下关发电厂也依然给南京千家万户带来光明。

第一次世界大战期间，列强无暇东顾，我国的民族工商业有所发展，南京下关因具水陆码头，市面突然兴盛起来，对电力照明的需求也与日俱增。而1910年冬才开始正式发电的南京电灯官厂（前清金陵电灯官厂，设在西华门，即今逸仙桥东埪路北）仅装有100kW单相交流发电机3台，各用165匹马力直立复涨蒸汽引擎传动，功率有限，噪音震天，致使下关一带的电灯光呈暗黄色。又时因燃料中断，发电极不正常，市民苦不堪言，于是联名上书呈请在城北筹办新厂，获得交通部批复同意。

当时，江苏省（包括上海市在内）尚无能够规划、设计、建立电灯厂的电气工程师，江苏省省长公署实业厅遂将电灯厂建厂工作委托给了许肇南。

许肇南在1917年已经有协助民营企业福州电灯厂经理员孙世华用G.E.公司新机组建厂发电的经验，故作为河海校长的他，欣然承担起了这项重任。他选定了G.E.公司先进的1000kW汽轮发电机一台（包括锅炉及附属设备），并于1920年6月在《申报》上连登广告，公开为厂房的建筑招标，最后是上海南洋建筑公司中标。

在施工建设的许多日子里，许肇南便在电灯厂工地（今中山码头）和河海学校（今白下路南京六中）两点一线来回奔波。为争取时间，提高办事效率，经特批，许肇南使用了南京城内仅有的两辆汽车之一（另一辆为省长专用），更首创了"校内电话"和"厂内电话"。

除亲自筹划、精心设计、具体指导、谈判交涉外，许肇南还须克服老电灯厂官员们的刁难掣肘。新建电厂让这些官员们无利可图，他们便想方设法阻碍施工进度，比如拖延、拒付项目建设资金等，这迫使许肇南变卖了贵阳指月街祖传旧居，以填补电厂建设资金之不足。

几经周折，1921年5月4日，"下关电灯厂"终于建成发电。这是我国第一座自行设计、施工、运行成功的公立火力发电厂。发电量大增，使下关一带的电灯光由黄变白，市民拍手称快。不仅如此，发电产生的煤耗还远低于西华门电灯厂的老机组。

这类工程在当时完全由洋人垄断，故受到农商部和江苏省省长公署的"传令嘉奖"。学校后来在全国水利局年终论考成绩时，以"精心擘划，校规学风均称整饬，毕业生成才甚多"呈请大总统比照简任官例给奖。

下关电灯厂建成不久，英国驻北京公使艾斯敦，于5月12日在双门楼的英国领事馆（后成为英国公使馆）约见许肇南，质问他为何不购买英国机组（那时英国工业和科技均居世界之首），他回答"所学惟美国设备"，艾大为震惊，方悟英国外交远远落后于美国。许肇南建议英国公使迅速报告伦敦，仿效美国做法。以此为发端，英国果然于1923年起以出售水利、电力工程器材（如抗战前"导淮"工程中三河闸的闸门和下关电厂的输煤吊车、传送机等）和接纳中国留学生（如钱学森、卢嘉锡、黄玉珊等）的方式退还了"庚子赔款"余额（多要、不该拿的那部分）。

1921年，讨袁黔军司令王文华（殿轮）邀请许肇南返乡创建电力工业、开发贵州资源、打通出海道路，他欣然应允。正筹划中，王却被其副司令暗杀，许肇南亦险遭不测。

计划真是赶不上变化，对于贵州，这是一场损失。据此亦可知，许肇南对故乡的情谊，以及他心中对科学和实业的执着信念。

令人气愤的是，许肇南将购置机组设备时美商沿旧例送的"回扣"全数交公，此举为贪官污吏们所不容，于下关电灯厂全部建成、稳定发电后，竟以未按期发电为由，将他排挤出了南京城。

江西

离开南京城，许肇南打算去四川成都自己的母校（当时已改为国立成都高等师范学校）执教，在行至汉口码头时，偶遇了河海前教授周厚坤。

周厚坤力阻他继续西行，并举荐他为汉冶萍钢铁公司下属在江西的鄱（阳）乐（平）煤矿矿长。

于是，许肇南折返赣东北，率河海1920级毕业生董开章及全矿职工开辟草莱，建设矿井。

江西省乐平煤田是我国南方重要煤产地之一，这里以盛产的"乐平煤"最为著名。

光绪十六年（1890年），湖广总督张之洞在汉阳建炼铁厂，继而在大冶兴办铁矿。此后，盛宣怀接办汉阳铁厂，并在江西萍乡开设煤矿（又称安源煤矿）。1908年，汉阳铁厂、大冶铁矿和萍乡煤矿合并，成立"汉冶萍煤铁厂矿股份有限公司"，该公司被称为"东亚第一雄厂"，堪称"中国钢铁工业的摇篮"。

1918年，汉冶萍公司和上海裕丰商行在乐平鸣山共同发起成立鄱乐煤矿公司开采煤炭，该公司是当时乐平工人最为集中的地方。

"哇！淘到宝了！"1922年的夏天，许肇南带领工人在距地面200余米深处挖到了煤层，一时间厂子里像炸开了锅。

工人们正准备大量开采时，恰逢李烈钧（江西九江人）奉孙中山之命北伐，由粤入赣，驱逐江西督军直系军阀陈光远，败军在逃跑的过程中洗劫了矿区，井中抽水机被毁，地下水涌出，淹没了矿井。

为了修复矿井，许肇南带人前往上海购置抽水机，途中遭到日商百般阻挠，设备一无所获，致使煤矿迟迟无法继续生产。

一筹莫展之际，许肇南得知孙中山正在广州创立新式大学，于是决定到广州去看一看。

广州

广州是孙中山领导的革命根据地，许肇南到广州的第一站是在国立广东高等师范学校任教授。

国立广东高等师范学校溯源于光绪三十一年（1905年）六月两广速成师范馆，继办初级师范简易科，旋改为两广师范学堂。翌年改为两广优级师范学堂，建新舍于广东贡院。1912年2月，改为广东高等师范学校，嗣归国立。

1924年1月2日，孙中山在学校大礼堂举行改组的中国国民党第一次全国代表大会。同年，将广州地区实行近代高等教育模式的广东农业专门学校、广东法科大学与广东高等师范学校整合，创立国立广东大学，并亲笔题写校训："博学、审问、慎思、明辨、笃行"。国立广东大学于9月15日正式上课。

这是今天中山大学的前身。鲁迅、郭沫若、冯友兰、傅斯年、赵元任、顾颉刚、周谷城、俞平伯、陈寅恪、戴镏龄、商承祚、容庚、梁方仲、姜立夫、高由禧、蒲蛰龙、高兆兰等蜚声海内外的专家学者都曾任教于此。

除了大学的教授任务，许肇南还兼任广东省省长廖仲恺的秘书。廖仲恺是孙中山"联俄、联共、扶助农工"三大政策的忠实执行者和捍卫者，全力辅佐孙中山改组国民党，并极力促成第一次国共合作。

在廖仲恺的帐前，许肇南主要的工作还是做经济方面的谋划和服务。

当时广州的码头，商船往来，红火异常，形形色色的货物、各类人员络绎不绝，当然也就不可避免地使得码头的管理异常困难，货物的进出也很难得到有效的控制。

一次，许肇南在来往的货单中发现了猫腻，查获了一整船走私的先进武器，及时予以截获扣押。这一事件消弭了商团武装叛乱对革命政权的威胁，也让许肇南受到了廖仲恺的器重。

许肇南精通经济学，对于商船贸易流程非常清楚，所以能够敏锐地发现问题。要是这批武器落到商船那帮人的手里，其结果真是不可想象。

湖北

1924年第一次国共合作实现后，经过两年多的斗争，广东革命政权得到统一和巩固，全国工农革命运动空前高涨，为北伐战争奠定了政治、经济、军事和群众基础。在全国人民迫切要求和中国共产党的影响与推动下，广东革命政府决定出师北伐。

北伐胜利进军武汉，民众情绪高涨，收回了汉口等地的租界和部分海关权宜，但缺乏管理方面的人才。

一日，许肇南在某饭馆巧遇哈佛同学宋子文，聊到北伐后的经济发展事宜，经宋子文推荐，1927年2月1日，武汉国民政府任命许肇南为宜昌海关监督署监督兼征收产销物品内地税局局长。

1927年7月15日，汪精卫在武汉发动反革命政变。汪精卫等控制的武汉国民党中央召开"分共"会议，决定同共产党分裂，彻底背叛了孙中山制定的国共合作政策和反帝反封建纲领。随后，汪精卫等和蒋介石一样对共产党员及革命群众实行大逮捕、大屠杀。新军阀开始了新的混战。

为使宜昌人民免遭战火蹂躏，盛暑之下，许肇南不顾个人安危，只身前往即将火并的新军阀杨森、鲁涤平二部调解，无效，且几乎送掉自己的性命。

1927年12月14日，许肇南愤然自行去官。

北京

大革命失败后，许肇南"实业救国""科学救国""教育救国"的理想全成泡影，现实不能遂愿，他毅然辞去所有职务隐居北京（当时称北平）。

时逢战乱，潜心修文。在大隐于市的日子里，许肇南闭门钻研国本——中国古文字学。

他后半生30多年在极其艰难困苦的环境中，凭借深厚的传统文化功底，深入研究了我国各种古文字及其演变历史，分析、对比了汉字的基素——各种偏旁、部首，归纳、总结出许多汉字的造字规律，提出了众多独到的见解，读通了大量前人读不通的甲骨文和钟鼎铭文。

许肇南潜心研究中国古文字学，成绩是显著的，是富有开创性的。他著有《家学古获篇》（最初称《咬文嚼字》）77卷和《中庸平义探》《客敦》《梅籀古暗铭识读释略》《简鲟灵集一经篆论证》《继志述事》《札探古董》《馨宋寓斋读书漫志》《国玺释文》等。遗憾的是未能出版交流，致使他的研究成果至今仍不为世人所知，只留下大量手稿。

据《乐嘉藻日记》所记：1933年4月15日"出往前王恭厂吊许石枒妻丧"。石枒是许肇南的号，故知此为许夫人路氏亡故之日，年岁应不及五十。

1937年"七七事变"后，许肇南困居沦陷的北平，在慈母的巧妙周旋和男仆何世勖的拼死协助下，逃过日本宪兵搜捕。他拒当汉奸，迫于时局动荡，无奈只好躲进上海的租界。

抗日战争胜利后，许肇南曾准备在南通创办河海工程大学，因解放战争爆发，遂罢。

1948年，许肇南路遇游美时最要好的同学胡适，因政见和学术观点不同，谢绝了胡适同去台湾任职中央研究院的邀请。

上海

1949年5月27日，中国人民解放军解放中国最大的城市上海。5月28日，上海市人民政府正式成立，陈毅任上海市第一任市长。

当时正在上海的许肇南，已经年逾花甲，上海市市长陈毅聘他为上海市文史研究馆首批研究馆员。

除继续从事中国古文字学的研究外，许肇南还积极参加了征集上海近百年史的史料翻译，作为上海市文史研究馆向国庆10周年的献礼。他翻译了外国学者著《上海史》中的部分篇章。

许肇南知识渊博，对我国经史、音律、诗词、书法、考古、民族、诸子、佛学哲理等均有深入的研究，其早期发表的《论文学》写道："窃谓中国诗词，宜有人发大愿力，痛加改革，声律格调文辞之外，尤当重言外之意，或阐哲理，或状人情，或雄奇慷慨，发扬志气，要使言之有物，不徒为感喟悲伤之词，则诗词庶足以造福社会，而不然者，适足为社会戕贼人才已耳。"

柳亚子编的《南社社友姓氏录》载："许肇南，字先甲，贵州贵阳人，入社书号为539。"许肇南不仅是"南社"社员，且被誉为留学生中最佳16位诗人之一。

许肇南自少年就尽力资助同窗，如李培甫、赵少咸（后均为四川大学教授），张颐（真如，后任四川大学校长），并长期从旁掩护中共地下党员李白（《永不消逝的电波》中李侠的原型）、龚再僧（饮冰）、许彦飞、郭佛宜等的革命工作。

对于所谓的官场，两袖清风的许肇南，始终奉公守法，出淤泥而不染，也因此常被排挤。

虽受到各种打击和许多失败，许肇南仍然保持着高度乐观的情绪，并对新中国的未来充满信心。正当他满腔热情地继续撰著之时，胃溃疡突然复发，病危。

1960年12月26日，寒冬凛冽的上海，许肇南与世长辞，享年74岁。

苟利国家生死以，岂因祸福避趋之。许肇南的一生，是为国家富强不断寻求道路的一生，是为科学实业鞠躬尽瘁的一生，是为教育文化事业孜孜不倦的一生。他一生的追求，所做皆为利国利民的大事，所担皆为顶天立地的重任，一路披荆斩棘、开创先河。在他身上，我们看到了老一辈科学家的高风亮节和济世精神，他熠熠生辉的形象，将永远为后人所铭记。

仰望天空，读懂你一生的明媚

——记气象专家李良骐

◆ 张祖明

李良骐 （1909.12—2008.2）男，籍贯贵州贵阳，中共党员。贵州省劳动模范。贵州省气象局副局长，国家气象局评定的正研究员，中国气象学会中国气象史研究会学术委员会委员。

曾任贵州省政协委员、省人大常委会委员、省科学技术协会副主席，贵州省老科学技术工作者协会第一、二、三届会长，第四、五届名誉会长。

李良骐是由中国自主培养的第一个气象专业大学生。他1934年从清华大学地理系气象专业毕业后，择一事终一生，把自己的学识才华和百岁人生毫无保留地献给所热爱的气象事业，被誉为"中国第一气象老人""世界唯一百岁气象科学家"。

他曾多次在贵州省气象历史上开创先河，写下了五个第一：主持筹建了贵州省历史上第一个气象观测站网；成为贵州省制作发布短期天气预报的第一人；撰写的论文《贵州的气候与植被》，是贵州近现代气象史上第一篇关于气象服务经济社会的学术论文；新中国成立后，又主持组建了贵州省第一个气象研究所，并担任这第一个气象研究所的第一任所长。

从20世纪70年代末开始，李良骐倾注十年心血编写了《贵州农业气候区划》一书，在气象服务于农业生产方面做出了重要贡献。

2008年，亚太环境保护协会为表示对李良骐气象人生的最高敬意，向李良骐隆重颁发了"亚太国际气象生态研究贡献奖"。

命运的敲门声

贵阳的冬天总是潮湿阴冷，灰暗的天空轻洒着霏霏细雨，落到地面结为一层凝冻，像是给地面涂了一层薄薄的桐油，贵阳人称"桐油凝"，常常是半个月一个月都亮晃晃硬梆梆化不开。

民国十二年（1923年）初，贵阳就是这样的天气。

正是这样的气候中，一顶装饰得富丽堂皇的两抬轿子出现在市中心街头，轿子里坐着的老太太名叫李蕙仙，是从天津来故里贵阳过年的。怕她在驿馆住着无聊，堂兄嫂子侄儿们几乎天天都派轿子来抬她去家里打麻将。堂兄家位于市中心喷水池附近的四川巷李家大院，是当年贵阳出名的一处大宅院。

富贵人家的日子过得任性，随意颠倒晨昏，所以老太太打麻将都是下午去，一直打到后半夜天蒙蒙亮才收手。

老太太在麻将桌上只嫌时光如飞，一眨眼十几个小时就晃过去了。这边轿厅里两个候着送老太太回驿馆的轿夫却觉得时间难捱。轿厅都是只有两面墙，另两面是空的，方便轿子进出。冬夜的穿堂风呼呼吹着，两个轿夫又冷又困，抱紧了自己的身体打着哈欠蜷缩在轿厅的角落。

老太太的堂兄家有个13岁的孙子，身材短小精干，脸上总是带着调皮的笑容，眼睛里透着聪慧机敏，是个小机灵鬼的模样。他刚从达德学校高小毕业，正准备进初中。这段时间他经常目睹接送堂姑奶奶打麻将的轿夫半夜挨冻，心里很不忍，但他一个小孩没有话语权，只能望天兴叹。贵阳的天亮得晚，冬天里要到早上7点以后才见到亮。现在茫茫夜空漆黑一片，离天亮还远，而大人们的牌局总是要到鸡叫时分才会散的。

这天，老太太打麻将正打到兴头上，喔喔喔……后院传来鸡叫声。

"时间过得真快呀，鸡都叫了，散了吧。"老太太站起身，意犹未尽地乘着轿子回驿馆了。

半夜鸡叫重演了好几回，总是在离天亮还有好久的时候，公鸡不识时务地"引吭高歌"，搅断牌局。老太太发觉蹊跷了：堂兄家的公鸡报晓为什么总是在半夜？

很快就"破案"了——那小机灵鬼堂侄孙正伸长脖颈在鸡圈边声嘶力竭学鸡

叫，还拼命地摇晃鸡笼想让笼里的公鸡和他一起"大合唱"。调皮捣蛋的模样让前来"抓现行"的大人们都忍不住笑了起来。

这下小机灵鬼没好果子吃了吧？看大人们会怎么收拾你！看天津来的堂姑奶奶会怎么管教你！

并没有。平安无事。反而是，半夜鸡叫声成了命运的敲门声，让小机灵鬼的人生发生了一个重大的转折。知书达礼贤惠开明的老太太对小机灵鬼的父亲李允忠说："你这个儿子长得一副机灵样，小小年纪，心肠这样好，知道同情轿夫。我想带他去天津上中学开开眼界，将来好做大事情。"

这半夜鸡叫的小机灵鬼就是日后荣获"亚太国际气象生态研究贡献奖"的气象学家李良骐。

李良骐出身于名门望族。他的伯祖父（爷爷的哥哥）是李端棻，清朝著名的政治家、改革家，戊戌变法的领袖人物之一，官至一品大夫礼部尚书，为官40年，始终以奉献社会为宗旨，洁身自好，从不为钱财钻营。他一生怀抱科学强国之理想，致力于教育事业的发展，曾于光绪二十二年（1896年）作为中国第一人成功疏请朝廷设立了京师大学堂，此大学堂即现在的北京大学。晚年他又曾顶着骂名，为家乡贵州的教育事业捐资无数，仅为通省公立中学堂（即贵阳一中的前身）捐银就达1450两。

1889年秋，李端棻以内阁学士身份出任广东乡试主考官时，非常欣赏才学出众的17岁考生梁启超，不但录取了他，还把自己的堂妹李蕙仙许配给他为妻。所以，梁启超成了李良骐的堂姑爷爷。梁启超不负李端棻所望，后来成为中国近代史上著名的政治活动家、启蒙思想家、宣传家、教育家、史学家和文学家。

"半夜鸡叫"后要带李良骐去天津上学的堂姑奶奶李蕙仙也是个不一般的女人，她的父亲李朝仪（即李良骐的堂太爷爷）是清朝的顺天府尹，是当时北京地区的最高行政长官，官阶为正三品，是可以直接上殿面君的有实权实势的朝廷命官。

李蕙仙和梁启超成婚后，夫妻共同经历了清末民初政坛和文坛的惊涛骇浪，李蕙仙努力学习新学，全力支持梁启超和康有为的"公车上书"和"保国会"维新行动。1896年时，她随梁启超到上海创办宣传维新的《时务报》，并在上海创办女子学堂，她亲自担任提调（即校长），成为中国第一位女学校长。围绕在李蕙仙身边有一串不平凡的名字，除了丈夫梁启超，还有儿子梁思成、儿媳妇林徽因。

生长在显赫门第的李良骐，自幼就接受着优良家风的熏陶，享受着优质教育资源。他就读的小学达德学校是贵州省著名的私立学校，其校址现下被列为贵州省重点文物保护单位。

"半夜鸡叫"后不久，1923年春末夏初，13岁的李良骐跟随堂姑奶奶一路车马劳顿，艰辛辗转，终于到了天津，从此住在梁家宅院，开启了他新的命运。当时梁启超在南开大学任教，所以李良骐顺理成章地进入了南开中学念初中。

20世纪20年代的天津，是中国第二大商埠，北方最大的工商业城市，重要的航运港口，设有英法俄美德日意奥比九国租界，城市风貌中西合璧，古今兼容，带着各国独特风格的建筑物鳞次栉比，巍然屹立，宽阔的街道车水马龙，商业繁华。而天津各界民众由于受到各种外来先进思想的积极影响，眼界都比较开阔，思潮也比较新颖，涌现了南开系列学校的创办者张伯苓、严范孙等许多有识之士。李良骐踏进这个与边远宁静小城贵阳迥然相异的繁荣都市，顿时感觉进入了一片崭新的天地，豁然开朗，心智得到了启迪，灵魂受到了震撼。他在梁家宅院与一生致力于中国社会改造、为了民族强盛竭力呐喊奔走的堂姑爷爷梁启超朝夕相处，耳濡目染堂姑爷爷的忠诚爱国情怀和振兴中华的宏愿，潜移默化吸收到堂姑爷爷对社会对人民的奉献精神和高洁之士的风范品格。浸淫在梁启超家和睦平和民主的氛围中，李良骐没有远离故土的隔膜感，他开朗随和豁达大气的性格的塑成就在这个人生阶段。

1930年，李良骐从南开中学高中部毕业，顺利考入清华大学史地系（后改为地学系）气象组（相当于现在的气象专业）。兴冲冲捧着录取通知书去北平清华园报到，发现这气象组是清华史地系今年才开始设立的一个新专业，而当时在全中国高等院校这是仅有的一个气象专业。更奇怪的是，李良骐一直没等到前来报到的同班同学，因为，气象组就只招收到了李良骐一个学生，也就是说，李良骐是中国第一个（而不是第一批）在国内接受气象高等教育的人。

在那个年代，有志于气象事业的青年真的不多，气象行业成天和日月星辰风霜雨雪打交道，既枯燥乏味又没多少钱赚，被谑称为"穿草鞋的中央军"，意思是，行业级别不低而且管理严格，像中央军一样，可惜没钱没油水，穷得穿草鞋。但李良骐就是这么与众不同，辽远美丽的日月星辰、身边来去无踪的风霜雨雪，都像有磁性一样吸引着他，在他心中唤起无限的好奇、惊喜与敬畏。他就喜欢坐看云卷云舒，静听天地对话，徜徉于季节变换的规律之间，感受大自然的神奇莫测，体会气象言说不尽之宏大。不管别人怎么漠视气象，李良骐却从气象中读出了诗与远方，读出了神圣的使命感。为了维护气象的尊严，他愿意"穿草鞋"。

清华大学史地系气象组录取的首届唯一学生李良骐，从13岁那年迎来命运的敲门声，一步一步敲开的正是他向往的观云测天事业的大门。气象是一门年轻的自然科学，创立时间不足百年（世界上第一张天气图诞生于1872年），而中国的气象学历史更短，1912年，民国政府才在北京建立起中国第一个气象台——中央观象台；1930年，也就是李良骐考入清华成为我国自己培养的气象人才第一人的那一年，中国才开始有天气预报业务。21岁的热血青年李良骐是为中国气象而生的人，他与气象这门年轻的充满生命力的科学共同成长着。

贵州发布短期天气预报的第一人

由于中国高校以前从来没有开设过气象专业，没有国内自己培养的气象教师，所以清华的气象专业教师都是外籍或者"海归"，教师们英文比中文顺溜，有的根本不会中文。李良骐这个一年级大学生面对的是课堂上全英文，教材全英文，记笔记和考试都必须全英文。这样的教学环境不仅没有难住李良骐，反而快速把他逼成了一个英语通。

适应了大学的学习生活后，富家子弟李良骐又突发奇想觉得应该走出舒适圈活出男子汉的气概了，不能再靠家里供养。他找了一条最适合自己的勤工俭学之路，就是给有钱人家想上名牌大学的子女补习功课。像李良骐这样的清华学子当家庭教师，家长的信任度是非常高的，所以特别受欢迎，不愁找不到活。如果辅导高中生如愿以偿考进了名牌大学，李良骐拿着可观的收入不仅够交学费，还能衣食无忧一阵子。

1934年6月，李良骐毕业了，获得了学士学位。这位清华大学气象学专业首届唯一的毕业生被中国近现代气象科学奠基人、中国气象学界一代宗师、哈佛大学气象学博士、中央研究院气象研究所主任竺可桢先生直接招至麾下，来到南京中央研究院气象研究所担任测候员。

在当时的中国气象界，像李良骐这样由中国自己培养的高端气象人才堪称凤毛麟角，因此他深受器重，得天独厚，拥有施展才华的广阔天地。毕业第二年，他就在当时我国气象界最权威的刊物《气象学报》发表了论文《东南沿海岛屿雨量稀少主因之探索》。

自从李良骐进入中央气象研究所，竺可桢始终是他事业乃至人生的领路人。竺可桢经常用这句话教育年轻人："我们人生的目的是在能服务，而不在享受。"这句话像一束光照进了李良骐年轻的心里，引导着他前进的方向和人生的态度。

竺可桢非常器重才华出众的李良骐，喜欢他身上那股机灵劲，尤其欣赏李良骐对气象事业的情有独钟。每当有重要岗位或任务，竺可桢必先推举李良骐。

1935年，广西南宁准备筹建当地的气象观测站网，竺可桢推荐李良骐参与筹建工作。

1936年，贵州也开始着手筹建自己的气象观测站网。在这个重要的节点，竺可桢又推荐了当时已获得中央气象局技正职称的李良骐。竺可桢希望李良骐能在白手起家筹建气象站网的历练中找到更闪光的舞台。

贵州虽然边远闭塞，但是历届政府都很重视气象事业，全省最早的气象观测开始于1920年10月，观测点设在贵阳大南门马棚街（现为新华路）天主堂内，观测项目仅有地面五项：气压、气温、湿度、风向、风力。李良骐回到贵州筹建气象观测站网的时候，贵州已经有一个1935年10月刚刚建成的贵阳测候所。这个测候所是在北门三块田（今人民大道与黔灵西路交叉的地段）租的一间独立民房，院坝里安放的气象仪器增加了雨量筒和望远镜，工作人员除了每天观测地面五项外，还可以监测雨量和云层状态。

虽然三块田的观测条件比原先天主堂内的观测点有一点改善，但依然只能用简陋二字来形容，远远不够制作天气预报，其存在价值仅为积累了宝贵的第一手气象资料。而农业和百姓工作生活都非常需要天气预报。所以贵州省建设厅准备筹建一个全省性的气象观测站网，启动贵州的天气预报事业。

正值青春好年华的李良骐没有辜负竺可桢导师的厚望，回到自幼生长的故土贵阳后，当年就在桑园（今六广门体育场附近）成立了比测候所配置有明显升级的贵州省建设厅气象所，迈出了搭建气象观测站网的第一步。

搭建全省性的站网首先需要的是能在各个地区和县分布一批能独当一面的气象人才。为此，李良骐出任了贵州省建设厅技术训练班主任，致力于在全省培训气象技术人员。

1937年初，在李良骐的努力下，贵州培训了第一批气象技术人员，这批人员充实到全省新建起的十多个气象站点后，全省性的气象观测站网就形成了规模。贵州这个穷乡僻壤，在气象建设方面竟然一下子站到了各省前列，全国气象界乃至科技界都十分惊讶和轰动。李良骐趁势而上，开始更大的动作——制作发布贵州24小时天气预报。

24小时天气预报在气象专业里属于短期天气预报，相比于中期、长期，它只是蹒跚迈出的一小步，但对于贵州气象发展，它却是前所未有的一大步。这是李良骐为贵州气象事业所做的开创性的贡献。

在贵州的气象史册上，记录着这浓墨重彩的一笔：贵州省制作发布短期天气预报的第一人——李良骐。

奔向光明新世界

1941年底，国民党政府在重庆沙坪坝成立了中央气象局，李良骐于1943年被调进中央气象局担任测政科长。抗日战争胜利后，1946年中央气象局迁回南京，李良骐没有随之前往，他受母校清华之邀于气象学系担任讲师，他教过的学生仇永炎、章淹、严开伟、赵柏林等后来都成为我国气象界的中流砥柱。

当时，饱受战争重创的国土满目疮痍，气象部门的科研环境遭到极大的破坏，物资器材设备奇缺，各地的气象工作濒临停顿，急需有能人强将去支撑局面。在这样严峻的背景下，竺可桢这位伯乐又想到了千里马李良骐，举荐李良骐出任华北观象台台长，统领华北地区热河、察哈尔、山西、河北数省气象业务（后来新中国于1950年成立的的中央气象台就是在华北观象台原址基础上成立的）。

1946年5月，受命于危难之际的李良骐走马上任了。华北观象台设在西直门外靠近北京动物园那里，李良骐的办公室窗前春光无限，绿意盎然，李良骐却没有欣赏的心情，他在想怎么尽快打开气象的局面。气象人员除了工作职责外无权无势，谁会来配合你这种没油水的穷光蛋打开局面？炮火硝烟之中，谁顾得上帮助你搭建气象平台？

李良骐想到了他的舅子阮为瑜，阮为瑜是傅作义的部下，在国民党94军任参谋长。94军当时隶属北平行营，正好就是在华北一带作战。李良骐请阮为瑜提供方便，让华北气象台的气象人员能够紧贴94军行动。于是就出现了这样让人看不懂的场景：每当94军全副武装步伐整齐地进驻一个城市，背后总会贴身跟进一群身着便服手捧白色仪器（气象仪器多为白色）的神秘人物，他们就是华北气象台的工作人员。借着军队的保护伞，他们可以"狐假虎威"地调动当地物资，安营扎寨，顺利开启气象观测预报业务。

气象记录规范性和时效性极强，事后是无法追补的，如果气象记录出现断档，那对气象研究事业是极大的损失。李良骐作为气象人最懂得这个道理，在任华北气象台台长的三年时间里，他努力地使华北地区的气象记录在兵荒马乱中依然保持着完整与准确，这是他对中国气象事业做出的不可磨灭的贡献。

李良骐在气象事业上的作为得到了国民党政府的充分认可，他的首届清华气象专业毕业生资格、中央气象研究所工作经历和华北气象台台长职务，使他在中国气象界理所当然地确立了青年才俊的良好形象。1949年1月下旬，当国民党军队节节败退，国民党政府开始退守台湾的时候，在从北平撤往台湾的科学家名单中，列着李良骐的名字。已经安排了专机，先把在北平的科学家们接往南京，然后再从南京转机送往台湾。

这种专机接送，其实质是掳掠人才，虽然含有对你器重保护的意思，但更多的是剥夺你的自由不让你留下来为共产党服务。李良骐的名字被写入了那份很多人想上而得不到上的名单，但他感到的不是荣幸，而是抵触。国民党政府如此腐败和无能，打仗打得兵败如山倒，发行金圆券又搞成荒诞闹剧。李良骐亲眼看到，金圆券刚发行时，他这个政府工作人员拿着三张金圆券的月薪就能过上小康日子。发行不到一年，一张金圆券就贬值到只能买一盒火柴。再到国民党节节败退时，大堆金圆券被抛撒在屋角，已经沦落为小孩子折船的玩具了。对这样日薄西山的政府，李良骐完全丧失了信心，不想再为之效力。

李良骐在南京中央气象研究所任职时，接触较多的同事涂长望、张乃召都是中共地下党员，他们都鼓励心存正义感的李良骐，希望他认清国民党反人民的本质，选择通向光明的大道。他们告诉李良骐说，原先一起在中央气象研究所任职后来移居美国的的张宝堃已经在办手续了，准备回国用行动表达自己对共产党的信任。蒋家王朝必然灭亡，而新中国即将建立，在这个宏大的背景下，李良骐坚定了追随共产党建设新中国的决心，他不想跟着腐朽的国民党逃往台湾。

促使李良骐不想去台湾的还有一个原因是，辽沈战役后，李良骐就看出国民党颓败之势，他已找好了自己的退路——故乡贵阳，他的妻儿都已经回到贵阳，等着他回去团聚。国民党政府不顾及他的家庭情况，逼他与家人天各一方，他才不上这个当。

可现实却由不得李良骐作主。李良骐先是寻找各种托辞实施缓兵之计，这批不走下批再走。一直拖到最后一架专机最后一批名单，没有再拖延的余地了，国民党政府对他越逼越紧。

冬日的寒风恣意地吹着李良骐的衣裳，他无奈地被押送到了北平机场。当时北平的飞机场就在城区,跑道就在东单一带。机场很小,名单上安排登机的人员也不多,李良骐在严密的监控下找不到溜走的机会,被迫从北平登上专机。到了南京机场,又有另一架大型的专机在等着把他们和来自全国各地的各种要员直接送往台湾。

态势逼人,李良骐的心怦怦直跳。这个严峻的时刻,登不登机已经成为对今后追随哪一种政权的抉择。李良骐的意志无比坚定,什么外部因素都无法再动摇他了。13岁时他就会用"半夜鸡叫"去帮助轿夫,担任华北气象台长时会利用军队的力量去搭建气象平台,这样机智灵敏的李良骐,现在面对国民党政府的强迫赴台,他肯定也能见机行事想出自己独有的巧妙点子。

马上就要按着名单逐个登机了。当时的南京机场杂乱纷呈,聚集着一大批国民党政府的低级官员,携家带口,带着金银细软、行李包裹,正蜂拥着争抢飞往台湾的黑市机票。专机的监督人员把关注点转移到没票的人群身上,生怕他们趁乱混上飞机。李良骐就找准这机会在监督人员的眼皮底下玩了"瞬间消失"。监督人员发现以后紧急搜寻,却直到飞机起飞也没见到李良骐的踪影。李良骐身上那股与生俱来的调皮机灵劲又一次为他的人生经历增添了生动而且有惊无险的传奇色彩。

一个月后,李良骐神奇地以所长的身份出现在贵阳气象所。当年6月至8月,他又被派往重庆任了三个月重庆气象台台长。8月底时,解放军大军南下,大局已定,李良骐想和家人一起在熟悉的家乡过安稳日子了,他又回到了贵阳气象所任所长。

尽管国民党政府的局势已经混乱不堪,但是气象工作在任何时候都是不能中断的,所以李良骐这个气象界的精英人物到哪里都受待见,到哪里都被需要,都有重任等着他。趁着国民党政府自顾不暇,也利用当时西南边远地区山高皇帝远信息不通,他游刃有余地过起了事业家庭和人生追求几不误的诗意栖居生活。

1949年11月,贵州解放。同年12月,中央军委气象局成立。从此,李良骐彻底告别原先那个晦暗、纷乱的旧世界,进入了一个未来可期的新世界。1949年12月9日,中央军委和国务院以政秘字第1215号文联合发布了《关于全国气象台站的建制、管理、经费和技术问题的联合决定》,明确了全国气象工作实行"分区经营、统一领导的军队建制"。贵阳气象所被纳入了人民革命军事委员会的领导,隶属于西南军区气象处。李良骐穿上了中国人民解放军军服,庄严神圣的感觉在心里油然升起,从此,他全身心致力于新中国的气象工作。

李良骐为伟大的新中国做的第一份贡献是,动用他的人脉资源和专业能力主持组建了贵州省第一个气象研究所。党和政府出于对他的信任和重视，任命他为这第一个气象研究所的第一任所长。后来，随着贵州气象事业的不断发展和气象机构的壮大，他又被提拔到贵州省气象局副局长和技术指导的岗位上。

1953年，李良骐成为贵州省气象部门最早被中央气象局任命的工程师之一。

苦心孤诣编区划

提起气象工作者，人们一开始浮现在脑海的可能是天气预报，因为这是我们接触气象最常见的中介。是的，短期、中期、长期的天气预报确实是气象工作者的一项重要职责，但远远不止如此。国际气象学界将气象工作者定义为能够对天气进行研究、观察、解释以及预报的人，他们要懂得气象背后的原理，并且能够预测出天气对地球造成的影响。所以一个气象工作者还必须涉猎物理、化学、水文、农业等很多其他学科的知识，融会贯通综合运用，让气象更好地服务于人类。

在气象工作者李良骐的时代，数字天气预报还没发展起来，观测天气就是一个动作——仰着脖子看天上的云。云依其形状和高度分为3类：高云，中云，低云。高云有3种：卷云，卷层云，卷积云；中云有2种：高层云，高积云；低云有5种：层积云，层云，雨层云，积云，积雨云。要分辨这些云的种类，全凭肉眼看，全靠知识和经验的积累，没有点真功夫根本就拿不下这个活。李良骐他们的日常工作是风雨无阻的。每天早上8点、中午2点、下午8点一天共3次去到建在一个小山坡顶上的气象观测场（气象观测场必须建立在地势高、视野广的地方）进行常规观测，先是抬头看天空，分辨云的种类，做好记录。然后分别打开左右两边各一个的观测箱，在观测记录表上记下观测箱内温度计、湿度计、气压计的读数，然后又记录观测箱外的日照计和风速、风向表的读数。如果是下雨天，还要打开后面的雨量筒，记下雨量。

拿着一堆通过仪器观测得到的数据，就开始分析空气的湿度和地表的温度变化，然后判断这个云系属于高气压还是低气压，将会贴着哪条路走。这个需要精确的计算，不允许有一点差错。但计算的又只是理论上的数据，天气并不会那么听话，往往不按你计算的走，所以气象工作者还得结合当地的实际，分析历史的规律，比较天象和物象的变化，才能尽可能准确地做出天气预报，甚至还要在心里默记下很多民间气象谚语来运用到预报中，比如"天上钩钩云，地下雨淋淋"，"云走东，雨落空；云走南，雨成团；云走西，雨凄凄；云走北，雨不得"，"日落胭脂红，无雨便是风"。

气象工作看上去很神圣，因为事关民生，责任重大，其实工作本身非常机械、琐碎、重复和程式化，有时候就像体力劳动一样辛苦。不论骄阳似火还是寒风刺骨，不论大雨滂沱还是电闪雷鸣，当别人都往屋里躲时，气象人却是逆行往露天的观测场跑。李良骐就是这样一个气象人。如果你亲眼看到李良骐的工作状态，你会发现，他始终怀着一颗赤诚之心行走人生，不管在户外风雨中或烈日下提取24小时的数据，还是窗前伏案统计分析资料编报预测，他都陶醉着，享受着，没觉得寂寞和辛苦，只觉得能从事自己热爱的事业就是最高的幸福，能以一技之长为社会服务就是最大的满足。在阶级斗争年代里，他的历史情况显得说不清道不明，各种必要的审查围绕着他："家庭出身和为国民党效力的经历决定了你的剥削阶级立场，你会与共产党一条心吗？""当年不乘专机飞台湾，你会不会是潜伏的国民党特务？"确实，像李良骐这样身份的人疑点太多，很难被理解和信任，戴上"历史反革命""极右分子"的帽子也难以避免。命运以磨难亲吻他，却并不能冷却他热气腾腾的跟随共产党的信念。他没有因为背负着历史包袱而畏首畏尾，消极怯懦，他仍然走自己认定的路，做自己选择的事业。

20世纪70年代后期，改革开放的浪潮滚滚而来，中国经济发展开始增速换挡，产业结构深度调整进入关键期。而李良骐，多年来压在心上的历史包袱已被卸下，戴在他头上那些无形的帽子也都摘下了。科学的春天来到了，他沐浴着盼望已久的春风，既感到空前未有的从容，有了策马扬鞭为这大好时代释放更多能量的环境；又觉得紧迫，急着想把蹉跎的时间夺回来。他发现，气象作为影响经济社会生活的重要科学，其生产要素的属性已经愈加凸显，气象信息效用中的"服务"二字产生了无限可能，气象工作者应该拓宽思路，探寻气象服务由"外挂式"向"融合式"转变的道路。

气象是公益性事业，自身不能产生经济效益，但是可以为各级政府的许多决策提供科学依据。气象是农业发展的重要支撑体系，在为农业趋利避害中发挥着不可忽视的作用。1979年，国务院发出142号文件，指出"要摸清农业自然资源及其生产潜力，对全国和各地的自然、经济、技术条件进行综合评价，搞好农业区划"。同年，贵州成立了省、地、县三级农业资源调查和农业区划委员会及其办公室，准备开展农业自然资源和农村经济社会条件的调查。

农业区划在中国是一门新兴学科，其中包括农业气候区划。农业气候区划的任务，就是对各地的农业气象资源做出正确的评估，挖掘农业气候资源的潜力，充分合理利用这些资源，趋利避害，发展立体生态农业、设施农业、节水农业。农业气候资源则是指与农业生产和农作物生长发育密切有关的气候条件，包括光能、热量、水分等作物成长不可缺少的气候资源，也包括旱、涝、霜冻、大风等不利的气候指标。气象资源是一种重要的自然资源，它具有循环性、不稳定性、不均衡性、整体性、不可替代性、可调节性等特征。随着科学技术的发展，人类改变和控制自然的能力增强，气象资源在一定程度上可以改善局部或小范围的环境条件。

有着极高气象造诣的李良骐敏锐地意识到，自己发挥特长做贡献的时机已经来到面前。在启动三线建设之前，贵州是一个以农业经济为主的省份，发展农业几乎是推动省域经济增长的唯一途径。但是贵州的气候条件复杂，农业的气象灾害频繁，农业生产经常受到不利影响。怎么解决这些问题？怎么因地制宜避免气象灾害的影响？怎么充分利用山区独特的气象资源？李良骐相信凭自己的气象学识储备能够回答所有诸如此类的问题。他想，既然已经失去了攀上气象事业巅峰的机会，也拿不出出具有国际影响力的学术论文，那就实实在在干一些接地气的事吧。

律回岁晚冰霜少，春到人间草木知。没有人安排，70岁的李良骐（当时还没退休）主动请战，要为即将到来的经济腾飞做好气象学科的技术准备。他用5年时间整理了全省从每个县到每个地州市最后到省一级的大量的实测数据和资料，然后亲力亲为动手编写了一份《贵州农业气候资源分析与区划》，把自己多年来的气象经验和心得都倾注进去，适逢其时地配合了国家和省里关于编制农业区划的安排。

李良骐在《贵州农业气候资源分析与区划》中指出，贵州气候对农业来说具有明显的优势，就是四季分明、春暖风和、冬无严寒、夏无酷暑，无霜期长、雨量充沛、多云寡照、湿度较大，而洪涝少见，对农业来说，应属丰收型气候。在国内，与纬度相近的湘、赣、闽、浙等省相比，贵州冬暖夏凉，同时，由于地处高原山区，地势高、起伏大，局地气候差异明显，这种低纬度、高海拔、地形复杂、气候多样的特点，给农、林、牧业及农业多种经营的发展提供了有利的条件。李良骐分析贵州气候的发生规律，指出在不同的地形、地势影响下，贵州各地区气温差异显著，雨水分布不均，干旱、冰雹和低温、绵雨以及引起局部洪涝的暴雨等主要的农业灾害天气出现次数之多少、范围之大小和危害程度之轻重，各地也不相同，故有"一山有四季，十里不同天"之说，这是贵州农业生产结构及作物布局上形成"立体农业"的根本原因，农业生产应该根据这一特点做出不同的区划安排和相应布局。

别看这些提法现在大多耳熟能详，已被广泛沿用，其实在当时，好多遣词造句、定位评价都属于李良骐的原创呢。

这份由李良骐编写的《贵州农业气候资源分析与区划》虽然略显单薄，但已经具备了农业区划的雏形，为今后成规模地编制农业区划做出了前瞻性的导引。

1985年，改革开放推进的步幅进一步加快，贵州省政府正式批准成立贵州省农业区划丛书编辑委员会，启动了浩瀚的农业区划编制工作。《贵州农业区划》共分10卷，省级和9个地州市各为一卷，省级卷包括省综合农业区划和各专业区划。当时总共抽调了有关领导和科技教育工作者2万余人次参加区划编制工作。李良骐以《贵州省农业气候区划》编写组组长的身份加入了这支队伍。

此后5年时间，他全身心投入对全省农业气候资源的调研和归纳，以县级农业区划为重点，由点到面，由粗及细，在《贵州省农业气候区划》中科学地以实测数据为基础，从气候角度阐明贵州农业生产的地域分异规律，根据各自不同的条件、特点、优势和潜力，剖析不同的发展方向和途径，为制定农业发展战略和中长期发展规划提供了重要的科学依据，使气象事业深度融入了农业现代化建设的进程。

1989年8月，作为《贵州农业区划》分卷的精装32开本《贵州农业气候区划》由贵州人民出版社正式出版，全书共5章，13万字，是研究农村经济、指导农业发展的重要基础性资料。《贵州农业气候区划》详尽分析了贵州气候状况的优劣势态，确定贵州适合种植的作物有水稻、玉米、小麦、油菜、烤烟、茶树、大豆。然后根据四季雨量的分布、各地不同的气候特点等，部署什么地方适合种植什么作物，以最大限度地提高经济效益。

在《综合农业气候区划》一章中，李良骐率领的编写团队把贵州全省划分为9个农业气候区：黔南温热春干农业气候区，赤水温热湿润农业气候区，黔东北温暖伏旱农业气候区，黔东南温暖湿润农业气候区，黔北温和伏旱农业气候区，黔中温和湿润农业气候区，黔西南温和春干夏雨农业气候区，黔西温凉春干农业气候区，黔西北高寒春干农业气候区。

这种划分都是李良骐团队大胆的首创。虽然随着时代的发展变迁，后来有很多农业科学家和气象科学家又提出了一些不同思路的农业气候区划分，但是在当年，李良骐的这种气候区划分是具有重大指导意义的，激活了贵州气候资源禀赋，为开发省内各地农产品生产提供了精细化的气象服务。

《贵州农业气候区划》一书获得了全国农业区划办颁发的农业区划成果二等奖

和贵州省科技进步奖三等奖。

还有难能可贵的是，李良骐不仅编制了全省性的农业气候区划，还以顾问的身份指导每个地州市、每个县编制农业气候区划，极大的工作量带给李良骐的并不是劳累感辛苦感，而是浑身武艺终于被需要被重用的满足感幸福感，他乘坐农村班车四处奔走，经过他的指导编制出的地州市、县级的农业气候区划，使贵州的农业气候区划成果更加完整更加全面。

从自己尝试性地编写《贵州农业气候资源分析与区划》一直到加入全省性的规模宏大的区划编制并且圆满完成，前后整整10年时间，这10年里，李良骐从70岁走到了80岁，他的足迹踏遍全省，付出的心血无法量计。这样一个全国著名的气象学界权威专家，当年他克服多少困难，甚至是冒着生命危险留在了新中国的土地上，就是为了能像现在这样踏踏实实地为新中国的气象事业贡献一分力量。

这全套的凝聚着李良骐一片苦心的《贵州综合农业气候区划》，如今珍藏在贵州省气象局的档案室里，将和李良骐的名字一起，载入贵州气象史册。

李良骐一生执笔完成的论文和专著还有《贵州地区暴雨强度公式及气候系数》《贵州的气候与农业生产》《贵州地区架空电力线的设计气象区划》《贵州气象史话》《贵州建筑气候区划》《贵州工业气候手册》《乌江流域的气候》《发展农业集约经营，促进贵州农业气候资源的合理利用》等等。他还编著了约5万字的《贵州气象》，由贵州人民出版社出版。他与贵州省水电厅合作完成的《乌江上游可能最大降水（PMP）的推算》获得了全国科学大会奖。

学识渊博的李良骐为气象事业留下的著述非常珍贵，对同时代的气象技术工作者以及有关生产业务有借鉴和指导作用，并且将成为气象后人理论研究和运用的重要依据。必须一提的还有他1936年在担任贵州省气象所所长时，发表了贵州近现代气象史上第一篇有关气象服务经济的论文——《贵州的气候与植被》。

随着全社会对知识的日益重视，李良骐这样满腹才华、德高望重的老牌知识分子越来越受到党和人民的尊重。李良骐除了担任贵州省气象局的副局长，他还肩负了很多重要的工作，1978年起，担任贵州省人大常委会委员并任省人大教科文卫委员会副主任，还担任过省政协委员，1980年起担任九三学社贵州省委员会常务委员兼科教委员会主任委员，后来又担任省科协副主席。1986年时，中共中央办公厅下发文件中办发〔1986〕32号，要求各级科协等社团组织团结广大离退休专业技术人员，为新时期的经济建设和社会发展奉献余热。79岁的李良骐立即响应文件号召，与贵州知名生物化学专家罗登义一同发起创建了贵州省离退休科技工作者协会筹委会，并于1987年12月正式成立了贵州省离退休科技工作者协会。经过选举，李良骐担任了离退休科技工作者协会理事会会长。从那以后，李良骐连续当选了三届会长（共12年），后来又连续当选两届名誉会长直至终老。这是李良骐对贵州科技发展所做的新贡献。

与此同时，李良骐一直担任着清华大学贵州校友会会长职务，以自己的资深与亲和凝聚起在贵州的清华校友，共同践行"自强不息，厚德载物"的清华精神，为贵州各方面的发展添砖加瓦。

1987年，李良骐被国家气象局评定为正研究员级高级工程师。1992年开始享受政府特殊津贴。同年，他又当选为中国气象学会中国气象史研究会学术委员会委员。

敢说敢当的社会责任感

早在新中国成立初期，李良骐就具有强烈的科学普及担当意识。那个时候贵州还十分贫穷落后，民众大多还是文盲，科学知识极其贫乏，李良骐积极地想着要改变很多人对天气变化的迷信理解。当时全国科技团体发出提高民众科学文化水平的号召，贵州省内罗登义、顾光中等科技界的代表人物积极响应，于1951年相继建立了中华全国科学普及协会贵州分会筹委会和中华全国自然科学专门学会联合会贵阳分会（省级分会）筹委会。两个筹委会建立后，便把当时的贵州人民科学馆作为科普宣传教育的阵地，经常举办一些卫生医药、农业水利、气象天体、机电交通、人类进化等方面的展览，用图片、实物或模型向民众普及科学知识。李良骐自动担起责任，与省内其他几位科学家一起，既是领导者又是工作人员，在经费紧缺的条件下，在破旧简陋的贵州人民科学馆里，亲自动手制作宣传展品展板，编印各类科普宣传小册子，而且还经常带着科普宣传队下乡巡回展出。那时交通极其不便，他们坐的是马车，走的是田坎路，下雨路滑时经常摔得四仰八叉。

这两个筹委会采取群众喜闻乐见的科普形式，放映幻灯，组织电影专场，作科普报告。1951年8月13日，李良骐在贵阳体育馆作了一场"谈天雷"专题讲座，那场面相当壮观，馆内座无虚席。李良骐"谈天雷"形象生动像讲故事一样，深入浅出，而且富有悬念，深深吸引了听众。他一边讲一边用静电发电机等仪器辅助实验，演示静电导致雷鸣电闪的现象，十分直观，十分逼真，会场里鸦雀无声，只有隆隆的雷鸣和阵阵电闪扣人心弦。李良骐演讲时饱含的对气象的深情打动了很多青少年的心，激励他们从此也爱上了气象科学。

1956年8月，筹备了5年的中华全国自然科学专门学会联合会贵阳分会（省级分会）宣布正式成立，李良骐出任秘书长。对这一项社会兼职，李良骐非常在乎，只要是宣传气象科学的活动，无论是省里的活动，还是地州或县里的活动，他都有求必应，有邀必到，从不推辞。

在捍卫气象科学真理方面，李良骐是敢于冲锋陷阵的勇士。1994年贵阳发生过一起诡异的气象事件。那是11月30日凌晨3点，贵阳突然反常地在初冬季节电闪雷鸣，狂风暴雨大作。位于贵阳市北郊的国营都溪林场上空，响起了蒸汽火车疾驶而来般的巨大轰鸣声，低空出现两个火球，一红一绿，逆时针旋转着呼啸而过，转瞬一切又归于平静。这个过程总共才几分钟的时间，但是威力无比，林场范围内400多亩马尾松树林全部被齐刷刷拦腰斩断，只剩下一片劫后余生的树桩。

这个神秘之夜发生的前所未有无法解释的恐怖事件一下子引起了轰动，很快被社会舆论冠名为"空中怪车事件"，小道传闻轰轰烈烈，发酵得越来越离谱，一些伪科学的说辞迅速混杂其中。当时声势最大的说法来自于飞碟研究爱好者，他们振振有词地宣布这非常可能是UFO即飞碟从外星飞来造访地球。既然外星人已经开始用这种破坏性极强的方式造访地球，那么以后他们会不会频频光顾造成更大的灾难呢？一时间人心惶惶，仿若世界末日即将来临。

怎么化解这恐怖的灾难？一股社会势力伺机引导着把都溪林场变成了神秘的热门打卡地。远近的百姓蜂拥而至，在那些断桩上拴红布条，向不知来自何方的神灵许愿求保佑，有的还在断桩前烧起香火跪地磕头，也有很多年轻人来看热闹拍照摆pose的，五花八门熙熙攘攘，林场周围的老百姓趁势搭起帐篷摆起小摊做生意，卖小吃烤洋芋的摊位烟雾缭绕，卖旅游纪念品的摊位琳琅满目，还有卖香蜡纸烛和红布条的。都溪林场搞得一片混乱，嘈杂程度超过农村赶场天的场坝，完全顾不上认真清理灾害现场恢复发展林场生产。

当时已85岁高龄的李良骐作为国家气象部门专家，在事件刚一发生后，便第一时间赶到现场，经过调研和观察地面天气图表，他心里立即有了结论，这就是一场气象灾害，学术名称为"局地强对流风暴"，是因陆龙卷及下击暴流同时汇集造成的。下击暴流是由雷暴引起的一种强烈的下沉运动，会产生一种强力向外扩散的水平风。陆龙卷则是龙卷风的一种，呈漏斗状，上大下小，吸力特别强。灾害发生前的29日白天，贵阳的地面气温较前两天有明显升高，为半夜发生风灾创造了热力条件。而29日晚上，这一地区又迎来了一股冷空气，出现了高空冷平流降温现象，地面升温，高空降温，必然使大气层变得不稳定。大气层在调节这种不稳定的过程中产生的能量即成为发生风灾的动力条件。热力条件遭遇动力条件，即风速在每秒100米以上的陆龙卷强风，加上风速达每秒50米以上的"下击暴流"，则直接导致"局地强对流风暴"，威力无比强大，足以摧毁都溪林场的成片松树。

其实像这样的气象灾害在贵州并不是第一次发生，只不过当发生在荒无人烟的深山老林时，根本就没人知道，而这次发生在城市近郊人口密度较大的林场，才会如此轰动。那么松树的断裂高度为什么会像鬼斧神工一样齐刷刷的很整齐呢？那是因为下击暴流是从上往下的强气流，最大的水平气流速度就出现在离地面1～2米的高度上，而平时林场工人又正好是在方便切割的1～2米高度位置切割松香油，使那一高度的树干有了缺口特别薄弱，当然导致成片松林都在那个高度断裂。至于很多现场目击者看到的闪烁红绿光芒的圆球，貌似鬼怪神灵瞪着的眼珠子，那个不过是伴随陆龙卷而来的闪电罢了。

总之，都溪林场所发生的就是一场较为罕见的气象灾害，和沸沸扬扬的社会舆论所称的"空中怪车""外星飞碟"完全不沾边。

当省气象学会召集各路专家集中研讨时，李良骐明确提出了自己的见解。

虽然李良骐和专家团队有了明确的气象学结论，但是要站出来说明真相澄清事实阻力还是不小的。因为当时不仅本地的飞碟研究者们已经营造了强大的舆论氛围，不容置疑地声称这就是人类无力抵抗的外星探测器，而且全国各地甚至海外也有不少人闻声而至，其中有飞碟研究方面的专家权威，他们的口径都一边倒地倾向于神秘的飞碟理论。

基于李良骐在我国气象界的元老地位和崇高名望，各路媒体和社会人士都蜂拥着来采访他，希望他能发表权威结论。如果李良骐迎合外星飞碟的说法，那接下来就有文章可做了，事情将被引向更加乌烟瘴气的方向。

李良骐当时面对的是一股不小的势力，耳边有不少声音在提醒他："不要去多表态，现在这件事正在风头上，舆论都倾向飞碟一说，连报纸上都能看到这类文章。你一个政治上刚翻身不久的人，寡不敌众，别去自讨没趣了。""你都80多岁了，思想跟不上形势了，现在都溪林场像个旅游景点一样，收的停车费都可以养活好多人，有利可图呢，你这个气象权威如果出面发声唱反调，不给飞碟理论留面子，那就是不合时宜，会坏了人家的好事，会给你惹麻烦。"

李良骐平时看上去和蔼可亲没脾气，但是他的内心却严谨地守护着自己的底线。拨开一片愚昧荒唐和混乱，他以勇士的姿态挺身而出，态度严正绝无回旋余地。面对记者的采访话筒，他斩钉截铁："都溪林场发生的就是局地强对流风暴，不可能是别的什么！现在这样的乱象是一种认知误导，对社会安定不利，对生产发展不利，搞乱了老百姓的思想。我说这些话，义不容辞！这是我一个气象工作者应有的担当！"

李良骐代表的是崇高的科学的声音，他的声音如此铿锵有力量，让这场延续了半年多的飞碟闹剧终于偃旗息鼓悄然谢幕。

涌动着正能量的人生智慧

李良骐虽然没有高大的身躯，但他拥有博大的内心。一生与天空对话，他的世界也因此变得高远辽阔。岁月渐渐苍老了他的容颜，带走了他的青春，但是岁月永远夺不去李良骐涌动着正能量的人生智慧。

李良骐的事业信条和爱情信条一样，就是专一忠诚，从一而终。他把历史人物杨一笑的墓志铭背得滚瓜烂熟。那个墓志铭写的是："公讳某，少年习文，不成；乃学剑，又不成；改学医，自以为成；悬壶三年无问津者。公愤，公疾，公自医，公卒。乃葬于此。"墓志铭用揶揄的笔调总结了对事业三心二意、这山望着那山高的杨一笑的一生，习文习武都半途而废，习医又习个半吊子，最终开药方把自己治死。不管在历史上杨一笑究竟是个怎样的人物，后人对他如何评价，李良骐始终把这段墓志铭当成警策，从踏入清华开始，他潜心耕耘气象80年不变，无论时光如何穿梭，无论时代的列车是在奔驰还是在绕弯，他始终如一，坚持当一个敬业的气象人，直至完美收官，不留愧疚与后悔。

李良骐的人生引路人竺可桢曾经有过"三不原则"：不盲从附和，一切以理智为依归；不武断蛮横，虚怀若谷；不作无病之呻吟，实事求是，严谨整饬。

深受竺可桢的影响，李良骐的一生坚守"四不原则"：不能追名逐利，不能见异思迁，不能损人利己，不能为非作歹。他家里墙上挂的书法横匾写的就是这"四不"。

李良骐用四不原则修炼自己，制约自己，也用四不原则要求子女。他教育儿孙们，一定要热爱自己的祖国，要有坚定的理想信念，个人的一切都应无条件服从祖国的大局。

李良骐的伯祖父李端棻曾经写过一首打油诗："他人骑马我骑驴，仔细思量我不如，回头看一看，后面还有个挑脚汉。"这首打油诗被后人广泛引用。李良骐很喜欢这首诗，他经常给儿孙们讲这首诗，希望他们不要在外部条件上和别人攀比，恪守本分知足常乐才是明智的人生态度。

丰富的人生历练造就了李良骐豁达的洞穿一切的格局。不管遭遇怎样的落魄，他都不会唉声叹气。"文化大革命"时期，年届花甲的李良骐被送到滥泥沟农场强制劳动，那样的处境中，他还在放牛时给农场的青年职工辅导外语，给他们传授专业知识。

当他仰头观云测天时，也许偶尔会回忆起李家大院那姗姗来迟的黎明，会联想起那架飞往台湾的专机，往事越来越遥远，而与生俱来的那股"半夜鸡叫"的调皮机灵劲却到老也没变，还有那些曾经围绕在身边的如雷贯耳的名字——伯祖父李端棻，堂姑爷爷梁启超，人生引路人竺可桢……他们淡泊宁静的士人操守，已经融入李良骐血液的律动，伴随他一生。

李良骐是个喜欢表达的人，他出口成章，文采斐然，有很多挂在口边的金句：

"忿如火，不遏则燎原；欲如水，不遏则滔天。"

"事能知足心常惬，人到无求品自高。"

"意粗性躁，一事无成；心平气和，千祥骈集。"

"忍是高尚的自我容纳。"

"有麝自然香，何须春风忙；大智如海默，小溪爱喧嚷。"

"对失意人，莫谈得意事；处得意时，莫忘失意日。"

"衰老最大的悲哀，不是身体的衰弱，而是心灵的冷漠。"

认真是李良骐恪守的工作态度，从来不会苟且。1988年时，省气象局开展全省气象系统中级技术职称申报评定工作，李良骐被聘为评委会成员。由于评委会成员和被评定的对象都处于同一个系统，都是抬头不见低头见的熟人，弄得不好就会得罪人，所以在评定初期，评委们都谨慎地不发表反对意见。李良骐出于公心不怕得罪人，他说，如果像这样和稀泥评职称，那么损害的将是气象事业的发展。对条件尚不具备的申报人，他首先亮明观点投反对票，态度毫不含糊。在他的带动下，评委们都打消了顾虑，坚持原则不讲情面，整个评审营造了公正公平公开的良好氛围。

李良骐在贵州省气象局担任的是全省气象资料分析和气候应用服务的技术指导

工作。他一直工作到80岁才退休。退休后，他仍然关心着气象工作，局里发的文件或报表他都仔细阅读。有时发现这些文件或报表上有不规范的地方，甚至有出错之处，他都必定认真地专程去到有关处室找具体责任人及时纠正。有的时候，要跑好几个处室才能追踪到责任人，他就从这栋楼到那栋楼，上上下下来回奔波，直到纠正了问题才罢休。

李良骐视气象如生命的态度和他对气象事业的贡献，还有他那些特别的经历，使他在贵州省气象局成了一个传奇人物，全局上下都对他充满敬意。即使他后来已经退离了工作岗位，但每次局里有重要的会议或者重大的活动，局领导都会特邀他作为座上宾出席，并且经常请他发表即席讲话。坦率开朗的李良骐面对这样的话语权从不客套地推辞，拿起麦克风出口成章，每次都能讲得滔滔不绝妙语连珠，富有感染力和鼓动性，博得一阵阵热烈的掌声和欢快的笑声。1997年12月，贵州省召开优秀青年气象科技工作者学术交流会，李良骐在会上发表了激情澎湃的讲话《不用扬鞭自奋蹄——李良骐先生寄语青年朋友》。他语重心长地勉励年轻人说，要培养对气象事业的兴趣，有了兴趣，苦便不是苦了，而是享受和快乐。他希望年轻人要努力掌握专业知识，他说，一个人最大的不幸，莫过于当祖国或集体需要你的时候，你却无能为力。他还结合自身经历，告诫年轻人必须培养强大的抗逆能力，无论身处什么境况，都绝不灰心、不泄气。

对待工作经天纬地，老牛奋蹄。对待生活，李良骐同样是认真的态度，颖悟睿达，珍惜生命。

清华大学有一句口号：为祖国健康工作50年！李良骐做到了，超出了。他1993年84岁时才从气象局正式退休，91岁才卸下省老年科学家协会会长职务转任名誉会长，一生健康工作的时间远远超出50年。

气象人大多长寿。这句话是和李良骐曾经共过事的省气象局许炳南副局长说的。老一代气象人经常要在室外山顶上登高望远，仰头观天，视野开阔，能呼吸到新鲜空气，也锻炼了颈椎，也许真的有利于长寿呢。

李良骐像棵不老松似的身体状况印证了许炳南副局长的气象人长寿理论。2003年，年近95的李良骐把具有自身特色的"三多"养生心得整理成文，题为《我的养生之道》，发表在科学健康网上，引起了网友们的热烈关注。他自豪地在文章中传授自己归纳的价廉物美甚至不用花钱的行之有效的养生方法"三多论"：一是多吃核桃，补脑强身，价钱不贵，人人都做得到。二是多走路。李良骐多年来每天早晚各一次在南明河畔散步约半小时，行程约2.5公里，有空时就去黔灵公园"踩地气"，还经常爬山登上弘福寺。快90岁时，李良骐的家搬到甲秀楼气象局宿舍，6楼，没电梯，从此每天乐呵呵上下楼梯，还"得意洋洋"地宣称，这是对心脏和腿脚最好的锻炼。每次去位于青云路的省老年科协办公室开会，给他派车接送一概谢绝，自己精神抖擞地过街穿巷，20分钟走到会场，大气都不喘，开会时作报告中气十足声音洪亮。三是多用热水敷眼并频繁转动眼珠，保护眼睛不退化。李良骐的眼睛年轻时不近视年老后不老花，直至近百岁时读书看报穿针引线都不像别的老人需要戴老花眼镜，这一点真是够神奇的。他的听力也没有随着年龄而退化，他从来不用助听器，和他谈话无需放大声量。

95岁以后，李良骐基本上不再工作了，开始享受晚年。他经常到处溜达，时不时去老干部活动室玩麻将、下棋，会见老朋友，结识新朋友。由于他健谈，见识又广，在哪里都是受欢迎的"香饽饽"，朋友们都喜欢听他谈笑风生，有他的地方总有春风送暖，总有笑声一片。

在他住的宿舍大院里，有9个3岁到6岁的学龄前小朋友是他的忘年交，小朋友每当见到这位将近100岁的老爷爷，就会像老友重逢似的跑上前握手，欢快地叫着："爷爷好！祖祖好！"他会和可爱的小朋友聊天，一起笑，一起闹，完全没有年龄的界限。他把小朋友们当成开心果，小朋友们也把他当成开心果。每次分别时，这些小男孩小女孩都恋恋不舍朝李良骐挥着小手一个劲地喊："爷爷拜拜！祖祖拜拜！"

这样一个纯粹可爱充满喜感的老人，他对生活的态度没有一点敷衍与伪饰。不负天生明媚，他总是感受着人生的种种美好，吸纳着天地间的精华，随时都做到既平淡如水又热情洋溢。

百岁之际荣获大奖

李良骐择一事，终一生；他的儿女也继承父业，寄情气象，择一事，终一生。

1952年全国高校院系大调整时，李良骐曾就读的清华大学气象专业成建制地调整到北京大学物理系，成了北京大学物理系新开设的一个专业。李良骐的大儿子李启泰1956年就考进了北京大学物理系的这个专业——大气-动力气象学专业。北京大学的前身京师大学堂是当年李良骐的伯祖父李端棻疏请朝廷设立的，如今李端棻的后人李良骐、李启泰父子都成为北京大学的校友，而且父子同系同专业，成为中国气象事业的两代传人，这则佳闻载入了北京大学校刊，被师生们传为美谈。李启泰是贵州百年名校贵阳一中毕业的学霸，填报高考志愿时，把北大物理系气象专业填在第一志愿，他生活在热爱气象的家庭氛围中，从小就有志于观云测天的事业。不同的是，父亲李良骐当年的气象专业只招到一个学生，而儿子李启泰考进的气象专业有150名新生；父亲当年学的气象专业学制只有4年，而李启泰考进北大时，气象学专业的学制延长到6年。时代在发展，气象事业已作为全球欣欣向荣前景广阔的事业吸引着广大年轻人的目光。

李启泰1962年毕业后，被分配在福建省气象部门工作，20年后的1982年，他被调到贵州省气象局任云物理室主任，和父亲在同一个大院里为气象事业奉献学识才华。由于当代环境污染已对气候造成了直接的破坏，所以气象与环境已经成为有密切联系的科学，1987年，李启泰又被调到贵州省环保科研所。他和当年的父亲一样，把一生都献给了热爱的气象事业。李启泰不仅传承了父亲的事业，他也传承了父亲的长寿基因，如今85岁的他，仍然精神饱满地忙碌在工作岗位上。而且，李启泰的爱人赵彩也是一名气象工作者。

李良骐的家庭是名符其实的气象人家庭，除了大儿子和大儿媳投身气象，小儿子毕业于成都气象学校，女儿毕业于贵州气象学校，而且李良骐的妻子也是在贵州省气象局工作到退休。气象就是这个家庭的家风，全家人聚集在一起时，话题常常离不开气象二字。

儿女们对气象事业的热爱与投身，使李良骐感到心中已得最大酬报。"天气"自古以来就是人类共同的关注点，随着社会生活的进步，"天气"对人类活动的影响愈加明显，大到卫星上天、国家安全，小到生产生活、衣食住行。当今世界，人们对气象已经越来越重视和热爱、支持、了解。气象学在航空、航海、水利、农业和人类很多领域的活动都发挥着越来越重要的作用。

看到儿女这一代气象人，坐在电脑前利用卫星云图照片进行气象分析，李良骐百感交集。数字天气预报提高了气象预报的准确率，对于极端天气、异常天气，都能够尽早做出预判，而且不仅有一两天、一两周的短期预测，还有跨季度、跨年度的长期预测。他回顾自己以前日晒雨淋，仰脖看天，通过气象气球收集上空气温、湿度、风值的工作经历，自嘲当年经自己的手发布的天气预报常常是"今天风向不定、天气多变、可能有雨"这样含混又简单的内容，觉得眼前一切都在向好，中国的气象事业前程似锦。在世界气象组织151个成员国中，中国当之无愧成为创始国和签字国。

如今的中国气象局已建成全覆盖、无缝隙、精细化的网格预报业务体系，北京世界气象中心联合相关业务中心积极履行国际职责，可提供全球243个重要城市和1万多个站点的天气预报，而这些成就的取得，无不积淀着像李良骐、李启泰这样一代一代气象人打下的基础。

当年李良骐冒着风险不登上飞往台湾的专机，他怀着一片真诚和热忱留下来，和新中国同甘共苦，过着淡饭粗茶、蓬窗瓦缶的清苦生活。但是他的亲弟弟、当时正在国民党海军部队任技术军官的李良骥就随着去了台湾，退休后移居美国，过着优逸富足的日子。李良骐看到弟弟寄来的信和照片，他的内心后悔过吗？动摇过吗？

没有。他从来没后悔没动摇。在20世纪60年代写给李良骥的信中，李良骐说："我生在大清国，长大后为国民党政府服务了几十年。国民党待我倒也不薄，但是在1949年以前，国民党把一个国家弄得外敌横行、民不聊生。解放后短短十几年，共产党把这个国家管理得井井有条，国家强大，人民安居乐业，这是有目共睹的。良禽择木而栖，所以我全心全意投向共产党，个人受些委屈，又何足道哉。"

出生于宣统元年的李良骐，这一生加入过国民党，任过国民党的官，是中国共产党改变了李良骐理解这个世界的方式。为了让自己的灵魂不再流浪，他始终恪守信念，追随理想，向往加入中国共产党。但是，由于历史上存在过那些复杂的情节，他终是难脱纷扰，党对他考验的时间一再延长。拳拳之心，殷殷之情，纵使不被接纳，他仍忠实于自己的选择，坎坷曲折之中，从来没有停止过向党表示自己的一片丹心。

是的，这就是李良骐，他从南京机场成功逃遁的那一刻开始，就用行动书写了一份庄严的入党申请书。正如他在一次演讲中曾说的：一切正直的中国知识分子，都把自己的理想和希望寄托于伟大祖国的富强昌盛。他曾经荣获贵州省劳动模范称号，荣获中国气象学会授予的"气象科技突出贡献奖"，荣获全国级和全省级的"气象部门离退休三自四好先进个人"称号。热血其人，忠诚无限，出身于那样显赫的家庭，享受过荣华富贵，经历过各种世态，承受过委屈与磨难，几番浮沉，几多沧桑，却仍然怀着饱满的热情，风雨兼程，永不退避。李良骐让我们读懂了他所珍视的是什么，他用大半生时间证明了当年冒着风险坚决不登国民党的飞机并不是出于一时的冲动。

如月于夜，不负似水年华，1992年，李良骐83岁时，终于实现自己长期以来的理想，成为中国共产党的一名党员。

2006年1月23日，98岁高龄的省老年科协名誉会长李良骐健步登上112级台阶，来到省科协6楼会议室，参加省老年科协第五次会员代表大会。在会上，他发表了活力四射的讲话，鼓励与会者做好老年科协工作，团结广大老年科技工作者，众志成城，推动贵州经济社会发展，为国家富强民族复兴奉献学识才华。会场里响起一阵阵掌声，科技前辈李良骐向整个会场传递了奇迹般的感动和力量，台上台下的与会者个个热泪盈眶，无不为之动容。

2008年，李良骐的生命已进入第一百个年头。而中国开展气象科学研究工作的历史总共也不过百年，所以说，从考进清华开始，李良骐见证和参与了差不多整个中国现代气象科学的发展历程。

遍查世界气象学界资料，只有生于1907年1月、去世于2007年11月的美国气象工作者皮尔斯·夏尔顿是活到了百岁的气象人，但要论及在气象科学领域的成就，皮尔斯·夏尔顿还无法与李良骐相提并论，他只是当兵退役后在印第安纳波利斯国际机场从事了二十多年气象工作。所以李良骐当之无愧地被誉为"世界唯一百岁气象科学家"。

2008年1月3日，中国气象局局长、党组书记郑国光在贵州省副省长禄智明的陪同下，看望卧于病榻的李良骐，对李良骐在气象事业的卓越成就给予肯定，赞誉他为"中国第一气象老人"。

2008年2月上旬，临近春节的日子，亚太环境保护协会总干事、中国城市竞争力研究会副会长、历届中国避暑旅游城市排行榜首席公信官乔惠民一行三人，专程由香港奔赴贵阳。亚太环境保护协会长期致力于国际领域生态环境保护公益事业，是具有强大国际影响力的公益组织，为彰显李良骐一生专注于气象科学研究与实践所获得的成就及从业的德行操守，表示对李良骐百年气象人生的最高敬意，特别派乔惠民代表亚太环境保护协会向李良骐颁发"亚太国际气象生态研究贡献奖"。

李良骐在病榻上接受了这份荣誉。

2008年2月19日凌晨，李良骐走完了他的百年人生路。

天空的秘密永远在我们头顶闪烁，风霜雨雪，来去无踪。今天，穿过时光的帷幕，走近你，气象学家李良骐，读懂你的热爱与忠诚。千山暮雪，万里层云，岁月厚重，思念永恒。气象事业的繁荣已经如你所愿，而光风霁月的你，使命已履，且后继有人。你活出了生命的精彩，活成了中国气象界的泰斗级人物，你的思想、精神和贡献，永远镌刻在历史的丰碑上！

踏遍青山寻宝藏

——记矿床地质学家廖士范

◆ 廖莉萍

廖士范 （1919.3.23—2013.1.4）男，出生于湖南常宁县，我国知名矿床地质学家。

1945年毕业于中山大学理学院地质系，在湖南地质调查所任技佐、技士。新中国成立后先后在中南地质局、西南地质局任工程师、地质队技术负责人。1956年任贵州省地质局都匀铁矿队、铝矿队技术负责人。1959年—1961年出任我国援助越南地质中心组技术负责人。1961年后，在贵州省地质局先后任主任工程师、副总工程师及技术顾问。

1980年获"建国30年地质找矿重大贡献地质工作者"，1992年获国务院有突出贡献知识分子特殊津贴。曾任国际沉积学家协会会员、中国沉积学会理事、贵州省政协委员、贵州省老科协协会副会长及贵州省地质学会秘书长等职务。

长期奋战在湘、赣、滇、川、黔等省野外一线，业绩卓著，对黔中铝业基地，湘、赣、滇铁矿基地及滇、黔磷矿基地等矿山建设立下了汗马功劳，对我国铝土矿矿产勘探和地质找矿研究做出了重大贡献，是我国沉积矿床及其分支的沉积改造矿床，风化壳、古风化壳矿床，铝土矿、鲕铁石矿等学科带头人。出版专著8部，发表重要学术论文80余篇，发表译著2篇。曾获地质部自然科学一等奖（1982年）、地质部科技进步二等奖（1984年）及获地矿部科技成果三等奖（1994年）等。

引 言

他踏遍云贵高原、湘赣边境、川滇交界的千山万壑，湘、赣、川、滇、黔留下了他深深的找矿足迹；他远赴越南指导找矿，为祖国争得荣誉；他为贵州工业建设提供了铝土矿、磷矿、铁矿等资源保障，做出了重大贡献。他是我国找矿有功人员——"建国30年地质找矿重大贡献地质工作者"的获得者，这一荣誉是对地质勘探队员的最高荣誉和最高褒奖。

1980年4月10日，全国地质系统评功授奖大会在北京人民大会堂举行，廖士范榜上有名。开幕式上，王震副总理代表党中央、国务院发表重要讲话，他说："30年的实践证明，你们不愧是我国社会主义建设的尖兵，人民爱戴你们、尊敬你们……"

廖士范感到无比自豪。

求学生涯

1919年3月23日，廖士范出生于湖南常宁秆冲村一个书香门第。父亲廖安世是长沙有名的地理教师，毕业于武昌高等师范学校（现武汉大学的前身）。廖士范出生时，父亲正好大学毕业，被派往日本考察日本中学地理教育归来。廖士范的降临为这个大家族带来无比的喜悦。他是这家人中的长房长孙，大家都把他当成掌上明珠，给他取名"士范"，希望他长大后做"士人"，做知识分子的模范！

5岁时，祖父三兄弟分家。家里为培养廖士范吃苦耐劳的品格，特将家里用于耕田犁地的小公牛犊交给他放养。在就读小学期间，每天小廖士范放学回家第一件事，就是牵着牛儿在家乡大茶林里放牧，度过了他快乐的童年时光。从小放牧，既培养了他的责任感，也培养了他对大自然的热爱之情。

6岁时，廖士范就被父亲送去家乡附近的小湖小学读书，第一天上学还是堂叔背着去的。随着廖士范父亲先后到衡阳和长沙等地教书，廖士范也因此到了衡阳孔庙学校、长沙南江小学和湖南一中附小就读。辗转多地，让小廖士范见多识广。在父亲的影响下，他从小培养了对大自然、地理的热爱；他德智体全面发展，体育成绩尤其突出，特别喜好篮球运动。五年级时，就成为湖南一中附小校篮球队的队长，校队的体育干将。爱好体育，从小练就了他强健的体魄，更培养了他敢于拼搏、不畏艰难险阻的意志，也为他日后从事野外地质工作打下坚实的基础。

14岁时，廖士范以优异的成绩考入长沙岳云中学。岳云中学是由著名教育家何炳麟先生1909年创办，素有"北有南开，南有岳云"之美誉。这所学校以全面发展为宗旨、以数学体育为两翼，力求培养情操高尚、体魄健全、思维敏捷，德智体全面发展的人才。廖士范在这所学校获得了优质的教育，如鱼得水。他刻苦学习文化课，充分发挥体育优势。初中二年级时，他又以扎实的篮球基本功破格进入只有高中生才有资格准入的校篮球队和排球队。

1937年，廖士范以优异的成绩考入岳云高中部任校篮球队和排球队队长，多次代表学校参加长沙市中学篮球、排球大赛并获奖。有一次在全省运动会上，廖士范以铁饼第二名、铅球第三名的好成绩再创佳绩，篮球比赛更是"战功显赫"。1937年10月湖南《民国日报》报道了这次运动会的盛况，并夸赞廖士范的篮球球艺精湛：一身是胆，篮下七进七出，累建奇功……

在岳云中学，优良的学风和坚持体育锻炼的好传统使他终身受益。他的学习成绩总是名列前茅，英语基础打得很牢，为他以后从事学术研究、跟踪地学前沿打下了基础。

1937年廖士范正在读高一时，震惊中外的七七卢沟桥事变发生。国难当头，抗战前线亟需大量兵源，大批青年学子纷纷投笔从戎，廖士范也不例外，毅然决然地报考了"中央陆军军官学校南宁分校"，并以优异的成绩被该校炮兵科录取，开始了他保家卫国的从军生涯。在军校的第一学年，廖士范在炮兵科学习了骑马术和地形测量等课程，这些课程对他日后从事地质工作也起到很大的作用。第二学年的一天，他与同学去学校附近的山洞避暑，不小心背部被一条大蜈蚣狠狠地叮咬一口，患上"骑马痈"，因伤口久治不愈被迫终止了军事生涯。

不能上前线保家卫国，青年廖士范非常沮丧。这时他的父亲来到他身边开导他："报效国家的方式很多，不一定非要从军。国富民强，首先要发展工业。你也可以走科学救国、实业救国之路。"父亲又给他列举了许多科学救国的例子。在父亲的劝说下，廖士范决定在家养病期间，加紧复习高中课程，准备报考大学。

经过半年的刻苦努力，廖士范以优异的成绩考取了当时为避战乱、从长沙迁校到常宁的广益中学。广益中学（现为湖南师范学院附属中学）是由中国民主革命先驱禹之谟1905年创办，当时流传"要学习、进广益"，其办学水平及质量在长沙首屈一指。近百年来，学校培养了许多优秀学子，其中党和国家领导人李立三、朱镕基，中国工程院何继善院士等就是学校的杰出代表。

在广益中学，廖士范为了实现人生理想，更加勤奋努力，在校期间各科成绩均名列前茅，毕业时以全班排名第7（全班48人）的优异成绩完成高中学业。

在报考大学时，父亲又来到廖士范身边对他说："我们国家虽然很穷，但有很多矿产资源需要勘探队员去探寻。你可以选学地质专业，走'找矿富国'之路。"

父亲渊博的学识对廖士范影响很大，他对自然、地理的最早认识和爱好便来自父亲。1941年，廖士范报考中山大学理学院，并如愿被地质系录取，从此开始了他的地质求学之路。

初入校门，廖士范得到著名经济学家王亚南、黄际愚等名家的启蒙，他深受启发，眼界大开。专业上他得到杨遵仪、何杰及陈国达等著名地质学家（后皆升为院士）的指导。这些名门大师的专业启蒙给他留下深刻的印象。其中印象最深的是杨遵仪教授的讲课。杨先生是我国著名的古生物地质学家，当时任系主任，教授普通地质学课程。他讲课用原文，不带讲义，只罗列授课的提纲和参考书，课后让学生自己学习。杨先生每周还会不定期地进行小考，试卷考题每人各不一样，大大地培养了廖士范的自学和创新能力。

在这些学贯中西的学界泰斗、导师的培养下，青年廖士范专心致志、刻苦学习，对地质学产生了浓厚的兴趣，为他以后从事地质工作奠定了坚实的专业基础。

在湖南地质调查所的岁月

1945年，廖士范从中山大学地质系毕业。在旧中国就业非常艰难，正当廖士范发愁时，父亲来到他身旁，关切地对他说："你是学地质的，目前我国从事地质工作的人数还不多，你一定要学以致用报效国家。"他又告诉廖士范："作为一名地质工作者，在今后的工作中若有点认识一定要善于总结，要为国立德、立功和立言。"父亲的教导，廖士范铭记在心。

1945年8月15日，日本宣布无条件投降，廖士范得知这一消息，非常高兴。

9月，他拿着毕业证和介绍信，从家乡一路颠簸来到长沙，整整用了三天三夜。一路上满目疮痍、一片废墟，他心情十分沉重，心想一定要用所学的专业知识报效国家。

到长沙后，廖士范四处求职，最后被湖南省建设厅李毓尧厅长（地质专业毕业）推荐到湖南地质调查所。

湖南地质调查所成立于1927年3月，是湖南省政府下设的地质矿产调查研究机构，解放后对湖南的地质工作做了开创性、基础性的奠基工作。廖士范来到所里，首先找到时任所长、著名地质学家田奇㻪先生（1955年当选为中国科学院院士）。田所长告诉他进所要考试，廖士范心想，从小学、中学到大学一直都在考试，没想到大学生找个工作也这么难。田所长首先问了廖士范一些地质专业方面的问题，廖士范凭借在大学学到的扎实专业知识，一一作答。然后田所长拿出一本英语文献，选了其中一段要廖士范翻译。廖士范在中学时，英语功底就打得很牢，很快完成翻译，田所长满意地点点头。

田所长又对廖士范说："来所里做事，既不能升官，又不能发财。你如果想升官发财，请不要来！地质调查所不是旅馆，不能想来就来，想走就走。你愿意来，一定得干完3年。……3年以后你如果还能干下去，我劝你这一辈子就干下去，不要改行了……"

田奇㻪的一席话，廖士范深受教育。从此他抱定了对地质事业"从一而终"的决心，开始了他的地质人生。

1945年，廖士范入职湖南地质调查所任技佐。进所后，他从清理整理岩矿石和化石标本做起。抗战初期，湖南地质调查所撤离长沙之前曾将全部岩石、矿物和古生物化石标本秘密地埋藏在所里的后园地下。廖士范进所接受的第一个任务就是发掘这些标本，进行整理、鉴定及分类，并贴上中英文标签后放入陈列室展陈。田所长对新入职的廖士范从平凡的基础工作做起，要求非常严格。廖士范因此学会了英文打字和标本清理、鉴定等基本工作，这对他以后从事地层、古生物等地质科研受益匪浅。

至今，在湖南地质博物馆馆藏有非常珍贵的矿石和古生物化石标本，这些有地质价值的标本与早年湖南地质调查所廖士范等老一辈地质工作者的奠基工作密不可分。

在地质调查所，廖士范在所领导、老同志的带领下，深入野外一线，先后跟随刘镇元、徐瑞麟等同事开展了湘江公司杨嘉桥煤矿及衡阳川口白钨矿等矿产工作，很快掌握了矿产找矿普查勘探方法。特别是1947年，他独立开展湘潭煤矿的野外勘探，为解放后他独立开展铁矿、磷矿及铝土矿找矿及勘探奠定了坚实的基础。

那是1947年—1948年，资源委员会湖南湘江煤矿公司委托湖南地质调查所对公司所属的湘潭杨嘉桥煤矿进行勘探，要求详细查明矿区范围内的煤炭储量。所里决定由廖士范负责承担这项艰巨的工作任务。

功夫不负有心人。通过8个多月的奋战，廖士范带领勘探队工作人员，在矿区范围开展了1∶5000的地形地质图测量，布置了50多个钻孔，高质量地完成了地质钻探施工、取煤样及地质编录等野外工作，为湖南湘江煤矿公司提交了质量可靠的地质报告。这份煤矿勘探报告当时刊载于《中南地质汇刊》（第3号），是解放前为数不多的勘探地质报告。这年廖士范由技佐升为技士。

常言道，好的开端是成功的一半。廖士范在湖南地质调查所老一辈地质工作者的带领下，不仅学到了找矿地质勘查技术，更重要的是学到了老一辈地质工作者严谨、务实、勤奋的工作作风。他十分怀念、感恩湖南地质调查所的良师益友。

新中国的首批地质勘探队员

1949年新中国成立，国家百废待兴，急需摸清地质矿产资源家底，以适应社会主义建设事业的需要。矿产资源是经济社会发展的重要物质基础，从事矿产勘查的地质工作者被誉为工业的尖兵，被形容为：一马挡道，万马难行！1950年2月17日，毛泽东主席在访苏期间，就曾专门去中国驻苏联大使馆看望中国留学生，并亲笔为学习地质专业的学生题写了"开发矿业"几个大字，极大地鼓舞着新中国的地质工作者。

作为新中国的首批地质勘探队员，廖士范深感肩上的责任重大。正如《勘探队员之歌》唱道："我们满怀无限的希望，为祖国寻找出富饶的矿藏，把我们无穷的智慧，献给祖国人民。"廖士范从此背起行囊，拿起地质锤、罗盘、放大镜地质"三大件"，长期奋战于湘、赣、滇、川、黔野外一线，为祖国找到了丰富的矿藏，为新中国经济建设做出了应有的贡献。

1950年廖士范所在的湖南地质调查所更名为中南军政委员会工业部第三地质调查所，1952年合并到中南地质局。

湘赣边境找大铁矿

1951年，廖士范进入中南地质调查所湖南分所，负责湖南江西交界铁矿普查。当时新中国经济发展亟需大量铁矿资源，廖士范承担了"湘赣交界铁矿普查"任务，从此奔走于湘赣边界的崇山峻岭中。他首先对湖南茶陵地区的人形山铁矿进行地质普查，发现这个地区具有很好的找矿潜力，值得进一步开展详查地质工作。根据已有的找矿线索，廖士范在普查区外围进一步开展找矿工作，发现了湖南茶陵雷拢里和潞水两个铁矿线索。

1951年后，廖士范在湖南找矿首战告捷，士气大振，继续"开疆拓土"找铁矿。1953年，廖士范受命赴江西，在永新县乌石山革命老区开展铁矿普查找矿。通过不懈的艰辛努力，廖士范找矿又取得突破，在湘赣交界的湘西莲花株岭坳地区又新发现了一处铁矿区。

辗转于湖南、江西两省，廖士范踏遍湘赣交界的崇山峻岭、沟沟壑壑。当时苏联专家柯罗特基在江西检查铁矿找矿工作时，对廖士范开展的野外地质工作质量大加赞赏，认为他设计布置的槽探和钻孔工程严格按照有关技术规范要求，工程质量可靠：钻孔位置布置在勘探线剖面上，槽探揭露矿层到位。他对廖士范竖起大拇指："中国也有能人！"

1952年，在廖士范铁矿工作组找矿取得可喜成果的基础上，中国地质工作计划指导委员会决定对江西乌石山和莲花株岭坳地区的铁矿，采用钻探等工程验证找矿效果，进一步开展铁矿勘探，探明矿区的铁矿资源。于是在江西成立了"永新铁矿队"，廖士范任技术负责人（总工程师）兼地质科长。

1953年，廖士范站在了一个新的高度。他负责指挥布置、安排、指导永新铁矿的矿产勘探工作，带领浩浩荡荡的百余名勘探人员，轰轰烈烈在江西井冈山革命老区开展了大铁矿勘探工作。

那年，这个寂静、偏远的井冈山革命老区顿时喧闹起来，钻机轰鸣，人头攒动，一派繁忙的景象，仅从湖北大冶铁矿技校分来的毕业生就达70余名。通过大规模的地质勘探工作，进一步证实江西永新铁矿是一个具有很高经济价值的大型铁矿床。

江西大铁矿的勘探工作使廖士范事业达到了一个高峰。他感叹："这是我人生第一次开展规模这么大、程度这么高的矿产勘查工作。"在这辉煌成就的背后，可又有谁知道其中艰辛啊。廖士范为了勘查江西大铁矿，在生存环境极为恶劣、地质条件复杂的革命老区，不顾个人安危，曾多次深入虎穴遇猛虎，但他都没有退缩。

1953年5月14日，长江日报以题为《井冈山地区发现巨大的铁矿》报道了廖士范在江西找大铁矿的先进事迹。《人民日报》《中南工人日报》《长江日报》《江西日报》等媒体也纷纷做了报道。

为了总结湘赣找矿经验，1953年廖士范在《地质评论》和《地质学报》权威期刊发表了《湘赣边境茶陵、永新、莲花区域地层概要》《湘赣边境宁乡式铁矿概要》等论文，为湘赣铁矿找矿提供了理论依据及实践参考。这年，廖士范晋升为八级工程师。

1953年正值中秋时节，廖士范铁矿工作队正在召开庆功大会时，传来他二儿子降临的喜讯，廖士范高兴地为儿子取名"书铁"，以此纪念江西大铁矿的发现！

云南找矿大显身手

新中国成立初期，云南要建一座年产100万吨的钢铁厂，铁矿找矿任务十分艰巨。时任西南地质局崔子明局长向地质部宋应部长请示，希望地质部能派遣一名年轻的地质专家到云南指导找矿并任职。云南地处西南边陲，地形地质条件十分复杂，这是崔局长提出要一名年轻专家的"苦心"。当廖士范来到云南，崔局长见到年轻、身强力壮的廖士范时，顿时踏实了。

1954年，廖士范调任西南地质局昆明大队（507队）副大队长兼技术负责人，他既是领导、专家、老师，更是一名地质勘探队员。到云南后，他马上投入到紧张、艰巨的找矿工作中，并亲自带领50多名南京地质大学分配的实习生深入一线开展野外实习。

在云南工作期间，他相继指导开展了铅锌矿、磷矿等矿产的找矿普查及勘探，新发现几处铁矿产地，为云南国民经济发展做出了贡献。在昆阳磷矿的勘查实践中，演绎了他实事求是，坚持真理，不畏权威，修改苏联专家的设计方案的故事。

那是1955年，廖士范在北京开会时，分队技术负责人陪同苏联专家库尔沙柯夫到云南昆阳磷矿进行考察，苏联专家制订了一套勘探设计方案。一天，昆阳磷矿大队长吕均一很严肃地对从北京回来的廖士范说："老廖，你是大队技术负责人，昆阳磷矿的勘探设计出了问题你要负责的！我劝你还是到山上看看是否存在什么问题。"于是，廖士范很快来野外现场。看到磷矿的矿层在山脊已露出，向北坡倾斜，山脊前有几条流水冲沟已将矿层顶板冲刷出来。苏联专家库尔沙柯夫没有考虑矿层已被流水冲刷露出地表的客观事实。仍然采用设计钻探揭露矿体的手段，设计了1万多米的钻探工程。廖士范一看，大约有一半的钻孔可以用浅井工程替代。

于是廖士范提出修改设计方案的意见，当时分队技术负责人等多数人坚决反对，理由有两点：一是苏联专家的设计不能改；二是若按照廖士范的设计方案，资源储量计算时会很麻烦。于是廖士范语重心长地说："我们勘探的目的主要是查明磷矿的矿床地质特征。用浅井代替钻孔，不仅可视面增大，可以清楚地看见磷矿在深部的延伸，取样方法（刻槽）质量也有保证，并可大大节省勘查时间和资金成本。"

最后，廖士范只好大胆地说："如果这个矿区勘探失误，责任由我来承担，因为我是大队技术负责人！"就这样一场争论终于结束。

当时廖士范的设计方案报到上级审批，未果。于是，吕均一大队长找到廖士范，问他设计方案是否有把握，廖士范斩钉截铁地说："有！"于是大队长说："若将来出了问题，我们两人共同承担责任。要坐牢，我们一起坐！"就这样，云南昆阳磷矿的勘探工作按照廖士范的设计方案大胆地实施了。

实践证明，廖士范的设计方案既节约成本和时间，质量工作也得到保证。后来这个磷矿的勘探设计方案得到了地质部、国家储委的表扬。这在当时是需要何等的胆识啊！

四川发现铅锌大矿

20世纪50年代，国家亟需铅锌矿资源。在云南工作的廖士范根据上级工作安排，对云南会泽骡马厂铅锌矿进行重点普查。当时在云南流传有"上有天堂，下有罗马"，"罗马"意指云南骡马厂铅锌矿。

廖士范来到骡马厂后，初步认为该矿山资源已近枯竭，不能作为重点普查对象。这时有群众报矿说，骡马厂毗邻的河对岸四川省凉山大梁子有铅锌矿。廖士范得知这一信息后，很想跨省去了解一下，但又纠结：骡马厂是上级指定的重点普查评价区，四川大梁子不在他们工作区范围，且又超省了，怎么办呢？经过思想斗争，他认为，作为一名地质技术负责人要对党和人民负责，要有敢于承担风险的精神。国家亟需的是铅锌矿，在哪找都应该可以。因此，他向上级请示，先到四川凉山大梁子进行考察。

四川大凉山地处川西南，位于四川盆地和云南中部高原之间，地形崎岖，峰峦重叠，河谷幽深，壁垂千仞，地形地质条件非常复杂。廖士范克服重重困难，经过2天的艰难跋涉，终于来到了四川大梁子。廖士范经过初步矿产勘查工作后，发现这里的铅锌矿找矿潜力巨大。

后来这一地区经钻探深部工程验证，证实大梁子铅锌矿为一经济价值很高的超大型的铅锌矿床！

在四川大梁子初步勘查后，廖士范又回到云南骡马厂进一步调查，得出该"罗马"铅锌矿已"硐老山空"，资源枯竭，没有开采价值。

当时"罗马"重点项目在他手里按下了"暂停键"。廖士范承受着巨大的压力，当时有人认为他丢掉了骡马厂这个铅锌"大矿"。但他非常淡定地说："地质科学上的是非问题有时短期内看不清楚，但作为地质工作者一定要敢于承担风险，为国家为人民负责！"长期的野外实践使他底气十足。

廖士范从"罗马"撤走后，云南冶金地质队又在骡马厂施工了钻探等工程，耗资数百万元！实践证实，云南骡马厂铅锌矿资源枯竭，没有开采价值！

贵州建奇功

廖士范先生在湖南、江西积累了丰富的铁矿找矿勘查经验，已成为知名的铁矿找矿专家。1956年初，贵州都匀独山"大铁矿"会战，廖士范受地质部之命，从云南火速前往贵州独山指导找铁矿。

完成"都匀大铁矿"的否定勘查评价后，廖士范感到一身轻松，心想可以"告老还乡"了。他来到贵州地质局，找到李志奇局长（兼党委书记），准备向他辞行。李志奇告诉廖士范不能回湖南，要他去见分管业务的朱魁副局长。当时正值地质局在贵筑云雾山铝土矿勘探失败，贵州铝土矿找矿效果不理想。朱魁见到廖士范后，向他介绍了"贵州铝厂"申请中央立项，提供铝土矿资源保障的情况。他说："中央要求建铝工业基地至少要达300万吨的矿石储量规模。贵州这么大，铝土矿点分布多，难道找不出一个300万吨储量的矿？我不相信！"

当时地质部动摇了拟在贵州建铝厂项目的建议，国家计委也打算撤销这个计划。朱魁继续对廖士范说："你去修文队负责黔中地区找矿，也可去黔北及其他地区找铝土矿。你的任务就是今年或最近几年内找到300万吨铝土矿矿石储量！"

"任务已经确定，要离开贵州回湖南看来是不行了。"廖士范心想。这时朱魁又对廖士范说："你大胆地干，要人有人，要钱有钱，局里千方百计支持你。"

廖士范欣然领命。从1956年以后，廖士范为了贵州建铝城，在这块待开垦的工业基地上又开始了他新的人生征程。他相继在贵州开展了铝土矿、铁矿、磷矿、汞矿等矿产资源勘查及地质找矿研究，业绩卓著，成果丰硕，特别是为贵州铝土矿找矿勘查，为贵州铝工业基地建设做出了重大贡献。

这年他的第三个儿子降生，取名"书黔"，以表示他要将自己的找矿业绩书写在黔山苗岭——贵州大地上。

为了贵州建铝城

1957年—1958年，廖士范任贵州地质局修文铝土矿地质队技术负责人（总工程师），负责黔中铝土矿勘查。那时廖士范正值壮年，贵州省地质局看中了廖士范在都匀铁矿勘查时的魄力、胆识和成就，希望他大胆地在黔中地区勘查铝土矿，提交300万吨的矿石储量。

长期的野外实践，廖士范积累了丰富的找铁矿、磷矿及煤矿等矿产的勘查经验。但从事铝土矿勘查，他还是第一次，于是他虚心向贵州熟悉铝土矿的前辈、专家学习。他特别虚心向时任贵州省地质局总工程师罗绳武先生请教。罗总当时请廖士范到他家中，耐心细致地向他介绍贵州中石炭纪古地理及已知贵州铝土矿的分布情况，并拿出他完成的贵州中石炭纪古地理图，为廖士范剖析贵州铝土矿成矿与岩相古地理的关系。廖士范如获至宝，脑洞大开。后来廖士范在罗老的指导下，在黔中开展了大规模的铝土矿普查找矿，找矿效果显著。

从1957年初到1958年6月，廖士范在修文开展了铝土矿的普查、勘探，仅用了一年半的时间，不仅完成了2000万吨的大型铝土矿矿石储量，还提交了与铝土矿共伴生的1900万吨超大型优质耐火黏土矿储量。按时超量地完成了上级要求300万吨矿石储量的要求。

这个矿区就是闻名全国的贵州修文小山坝铝土矿山。廖士范同时还勘查提交了黔中修文、清镇、织金、开阳、息烽等县外围约2亿吨的铝土矿远景资源量的找矿普查报告。

廖士范准确、快速地开展铝土矿找矿普查与勘探，这一突出的矿产勘查业绩惊动了地质部。当时国家亟须在全国范围勘查铁矿和铝土矿，有"钢铁是元帅，铜铝是副帅"之说。廖士范成功的勘探经验正好为全国地质行业矿产勘查提供了可参考和借鉴的理论、实践经验。

1958年12月，地质部在贵州召开了全国铝土矿现场会议，推广廖士范多快好省成功的铝土矿勘查经验。这是廖士范人生事业的"高光"时刻，他用自己的才智、胆识为国家铝土矿找矿勘查做出了重大贡献。

贵阳市白云区是一个因铝业兴旺发展的矿业城区。1958年，贵州铝业公司在此成立，1965年更名为三〇二厂，1972年更名为贵州铝厂。2001年12月，中铝股份在境外成功上市，贵州铝业分为原贵州铝厂（存续）和中国铝业贵州分公司（上市）两个单位。这个曾经是贵州人引以为傲的贵州早期大型企业，见证了贵州铝业欣欣向荣的发展历程。

岁月悠悠，人们是否还记得，曾经为国家和贵州社会经济发展做出巨大贡献的大型铝业国营企业，当时决定是否上马，其命运曾经是与一位青年才俊的奠基工作休戚相关。每次路过因矿而建的白云铝城，看见一栋栋林立的高楼和厂房，廖士范都感到无比的欣慰！

艺高人胆大，突破洋权威

廖士范常说："地质工作者应该从实际情况出发，实事求是，应按照客观地质规律办事，不能盲从，不能迷信专家权威。"

那是1957年—1958年，廖士范受命在黔中勘查铝土矿，正急于为"贵州铝厂"上马提供300万吨铝土矿资源保障时。当时按照"苏联规范"规定，铝土矿勘查要分析铝、硅、铁、钛、钙、镁、钾、钠的氧化物，以及硫、磷、烧失量11个项目，分析工作量很大，化验要花很长时间，严重制约了铝土矿勘探工作的快速评价。

廖士范在研究了贵州铝土矿的地质特征及工业基本要求后，决定从实际情况出发，破除苏联规范要求。调整每件样品仅分析铝、硅、铁、钛4项，其余的项目改在组合样中化验。为此，廖士范将这个意见向上级做了汇报，但当时苏联专家的建议、规范是神圣、不可违抗的。

"按照苏联铝土矿规范执行，需要花费大量的时间和资金，可若不照办，万一出了问题怎么办？"开始廖士范很纠结，但经过深思，他决定突破"苏联规范"有关要求。他想，万一不行，还可以再将剩下的样品（副样）在组合样中再做"补救"分析。就这样，廖士范便大胆将11个项目改为4个项目。很快，样品分析一周就得到化验结果，大大地缩短了地质勘探时间。最后经过地质勘探工程验证，修文小山坝是一个大型铝土矿床，它的外围还有上亿吨的铝土矿远景资源。

作为修文铝土矿地质大队的技术负责人，廖士范坚持从实际出发，大胆创新，在保证勘查质量的前提下，他不断总结经验，突破权威。实践证明，廖士范的创新方案是成功的，不仅为国家节约了大量的人力、物力和资金，还及时地完成了国家上马"贵州铝厂"的任务。后来廖士范铝土矿勘查经验在全国得到推广，还写进了中国自己的铝土矿勘探规范中，沿用至今。

对待工作，廖士范最大的特点就是坚持原则、敢讲真话。他常说："科学工作者既应追求真理，还应坚持真理，不能知难而退，更不能讲假话，否则祸国殃民，害人害己。"

1955年，廖士范在云南就接到通知，火速赶到贵州独山开展铁矿工作。当时据说在贵州独山盐寨、班台等地发现了"大铁矿"，储量达几百亿吨，这对贵州来说是"天大"的利好消息。贵州地处西南，工业十分落后，若能找到铁矿，加上贵州有煤，岂不是大快人心，大家都期盼着。当时国家计委、地质部、冶金部及西南地质局都非常关注贵州工业的发展，希望能在经济落后的贵州建年产100万吨的钢铁厂。

这时在独山矿区已从四面八方汇集了地质勘探人员及30多台钻机。廖士范赶到独山矿区后，发现这里的铁矿石品位很低，规模也不大，认为要"大上"须慎重！廖士范根据在湖南、江西及云南的找铁矿经验，大胆地终止了大规模铁矿上马工作。

廖士范通过进一步勘查工作证实，分布在贵州都匀、独山、三都一带的铁矿属于品位低、规模小、难选冶难利用的矿石类型，快速展开了否定评价工作，完成了《贵州都匀铁矿初勘报告》。这是一份贵州较早的铁矿勘查报告，对贵州铁矿找矿及勘查具有参考价值，至今存放在贵州地质资料馆，被无数地质勘探工作者查阅参考。

这是一份"否定"评价报告。地质工作者都知道，勘查评价一个矿区实属不易，要否定评价那就更难！没有充足的依据，很难下此否定结论！廖士范做到了，他及时地阻止了都匀"大铁矿"的会战，避免了国家巨大的资金投入和人力资源浪费，为国家节约了上千万元的勘查资金！

无独有偶。1958年"大跃进"期间，各地纷纷报道发现大铁矿。其中有报道，遵义发现"黔北大铁矿"，矿石量达100多亿吨，想在贵州建第二"鞍钢"。为了进一步对"黔北大铁矿"进行核实，廖士范作为专家来到遵义"鸭溪铁矿"和"绥阳铁矿"两个点实地调研。经核实后，廖士范认为，所谓的"大铁矿"不过是含铁绿泥石在地表风化的一层褐铁矿的薄层，仅几十厘米厚，连续性也不好，无工业价值。如果上马，浪费将不堪设想。当时浮夸风盛行，秉性耿直的廖士范压力重重，但为了对党和人民负责，廖士范本着科技工作者的良知，实事求是地向上级报告了"遵义大铁矿"的实情。虽然当时这一消息已在有关媒体宣传报道，但廖士范还是果断地否定了"黔北大铁矿"，为国家挽回了巨大的损失。

廖士范敢讲真话的例子还有很多。

那是1966年5月，地质部决定在水城格目底煤矿勘查会战，当时已从四川、云南及福建等地抽调3000余人参加大会战。廖士范认为此举不妥，可能造成一个大的失误。于是就如实向有关领导汇报："此举需要斟酌！"原因是格目底煤矿海拔约850米，附近最近的火车站海拔就达2400多米，但他们之间的直距不过20米。采煤时还要向深部采下去300米左右，海拔只有500多米。试想从500多米标高，在几十米的直距要提升到2400多米标高，属实太难了。于是廖士范又说道："只有修一条铁路，向南运到盘县，距离虽然只有200多公里，可这条路不是隧道就是旱桥，投资成本会很高很高。"

"文革"期间，他被打成"技术恶霸"。后来水城格目底煤矿项目在上马一年后，终于停止了大规模的勘探。有群众反映说："如果早听廖总的话，要为国家节约上千万元资金！"

援越

1959年—1961年，廖士范因突出的找矿业绩，作为地质专家，受国家委派援越，帮助越南开展地质矿产普查及勘探，任我国援越地质中心组技术负责人（副组长），负责越南东湖油页岩矿、班盏铜镍矿（大型）、汪悲煤矿（超大型）的勘探，以及清化省硫铁矿，宜安省煤矿、铁矿，河静省铁矿及黄连山区铁矿的找矿普查。

当时在越南工作的国家还有苏联、波兰、捷克。工作期间，四国经常召开"国际"学术研讨。每次开会，地质中心组都选派廖士范作为中方代表进行交流发言。

通过两年多的援越地质工作，廖士范不负重托，出色地完成各项地质任务。负责指导了越南铁矿、铝土矿、煤矿、铜镍矿的普查勘探，为越南提交了煤、铁、油页岩、铝、铜镍、硫铁矿等7份普查、勘探报告。勘查质量深得越南政府好评。

1961年1月，廖士范回国时荣获了越南政府胡志明主席及范文同总理授予的"经济建设"勋章。越南地质局局长黎文德还赠送廖士范两个具有地质意义的珍贵礼物——一对墨玉雕刻的石狮子。

言传身教，诲人不倦

尽管廖士范工作十分繁忙，但他始终没有忘记培养中青年地质人才。解放初期，我国地质勘探队员很少，不过区区200余人。要在祖国的广袤国土上开展资源勘查，已有的地质力量实在微弱。他深感肩上的责任，不仅要为祖国寻找亟需的宝藏，而且也要关注地质人才的培养。

20世纪50年代，廖士范在开展地质找矿项目中，通过言传身教、耳濡目染培养了上百名大学毕业实习生。这些实习生后来成长为我国地质战线的重要骨干，成长为新中国的地质中坚力量。

特别是1954年，他受命从江西调到云南，他既是领导、专家、野外地质队员，更是师长。50多名南京大学地质系毕业的大学生在他的指导下，快速成长为国家亟需的地质人才，遍布全国地质各部门。他们又像他一样，用对地质事业的执着、坚守去感染、传承新一代的地质人。

廖士范不仅培养了许多大学毕业实习生，他也很注重在实际工作中对地质新人的传帮带，帮助他们在实践中进步成长。20世纪50年代，廖士范在贵州省地质局105地质大队指导矿山技术工作时，发现一批学历不高，但十分勤奋好学的年轻人，吴冠群就是其中典型。廖士范在工作中特别注重对这批年轻人的培养。廖士范通过项目，在实践中提升了这批年轻人的专业技术能力。这批中青年地质人员很快掌握了野外找矿勘查技术方法，有的成为地勘单位的技术负责人。吴冠群在跟随廖士范于修文小山坝铝土矿勘查和黔北"大铁矿"核实调研的项目中，耳濡目染了廖士范务实、创新、坚持真理的工作作风，他在回忆自己的地质从业生涯时，深有感触地说："跟随廖总，我系统全面掌握了一套地质矿产工作的野外技术方法和理论知识，他对祖国找矿事业的执着追求，为党、为人民负责，敢于承担风险的精神令我佩服，这是我终身受用的财富。"后来吴冠群成为贵州省地矿局105地质队总工程师、研究员，成为贵州省地质找矿专家，享受国务院有突出贡献知识分子特殊津贴。

1986年，笔者大学毕业读硕士，有幸师从廖士范先生。跟随他学习的三年期间，笔者系统、全面学习了专业理论知识和野外工作实践方法，更重要的是从他身上，笔者深切地感受到了一位科学家对崇高理想的执着追求。他为祖国地质找矿事业无私的奉献精神一直影响着笔者。在完成研究生学业后，笔者又继续深造，成为地质战线上的一名科技工作者。他丰富的勘查实践、敏捷的思维、攀登科学高峰精神令人叹服；他笔耕不辍，勤于著述的学者风范影响深远，特别是他每完成一个矿区，或一个矿种的工作后，都要认真进行总结，画上一个圆满"句号"。他早年的论文、著作及勘查报告已被后人广泛查阅和利用，为青年学子树立了榜样。

至今，在他的家里整整齐齐存放着他几十年来走南闯北的记录本，整整几大箱。这些工作日志详尽记录了早年我国老一辈地质工作者不畏艰辛、发奋图强，立志早日为祖国发掘宝藏的心路历程。

老骥伏枥，志在千里

廖士范中年一直坚守野外，踏遍青山，为新中国寻找亟需的矿藏，为国家经济建设做出了应有的贡献。1961年他援越回国后，任贵州地质局主任工程师，主要从事技术管理工作。他知道出野外的机会少了，但他说："地质工作的实践性很强，不到野外就无法获得第一手资料和感性认识，就无发言权，就会脱离实际。"所以，只要工作需要，只要有机会，他一定要亲临野外实践。

特别是1964那年，地质部下达地质局一项重大任务：要求在年底内完成开阳磷矿和务川汞矿两个大型矿床的勘探任务。由于廖士范具有丰富的一线勘查经验，局领导决定将这项光荣而艰巨的任务交给廖士范，由他负责指导实施！

这一年廖士范不畏野外艰辛，大部分时间都在矿区蹲点指导这两个大项目的实施。值得一提的是，当时对务川汞矿的勘探方案存有分歧意见。一种方案主张采用"坑探+钻探"勘探手段。廖士范通过他长期的矿产勘查实践经验，综合考虑勘查成本及时间等因素，大胆地提出了"以钻探为主、坑探为辅"的工作方案。经过论证，廖士范的方案得到了认可。上级交代的"光荣而艰巨"的勘探任务如期完成，还为国家节约了上千万元的勘查资金！

1981年，为落实知识分子政策，廖士范调任贵州省地质局任副总工程师，分管全局勘查及科研等工作，同时他也承担课题研究，于是他又将浓浓的地质情怀倾注于他热爱的地质科研中。他说："'文革'已荒废我们整整十年，我们的地质科学工作与国际水平悬殊，我们每个人都要抓紧时间学习先进国家的地质科学技术。"他是这么说，也是这么做的。即使他已年近花甲，即使事业有成，他也一直活跃于国际学术舞台，曾任国际沉积学家协会会员、中国沉积学会理事。

20世纪80年代后，他积极参加了三项国际地质对比计划项目：IGCP274（显生宙鲕铁石）、IGCP287（前第四纪全球风化作用记载）和IGCP284（特提斯铝土矿），其中前两项，他任中国组的组长，是项目国际发起人之一，成为我国铝土矿、鲕状赤铁矿及古风化壳矿床学及沉积改造矿床学学科研究的学术带头人。

1982年，廖士范作为铝土矿勘查专家，应中国地质学会邀请，参与《中国矿床》专著编写，负责"中国铝土矿床"部分。这本著作获第二届国家图书奖

（1995年）。

1986年，廖士范承担国家自然科学基金"中国铝土矿主要类型成因、找矿方向"的研究，通过对全国铝土矿全面野外勘查实践及找矿研究，他提出了风化成矿作用的认识，改变了铝土矿长期以来的"胶体化学沉积"认识观点，成为我国铝土矿地质勘查及矿床成矿规律研究的学术带头人。

1991年，他编写完成《中国铝土矿地质学》专著。主持的"中国铝土矿主要类型成因、找矿方向"科研项目获地矿部科技成果三等奖（1994年）。

1992年廖士范获国务院有突出贡献知识分子特殊津贴，成为我国知名的地质找矿专家。

廖士范从事地质工作50余年，他的工作得到政府和社会的认可和赞誉，曾任贵州省政协委员、贵州省老科协协会副会长、贵州省地质学会秘书长等职务，为贵州国民经济和发展做出了积极的贡献。

他的勘查业绩和学术成果丰硕。20世纪50年代初期，他就在权威专业期刊发表学术论文，学术水平及创新能力得到行业认可。他撰写的论文涉及矿床、地层、构造及古冰川等多方面，先后发表学术论文80余篇，出版专著8部，负责、参加编写的矿产普查评价及勘查报告共39份，发表英文译著2篇，分别为《淡水铁锰矿床》（5万余字，地质出版社1981年出版）和《紫外光探铀术》（1万余字，1950年发表于《地质论评》）。

古稀之年，廖士范在工作岗位上退休。但他一直不忘著书立说，一直在撰写《风化壳、古风化壳矿床地质地球化学》专著，早年他是这个领域的学术带头人，他要将毕生积累的财富留给后来人，造福于子孙。

进入耄耋，他仍然笔耕不辍，又开始写人生回忆录，几十年的风雨情愫从笔尖流露。他要将一生从事地质工作的心得告诉世人，并勉励学子、儿女们在人生路上立德、立功、立言。

情怀、风范

廖士范一生热爱祖国、热爱地质事业。地质找矿和科学研究是他一生的追求。在湖南地质调查所期间，一次找钨矿的经历引起了他的深思。

那是1946年秋，资源委员会第二区特种矿产管理处接待了一位出售黑钨矿的卖主。当时黑钨精砂在国际市场上很畅销，长沙收购价格每斤约合银洋一元。令人诧异的是这个卖主始终不愿吐露钨矿产地。根据说话的口音，这卖主可能是衡阳川口一带的人。

湖南地质调查所根据这一线索，旋即派廖士范和徐瑞麟去川口当地了解情况。原来这钨矿产自川口地区白水岭附近，这里的地表到处可见大量的含钨石英脉露出，被当地农民用来铺路、垫墙脚和砌灶头等。这个卖主低价收购囤积，待价而沽，企图长期垄断。

廖士范一行在钨矿产出地开展野外地质调查达2个多月，完成了《衡阳白水岭钨矿简报》及1∶5000矿区地形地质图测绘等地质工作。卖主为了获取钨矿的开采权，在廖士范还在野外开展矿产调查时，就多次找到他索取有关矿区地形、地质图等资料，但都被廖士范严正拒绝了！

钨矿的找矿经历引起了廖士范的警醒，他的心灵深处泛起了波澜。他心想，如果我国地质事业发达，就不会出现这种私人倒卖现象。出于一颗爱国心，廖士范更坚定了为祖国地质事业奋斗终身的决心！

作为一名地质科学家，对事业的热爱贯穿于他生命的始终。即使在最艰难的岁月，也未曾动摇。

"文革"期间，廖士范被扣上"技术恶霸""反动技术权威"等帽子，先后被下放到矿山和五七干校劳动改造。身处逆境，廖士范始终相信党、相信人民！他时刻期盼着早日重返地质岗位，继续从事他热爱的地质事业。1973年后，他终于又回到工作岗位，开始了他热爱的地质工作，相继开展了贵州震旦系、中国震旦系等地层清理研究等工作，并取得好的成绩，贵州地层表（含贵州震旦系地层）相关著作由地质出版社出版，1984年获地质部科技进步二等奖。他撰写的《中国贵州震旦纪冰川沉积》论文，被纳入伦敦剑桥大学出版社《地球的前更新冰川记载》一书，在英国伦敦公开出版发行（1981年）。这篇论文第一次提出我国早震旦世有2个冰川沉积的新观点，研究成果对结束我国长期以来的"南北方震旦系"争论及我国古气候研究，具有重要的参考价值，引起了国内外学术界的关注。1976年，他主持承担了贵州省"贵州西部菱铁矿的研究"科研课题，通过研究，他提出了贵州菱铁矿沉积改造矿床的创新观点，发表了《贵州铁矿山沉积改造矿床方式及改造机理的探讨》等论文，出版《贵州西部沉积改造菱铁矿床的研究》等专著，引起地质学术界的关注。

廖士范公私分明，从不占公家便宜。据女婿邓贻咏回忆，20世纪70年代末，廖士范在地质科学研究所任技术负责人，同时承担贵州铁矿课题。因工作需要，他用课题经费买了一部进口相机。单位许多人都想借用，但只要不是工作，谁也借不到！有一次，廖士范大儿子谈女朋友，找老爸借相机，被廖士范严词拒绝："相机是用来搞科研用的，不是给你谈朋友的。"

廖士范每天工作都很忙，但他还始终不忘关心国家大事。表现在他每天都要阅读《参考消息》，看《新闻联播》电视节目，而且非常专注，不能有任何打扰。有一次，1996年台海危机期间，廖士范正在聚精会神地看《新闻联播》，年幼的外孙女拿起遥控器啪的一按，调台换了文艺频道，顿时，廖士范起身严厉对外孙女说道："我们每个人都要关心国家大事，有国才有家！"

廖士范爱国、爱家、爱事业，是子女们学习的榜样。在孩子们的眼中，他也是一位和蔼可亲的好父亲。廖书铁回忆："在我的印象中，父亲对我们的学习不太过问，母亲因此很是担心，怕我们学习成绩不好。父亲说，只要不留级就行了。但父亲十分注重对我们体育兴趣的培养。每次他从北京出差回来，都要带回皮球之类的体育用品给我们玩。虽然当时家里的经济很困难，但是父亲坚持要母亲带我们去游泳，且每周至少一次。若他从野外回来，一定会亲自带我们几个子女去游泳、打篮球。我在小学一年级时就学会了游泳。"

廖书铁还说："父亲最崇拜的人是左宗棠，父亲经常给我们讲左宗棠的故事，讲很多他做人做事的故事，我们也深受影响。有一次，我读小学一年级时，父亲问我，你们班上有人欺负你吗？我告诉父亲说，我们班上的男生都打不赢我，我是大王。父亲笑着对我说，你可不能打女生哦，也不能欺负比你小的同学，不能随便打人。从此以后，我一直记住父亲的这些话，一生中没有打过女生，也没有欺负过比我小的同学，甚至同龄人都没有欺负过。"

都说陪伴是最长情的告白。廖士范一生事业有成，得益于妻子刘楚玉一直默默地相守和付出。妻子从小受过良好的家庭教育，是一位典型的书香闺秀、贤妻良母。他们的婚姻虽然是父母包办，但夫妻相濡以沫，恩爱一生。廖士范对妻子也十分尊重，他说："我毕生事业取得的成绩，儿女们能培养成才，完全归功于她。"

年轻时的廖士范东征西战，长期奋战在崇山峻岭，顾不上小家，是善良贤惠、勤俭持家的妻子默默地承担起抚养6个子女、操持家务的重任。地质工作是艰苦的行业，流动性很大，作为地质职工的家属，举家频繁迁徙是常态，其中的艰辛可想而知。但妻子刘楚玉为了支持丈夫的事业，一心扑在家庭上，任劳任怨。儿女们长大后，妻子坚决反对他们学地质，但父亲一心扑在工作上的敬业和为祖国的奉献精神影响着孩子们一生，父亲是他们的榜样。

1977年恢复高考，儿子廖书铝填报志愿时征求父亲的意见，廖士范说："地质学是基础科学，博大精深，具有基础性、先行性，各行各业都用得上，你就报考地质专业吧。"儿子听从了父亲的建议，顺利地报考了地质专业，被贵州工学院地质系录取。二女儿廖书正也受父亲的影响，报考了昆明地质学校，毕业后与丈夫在贵州地质局地质科学研究所一直从事地质研究工作。在孙辈中，廖士范也有两个孙子继承了爷爷一生热爱的地质事业。廖老先生一生家庭美满，事业后继有人，他深感欣慰。

廖士范将自己的一生献给了祖国的地质找矿事业，也体现在他为儿女们取的名字上。他为人正直，2个女儿取名为"书端、书正"，期望她们为人做事"端端正正"；他视矿如子，4个儿子分别取名为"书钢""书铁""书铝""书黔"，表达了他对人生和事业的价值追求。"端端正正"，"钢、铁、铝、黔"，意蕴深刻！

廖士范是从湖南走出的地质科学家，贵州是他的第二故乡，湖南人民和贵州人民没有忘记他。至今，他的故居被列为常宁市文物保护单位，贵州地质博物馆有他的雕塑，他将自己的一生奉献给祖国的地质事业。

2013年1月4日，94岁高龄的廖老先生在家中安然长逝，走完了他坚实、执着、奉献的地质人生。斯人已逝，功绩永存。

竭心尽智找矿探矿建功业，

履正行端书铝书铁著文章。

贵州九三学社地矿支社同仁为他书写的挽联真切地诠释了他不老的人生情怀。

情系找矿兴国，跋山涉水，青山万里留踪迹；

执着地质勘查，竭心尽智，功绩卓著树楷模。

贵州省地质学会全体同仁为他敬献的挽联更进一步展示了他踏遍青山、矢志不渝的地质人生。

一本厚书　一座富矿

——记矿床地质学家何立贤

◆ 陈履安

何立贤（1920—2014）男，贵州水城人，矿床地质学家。1946年毕业于中央大学（现南京大学）地质系。曾任贵州省地质局总工程师、贵州省地质学会理事长、中国地质学会理事，原地矿部地矿司技术顾问、地矿部科技顾问委员会通讯委员，享受国务院政府津贴专家，贵州省政协第五届委员，贵州省劳动模范。长期致力于矿产资源的勘查和科学研究工作，先后主持了贵州水城观音山铁矿、遵义铜锣井锰矿、松桃铅锌矿、炉山铁矿等矿产的地质勘查；主持了中国汞矿、贵州汞矿、汞矿带中的金、黔西南卡林型金矿等相关项目的科学研究，取得了丰硕成果。特别是他主持撰著的《汞矿地质与普查勘探》专著，是中国汞矿勘查实践的经验总结和矿床研究的重要成果，荣获了全国科学大会奖。继而主持编写了《汞矿地质勘探规范（试行）》和矿床学权威著作《中国矿床》中的"汞矿"部分，对《中国汞矿》一书出版做了奠基性的工作；牵头编著的《贵州金矿地质》专著，首次建立了汞（锑）矿带中汞—锑—金矿4阶段成矿模式；创建了黔西南金矿"热、液、矿"同源成矿模式和成矿理论。针对地质工作存在的问题提出了许多真知灼见，强调"重视野外工作，倡导求实学风"，并身体力行，言传身教，培养了大批热爱地质、不怕艰苦、勤于实践的地质勘探队员。

地质矿产事业是为国家工业化、现代化探索、寻找矿产资源、能源资源的事业，是工业的先锋；人员常年工作在野外，寻找勘查地下的铁、铜、锰、锡、金、汞、银、铀、铅锌、稀土、磷、煤炭、石油、天然气等矿产，探索成矿规律，寻求成矿机理，具有很强的探索性、挑战性和艰苦性。何立贤先生长期致力于矿产资源的勘查、科学研究和管理工作，曾经担任一些地质大队技术负责人，贵州省地质局（地矿局）副总工程师、总工程师，还担任过中国地质科学院西南地质矿产研究所矿床研究室主任。取得了许多成果，培养了人才，对贵州地质找矿、矿床学研究和社会经济发展特别是工业现代化做出了重大的贡献。他的做人为学之道和重视实践、笃实求真的精神品质被广为传颂，影响了一代代地质工作者。

乌蒙结奇缘

在贵州水城观音山找矿的燕树檀工程师刚刚回到驻地，一位当地学地质的大学生何立贤闻讯匆匆赶来拜访。在这莽莽乌蒙、崇山峻岭中的偏僻小镇里，居然能够遇到一个学地质的大学生，燕先生十分惊奇。谁曾想到，这一次两人的不期而遇，竟然结下了43年的奇缘。这事发生在1942年。

那年，家在贵州水城、22岁的何立贤在重庆的中央大学（现南京大学）地质系上一年级。暑假回老家，听说有一个姓燕的工程师在观音山找铁矿，大家都叫他"燕大胡子"，跟乡里人"打得堆"。出于专业的敏感，何立贤立即找到了燕工程师燕树檀的住地，见到了这个在家乡找矿探矿的外地人。当时燕工从西南联大毕业不久，28岁，是一位高个子、英俊潇洒、朝气蓬勃的地质队员。何立贤个子小，不像个大学生，当他自我介绍在中央大学学习地质，燕工心里一喜，问道："你为什么要学地质？"何立贤不假思索地答道："找矿呀！"燕工说："地质工作很辛苦，别人不敢去的地方我们要去，别人不敢爬的山峰我们要登。"何说："我不怕苦，我身体好，能跑能走。"

真有点"他乡遇故知"的味儿。一位是刚走出校门（西南联大地质地理气象系地质专业）不久的地质工程师，一个是刚入大学校门的地质系学生，彼此有很多的共同语言。不久，何立贤要返校了，燕树檀要回设在云南昭通的国家矿产测勘处的总部，都要向威宁方向走50多公里。两人相约结伴同行。燕先生的腿有点小伤，骑着一匹小马；何步行，山路上，有时比马还快。燕夸奖道："你搞地质能行！"

两人夜宿艾家坪，一路上，二人一见如故，天南海北地谈得很多很多。何立贤谈到当初在重庆，考取了战时内迁的国立十二中。国立十二中原为湖北联中，是从湖北恩施搬到四川长寿的，班主任是李寿季老师，李寿季是著名地质学家李四光的弟弟，日本帝国大学毕业的。何说："我走上地质之路，是受李老师的影响。他还兼地理课教师，在讲地理课时，告诉我们，我国矿产资源丰富，开发矿产能振兴工业使国家富强，从矿石中可以提炼金银铜铁锡……造枪造炮打东洋鬼子。教我们什么是火山爆发，什么是矿石，讲闪亮的黄金、黑色的煤矿、透明的水晶……"地质工作能够强国，加上这些新奇知识，再加上对李四光先生的景仰，使自己对地质科学产生了浓厚的兴趣。还没有毕业（高三上学期时）就毅然报考了中央大学（现南京大学）地质系，并顺利被录取，从此和地质结缘。一路上相谈甚欢，不觉到了威宁后，燕去昭通；何往毕节方向，经泸州去重庆。两个地质人依依惜别，各奔前程。这是燕树檀遇到的第一个贵州的年轻的地质学人，何立贤遇到的第一个在家乡勘查找矿的地质队员——从此结下地质情缘。

斗转星移，新中国成立了。1950年3月，何立贤加入了以乐森璕为队长的西黔探矿队，回到了故乡水城。勘查对象，竟然是燕先生8年前曾经勘查过的观音山铁矿，负责技术工作。这里十分荒凉，附近没有人烟，山上布满了杂草丛生的探槽和一些坑道。由于8年前的燕工程师已经做了大量的地面槽井工程和一些坑道，后续工作主要是地质填图和钻探（手摇钻）。经过钻探，何立贤完全证实了8年前谢家荣先生和燕树檀报告中观音山铁矿成因的观点。

何立贤回忆往昔，真巧，水城观音山铁矿是他俩大学毕业后从事矿产勘查的第一个实践基地，只不过时间相差了整整10年！

岁月如流，人世沧桑。新中国成立后何立贤一直在贵州地质一线工作，1958年，何立贤升任贵州省地质局副总工程师。正是1958年南方地质总局撤销，地质部调燕树檀到地质部探矿司工作，不久即调贵州省地质局任总工程师。分别16年后两人再度相逢，惊喜异常，并且成了朝夕相处、合作共事的同事。燕总退休后，何立贤便接替当上了贵州省地质局的总工程师。

燕树檀先生1985年初去世，何总对燕总始终念兹在兹，对他的人格魅力、做人为学、工作业绩非常敬佩，竭力学习宣传。生前催促笔者抓紧时间撰写文章，和几位同事联名发表了《无私奉献的楷模 做人为学的典范——追记贵州省地质局原总工程师燕树檀先生》一文，缅怀燕总的精神品质，以及笃实求真、重视野外的地质学风，让地质局"三光荣"精神代代相传。

真是"天涯咫尺喜相逢，良缘相结益终身"。他们两人合作共事，密切配合，砥砺前行，为贵州地质工作竭力尽责，共同为推进贵州地矿事业发展，为贵州社会经济发展做出了重要贡献。

求学地质路

1920年何立贤出生在乌蒙山区的贵州水城县，一个耕读之家。这里是真正的穷乡僻壤。那时贵州还是军阀统治，地方军人自相争夺，社会动荡不安。何立贤7岁启蒙，先读私塾2年，后进水城二小。他聪明好学，爱好运动，品学兼优，成绩名列前茅。小学毕业，进水城师训班学习。那时中央军刚刚进驻水城，搞新生活运动，提倡国民教育。1936年，年仅16岁的何立贤师训班毕业了，意气风发，豪情满怀，要走出大山，继续求学深造！

1936年冬，何立贤在哥哥何尊贤（当时是贵阳师范学院数学系学生）的带领下，在崎岖的山路上步行了5天，到贵阳著名的达德学校插班读初中二年级。

贵阳达德学校是久负盛名的新式学堂，它的前身是近代著名教育家、维新派人士严修（严范孙）创办的经世学堂。康梁变法失败，经世学堂被解散。1902年，严修的得意门生、教育家黄干夫（王若飞的大舅父）邀集一批志同道合的好友，如著名教育家凌秋鹗等创办了达德学校。后来，王若飞的二舅父、著名爱国民主人士、教育家黄齐生也曾在校任教并担任校长，1905年带王若飞入读这里，于1912年毕业。

这里聚集着贵州学界精英，老师们既有良好的国学功底，又接受过现代科学民主的教育。他们以振兴国家和贵州为己任，教书育人，使达德学校成为贵州爱国进步、科学民主的堡垒。1937年抗日战争爆发，抗日烽火遍及全国，这里成了抗日救亡运动的中心、民主爱国运动的中坚，内地和贵州的许多优秀教师云集于此。例如文化名人、书画艺术家谢孝思就是学校的老师。"好学、力行、知耻"的校训，高高悬挂在达德书院的屋檐下。在达德学校的小礼堂由谢孝思先生手书的金字匾上的话语："富贵不淫，贫贱不移，威武不屈；智者不惑，仁者不忧，勇者不惧"对联和"智仁勇"横批，教育着、激励着一批又一批朝气蓬勃的学子。何立贤念念不忘，受用终生。青年何立贤在这里大开眼界，接受了良好的教育。因为积极活跃，品学兼优，总分常常是全班第一。不仅几个学期免去了学费，而且被选举为达德学校学生自治会主席。他参加了贵阳中学生抗日救国会，组织抗日宣传，办板报《同仁》《雪耻》，请著名校友黄齐生、张铁军到校讲演，等等，把抗日救亡活动搞得轰轰烈烈。1938年冬以第一名的成绩毕业于达德学校初中。

何立贤进高中，读了三所学校。先是贵阳高中，因躲避日寇狂轰滥炸，搬到了修文；庙堂做教室，学生挤住在庙里的地板上。在这里，战时从外地来贵州避难的老师多，师资优秀，老师有刘方岳、苏朝生等，但是居住、活动环境太差。后来听说从南京搬来贵阳的中央大学实验学校招插班生，就前去报考，并顺利地被录取了。临报到时，要交书费、制服费、伙食费数十元。当时手边没有钱，只身回修文路上，巧遇达德学校的老同学安粤（亦名安毅夫，贵州民族学院原院长），安粤问他："手续办得怎么样了？"他把因为手边没有钱，不想插班的事讲了。安粤说："我有钱，先借给你交学费。"于是借钱、交费、插班，转回贵阳到中央大学实验学校上学。在这里又受到张振宇等优秀教师的培养。此间发生"状告校长贪污案"，因为好友陈明敏兄弟等同学到教育厅告校长的状，说校长在修建图书馆时有贪污行为。此事被校长得知后，勒令告状的同学退学。由于何立贤跟他们关系好，也受到牵连。于是有陈明敏、何立贤等10位同学提出集体退学。退学后又得好友钱定武同学的帮助，搭乘钱定武父亲的车去重庆。到了重庆，当时内迁的学校国立十二中正在招插班生，他很顺利地考取到高二插班。国立十二中原为湖北联中，从湖北恩施搬到四川长寿，主要是战区学生，湖北、江浙人诸多，贵州人只有2个。何立贤回忆："开始他们瞧不起我们贵州人，一位江苏同学说我是贵州'苗子'，我争强好胜，每学期总分都是全班第一，而且全面发展，用事实证明贵州人行！班主任李寿季老师很喜欢我，还为我申请上了补助贷学金。"

何立贤回忆自己求学道路上，有幸遇到不少帮助他的人，其中对他事业产生影响的有2位恩师，一位是家乡名人张重山，一位是高中班主任李寿季老师。

"水城县城有位名人，也是我崇拜的人，名张重山，他是县里唯一留过洋的冶金专家，曾任四川大渡口钢铁厂厂长。我在四川国立十二中读书时，每年的寒暑假回家或返校时都要过宿他家。张重山经常跟我说，要改变水城穷苦面貌，只有靠煤铁资源的开发，别无他路。他送给我他撰写的文章——《中国西南钢铁事业之蠡测》，书中内容是建议开发贵州水城煤铁资源。我手不释卷地读完这本书，并完好无损地保存着。从此，我的内心深处就开始编织以科学强国富民之梦。"（引自何立贤口述、黄炳华整理《情满勘探路》。）

何立贤讲，他在中小学阶段，喜欢运动，也喜欢看课外书籍。从小受到武侠小说影响，对土豪劣绅、贪官污吏以强凌弱、欺软怕硬的行为特别憎恨，敢于伸张正义、仗义执言。在他读中学期间，亲眼见到日本帝国主义侵略祖国、轰炸贵阳、轰炸重庆的情景，对日本帝国主义痛恨至极，决心努力学习科学知识，强我中华。为国学习成了他的主要动力。目睹当时官场腐败，他决定学理工走科学救国之路。当时保送他读中央政治学校，他也毅然放弃了。

在中央大学，有全国一流的地质学家当教授，李四光的得意门生、著名地质学家朱森是系主任，还经常邀请名家如黄汲清、李春昱到系里讲学，他如饥似渴地学习，成绩名列前茅。

中央大学毕业后，1946年以第四名的优秀成绩如愿以偿考进了地质学家的摇篮——中央地质调查所。抗战胜利后，何立贤随中央地质调查所回迁南京。这里聚集着全国有名的地质精英，新中国成立前后，从这里走出了地学界的48位院士（中央研究院院士和中国科学院院士），各省地质局总工程师也多出自这里。他有幸得到我国著名地质学家黄汲清教授的直接指导。他深得黄汲清、李春昱等大科学家的做人之道，做学问的科学思路，做地质工作的方法。从标本分类编录做起，形成了重视实际资料、重视野外调查的地质工作理念，受到从实际出发、重视实践的求实学风的熏陶。

何立贤曾对笔者说，他喜欢到野外考察，不怕艰苦，所里凡是有野外工作，就主动争取去。在中央地质调查所2年多时间里，大多数的时间都在野外。他跟高振西先生（后为中科院院士）到湖北南部的咸宁、大冶、阳新等地填地质图。民国三十五年（1946年）冬，经浙江省钱塘江海塘工程局商请何立贤跟随浙江大学史地系朱庭祜教授和中央地质调查所盛莘夫调查钱塘江下游地质，重点在于探明钱塘江两岸的地文演进和江流变迁，范围涉及桐庐以下至平湖、镇海、奉化等14个县，1947年春完成野外作业。在那兵荒马乱的年月，鄂南、浙江山区的艰苦和危险是不言而喻的。但是青年何立贤全然不顾。事后，总是欣喜地说，看到了许多地质现象，得到了顶级地质专家的言传身教，增长了许多见识，学到了许多书本上学不到的东西，取得了不少野外工作的经验。所以谈起那段经历，他总是滔滔不绝，说学到的东西终生受用不尽，经历的故事回味无穷。而这位个子不高的贵州小伙子，给黄汲清、李春昱、高振西等地质调查所的资深专家留下深刻的印象是：他能吃苦，能干事，能跑野外，善动脑筋，围棋下得好。

拓荒找大矿

1948年底，何立贤从南京送爱人回贵州老家生孩子。因为解放战争战火正酣，他就留在贵州了。于是受贵州大学之聘，任丁道衡、乐森璕两位教授的助教。

1949年6月，黄汲清先生参加国际学术交流，到英国伦敦，经英国、瑞典、瑞士、丹麦、美国等地考察讲学回到重庆。一天早晨，时任西南地区军政委员会领导的邓小平派人用一辆军用吉普车把黄教授接到办公室，希望他立即组织筹建西南地质调查所，并亲切地对他说："现在解放了，国家要搞建设，希望你们组织地质勘查，摸清矿产资源，尤其是煤铁矿产。大西南蕴藏着丰富的宝藏，需要你们地质工作者去开发！"

受到邓小平、刘伯承的召见后，黄汲清立马为新中国地质工作振兴延揽人才，一下就想起了贵州小伙子何立贤，专门写信邀约何立贤到重庆北碚西南地质调查所，参与成渝铁路工程地质调查。到重庆后不久，重庆就和平解放了。

新中国成立后，百废待兴的祖国建设亟需矿产资源，地质必须先行。根据中央指示，1950年，在西南行政区财经委员会的领导下，将解放前属于四川、西康、云南、贵州四省区地质调查所人员集中于重庆，于1950年3月成立了西南地质调查所，负责西南地区的地质、矿产调查勘探工作。西南军区军政委员会要求西南地质调查所立即开展贵州水城观音山、赫章铁矿山的铁矿勘探工作。旋即由西南地质调查所副所长、地质学家乐森璕兼任队长，地质学家路兆洽为副队长的西黔探矿队正式成立。

何立贤满怀建设家乡的豪情壮志，满怀对地质工作的热爱与激情，主动要求参加西黔探矿队，返回贵州，为新中国建设找矿探矿。当时贵州水城观音山铁矿区还有土匪骚扰，为保证地质人员的安全，邓小平电令贵州军区司令员杨勇将军派军区警卫连护送，并留下两个排做保卫。何总回忆说："1950年初，解放贵州、围剿土匪的枪声还乍起乍落，我和几位同事遵照时任西南军政委员会负责人邓小平同志关于'开发大西南宝藏'的指示，在解放军护送下，从重庆来到当时极为荒凉艰苦的水城开展地质工作。"

从此，他像搏击长空的雄鹰，把美好的青春年华和聪明才智献给了贵州人民。

他先后两次回到水城，为找矿探矿披荆斩棘，开始了他为新中国、在家乡找矿探矿的艰辛奋斗的征程。一次是1950年—1952年进驻水城观音山开展铁矿的详细勘查工作；另一次是1958年到水城大河边，为第一批现代化煤矿建井提供可靠的地质资源依据。因为有了他们这一批先驱者、拓荒人的艰辛付出、创新创业，才有后来的"三线建设"；因为有了"三线建设"，才有今天六盘水市这座新兴工业城市的欣欣向荣、繁荣昌盛。这位六盘水地质勘查开拓者的名字深深镌刻在这片生他养他的土地上。

观音山是有名的高寒山区，是贫瘠荒凉的未开垦的处女地。冬天没有新鲜蔬菜，勘探队员们吃的是辣椒水拌苞谷饭；打钻没有水，队员们找来50多匹马驮水打钻；数九寒天，地上结着厚厚的冰，钻机也不停歇；大雪封山，队员们脚穿草鞋，顶着纷飞的雪花，跋涉在茫茫的原野，坚持开展地形测绘、地质调查工作。

这是新中国成立后西南地质调查所在西南四省中派出的第一支地质勘查队伍，并首次在贵州使用钻探手段（手摇钻）进行勘探。在这里何立贤第一次与解放军官兵近距离接触，他们不怕苦、不怕累，对知识分子十分尊重和照顾，在生活上安排得十分周到，安全上随时有警卫保护，何立贤深为感激。当年因为工作需要，乐森璕、路兆洽两位队长被调回重庆，这里的技术人员只有他一人。何立贤成了"全能选手"，区域地质测量、矿区填图、岩心记录、槽坑编录等工作，全由他一人独立承担。没有老师求教，没有先例借鉴，他夜以继日地边学边实践，开创性地工作。他回忆说："为了尽早搞清区域地质和成矿构造，我几乎每天天刚蒙蒙亮就起床，和战士们一道启程上山，往返近百里，跋山涉水，穿密林、过险桥，从不间断。每天的裤子和鞋子都是几干几湿。一次，带干粮的战士不小心把吃的丢了，我们在野外挖折耳根充饥；还有一次，遇到一头凶猛的野猪朝我冲来，我躲闪不及，滚到沟中，睡了两天才恢复。"（据何立贤口述、黄炳华整理：《情洒勘探路》。）

1952年底，野外工作基本完成，两年多时间编制提交了《水城观音山铁矿初步地质调查报告》和《水城观音山铁矿地质简报》等成果资料，计算出矿区铁矿资源储量326.7万吨，为贵州地质勘查工作做出了示范，为该矿区继续勘查打下了良好的基础，为水城钢铁基地建设提供了矿产资源保障。

1953年观音山铁矿区工作告一段落后，何总奉调西南地质调查所332地质队任技术负责人，他们又转战到遵义团溪和尚场一带开展锰矿的勘查找矿工作。迎接新的工作、新的挑战，何总朝气蓬勃、劲头十足，正是他大展才智、发挥专长的机会。经过几个月的辛勤努力，他们终于发现了新类型碳酸锰锰矿。先后于1954年2

月与1955年1月编制提交了《遵义和尚场锰矿勘探报告》（探获储量188万吨）与《遵义县和尚场堂子寺1954年地质勘探报告》等重要成果，探获储量105万吨，肯定了该区锰矿价值，使其成为具有工业价值的中型锰矿。这是从发现地表氧化锰矿到找到深部原生菱锰矿（碳酸锰矿）的找矿突破，既扩大了资源储量，提高了应用价值，又取得了找矿经验。何立贤满怀成功的喜悦，根据区域地质背景、地质构造的调查研究，通过相似类比分析，推断出铜锣井一带可能有相同的锰矿，1953年底，立即与队员一起前往该矿区普查勘查求证，在小林湾芭蕉湾沟中发现了菱锰矿，推断得到了证实。1954年开始初步勘查，到1955年上半年已控制储量约2000万吨；后来的同志继续他们的工作，1958年完成铜锣井矿区的勘探，提交了《遵义铜锣井锰矿储量报告》，探明可供开发利用的储量3335万吨！其中新发现的原生碳酸锰矿石（菱锰矿）占总量的93％以上。以何立贤为首，先后探明的中型团溪锰矿和大型铜锣井锰矿，不仅使贵州成为中国的重要锰矿资源基地，并使铜锣井成为全国储量名列前茅、海内外知名的大型锰矿；为以这两个锰矿床为原料基地，建成全国规模最大、集采选冶为一体的锰系铁合金生产基地［遵义铁合金厂，现名为遵义铁合金（集团）有限责任公司］做出了巨大贡献。

地质找矿就是为国家寻找宝藏，为社会经济发展提供资源，是地质工作者的神圣职责和终身追求。而找到矿，就是他们人生价值的体现，找到大矿就是事业成功的标志，是最荣耀的事情。找矿业绩，堪称他人生中最为辉煌的成就。遵义锰矿的找矿突破和勘探成果，这是地质队员知识价值的体现，也是地质队的功劳！更是作为技术负责人的何工的价值和能力的体现！然而，何总从不居功自傲。他说："凡是大矿的找矿勘探，都是集体智慧的成果。"

正在遵义锰矿区找矿、勘查搞得热火朝天、准备大上快上的时刻，1955年何立贤调入新组建的西南地质局526队任技术负责人，开展松桃地区铅锌矿的普查勘探工作。8月地质部矿产司司长、著名矿床学家孟宪民率莫柱孙等专家到贵州松桃现场指导工作，召集西南地质局副局长燕登甲、总工程师路兆洽、苏联专家兹维列夫等专家，在铜仁召开黔东松桃地区铅锌矿找矿勘探工作会议。当时部里、西南地质局来的领导和权威专家学者大多认为这里的铅锌矿类似于美国密西西比河谷型铅锌矿，前景良好，储量可能达20万吨，要求上20万吨的勘探任务；要求西南局526队接受任务，征求何总的意见。当时作为526队技术负责人，他另有看法，顶着压力，不唯上，不迷信权威，不怕扣保守右倾的帽子，提出了否定的意见。以他扎扎实实的野外地质观察调查成果，实事求是，舌战群雄，指出松桃地区铅锌矿的矿石分布特征是星星点点的星散状分布，通过勘查资料，用面含矿系数的统计计算的定量分析，证明该区铅锌矿规模不大，前景不好。得到西南局燕登甲等领导的支持，避免了继续在这个区域大干快上所造成的人力物力浪费。结果上了2万吨的详查工程，只探得2千吨的储量。当年因工作业绩突出，何立贤被评为贵州省劳动模范。

1956年9月，何立贤调回贵阳参与贵州省地质局的筹建工作。省局成立后，何立贤任副总工程师，协助罗绳武总工程师工作。主要负责野外队地质工作的管理和检查指导。他说，在贵州地质局工作的前10多年中，最难忘的是"大跃进"的3年。

1958年春节，水城大河边煤矿需要采煤建井，设计部门要求5月初提交储量报告，地质局抽调何立贤到大河边地质队，指导、帮助1井—4井田的储量报告编写工作。2个多月时间，要提交4个井田储量报告，而这4个井田的18个可采煤层需要提交48张储量计算图，其中上万块的小块段需要用求积仪进行人工量算，工作量非常大。参加奋战的同志每天工作到深夜一两点钟，第二天清晨接着又干，终于按期完成4个井田的储量报告编写工作，提交了《水城大河边煤矿1井—4井田储量报告》，为水城煤矿建设提供了可靠的地质依据。如今的六盘水市，以矿产资源为依托，已成为一座繁荣昌盛、四通八达的中型工业城市，矗立在贵州西部高原！这里发生的一切，都与以何立贤为首的地质工作者辛劳的前期开拓性工作息息相关。

由于8年里何立贤整个身心全扑在工作上，开创性地积极主动工作，找矿勘探业绩显著。1957年反右运动中，只有一人反映他在松桃铅锌矿的认识上右倾保守。1958年"右派补课"（审查某些人是否被漏划）期间，他本来进了"学习班"，又被抽调到遵义搞"大办钢铁"去了，平安着陆。

1959年贵州省地质局黔中地质大队开展清镇林歹铝土矿的勘探，何总亲临勘探工作现场做技术指导，并参与报告的具体编写，于1959年10月和队上技术人员一起，编制提交了《清镇铝铁矿林歹矿区最终储量报告》，探明储量2340万吨。在贵州率先完成的林歹铝土矿勘探成果，为贵州铝厂在该区建立矿山基地打下了资源基础。

由于全国上下"大办钢铁"急需铁矿，为了满足对铁矿资源的急需，根据上级指示，1959年末开展了以苦李井为重点的炉山铁矿（新类型菱铁矿型铁矿）"大会战"，提出"政治任务"、要求完成储量1亿吨。1960年，何总作为贵州省地质局副总工程师，与副局长李子杰、副书记何永源等领导，一同前往指挥"大会战"，何总作为会战的技术负责人，后来直接兼任凯里苗岭地质队技术负责人，主要任务是勘探菱铁矿。从全省各队调来20多台钻机，轰轰隆隆的钻机昼夜不停，半年钻进了4万多米，何总与众多技术干部和广大职工一起日夜奋战，采用他们自己开创的含矿系数计算储量的方法，提交可供利用的储量"8000多万吨"。后来回忆起那段工作脱离实际、不讲科学的历史，何总深有感触，反思道："哪里有那么多啊！地质工作一定要建立在科学的实事求是的基础之上！"

由于"大跃进"时期贵州地质工作受到了高指标、高速度的压力和"破除迷信"、虚报浮夸风气的影响，工作上有不少虚浮掺假问题，特别是地质报告存在严重失实的问题。1961年，根据地质部的指示，燕树檀总工程师领导和主持了贵州省1958年以来成果的复审核实工作，抽调骨干力量，由何立贤副总工程师负责成立一个审核组，分金属组和非金属组对100多份报告进行了实事求是、客观公正、程序严密的科学民主评定，该否定的坚决否定，该补课的补课，该返工的返工。何总等提出了许多具体意见，交修改组修改。然后严肃认真地检查验收。从此以后，贵州地质工作拨乱反正，迅速转入了严肃的、实事求是、重视质量、履行规范的正确轨道，为后来各类地质勘查工作、报告编写、图件编制与提交打下了坚实的质量基础。

"汞金"建功业

1961年国家实行"调整、巩固、充实、提高"的方针，1962年，地质部门工作收缩，人员压缩。地质部为了储备人才，加强地质研究，成立了西南地质矿产研究所，路兆洽副所长找燕树檀总工程师向贵州局要人，燕总推荐了何立贤等高素质地质专业人员。于是1963年何总调入了隶属中国地质科学院的西南地质矿产研究所，担任矿床研究室的主任。

当时正是困难时期，而且中苏关系紧张，苏方债务趋紧，中国政府加紧生产汞、辰砂，出口还债。何总到了成都，仍然心系国家困难，心系贵州，特别关注当时的战略矿产资源之汞矿，把贵州重要特色矿产汞矿的地质研究作为自己重点攻关的课题。在这里，他不仅加强了成矿理论的学习，而且有时间系统地梳理了自己多年的找矿实践，总结成矿规律，探索矿床成因。还多次深入铜仁、务川、丹寨等汞矿矿山，实地考察研究。正待深入室内研究之时，1996年，"文化大革命"开始了，在那场动荡中，何总受到了不公正待遇，说起那段时间的遭遇，何总真是"不堪回首"。

何立贤说："如果要问我，这辈子什么事情最高兴？那就是1976年10月6日粉碎'四人帮'。那时我正出差在铜仁，听到好消息后有一种被长期压抑而获得'第二次解放的感觉'。"自此，特别是中共十一届三中全会以后，何立贤放开手脚，尽展才智地投入他所钟爱的地质事业了。

何立贤不仅直接从事矿产的勘查，而且长期进行了汞矿、金矿等多种矿产的科学研究。他是我国知名的汞矿专家，对中国及世界著名汞矿（如意大利的汞矿）进行了全面的实地考察和深入研究；以他为主编，同时具体参与编写的专著《汞矿地质与普查勘探》，于1978年由地质出版社公开出版，并荣获全国科学大会奖；该书1998年又修订再版。这本专著是中国汞矿勘查实践的经验总结和矿床研究的重要成果，是从事汞矿普查勘探和研究的必读教材。1981年地学泰斗黄汲清先生得知何立贤"搞出这样的大成果"（黄先生语）时，欣喜地给他的学生立贤来信，叫他"你现在就写二三百字的论文提要，先寄给我，我即将它收入我写的《略论六十年来中国地质科学之进展》中"。同时，在何立贤指导下，1984年由贵州省矿产储量委员会编写完成了《汞矿地质勘探规范（暂行）》。我国矿床学权威著作《中国矿床》中汞矿部分也是由何总执笔撰写的。

贵州省地矿局地质科学研究所等单位完成的《贵州汞矿地质研究》列入"六五"期间地矿部与贵州省科委重点研究课题，是在燕树檀总工程师和何先生等领导组织下完成的，在研究之前和研究之初，课题立项、人员选配，子课题设置乃至具体研究，何总都亲自主持和参与，倾注了大量的心血与智慧。该项目1991年荣获地矿部科技成果二等奖。

在成都地质矿产研究所工作期间，何总的研究方向主要是中国汞矿，曾若兰原是何总的得力助手，他调离成都后，曾若兰接手了他的中国汞矿研究，由曾若兰研究员等撰著的《中国汞矿》（1988）是在何总研究基础上进一步深化完成的，利用了何总的不少研究成果资料。难怪享誉全球的著名地质学家、地球化学家涂光炽院士在给何立贤先生的一封信中说："多年来，您一直是我国汞矿事业的泰斗，这是大家一致公认的。您的汞矿大作（指《汞矿地质与普查勘探》——作者注），熔理论与勘查于一炉，是值得提倡的。"

由于他在矿床地质方面的造诣，更因为何总对贵州地质情况的熟悉，对贵州家乡这片热土的深切眷念，与贵州地质局一些老领导和老专家、同事们的深情厚谊，经贵州省地质局的申请、地质部的批准，1981年，何总被调回了贵州省地质局，开始担任贵州省地质局副总工程师，负责地质矿产的科技领导工作。1983年担任贵州省地矿局总工程师。

1987年，贵州省地矿局由何总主持，与成都地矿所联合组成的金矿研究组承担了《汞矿带中金矿赋存规律及找矿靶区研究》和《贵州南部金矿成矿规律及找矿预测》。进行了"七五"国家科技攻关项目75-55-金-20号中的子课题《汞矿带中金矿赋存规律及找矿靶区研究》及地矿部《贵州南部金矿成矿规律及找矿预测》的研究任务。于1990年6月和12月先后编写并且提交了研究报告。据此，何立贤、林立青与成都地质矿产研究所曾若兰合著了《汞矿带中金矿赋存规律》的长篇论文，收编在沈阳地质矿产研究所编的《中国金矿主要类型找矿方向与找矿方法文集》（第一辑）一书中，于1992年由地质出版社出版。

总结研究成果，1993年，何立贤、曾若兰、林立青撰著的《贵州金矿地质》公开出版，该书对贵州全省金矿区域地质背景、矿床类型及其特征、成矿条件及成矿规律、矿床成因、成矿成因模式等进行了系统的归纳与总结。1994年获得贵州省科技进步三等奖。

1996年，综合对黔西南金矿以及贵州汞、锑等矿床的研究成果，何立贤在《贵州地质》上发表了《黔西南金矿"热、液、矿"同源成矿模式》的重要论文。文中指出："世界上189个大油田中，有75，8％受背斜圈闭（J.D.Moody，1979）。四川南部卤水富集带也受背斜构造圈闭，贵州的金、汞、锑等低温热液矿床也几乎都受背斜控制。这种控制石油（卤水）构造与控制矿床构造的相似性，说明矿床与构造圈闭的热流体之间存在着必然的成因联系。如果一个生油层系中富含成矿元素的话，石油和油田卤水极可能就是含矿流体。因此，笔者认为，黔西南金矿是该区成矿建造（P1－T2）中的矿质、流体和其自身的热能作为一个整体，在互相联系又互相制约的演化过程中形成的。下渗的大气水可以（但不一定）参与成矿作用而成为成矿流体的组成部分，但不是含矿水。黔西南金矿的矿质、流体和热能是同源的，即均来自成矿建造（P1－T2）。创建了成矿模式。"成果被后学者广为引用。

何总对贵州的地质找矿倾心尽力，不失时机地用科学研究成果指导找矿实践。2006年，发表了《热液矿床水来源的哲学思考》一文，对当时热液矿床研究中利用包裹体资料和同位素检测等数据推断成矿条件、水的来源，解释矿床成因等中的一些问题进行了分析和哲学思考，提出了四点认识：（1）地表水、同生水、变质水、岩浆水在一定条件下是可以互相转化的。由于地球表层中，海水占表面71％，容量巨大，其他类型的水与之比较，可以说是微不足道，其他水体流入均不能改变其氢氧同位素组成。所以，海水的氢氧同位素组成是比较稳定的，如有变化也是有规律可循的。岩石矿物包裹水的氢氧同位素组成，不管是由于岩石—水反应，或几种水的混合，绝大多数都介于大气水与岩浆水或变质水之间，变化无常。试图据此确定矿床成因是没有说服力的。（2）下渗的大气水可以参与某些矿床尤其是真正浅成矿床的成矿作用，成为成矿溶液的组成部分，但不是含矿溶液。（3）热液矿床的水来源于"矿源层"中。沉积"矿源层"中的含矿热液应是沉积成岩过程中封存的同生水；变质"矿源层"中的含矿热液，应是变质作用挤压出的变质水；岩浆"矿源层"的含矿热液应是岩浆水。（4）热液矿床是各类"矿源层"在长期的地质发展过程中，在一定条件下（主要是温度增高）矿质活化入水而形成含矿热液；含矿热液在构造变形中发生运移，由于温度下降或其他物化条件变化而在就位场所沉淀而成矿床。

2010年6月，中国黄金集团公司在贵州贞丰举办"中国黄金工业改革创新发展高层论坛"。年届九十的何总老当益壮，兴致勃勃地参加了会议，在会上发表了前瞻性、指导性的发言，对后继者多有教益。发言如下：

发言

"首先，我要感谢会议论文集中，收录了我1996年参加在北京召开的国际地质大会我写的一篇论文。论文以黔西南金矿为例，提出了一个"热、液、矿三位一体"的成矿模式。根据这一构想，认为黔西南地区金矿具有很好的找矿前景。因为这个地区控矿背斜不少，包括2-3g/t的金矿在内，具有较大的三位数，即数百吨金矿资源的成矿远景。但是，这毕竟是一个理论上的推论，有待于实践的检验。为此，在论文最后一段提出把灰家堡背斜东段作为优先检验的对象，如能有所突破，对进一步开展其他控矿背斜的勘查是十分有益的。这篇论文，在参加紫金公司开业庆典仪式时曾提供公司领导参考。"

"十几年过去了，自那时以后，对灰家堡金矿的勘查情况，只能从有关的公开发表的论文中有所了解。使我感到特别高兴并受到鼓舞的是，在第二届西南黄金高层论坛会议论文集中，看到刘建中、陈景河等的论文，不但在雄黄岩以西探得84吨金矿资源量，尤为重要的是，在紫金公司强大抗风险能力的支持下，用于在距水银洞中矿段7.5千米的纳秧矿段打了一个1400米深的深孔，在p3l1和sbt（蚀变体）打到三层金矿，由上到下分别是4米，7米和3米。虽然品位较低（1-3g/t），埋深很大，近期难以开发利用，但是，我认为，这个深孔所提供的见矿信息，是难以用金钱来估价的。据我所知，这可能是全国贵金属、有色金属矿床勘探最深的见矿钻孔，不但对今后这类矿床的'攻深找盲'具有重大参考价值，对矿床成矿理论的研究，也提供了十分难得的实证资料。因此，我赞赏紫金公司领导敢冒风险的气魄和105地质队工作者自1981年开展灰家堡金矿勘查工作以来，持续不断的研究、规划和创新精神。这篇论文所提供的宝贵资料，也使我对黔西南金矿的资源远景萌生了'更上一层楼'的想法。我认为，我曾经构想得较大的三位数（指储量可达100吨以上——作者注），完全有可能在灰家堡背斜实现。我这个构想的根据是：第一，最主要的是刘建中、陈景河等论文中的一段论述：'仅中矿段+东矿段赋存于灰家堡背斜东部附近龙潭组与茅口组不整合界面间的构造蚀变体（sbt）中的Ⅰa1矿体东西走向1400米，南北倾向宽680米，资源量55999.96千克，平均品位4.5410-6。'从文中所附的图4来看，矿体长度1400米是由10多个钻孔控制的，是确切无疑的。但是矿体沿背斜两翼延伸的宽度，龙潭组中的矿体，估计有圈边钻孔控制，是可信的，但sbt中的矿体比P3l1中的矿体宽得多。图3右侧矿体尚未"圈边"。从图4来看，sbt中的矿体连续性也比P3l1中的矿体好得多。因此，笔者认为，sbt中的矿体向两翼延伸的宽度远不止几百米，可能达千米以上。重要的依据是'戈塘式'金矿。第二，在黔西南地区，首先在这个层位发现的矿产，就是大厂锑矿，控矿层位称为大厂层。由于矿化蚀变体包含下伏P1m灰岩，曹鸿水称为'广义大厂层'。这是该区较稳定锑矿控矿层位，如戈塘二龙口、板其锑矿。并都据以在20世纪70年代末发现'卡林型'金矿。其产出特征与上覆盖层（P31、T1-T2）中的金矿有所不同，其成因尚有争议（见《贵州地质》李明道文）。在大厂地区以锑为主，在戈塘、板其以金为主，在灰家堡背斜以金为主，可见锑矿化。戈塘类金矿是'层控类型'的典型代表。在二龙口矿段，向倾斜延伸达2000米以上。灰家堡背斜产状较平缓，与戈塘相似，'含矿蚀变体'向两翼延伸很大，如各延伸700米以上，水银洞矿段资源量就可能翻番，达50吨以上。果尔，则灰家堡背斜金矿规模达三位数的想望，就有可能在600~700米以线内完成。"

基于以上两点认识，建议在水银洞矿段与烂木场汞矿床联线（南西向）布置一条约3000米的剖面，6个钻孔，间距500米左右，总计2000米左右进尺，验证蚀变体型金矿的延伸情况。

哲思出智慧

理论思维是一个人的创新能力的基础。一位哲人说："思想吧，思想引人入胜。"何总是一个善于哲学思考、思维严谨的人，而且还是一位乐于表达、敢于言说的人。

如前所述，何立贤先生从事矿床研究18年，对地球系统、基础地质、地层、构造有扎实的基础，对贵州地质和成矿规律、成矿过程有深切的了解，对野外地质工作有丰富的经验。1994年退休后，又担任地矿部科技顾问委员会委员，还担任贵州省地矿局专家咨询委员会委员；他积极参加朱训老部长发起、领导的地学哲学研究会的活动。长期担任研究会的理事，运用地学哲学的思维方法，指导地质勘查。在各种成果评价、学术研讨、人才评价活动中对科研成果、勘查报告、论文专著中存在的问题有敏锐的识别与判断，抓住问题的症结，提出鞭辟入里的意见。

何总对当时的地质科学研究与地质调查勘查体制机制有全局性、战略性的独立思考。1995年，在地质矿产部科技顾问委员会的会议上，他从实际出发，高屋建瓴，直陈弊端，提出批评性、建设性建议，把科研单位改革与组建"野战军"结合起来，把战略性地质调查研究工作与战术性找矿紧密结合起来。主张基础研究集中于中国科学院和若干大学研究所；中国地质调查局与中国地质科学院合二为一，把应用基础研究、应用研究与地质调查、地质找矿融为一体，按重要成矿区（带）组建跨行政区的综合研究室（队）——地质调查找矿的"野战军"。

古人云："勿因群疑而阻独见，勿任己意而废人言。"会议纪要把他的这些"个别人"的建议列入其中，向上反映。而他的这些独到建议，直到现在仍然很有价值，何老坚持不懈，希望在当时找矿突破大讨论中得以重申。他认为，这些见解是通过体制机制创新实现找矿突破的好思路，是解决地质科研与找矿脱节的有效途径。希望决策者在深化改革、制度创新中冲破各种障碍而得以实施。现在看来，2011年国家地质矿产主管部门开始组织实施的找矿战略突破行动，取得了10年突破的丰硕成果。在某种程度上体现了他"按重要成矿区（带）组建跨行政区的综合研究团队"的思路。

作为一个矿床学家，以找矿探矿为价值追求，以找矿实效为科研成果的价值判断，对地质勘查和地质研究中存在的问题有系统的思考，并且善于归纳凝练，成为短小而难以忘却的格言、警句。而且，这些思想常常是针对一些流行的弊端、错误、风气等等，他不怕孤立，不赶潮流，不事逢迎，不避风险，耿耿直言。

何先生对年轻人寄予厚望，鼓励贵州的地质科技人员，有一次他说："搞地质研究、矿床研究，容易出成果，容易'国际先进''世界领先'，因为研究对象在全世界是独一无二的。贵州的汞矿就是如此，务川汞矿更是这样。"在贵州这块宝地上，只要站得高望得远，善于运用当代人类的最新科学和技术，结合实际搞创新，贵州特有的矿床、特有的地质事件、特有的地质现象、特有的化石、特有的喀斯特地貌，都是"近水楼台"。

针对有些科研院所的少数人，不重视实践、闭门造车写论文的虚浮情况，他认为这种作风害国害人，指出这些东西是"三抄：一抄地质队，二抄实验室，三抄外文杂志"，浪费人力、物力、时间、金钱，所谓成果对找矿没有丝毫用处。

针对一些人坐在办公室里坐而论道谈创新，他指出："野外是地质工作创新的源泉。""要学习，要多跑野外，对前人不要迷信，对书本不要迷信，对老师也不要迷信。""知识要到实际中去运用，真理要到实践中去检验。"

针对找矿中的虚报浮夸，他告诫他的弟子："一定要实事求是。找到矿是成绩；找不到矿而把它评价清楚也是成绩。"

针对现代科技进步，有些人怕吃苦、图享乐，轻视野外工作，依赖先进仪器设施，在外国人的文献中走不出来的情况，他强调："重视野外工作，倡导求实学风"。

思考矿床勘查和研究的心得，指出从事矿床勘查和研究的人要有渊博的知识，多方面的训练和经验，要加强学习，多跑野外。认为搞矿床的应该是学有专长的通才，指出："搞矿床必须是全能冠军。"重视学科交叉，重视体能锻炼。

"找矿突破"成为政府的要求和媒体的热门话题，使这位一生奉献于找矿和探矿的矿床学家（经济地质学家）非常兴奋，激情满怀。年届九旬的他，手舞足蹈，俨然就要奔赴找矿第一线。他说："如果我现在40多岁，我要去找矿，我就组织一群热爱地质、献身地质、理论基础好的中青年人，成立一个'敢死队'，带着他们去云南三江地区。"30多年过去了，这里已经实现了我国多种金属矿产资源的找矿大突破。

在讨论如何实现找矿突破时，他积极建言献策，强调理论与地质实践结合，说："选好热爱地质、基础扎实的年轻人，去填图、填图、再填图。从1∶20万，到1∶5万，再到1∶1万，乃至1∶5000，步步深入，自然能够有所发现。"

他说："找矿，地质是基础。大矿不是一蹴而就找到的。要捕捉信息，追根溯源，由浅入深，由小到大；要根据实际需要，运用有效的一切先进科学技术。"

理性的质疑是科学精神的重要方面，针对有些人生搬硬套外国人的理论、迷信外国人观点的倾向，他不唯书，只唯实。强调："小疑则小进，大疑则大进，不疑则不进。"

科学精神的核心是求真。针对技术工作中的自我吹嘘和弄虚作假，何总说："搞科学技术如果不实事求是，总是长久不了的。"他还说："人对客观世界认识有错误，很正常，但是故意造假，害死人，不能原谅！"在一次部级科技成果评奖会上，针对有的科研单位虚报研究成果产生的效益，把人家地质队在"六五"期间的找矿突破说成是他们"七五"科研项目产生的效益，申请奖励。这显然不符合实事和逻辑。何总不怕得罪人，毅然指出，说："这种风气不能放纵，别的省的情况我不了解，但矿是我们贵州的，我就要指出来！"何总不在乎人情，他追求的是公平，是科学。科学是实事求是，来不得半点水分。很多人在胡说八道的时候，他们自己心里是清楚的，这正是他们可恶的地方。何总之所以这么直言、敢言，绝非为自己，而是为了青年一代的成长，为国家的地质科学有一个良性发展，为国家能傲立于世界民族之林。

年近米寿的何总，谈起地质工作的话题，依然激情飞扬、豪情满怀！回顾过去，他为从事地质工作而自豪，为贵州地质工作发展而骄傲，为贵州日新月异的变化而自豪；展望未来，他对年轻一代地质工作者饱含深情地送给他们"热爱、磨炼、创新"六个字！

他说："热爱，是从事地质工作的前提和基础，要带着感情去干工作！从事地质工作虽然比较辛苦，但见多识广，其乐无穷，这种苦是光荣的，是有价值的，是快乐的，特别是找到矿的快乐，当我们寻找的宝藏开发建设成钢城煤海，心中有一种无比的快乐；不仅要树立正确的苦乐观，还要树立正确的荣辱观，一个大矿的发现，不是一两个人的成绩，是集体智慧和汗水的结晶，是大家共同的心血，多找矿、找大矿、找好矿，是全体地质工作者共同的心愿。"

何总说："人是磨炼出来的，身体需要磨炼，意志需要磨炼，技术需要磨炼，这三个磨炼正是地质工作所必需的。我过去什么矿也没有搞过，都是在实践中学习、磨炼和实践，不断进步和提高。在全面建设小康社会的今天，国家对矿产资源的需要没有止境，有人说贵州的矿已经基本找完了，我认为地表矿也没找完，深部的、没有发现的还很多，但是找矿难度也越来越大，未来找矿工作任重道远。希望年轻同志要认识地质工作者肩上的责任，深入一线去磨炼，为贵州经济社会发展寻找更多、更好、更大的矿产资源。"

何总强调："创新，是一个国家、一个民族、一个行业不断前进的动力，地质工作更需要创新！野外是创新的源泉，只有多投身野外，才能不断有新的发现和新的思维。"［引自 何毓敏（2007）：《何立贤：一片丹心献地质》］。

2009年，《贵州地质》办到百期之际，何总再次寄语贵州年轻的地质队员们："发扬光荣传统，重视野外工作，倡导求实学风。"

老年的何总不仅看书读报，关心时事政治、社会进步，而且对地质情有独钟，一直细看《贵州地质》杂志，对地质问题非常敏感，经常发表他的真知灼见。2007年第4期上有一篇文章谈道"在威宁岔河向斜东翼发现了一个铜—铁—稀土矿化层"，他看了以后，立即想到20世纪50年代在水城二塘发现的贫铁矿，也是这个层位，想到现在铁矿石涨价，想到这里的这三种金属矿产国家都很需要，想到这个向斜矿层延伸长，规模大，铜、铁、稀土元素可以综合利用，潜在价值巨大，研究开发前景良好。立即跟笔者讲，"这个发现很重要！"并从战略的高度，撰文《"铜铁稀土矿化层"发现的信息值得重视》，在《贵州地质》杂志上发表，在学术会议上宣讲，鼓励相关科技人员开展这方面的勘查和研究工作。2009年还与年轻人一道亲自前往水城、威宁野外现场考察。文章发表后，很快引起了一些地勘部门、地质科研院所专家和大学教授的重视，纷纷跟进研究。现在，这里已经成了"新时代西部大开发闯新路"（2022年国发2号文件）上贵州矿产资源勘查研究开发攻关的重点。

对社会人生，何总也有系统的哲学思考，充满智慧与良知。表达起来实话实说，与竺可桢先生倡导的"只问是非，不计利害"精神不谋而合。何总说："实事求是，首先要事是真实的，才能去求是，寻求到规律或者真理。如果事不是真实的，那么就求不到真理了，那就很危险，就会走到邪路上去。"

针对当时的社会道德滑坡，他一针见血地指出："现在缺少什么？缺德。""用人之道，德才兼备，德为先。""为官之道，第一是要不谋私，第二是知人善任。"

面对用人上的唯学历、唯学位的倾向：他十分认同"工人里面有人才""高学历者中有庸才""要重道德、重业绩"的道理。

他鼓励年轻人要敢想敢干。他说："人们常常祝愿别人'心想事成'。一定要敢想。心不想，事不成。"

望重立高名

何总也有自己的人生遗憾。对此，何总从不隐晦掩盖。谈到"大跃进"时随着大流搞浮夸时说，1958年有人写文章在《新黔日报》上，说地质局在贵州遵义找到了大铁矿，而自己当时是副总工程师，没有表示反对。反思当时违心地言不由衷，随大流，感到后悔。那是他此生唯一一次参与了虚报浮夸。回忆当时的社会氛围，何总感到无可奈何。

何总回顾这一辈子，对国家尽了忠诚，在本职工作中可谓尽职尽责，尽心尽力，问心无愧。可是对自己的家庭却心怀愧疚，愧对结发妻子罗运群。特别是20世纪50—60年代，长期在野外辗转勘探，把家庭的重担、5个孩子的养育管理全交给了妻子，她甚至把参加工作的机会都放弃了；有时回到家中连哪个孩子读几年级都搞不清楚。由于工作流动，大女儿在频繁的搬家中读了8所小学；后来又遇上了"文革"，自己被打成"历史反革命""反动学术权威"，被关了"牛棚"，家里被抄，四个孩子先后上山下乡，妻子跟着担惊受怕，吃了很多苦。由于经常的恐惧忧愁，过度的劳心劳力，积劳成疾，身患沉疴，妻子50多岁就过早地离开了人世，无缘改革开放以来的和谐幸福生活。谈到这里老人眼里噙着泪珠。

他对自己的一生，总结人生感悟，就是四句话："自力更生，艰苦奋斗，淡泊名利，健康长寿"。

何总是无党派民主人士，曾经是省政协委员。每年地矿局党委举行统一战线座谈会，何总总有精彩的发言，他说，他经过了军阀时代，国民党统治时代，新中国时代；经历了许多政治运动，看到了现在的改革开放，欣喜地看到社会不断进步，他要好好地活着，看奥运会，看世博会等等；他盛赞科学发展观，盛赞以人为本的和谐社会。期待未来社会更加宽容、和谐、廉洁、民主、进步，共同富裕。

"德高人长寿，望重受人尊。"2008年6月26日，雨后的初夏，贵阳山城更显得绿意盎然，气候令人十分惬意。贵州省地质矿产局在华城大酒店为"何立贤先生从事地质工作67周年暨88岁华诞"举行了一个别开生面的小型座谈会。

俗话说，'家有老人是个宝'。何总厚德载物，求实创新，健康长寿。我们贵州地矿系统有何总是个宝，何总的精神品质是我们活生生的非物质文化遗产。我们一定要好好传承下去，发扬光大。笔者题赠了一副祝寿联："笃实求真勘者师表，厚德载物仁者高寿。"

男儿壮志酬黔土

——记航空锻造专家顾明锌

◆ 苏荣智

顾明锌 （1937.4—2003.9）男，上海市人，毕业于清华大学压力加工专业，1967年到安顺工作，曾担任国营安大锻造厂（现贵州安大航空锻造有限责任公司）总工程师、厂长。

积极投身三线建设，致力于航空锻造事业，在积极推动航空环轧技术发展过程中具有突出贡献。组织开展HM3热作模具钢研制，解决了锻造模具寿命短、模腔极易变形等难题，1980年，该项目获得中华人民共和国第三机械工业部（文中简称"三机部"）科技成果一等奖。组织开展某型号钛合金压气机盘研制，成功研制了能够在500℃下长期工作的TC11热强钛合金盘件，达到了设计要求，比国外同类材料BT9合金典型数据还优，成功装配在某型号发动机上，其成果获得航空工业部科技成果一等奖。组织开展人型环轧件研制，建立了直径1800毫米环轧生产线，获得国家科学技术进步三等奖。

引子

1985年的一天清晨，在安顺东郊两所屯，一个身着中山装戴近视眼镜的中年男子气喘吁吁地追赶一辆马车，口中喊道："老乡，等一下！"驾马车的是一个农民，他勒住马车，回过头来，等待中山装的到来。中山装很熟练地用左手撑了一下马车扶手，轻盈地坐了上去，然后从包里掏出两毛钱递给赶车的人。赶车的农民显然与他熟识，顺口问了一句："顾厂长，今天去安顺办事吗？""嗯，开会去。"说完拿出资料看了起来……

这个坐马车办公事的领导，就是原国营安大锻造厂，简称"安大"的总工程师、厂长顾明锌。

1985年的安大厂，处在极其艰难的时期，各个方面都尽量节省开支，钱要花在刀刃上。时任厂长的顾明锌，率先垂范，厉行节约。厂办有两台车，一辆是解放牌的大卡车，用来运输原材料；一辆是三轮摩托车，用于迎送客人，或者到市里办公事。在企业困难的非常时期，他都舍不得坐摩托车，宁愿花两毛钱，乘着老乡的马车去安顺市里办事。

马车？是的，马车，你没有看错，读者朋友，他当时乘坐的交通工具，的确就是周边村民的马车。需要说明一下：安大厂与市中心相距10公里左右，20世纪80年代，安顺的城市公共交通还比较落后，在12路汽车开通之前，厂里职工要到市里，交通工具有两种：一是骑自行车，二是乘坐村民的马车，坐马车的价格从一毛钱涨到二毛钱。之后才有了12路公交，这条公交线贯穿安顺东西方向，东起安大厂，西至花牌坊。

一个有着良好家庭出身的清华学子，斜坐在简陋的马车上，行进在颠簸的路途中，思考着一个企业的未来发展，思考着几千职工及家属的生计问题。

选址大横山

有必要向读者介绍一下"安大"这个名字的由来：在1966年5月，"文化大革命"运动开始；同年9月；安大建厂。来自沈阳飞机制造厂的30名精英（他们就是安大的建厂元老），坐着绿皮火车，从东北到西南，行程数千里，来到贵州安顺。他们要在这里建立一个飞机用中小锻件配套厂。

中小锻件配套厂，这就是安大最初的格局，格局不大，但是地位也颇重要。

30位建厂元老跋山涉水，历经数月的选址工作，从跳灯场到七眼桥，最终把目光聚焦在安顺东郊的山谷中。这里放眼是一片稻田地，随处可见的是山包包，按照毛主席指示的"靠山、隐蔽、分散"要求，在看牛山、大横山、影子山之间合围成一个幽静的山谷，在在这里建厂，符合领袖的要求。厂区背靠的这座大山极其雄伟，唤作"大横山"，于是元老们指大横山为名，从"安顺"和"大横山"两个地名中取首字，结合专业特点，由此给工厂定名为"安大锻造厂"。从此，在大横山下，这群来自异乡的人们，开启了"喝稻田水，住山洞"的拓荒生活。先是有了干打垒的宿舍，慢慢有了三通（通水、通电、通路），一批又一批的有识之士、技术工人、部队军人纷纷进驻到大横山下，开始建设安大锻造厂。

"两锤一炉"起步

建厂初期，受"文革"的影响，国家经济建设迟缓，但安大还是完成了"两锤一炉"的建设。所谓"两锤"，即750公斤和250公斤两台空气锤；"一炉"，即一台加热用的油炉。"两锤一炉"，这就是建厂初期的主力设备。这样的设备，以现在锻造行业的眼光来看只是"作坊式"的经营，产品品类很少，对于中国航空锻件的提供能力十分有限，在很长一段时期里，中国航空锻件特别是环轧锻件依赖进口。但是在安大的发展史上，"两锤一炉"是一个值得铭记的时期，毕竟它开启了安大的"中小锻件时代"。

建厂初期的第一个十年（1966年—1976年），国家仍处在计划经济时代，企业发展还比较缓慢，还没有出现企业"自主经营"的概念，全靠国家指令任务生产。但是这个时期，安大开始积累生产经验和科学技术。

历经50余年风雨，安大经历了一次次蜕变。

"文革"结束后，国家工作重心逐步回到经济建设轨道上来，安大的规模虽小，但也是不容小觑的企业，企业自我发展的同时，也带动了周边农村的经济发展。进入20世纪80年代，地处安顺东郊的安大锻造厂，已经呈现了初步的繁荣：邮局、银行、医院、学校等基础设施都已经齐备，职工家属也达到了4000多人。

20世纪90年代初，改革的春风已吹到各个领域，抓住机遇的企业，异军突起；墨守成规的企业，拖着疲惫的步伐，倒在前进的路上。市场经济环境下，竞争是一条铁律，军工企业也不能例外。与非军工企业竞争所不同的地方，在于军品市场的"蛋糕"掌握在国家手里，那就是装备制造的需求。但是国内同行业分布密集，竞争很残酷，企业想发展，不改革就是死路一条。这个时期的安大，果断上马环轧生产线，为解决飞机燃烧室零部件供应，沉淀技术，打好基础，安大的生产经营悄然进入"环轧件时代"的孵化期。

到了20世纪末，21世纪初，环轧件从依赖进口到转入国内生产。安大开启了经济增长的井喷模式，成为中国航空锻造业的翘楚。飞机心脏——发动机零部件所需的锻件毛坯，安大生产的占有很大的比例，尤其是环轧锻件，安大成为全国航空发动机锻件的主要供应商。在为航空发动机提供钛合金、高温合金、不锈钢锻件的同时，安大还为飞机提供铝合金、结构钢等结构件。

随着"中国制造2025"计划的推进，借助市场经济的东风，2.5万吨压力机、2000吨快锻机、智能环轧生产线等豪华设备纷纷登上安大的舞台。崛起中的安大，实现了大规模、多品种制造，成为国内装备制造的主力供应商之一，领域覆盖国内航空、船舶、兵器等领域，同时也为RR公司、GE公司等航空巨擘提供锻件，产品远销海外，成为国内外知名度很高的锻造企业。

顾明锌是在安大建厂后的第三个年头来到安大的，他的人生历程伴随着安大的发展壮大，后来他荣登"安大十大风云人物"榜，是企业发展举足轻重的人物。

身　世

1937年4月17日，上海陆家浜，当时的富人区。

小资本家顾文荣正在自家的院落里团团直转，显得十分焦急。时而搓搓手，时而整理一下头发，时而坐下来，试图平静却又无法平静下来，索性站起身来继续打转。6岁的女儿顾明蕊正在院子里玩耍，见父亲这般模样，忍不住咯咯发笑，递过来一块毛巾："爸爸，您都出汗了，擦擦吧。"

顾文荣将一将长衫，接过毛巾擦了一下脸。忽听得二楼上传来一声清脆的婴儿的啼哭声，家里的女仆人走出门来欢呼："老爷，夫人生了，是个少爷，母子平安。"顾文荣搂起明蕊，在院子高兴地转起圈来："蕊儿，从今以后，你就有一个弟弟了，开心吗？"

"真的吗？我要去看看弟弟！"说完，女儿挣脱父亲的怀抱，朝楼上冲去，父亲跟在身后喊道："蕊儿慢点，慢点……"

初生婴儿大约是五行缺金的缘故吧，取了一个锌字，按顾家字辈，当是"明"字辈，所以取名顾明锌。

顾明锌五岁上学读书识字，当时正值日本占领上海的时期，汪伪政权统治着这座受伤的城市。读书是一件极为困难甚至于奢侈的事情，但顾文荣还是倾其所有，让孩子们读书。顾家四个孩子：长女明蕊（后毕业于上海复旦）、长子明锌（后毕业于清华）、次女明决（后毕业于上海师大）、小女明芳（后毕业于西安交大），对于知识，有着一种孜孜不倦的追求精神，他们在战争的夹缝中摄取科学知识，终究学有所成。

日本战败后，上海重新回到国民政府手中。顾明锌12岁时，解放军渡过长江，颠覆了蒋家王朝，战争才真正意义上从中国的土地上消除了，人民回到残破的家园中，开始新中国的建设。

顾明锌，这个在战争中出生的中国孩子，能够安安静静地读书了。在上海格致中学读书时，姐姐顾明蕊被上海复旦大学录取，极大地激励了少年顾明锌，顾明锌接受了新思想的教育，他立志要做一个有学问的人，在国家人才奇缺的时代，成为国家建设大军中的一员。果然不负所望，在初中时，少年顾明锌已经出类拔萃，成为少先队辅导员（读者看到这里，可能会付之一笑，但在当时，少先队辅导员，只有品学兼优的学生才有此殊荣），17岁时，他以优异的成绩考入清华大学压力加工专业。

清华骄子

在清华，顾明锌经过六年制的大学本科学习，完成了大学所有课业。鉴于他优异的成绩，清华有意让他留校深造。当时年轻的顾明锌感到很矛盾，他对于知识的追求，始终没有止境。但他深感国家建设更为重要，于是决定放下深造机会，去建设那个积贫积弱的祖国。

1960年9月，顾明锌先是被分配在保定312厂工作，1962年6月，他被调到哈尔滨飞机制造公司工作。5年后，响应国家号召，顾明锌加入"三线"建设的大军，在1967年8月从哈尔滨122厂调到贵州云马飞机制造厂，开始了他的"三线"人生之旅。1968年，顾明锌来到了大横山下，一介书生，以青春作笔，在这里书写他的理想和抱负。他的命运从此与安大的发展联系起来。

从技术科工艺员干起，顾明锌经历了主管工艺员、工艺室主任、技术科副科长、副总工程师、总工程师到厂长的一次次蜕变。他是一步一个脚印地走上了领导层，并成功地主导了这个企业的命运。

书生意气

顾明锌的一生，是学习的一生，奋斗的一生。

一位老员工曾经描述过关于顾明锌学习的情景：那时候，顾明锌一家住在安大厂一区的红砖小平房里。人们常常会看到，下班后的顾明锌借着窗外的光，一边煮饭一边看书，他看起来是那么平静，内心却是那么热烈。二层红砖小平房，是那个时代三线企业的住房标准，居住条件不好，一家人挤在不到40平的小房子里，没有独立的卫生间，只能上公厕；没有厨房，只能在过道上生炉子做饭。他左手拿着书本，右手握着锅铲，一边是饭香，一边是书香，夕阳柔和的光辉照着他坚毅的脸庞，这样的画面永久地定格在安大的发展史上。

顾明锌在大学期间学的是俄语，但是在后面的科技工作中，论文的撰写要求使用英文。他开始了一门新的语言学习，工厂的工作很多，作为领导，要抓好业务；作为科技工作者，他必须学会英语。背单词、听磁带，看英文杂志，最终他成功地以英文发表科技论文，在那个时代的大学生中，这几乎可以看成一种奇迹。

20世纪90年代，电脑办公在中国大地刚刚起步的时候，顾明锌敏锐地觉察到电脑即将成为新世纪的一种普遍工具，很多人把它视为"神物"，觉得那是了不起的"高科技"，不敢去挑开它神秘的面纱。已经年过五旬的顾明锌，买来计算机书籍，凭着自学的英语，自己慢慢摸索，学会了电脑办公。他是厂里最先熟练掌握电脑办公的人之一。

学习和工作，占据了他大部分时间。学习和工作这两件事，让奋斗者激昂澎湃。学习英语和电脑，顾明锌给后来的科技工作者做出了良好的表率，时至今日，安大的学风仍然保持得很好，青年科技工作者一直保持着对新技术的学习追赶，不得不说，这是一种精神传承。

据他的女儿回忆，直到顾明锌去世前，他一直没有停下学习的脚步。弥留之际，他对自己的人生无怨无悔，只是觉得一生的时间太短，还有很多事没有来得及做完。

带领安大开启艰难的"二次创业"之旅

1985年，安大处在逆境中谋求生存再创业的时期。由于国家大幅度裁军，军品任务锐减，安大厂陷入惨淡经营的困难时期。这一年的7月，顾明锌出任安大厂厂长。

1986年，安大厂在发展史上陷入低谷，军品任务大幅下降的冲击波，波及所有军工企业，仅安大一家企业当年就亏损106万，这是安大历史上唯一的亏损数字，永远铭刻在安大人的心中。这不是耻辱，而是一种强烈的阵痛感。正是这样的阵痛感，让顾明锌意识到：军品任务受国家宏观计划的影响极大，如果只依赖于军品，安大存在着"望天落雨"的风险，必须走多元化发展道路。也就是在这样的阵痛中，安大以军品为主，"军、民、外贸"三足鼎立的发展格局，正在悄然酝酿。

这一年，在6、7月花溪和北京两地订货会上，安大拿到了1200万左右的订单，但是这些订单大部分在8月就因为政策导向，被用户纷纷取消，仅剩104万。

没有活干，安大厂几乎陷入绝境，到了生死存亡的时刻。这时候2000多名职工多么需要一个具有超凡胆略、大智大勇的领头人。身为厂长的顾明锌担起了这份重任，力挽狂澜，积极组织了民品开发，在铁路、汽车、化工等行业中，拿到订单共计1114万，民品任务量快速上升，占全年生产经营的79.84%，克服了军品任务锐减带来的巨大困难。有了订单，就稳住了阵脚。

也是在这一年，安大厂开始推行厂长负责制。推行厂长负责制后，厂长对企业物质文明和精神文明建设负全责，由此，厂长在企业管理结构中处于中心地位，党委起保证监督的作用。面对生产经营上前所未有的困境，顾明锌提出了"军品第一，军民结合"的生存经营理念，开启了安大发展史上被称为"二次创业"的悲壮旅程。

这一时期，正好是国家"七五"规划时期。一些安大厂"七五"时期的亲历者，他们提起了顾明锌上任时的任职演说，虽然演讲原稿无法查找，但当时的场景，亲临者记忆犹新，至今依然感动不已。面对困难，顾明锌思路是清晰的。他推动改革了劳动用工制度，增大了招用工的自主权，提升了团队整体素质。企业采取积极措施，调整产品结构，深挖内部潜力，努力开发新品。一方面积极拓展航空军品，加快民品市场开发，四处找米下锅；另一方面，清理"三角债"，广泛开展"双增双节"活动，做好职工思想工作，稳定职工队伍，鼓舞斗志，带领职工共渡难关。

环轧技术开新路

机遇总是与挑战并存。

20世纪70年代初，各机型飞机所采用的环形件主要成型方法为离心铸造和闪光对焊，力学性能难以匹配新型战机的需求。关键部位的大型环轧锻件主要依靠进口，国内仅能制造一些小型的环形件，采用自由锻、马架扩孔的方式来完成，制作精度往往取决于工人师傅的操作水平，质量也很不稳定。

安大一直从事中小锻件的制造，经营范围主要是模锻件和自由锻件。规模很小，品种也不丰富。1971年，安大的领导层做出一个开天辟地的重要决定：自主设计一台1300毫米环轧机！上大型环轧机，无疑是一个填补国内相关领域空白的举动，安大能行吗？

勇敢无畏的安大人，习惯了从无到有的过程。没有工厂建设工厂，没有什么就建设什么，想得到就做得到，于是增建轧机生产线报告被递上去了。1971年11月26日，三机部以三建字〔1971〕738号文批复同意安大厂增建环轧机生产线。可是在工作条件极其艰难，国内还没有完整系统的大型环轧机技术资料的情况下，设计环轧机，一切都还停留在想象中。

然而一切又并非天方夜谭！自制直径1300毫米的环轧机，正是在这样的背景下酝酿的。

1975年，工厂成立技术革新小组，主要任务就是开展自制环轧机和自由锻操作机，组成了"三结合"小组（领导干部、技术人员和技术工人员相结合），安大迈出了自主创新的第一步。由时任副总师的王世海同志牵头，开始了技术攻关。鉴于顾明锌是名牌大学毕业生，有着扎实的专业基础，攻关组安排，由顾明锌负责机器的结构力学的分析和数据积累，并对液压设备的力学传导做出精准合理的设计，保证环轧机的轧制力，完成环形锻件的成形。

从模型开始，先是沙盘模拟，开始构想环轧机的雏形；又从沈阳黎明发动机公司借来的一些资料中吸取知识，予以消化。后来了解到马鞍山钢铁厂为铁道部研制环形件，安大派人到马钢调研。马钢的碾环机，就成了安大直径1300毫米环轧机的样板。但民用锻件的碾环机，毕竟与航空技术要求有着很大的差距，加工不了大型环轧件，也无法满足航空大型环轧件的技术要求。调研组回来就开始着手环轧机的设计制作，并在马钢碾环机的基础上创造性地进行了改良，结合航空环形件的技术要求，设计出安大第一台环轧机。

起初，环轧机在设计上产生的意见分歧很大。大家都是盲人摸象，各执一词。最初的"环轧机"，是以角钢等材料试验性地制作出来的，无法完成精确轧制任务，甚至有人提出用混凝土建造环轧机机架。直到1976年后，才较为正式地进入研制工作程序。顾明锌通过早期的数据积累和科学的分析，大胆剖析了前期的工作，他在攻关团队中地位也愈发重要起来，他的意见逐渐得到上级领导认可并予以采纳。于是工厂重新制订建造计划和设计方案，并外委加工环轧机零部件，攻下一道道的技术难关，最终在1981年7月，自制直径1300毫米环轧机完成调试，投入试生产。

十年磨一剑，安大用10年的时间，自制了一台属于安大，属于中国航空的环轧机。这是当时中国航空锻造最好的环轧机。

从1982年起，安大厂在自制的直径1300毫米环轧机上，开始研制高温合金等难度大的环轧锻件，已经基本上掌握了轧制技术，并成功研制交付了高温环轧件42个品种。

40年过去了，1300毫米这条生产线看起来虽有一些老态，表面的油漆有些斑驳，貌不惊人。但它仍然以稳健的姿态奋斗在一线，除了没有外购的环轧机的自动化系统之外，很少维修，而且还出活，十分给力。

可以说，1300毫米环轧机在安大诞生，是一个奇迹。1300毫米环轧机工作了40年，又是一个奇迹。中国航空摆脱了环轧件依赖进口的窘境，是一个更大的奇迹。

家庭"招待所"

在采访顾明锌的女儿顾梓铮的时候，她回忆起了有关父亲的点点滴滴。在她的眼里，父亲是一个时间不够用的人，他总是那么忙；父亲是一个严格的人、一个廉洁的干部。父亲对家庭和企业，有着同样的担当。

在物资匮乏的年代，作为领导的孩子，非但没任何特殊待遇，而且还要处处注意言行。有一次顾梓铮排队买水果，被福利科的同志"照顾"插了队，高高兴兴回到家，面对的却是父亲严肃的教育，让她把买到的水果退回去，重新排队购买。排到后面买到的水果，一般都不怎么新鲜，自己当时还觉得挺委屈，快快不乐。提及父亲的往事，女儿至今忍不住眼眶中挂满泪水。

为了节省招待费，顾明锌在家里设宴接待客户，让母亲买菜做饭，他用诚挚的言行感动了客户，在行业内结交了很多志同道合的朋友。母亲开玩笑说："你是把工厂背到了家里。"

有一年大年三十，一家人做了一桌年夜饭，没有人肯动筷子，小孩子饿了，只能忍耐着，因为顾明锌还在外出差，未归。当时通信方式还很落后，无法得知顾明锌到了哪里，是否平安。全家人的心，就这么悬着。在新年钟声敲响之前，顾明锌顶着风雪，携着寒冷回来了。他从行李箱中取出一件件小礼物，给孩子的，给夫人的，相互拜年，过年的气氛一下子热闹起来。大年三十前赶回家过年，顾明锌兑现了一个男人对家庭的承诺。

在女儿顾梓铮的回忆中，孩子们心里都害怕他，又喜欢跟他交流，因为父亲总能拨开他们的思想迷雾，使他们清楚地看待人生和世界。顾明锌把大部分的时间放在学习和工作上，只有少部分的时间交给家庭。

继往开来写新篇

1985年，顾明锌面临着一个重大决断：安大厂是否上一个重大技改项目——"直径1800毫米精密环轧机"的问题。这个项目是航空工业部"七五"规划技改项目的主要内容之一，项目的难点在于企业自筹资金。

这个项目折射出的信号是：国家启动了大型航空环轧锻件生产计划，但是技改资金也是十分有限的，企业要上这个项目，只有自筹资金，自担风险。在当时航空锻造行业，大家的日子都不好过，哪一家要上这么大一个项目，都会面临巨大压力。安大领导层在思考：我们要吃这个螃蟹吗？

这个时候上直径1800毫米环轧生产线，意味着扩大生产能力，在整个航空锻造领域占得先机，成为这个领域的领军企业。

但是安大存在着最现实的困难，全厂面临着资金吃紧的问题。军品生产不景气，军转民道路仍在摸索行进中，重大技改依赖于上级行政拨款，职工要吃饭，有限的资金如何安排？何况是一个自筹资金项目。由于军品经济萧条，未来的方向也不可预测，环轧件尚未显露出明显经济效益。但顾明锌的头脑里已经非常清楚开展1800毫米环轧机项目的意义，他准确判断出中国必将摆脱环轧件依赖进口的现状，要大力发展环形锻件制造业。环形件作为高附加值产品，前途无量，他在一次大会上大声疾呼：将来，环轧件将是安大新的经济增长点，安大主要靠它吃饭。但是在几次厂务会上的讨论中，直径1800毫米环轧机这项重大技改项目都一次次被否决了。

厂长负责制下，厂长说了也不算？

顾明锌这个有志于航空事业的人，他不甘心啊，在艰难的旅途中，顾明锌提出了"一要吃饭，二要建设"的发展方针。当时的情景至今是难以再现了，但最终的结果就是：他顶着各方面的指责和压力，定下了这个项目。可以说，直径1800毫米环轧机是当时所有安大人勒紧裤腰带，为了逆境中改变局面，而苦心经营的一个重大项目。这种背景下，顾明锌无疑是饱受质疑的领导，但是他带给安大的，是不可估量的发展前景，今天所有安大人都因此而受益。

1989年，直径1800毫米环轧生产线搭建在大横山下，安大厂实现了生产能力的飞跃。当时的人们，也许会觉得他很"专制"，很"独裁"，但是直到今天，直径1800毫米环轧机对于安大厂的意义，所有安大人都十分清楚，无须赘述。这个决定改变了安大在中国航空锻造行业的地位。对于那个在关键时刻做出准确判断的领导者，他所忍受的质疑和指责，最终也在安大的发展史中得到澄清。

新型模具钢HM3问世

工厂投入生产的头几年，模具用钢材料是主要是自炼5CrNiMo，4Cr5W2VSi。这类模具钢在使用中，暴露了模具使用寿命低和其他一些冶金质量问题（例如模块有白点、萘状断口、裂纹等缺陷），在锻制不锈耐热钢和高温合金时，模腔极易变形，模具过早报废，浪费材料费、影响交付进度。模具的"延寿"问题，成为工厂的一个关键课题。

1976年初，由顾明锌牵头，安大要自主研发、冶炼、生产一种新型热作模具钢。1977年，三机部科技局把该课题列为部管重点科研项目。新材料的孕育和诞生，牵动着科研院所、高校和工厂众人的神经。安大、621所、西北工业大学、331厂、320厂、410厂都参与其中，对新型模具钢的化学成分、物理常数、等温转变曲线、热处理工艺、试生产考核、研制总结等方面做了分工。

1979年新型热作模具钢——3Cr3Mo3VNb（简称HM3）正式亮相，这种模具钢成功应用于工程实践。在时任副总师顾明锌的领导下，各车间协同努力，新型模具钢凭借工厂一台老式的3吨电弧炉完成熔炼，在3吨自由锻锤上完成锻造，巧妙地以镶块形式镶嵌到5CrNiMo整体模具中，模具型腔采用新材料HM3，既保证了型腔硬度和耐磨性，又很好发挥了5CrNiMo模具钢强度较低、塑性较好的特点，实现了新老模具钢的完美结合。新型高强度模具钢HM3，它的一个技术难点就是热处理材料容易开裂，对操作人员的技术要求很高。工厂派出最优秀的热处理技师参与了技术攻关，并发挥了重要作用。

1980年，在三机部科技局召开的新模具钢鉴定会上，HM3大放异彩，29家单位对HM3做出充分肯定，同意进行批量生产。HM3模具钢，有着高指标的强度和塑性，是航空锻造的高端模具钢，使用寿命相当于普通模具钢5CrNiMo的5倍，有效降低了模锻件生产成本，提升了经济效益。这是在安大发展史上具有标志性的重大发明。1980年HM3热作模具钢研制，6个项目获奖。

可以说，HM3热作模具钢一项发明，结出一树硕果，直接带动了工厂冶炼、锻造、热处理和无损检测的技术进步，在行业内影响深远。

领先世界的TC11钛合金压气机盘

1980年开始，某型号钛合金压气机盘开始研制，顾明锌又一次主动请缨，代表安大向三机部提出承担这项任务的要求，并得到许可。

三机部十分重视这项任务，成立了以顾明锌为总负责人的课题攻关小组。小组成员包含后来成为中科院院士的曹春晓（供职于中国航空材料研究院，已退休），研制工作从锻造、热处理，到超声波探伤，都配置了最强的技术骨干。

研制之初，受生产力限制，由宝鸡钛业提供的原材料的力学性能水平较低（宝鸡钛业，中国最早的钛合金制造基地，也是一个历史悠久的军工厂），必须采用反复锻造、增大变形量的方式来改变钛合金锻件的金相组织和力学性能，以达到压气机盘的技术要求，为此锻造变形达到10个火次之多。

在试制过程中，由于主设备10吨模锻锤处于临界状态，参试人员从锻模结构形式的设计到坯料选择、温度控制、涂料润滑、锻击操作等方面采取了相应措施。经过反复实践，终于在1981年成功锻制出某机用TC11钛合金3~8级压气机盘模锻件，锻件直径达520毫米，投影面积达到2000平方厘米。

成型过关了，课题组又进一步探索首次退火与性能的关系、冷却速度与性能的关系、金相组织与超声波探伤的对应关系。该项课题的进行，为航空标准的制定做了大量基础工作。以安大为第一编制单位的5项航空标准相继问世（HB 5262-83《TC11钛合金压气机用饼（环）坯技术标准》、HB 5263-83《TC11钛合金压气机模锻件技术标准》、HB 5264-83《TC11钛合金盘及饼坯技术标准》、HB 5265-83《TC11钛合金压气机用饼（环）坯的超声波检查说明书》、HB 5266-83《TC11钛合金压气机用饼（环）坯的超声波验收标准》）。5项航标是工厂和院所集体智慧的结晶，安大在其中扮演了主角。顾明锌作为项目主要负责人，不辱使命。

历时3年，1983年，由安大制造，能够在500℃下长期工作的TC11热强钛合金盘件，通过了航空工业部与上海科技委的联合鉴定，达到了设计要求，比国外同类材料BT9合金典型数据还优，成功装配在某型号发动机上，其成果也获得航空工业部科技成果一等奖。

行业标准化

机械制造业有句话："得标准者得天下。"这是一条铁律！

标准，即尺度。打个比方：德国汽车受中国消费者青睐，简单想一想，德国品牌的汽车在中国合资制造了那么多年，作为承制方的一汽和上汽，自己的品牌汽车与德国品牌汽车难以相提并论，问题在哪？核心问题是标准的差距。在制造业，"失之毫厘，谬以千里"这句话绝非虚言。能否达到标准，取决于工匠；能否提得出科学合理的技术标准，取决于科技工作者。不积跬步，无以至千里。德国工业的强大，正是工匠与科技长期的积累，二战期间的德国已经显示出强大的工业力量，二战失败后的德国，迅速从废墟上崛起，也是依靠科技。德国大众旗下的汽车从希特勒时代已经开始不断创新技术，在制作标准上，某一个环节高一点点，整个汽车的系统就会拉开与国产车的差距。

中国航空标准，相当长的一段时间是"拿来主义"，抄了美标抄苏标。先是囫囵吞枣，再慢慢消化，这是工业落后的背景下，不得已而为之。借助仿制和改进苏联的战机技术，实现航空材料国产化，是中国航空发展的主要道路，这是不争的事实。正是有了顾明锌这样的勇于探索的科技工作者，才会出现压气机盘超越苏联类似牌号材料，才会有5大航标的相继问世。

谁领先谁就有话语权，这就是标准界的现实。

在1983年以前，安大由技术科统一管理全厂材料、热工艺、理化测试、模具制造及气体等专业的技术标准工作。机动科、基建科、技安环保科的标准自行负责。1983年以后，企业整顿，工厂的标准化工作统一归综合技术科负责，时任总工程师的顾明锌主抓标准化工作，企业标准化工作由此进入系统化，逐步接近国家标准、国家军用标准和航空工业标准。

顾明锌对于行业标准是有很大贡献的，他是美标ASTM的成员之一。他翻越语言的大山，成为航空科技领域有影响的人；他非常重视企业标准的建设，安大的企业标准建设，以国标为基准，编写水平很高，技术团队有良好的学术氛围，就是在顾明锌任总工程师期间形成的。

由安大编写的很多企业标准，后来成为多个型号标准的前身。在钛盘研制成功后，安大主编了5项航空标准，推广了科学技术。HM3模具钢的成功研制，解决了模具使用寿命难题，其科技成果让行业受益匪浅，同时也形成很多珍贵的企业标准。 航空锻造的国家军用标准，如GJB 2220等，安大都是主要编写单位。安大的工程技术人员在锻造专业的国家标准、国家军用标准、航空行业标准、型号标准编制工作中有着重要的地位。

谋划安大未来发展思路

顾明锌的厂长任期，是安大厂的困难时期，也是最重要的转折时期。改革开放，生产力解放了，安大将何去何从？安大发展史上，第一次有了对"企业发展思路"的思考，他陷入谋划企业未来的深度思考。

一个国家没有路线指引，就会在历史中迷途；一个企业没有发展思路，生存就会显得迷茫。顾明锌十分清楚，安大厂必须有自己的发展思路！这个时期，安大稍有迟疑，就会被激烈的市场生态所抛弃。在当时，他深知民品不具竞争力，安大的发展还得立足军品，重视型号研制，必须占据军品市场的制高点，安大才会有出路。

1986年，某重点型号在安大首次研制，由于重视不够，导致了交付延误。在航空工业部的会议上，安大受到了严厉的批评。顾明锌深感担忧，整个团队意识不到重点型号研制的重大意义。他组织召开了一个小范围的工作会议，参会的有厂级领导和生产科的部分同志。在这个会上，他给参会者讲明：型号研制，研制费用高，目前未必见着实际的效益。型号研制任务完成得好，安大未来的市场前景将会十分美好；研制任务完成不好，一旦设计定型以后，要想进入这个市场就十分困难，那就意味着安大未来没有饭吃。说到动情处，他不禁落泪。

今天，我们如何理解他落泪的含义？那是一种"众人皆醉我独醒"的无奈眼泪啊，那一滴眼泪，惊醒了所有的安大人，不能梦游般地浑浑噩噩，必须振奋精神共同开拓安大的美好未来。

刘果青（曾任安大厂总工程师、公司副总经理）回忆起那个感人场面，说道："现场参会的同志无一人不为之动容，顾厂长的发展思路，后来被证实是非常正确的，他的预言，今天也得到了印证。安大改制以来，经过十几年的飞速发展，基本思路几乎没有变，安大一直十分重视型号研制，牢牢占据着军品市场制高点。"

回想起顾明锌在会上流下的眼泪，笔者也感觉到有热流涌遍全身。

着眼全局，保障后勤运输畅通

"靠山、隐蔽、分散"的三线工业布局，是在国家贫弱时期为了保护军工，防止敌对势力破坏而采取的策略。进入改革开放时期，一些军工企业的发展，因为交通不便利，受地域因素的限制，发展缓慢，甚至出现倒闭的现象。

早期的安大厂，锻造加热燃料以重油为主，工厂炼钢用煤、废钢以及各种生产用原材料，运输量很大。所幸的是工厂距离滇黔公路和贵昆铁路线很近，相比起很多军工企业，交通上有着"地利"的优势。

安大几届领导人对于交通运输都十分重视，经过申请，三机部批复同意：工厂在距贵昆铁路86千米处，代建两所屯火车站，并从两所屯火车站铺建一条长约1100米的铁路专用线，通往工厂卸油区。岔道建成移交贵阳铁路分局管理使用，但工厂铁路专线由于各种原因没有正式启用。

直到1981年货运站和卸油区才投入使用，但附属设施仍不完备，专线的作用发挥仍存在不足。所谓"兵马未动，粮草先行"，1985年底，刚刚上任的顾明锌，在工厂资金吃紧的情况下，耗资11万元，完成了货运站站台1400平方米、站台周转站1000平方米的建设，并附有露天煤场和货场。货场配有8吨黄河吊车。货运站内有二层楼值班室一幢。后来，铁道部电气化工程局二处对工厂铁路专用线进行了电气化线路施工。铁路专用线的建成完备，为大宗物资和设备进厂提供了便利，大大减少了汽车运输的压力。铁路运输是国家经济运行的大动脉，工厂巧妙地在贵昆"大动脉"上接入"末梢"，设立专用铁路线，使后勤有了可靠保障。

功成不必在我，功成必定有我

顾明锌担任厂长的时期，不是工厂大发展的时期，但是理智的安大人都清楚，是他给安大搭建了最好的发展平台，才会有21世纪安大的高速发展。

所谓"功成不必在我，功成必定有我"，顾明锌正是这样，做自己该做的事情。

环轧技术改变了安大的经营格局，逐步把安大发展推向新的高度，企业规模上来了，专业技术过硬了，国内外的影响力增加了，职工的腰包鼓起来了。

建厂初期，处于"文革"的动荡时期，工厂遗留了很多历史问题。20世纪80年代，正是改革开放转入正轨的关键时期，历史问题不解决，后来者会花费很多精力去处理，无法实现"把工作重心转移到经济建设上来"。如何解决这些问题？这副担子落在顾明锌肩上。千头万绪中，顾明锌还是找到了一个个突破口，把历史遗留问题逐个解决，为安大进入高速发展时代扫清了障碍，奠定了坚实基础。很多别人看来头疼的事情，不敢入手解决的问题，他迎难而上。在中心实验室的建设问题上，由于各种历史原因，时间拖得太久，他意识到实验室是一个高新企业必备的基础条件，实验室不建设好，必将成为理化检测的瓶颈问题，无法满足大规模、多品种生产需求。在他的努力推动下，中心实验室竣工使用，解决了企业的检测难题，并在后来发展成为"国家实验室"，也可以对外接揽任务，提供检测服务。

工厂建立初期，以锻造为主业，热处理生产线仍还很落后，热处理场地也十分有限，加热设备很少，满足不了日益增长的锻件热处理需求。在顾明锌的任期内，在工厂的有限的地盘上，拓宽了热处理场地4000余平方米，热处理设备数量也得到了大幅增加，井式电炉、台车电炉、真空电炉等设备纷纷上线。

顾明锌无论在总工程师任上，还是在厂长任上，其领导才能都得以充分施展。承前启后的几届领导者，延续了顾明锌的发展思路，坚持以环轧件为特色产品，走"专、精、特、新"发展道路，安大逐步走向强大。

经久不息的掌声

1996年9月29日，艳阳高照，正是稻熟时节，在安顺市东郊，金灿灿的稻子，十里飘香。贵黄路像一条飘飞的玉带横贯东西，农人在田垄之中忙碌，飞鸟穿梭于蓝天白云之间，一派祥和景象。这一天，安大锻造厂隆重举行建厂30周年庆典。全厂都沉浸在节日的喜悦气氛中，家属区张灯结彩，好不热闹。人们脸上的笑容，与秋阳一般灿烂。

职工足球场上，全体职工都在这里集中，等待一个庄严时刻的到来。

庆典大会上，应邀到场的客人有来自航空工业集团、011基地（贵航集团）、军事代表室以及安大锻造厂主要用户的有关领导，客人们受到了隆重的欢迎。在主持人的逐一介绍过程中，现场响起一阵阵掌声。当主持人介绍到其中一位"特殊客人"时，全体职工自觉地起立鼓掌，客人也跟着起立，挥手向大家致意。台下掌声雷动，经久不息，客人示意掌声停下来，但掌声并没有马上停下来。客人多次示意，那雷鸣般的掌声才算渐渐停了下来。

这个人是谁呢？人们为什么向他致以这么崇高的敬意？

他就是国有安大锻造厂厂长——顾明锌。当时参加厂庆的顾明锌因工作需要已调到011基地（贵航集团）工作，不在安大厂任职。但是当他回到这片土地，来到人们的身边，安大厂的职工家属又怎能不激动喝彩呢？

顾明锌与张静芳，格致中学的一对理想伴侣

上海格致中学，始建于清代同治年间（1874年），由我国近代科学和教育先驱徐寿先生创办，建校之初叫"格致书院"。格致一词，来自明代大儒王阳明心学中的核心思想"格物致知"，格物致知的意思，是探究事物的原理，从中获得智慧。现在的格致中学是上海市重点中学。

顾明锌和妻子张静芳就是从这个学校毕业的学生。他们都是有理想的知识青

年。高中毕业，顾明锌考上了清华大学，张静芳考上了上海第一医学院（现复旦大学上海医学院）。

爱情是件美好的东西，它让我们的生活温馨浪漫，让我们满怀对生活的热爱。爱情，一直是艺术作品经久不衰的创作题材。再优秀的人，都不应该只是工作的机器，要懂得用爱情去温暖生活。顾明锌夫妇的爱情还有一种东西加持，那就是理想。理想，让他们不惧苦难，让他们前行的过程中充满了正能量。

大学毕业以后，顾明锌和张静芳离开繁华都市，一起来到了贵州，来到安大。那时候，安大还没有医院，和工厂一样，都是靠自己建设。就是这么一对来自上海的高材生，他们背井离乡，在荒凉的大横山下，与这里的有识之士共建一个大家园，也共建他们的小幸福。

笔者到安大工作的时候，顾明锌已经退休，我与他素未谋面。张静芳也从厂医院退休，住在工厂的家属区（至今仍健在）。那是一个慈祥的阿姨，虽然退休了，但因为医术精湛，厂医院返聘她坐镇儿科专家门诊。笔者的孩子在幼年时期体弱多病，张医生多次帮助过我们。印象中的张医生看诊和很多医院的专家不太一样，不是完全依靠医疗设备来诊断病情。她特别能理解孩子的心理，善于观察、询问孩子，鼓励和安抚孩子，能不抽血就不抽血，吃药能解决的病情，不会选择输液打针。小孩子怕打针，所以那时候孩子每次生病，最信赖的就是"张奶奶"。张静芳和顾明锌一样，都是钻研技术、信奉科学、实事求是的读书人，是笔者内心敬重的长者。

笔者接到专访顾明锌的撰写任务时，最想采访的人是张静芳老人，但笔者不愿去打扰她，考虑到顾明锌已经去世多年，笔者怕问起顾厂长生前的事，会勾起她无限的哀伤。她的生活逐渐趋于平静，至于他们之间的爱情，笔者相信那一定是不平凡的。两位老人为了追逐梦想，来到山区，已经很不平凡，足以令人感动。

帮助笔者完成采访任务的是顾明锌的两个女儿：顾梓菁和顾梓铮。她们提及父亲时，仍有无限的怀念之情，仍有悲哀之色。提及父母的爱情，她们觉得父母在一起生活几十年，一直相敬如宾，一家人生活很和谐。父亲和母亲都是坚强的人，相互理解，相互支持。没有特别做作的假浪漫，一家人在一起，讲讲工作，聊聊人生，说些笑话，一切都很自然。

一片丹心向航空

自从顾明锌加入航空人队伍那一天起,他是铁了心要为航空锻造事业奋斗终身,像一支射出的箭,义无反顾挺进大西南,终生奋斗在贵州这片热土上。巍巍大横山,就是他理想靠岸的地方。理想,绝不是钱的问题。

他孜孜不倦,致力于航空锻造事业。在这个行业中做出了杰出的贡献,成为航空锻造领域有重要影响的人。20世纪80年代,是一个各行业百废待兴,人才奇缺的时代,很多企业向他抛来橄榄枝,开出的条件都十分诱人,但他不为所动。

作为对外开放窗口之一的上海,有着雄厚的工业基础,大众汽车步入中国市场,成为来华较早的合资企业。上海大众四处网罗人才,上海籍的顾明锌,毫无疑问受到了上海大众的关注,面对高薪和优越的大都市生活,顾明锌表现出了一个航空人的赤子之心,他忠诚于自己的企业,谢绝了这个世界闻名的汽车企业的邀请。他谢绝的理由就是——既然自己选择了航空制造业,国产飞机还没有做好,没有理由转行去做汽车。

20世纪90年代,一代伟人邓小平同志以锐利的眼光看清了中国的发展道路,上海浦东的开发引人注目。上海成为共和国经济发展的龙头。这个时候,顾明锌再次收到来自上海的邀请函,开出的条件更加优越,他依然不为所动。面对自己的企业,他不愿意为了高薪就这么扬长而去,他无法放下理想,无法放下当初的誓言,无法放下自己热爱的航空事业。

精神传承

2003年9月,顾明锌同志因病医治无效,抛开身后辉煌的成绩,带着对航空事业的一生热爱,归于沉寂,但是他的精神在安大这片热土中永存。

顾明锌的精神,是安大精神的重要组成部分。正因为有了这样的企业精神,安大才会激发出源源不断的发展力量,让这个企业在几代人的努力下,从建厂初期飞机中小锻件的配套厂，一步一个脚印，迈入21世纪，发展成为航空锻造行业的翘楚、中国特种锻造基地、亚洲最大的宇航锻件供应商。

碾环机从直径1300毫米、1800毫米、3000毫米，一步步变大，安大的环轧技术逐步升级。环形件是做大了，但是问题也随之而来：越大的圈子，越容易变成椭圆。中国战机的升级换代，给安大带来了新的课题——胀形，把大型环件做得更加精致。

精确轧制的一个重要的要求就是尺寸均匀。如何矫正变形，让环件不仅仅是外形尺寸合格，金属的组织性能也是优良的？安大胀形工艺专家苏春民和笔者谈起胀形的那些事："起初客户对胀形工艺是不确信的，担心这担心那。安大做了很多工作，积累了很多数据，充分论证，用户才同意让安大采用胀形工艺。试制考核后，允许批产，从变形抗力小的铝合金做起，逐渐推广到其他类型的合金，现在已经很稳定。环形件过去那种靠放大加工余料，锻件做得肥头大耳的尴尬局面改变了，也避免了机械加工应力造成再次变形的可能性。"他还笑着说道："现在用户提到环形件，对安大的制造工艺，经常会多问一句：'加了胀形工艺没有？'交流中对胀形工艺有一种难得的信任。"

顾明锌是安大早期知识分子的优秀代表，他的大部分工作时间，是在技术战线上度过的。在安大的艰苦创业时期，他怀着报国理想，困卧荒芜渴饮露，忘了故里他乡；在安大初具规模时期，他又是安大技术创新领域的中坚力量，在技术领域有着不可磨灭的贡献；随着改革开放时期的到来，他步入安大的领导层，以他的远见卓识，克服不可想象的困难和压力，搭建了安大未来发展的框架，为安大在21世纪初的跨越发展做好了重要准备。

在他的人生旅途中，完全有机会选择更为优越的工作环境，选择另一条自我发展的道路，但是他没有那么选择。为什么呢？因为他是一个有信念和追求的人，他深知：另一条道路，只能作为他的职业，不可能成为他的事业。

进入21世纪以来，安大成功改制，进入高速发展时期，大量优秀的人才涌入安大，他们从顾明锌等老一辈知识分子手中，接过安大发展的接力棒，他们怀揣憧憬，来到大横山下，让梦想靠岸。

逝者已矣，然安大精神由兹始也，我辈又岂能忘哉。21世纪，安大实现跨越发展，一代代的安大人，沿着前辈们开辟的道路继续前行。安大公司秉承"专、精、特、新"的发展理念，致力于打造中国特种锻造基地和世界级宇航锻件供应商，是国家高新技术企业、国家五一劳动奖状单位、国家工信部制造业单项冠军企业、国家工信部两化融合管理体系贯标试点企业、国家引进国外智力成果示范单位、贵州省创新型领军企业、贵州省新兴产业龙头企业，拥有国家企业技术中心、国防科技工业精密锻造与环轧技术创新中心、全国博士后科研工作站、贵州省院士工作站。具备国内领先的难变形材料制造能力，获国家实验室资质，通过了国内外20余项二三方质量体系认证，多项技术填补国内空白，拥有国家级、省部级以上科技成果200余项，专利170余项。

近年来安大着力打造并上马了一条智能环锻生产线，该项目是行业内首创，是一条完全自动化、高度数字化、智能化的生产线，具备数字化工艺设计、智能化与可视化运营、数控化设备运行等优势。相比之前的人工操作，智能环锻生产线只需1~2名技术人员触动电脑程序终端按钮，车间就能进行全自动化生产，还可估算单件产品成本价格，能够兼容数千项产品的生产，实现柔性化制造，对产品成本可控性，产品质量稳定性、一致性，产能大幅度提高都起到积极作用。

历经3年建设，安大航空"智能环形锻件生产线"正式启动生产，成功轧制第一环。该项目是贵州省民用航空产业重点项目，项目建设周期为2018年至2023年，产业园占地18.7万平方米。园区项目规划了民用航空环形锻造生产线、大型航空环形锻造生产线、热处理生产线、精加工配套生产线及前后端物流仓储、航空材料研发中心等专业化制造平台，总投资规模逾30亿元，投产后将形成年产20亿元以上生产能力。

安大正乘着二十大精神的东风，驶入高质量发展的快车道。这一切成就的取得，都是大横山下开拓者创下的基业，所以取得的成就都是向"顾明锌们"的致敬！

绚烂的紫色火

——记冶金化工专家陈肖虎

◆ 喻莉娟

陈肖虎 （1955.8—）男，浙江杭州人，三岁跟随父母到贵州。昆明理工大学博士毕业。

贵州大学材料与冶金学院二级教授，博士生导师。

获国家发明专利授权149项，系列技术发明已成功实现产业化，产生了重大经济效益、社会生态效益，对贵州工业经济和社会发展做出了突出贡献。"磷矿伴生碘回收"技术，使我国成为世界上第一个从磷矿中工业化回收碘的国家，改变了世界碘工业的原料格局。中国成为世界碘资源大国，从"碘缺乏"到"碘富足"，不再受制于其他国家。该成果的工业化实施，为人类贡献了新的碘矿资源，可供人类使用约200～300年。

获2019年贵州省最高科技奖、贵州省科技进步一等奖1项（排名第一）、贵州省技术发明一等奖1项（排名第一）、贵州省科技进步二等奖2项（排名第一）；全国行业协会科技奖二等奖2项（排名第一）；中国专利奖优秀奖1项（排名第一），以及贵州省专利奖金奖、银奖、优秀奖各1项。

获全国优秀教师、全国优秀科技工作者、贵州省优秀共产党员等荣誉称号。

我的墓志铭

"百年后，我的墓志铭可以骄傲地镌刻上：'贵州大学校友，磷矿伴生碘工业化回收世界第一人！'"

当他说这句话时，脸上带着淡淡的微笑，平静的表象掩盖不住内心的波澜……

这是2020年的夏末秋初。

阳光依然明亮，但炽烈过后已是温暖。原野大地正孕育着丰收，绿荷未残，金菊初放。

省政府的颁奖台上，一位英姿飒爽而又成熟稳重的中年教授，笔挺的西装，雪白的衬衣，深红色的格子领带，胸前的红色绢花映衬着手中的"贵州省人民政府科学技术奖励证书"。

红色的证书，金色的大字，金色的国徽闪闪发光。

热烈的掌声响起，摄影机的追光照亮喜悦的脸庞。

这一场景不但打动了会场内的与会代表，也打动了数以万计的贵州的莘莘学子。

这位获奖的教授就是贵州大学二级教授、博士生导师陈肖虎。这一天，他获得的奖励是："贵州省最高科学技术奖"！

走下领奖台，陈教授微笑着对《贵州日报》记者说出的以上的那一番话，让采访的记者怦然动容，也使无数阅读了这则新闻报道的"文革"后的贵大校友为之自豪！——从那个年代跋涉而来，为了我国今天的兴旺发达和繁荣富强，千千万万的陈肖虎们，都在默默无闻地贡献着他们的智慧与心血！他们，才是最值得世人崇敬和景仰的大海星辰！

紫烟升腾起世界级的发现

2011年1月《中国科技成果》杂志，报道了关于陈肖虎团队成功实现"磷矿伴生碘资源回收新技术产业化"的消息。

文章如此评价说："该工程现已达到设计产能。改变了世界碘工业的原料格局！"

可见碘之事，实为大事！

碘是"智慧元素"，人体和植物不可或缺，缺乏碘会导致甲状腺肿大，给人体带来危害。碘是国家的战略物资，在医药、农业、染料、冶金、合成橡胶、国防及尖端技术等方面有广泛的重要用途。

碘如此重要，它的资源却十分稀缺。

世界上生产碘最多的国家是南美洲的智利，产量占世界总产量的53%，其碘主要来自智利独有的天然碘硝石矿（碘含量：0.02~1%）。其他国家则主要从海带或地下卤水中提碘：日本碘产量占世界的24%左右，世界排名第二，第一次世界大战前，主要从海藻中提取碘；美国碘产量占世界第三位，占总产量的6.5%，原料主要来自开采石油和天然气的油、气田卤水以及盐湖层间卤水。智利碘资源主要为日美等国所垄断。

而我国，却是一个碘缺乏病高发、极度缺碘的国家。

过去，我们用碘主要依赖进口，脖子被日美等国死死地掐住。我国的工业主要依赖海带提碘，年产碘量仅在100吨左右，而我国的市场，每年需碘近5000吨。20世纪60年代，缺碘导致我国"大脖子病"肆虐。1994年，国务院发布《食盐加碘消除碘缺乏危害管理条例》强制食盐加碘。每年我国仅食盐加碘就需600~700吨，缺口巨大。

工业磷矿大都为海相沉积矿。在漫长的海洋生物骨骼沉积成磷矿期间，必然伴随富碘的海洋藻类植物赋存在磷矿中。磷矿平均含碘30ppm（0.003%），品位极低，但储量巨大。过去没有经济有效的磷矿伴生碘的回收技术，磷矿伴生碘资源长久以来一直被视作为"暂难利用"资源，在磷肥生产过程中无序耗散，不仅造成碘资源浪费，还对环境造成污染。

磷矿伴生碘资源工业化回收一直是一个世界性的难题。直至陈肖虎教授在瓮福集团成功实现"磷矿伴生碘回收"工业化生产，我国从"碘资源缺乏"国家一跃而变为碘资源大国、碘生产大国，并逐步发展成为碘制品生产大国。迄今为止，该技术仍是世界上唯一以磷矿伴生碘为原料工业化生产碘的技术。这个技术的出现，改变了世界碘工业生产格局。陈肖虎，堪称磷矿伴生碘工业化回收"世界第一人"！

"那是21世纪初的一天吧。"

陈肖虎谈到这件事情的来龙去脉时，有一种回忆往事的悠然之情浮于脸上，这是张充满自信的脸庞，虽然随着年岁的增长，染上了些许沧桑气息，但仍然遮掩不住曾经的英俊帅气和那始终如一的乐观与睿智。

随着他的叙述，一个神奇而有趣的科学故事，展现在人们的面前。

那一天，贵州大学贵工校区的同事们邀约陈肖虎一起去瓮福磷矿"科学采风"——采集矿样。那时，私家车还未流行起来，贵工校区离城区较远，大家乘市区公交车到学校汇合，一同前往瓮福。

一见陈肖虎上公交车，同车的同事们便打趣说，"大家都不要抢哈，让肖虎来'买单'哈！"

陈肖虎经常被戏称为"三高"——智商高，情商高，颜值高。凭他的智商与情商，之前"下海"创办乡镇企业赚了些钱。他不吝啬，善于与人相处，只要一起乘车，大家总让陈肖虎付钱，既体现了他们的亲密无间，也表示了大家对陈肖虎的认可。

就这样，一群贵工的冶金、化工和地质专业的高知们，"玩"到了贵州最大的工矿企业（2021年贵州100强，老大茅台，其次瓮福）。

那时的瓮福，流传着这样的故事：上深夜班的工人，看着磷化工厂上空萦绕的紫色烟雾，眼里露出恐惧的神色，战战兢兢地说："啊，莫非闹鬼！"闹鬼？其余的工人也顿时惊慌失色。这时，其中的老技工却笑了说："天知道磷矿里头还会有些什么鬼东西？不晓得的人，走到这个地方，怕是要被吓死！"

却说陈肖虎一群人，来到了瓮福。游览了矿区厂房车间、矿渣场。天气不错，阳光明媚，有人打趣说，这里是"漫天紫烟缭，晚上磷火飘"。本来这个现象已经长期存在于此，大家都见惯不怪，觉得这本来就是一种正常的现象，一群人说说笑笑，就走过了。

但陈肖虎却不自觉地站了一下，感到心底深处"轰"的一声，虽然他表面上不动声色，和大家一起就这样走过，但脑海里却掀起了滔天巨浪。这个对科学有着极为敏感的神经的教授，立马有了一种想法。这想法顿时如春天里的草芽，无论怎样都压不住，要冒出来。"萦绕的紫烟"如同苹果砸到了牛顿的头上，陈肖虎一下就灵感触动！

碘元素在1811年才首次被法国化学家贝尔纳·库尔图瓦发现，两年后约瑟夫·路易·给吕萨克因这种物质"带有深紫色光泽"性质而根据希腊语"深紫罗兰色"的发音而命名碘为"iodine"。

一个机会出现了，这个创造历史的机会留给了陈肖虎！

从事冶金专业，同时对化工造诣匪浅的陈肖虎，很快就想到磷矿伴生碘！碘不就是紫色的吗！陈肖虎感觉一定是这样！看着这些"萦绕的紫烟"，陈肖虎想：智利碘硝石已近枯竭，寻找新的碘矿资源，是人类社会发展的必然。我国是碘资源匮乏的国家，如果能把里面的碘提取出来，那是多么巨大的重要资源啊！

这时的陈肖虎并不知道，对磷矿中的碘的回收，早就已经有人在做，但苦于方法不对，没有经济价值，研究结果不能用于工业化生产。

谁也没有想到，一次瓮福参观之行，竟相当于一根火柴棒，而萦绕瓮福磷矿的紫烟，相当于一块擦火石；一个机会、一次碰撞，竟然擦出了一个世界级的火花！

贵州大学贵工校区，一位中年教授，正用尊敬和期盼的眼神看着眼前的老教授们：大家正面对一些化学分析的检材和电脑上的分析数据在讨论着。

中年教授："老师，万分之零点几！这个含量对冶金来说是有点低了！"

老教授："从化工角度来看，对碘元素的提取来说，这个含量应该不算太低！"

中年教授闻言，十分惊喜。

这个中年教授，就是陈肖虎。说干就干，从瓮福回到贵阳，陈肖虎只带回了一瓶稀磷酸，他这个冶金专业的教授，准备向这个化工项目开战了！曾有人质疑陈肖虎："一个搞冶金的能搞成什么化工项目？……"其实，作为冶金学院的教授，陈肖虎所授的专业基础课程就是"冶金化工反应工程""化工过程与设备""碳素材料""电解铝"等，他最喜欢向学生推荐的书目中，《化工百科全书》首当其位。"冶金化工不分家"，其实是陈肖虎积淀深厚。

他找到原贵州工学院化工系的一位老教授，这是一位他在工学院读本科和硕士的时候都十分敬佩的化工专业资深教授。老教授十分热情，立即就和陈肖虎在实验室忙碌起来，帮他对磷矿碘含量进行分析。经过认真细致的化学分析，结论是，瓮福集团磷矿碘的平均含量为76ppm（0.0076%），和智利硝石含碘量（0.02-1%）相比，根本不是一个数量级！大家都认为这个含量太低了，陈肖虎的直觉却告诉他，利用磷化工厂现有的化肥生产工艺"免费处理磷矿"，这个含量值得做！

其实，看看碘资源的稀缺状况，想想当年满大街的"大脖子病"，就知道，这个项目值得做！要解决我国碘资源的紧缺问题，历史和时代，等待着陈肖虎去创造一个全新的碘回收技术和装置！

钻爬火车只为节省时间

陈肖虎教授做科研实验项目,有三个原则:

一是讲求科研来源于工业实践,科研成果服务于工业生产。做,就一定是对工业生产有极大的实际意义,不做只存在于文本和数据中的空头科研、无用科研。

二是讲求科研的"性价比"。这是陈肖虎经常挂在口边的一种观念,他的科研,用在生产实践中,追求的就是低投入高产出。具体到科研上来说,就是用尽可能低的科研成本,达到价值尽可能高的工业化生产,这样的科研才能实现它最大的价值。简明扼要地说,陈肖虎的科研,就是奔着工业化生产而去的!

三是科研实验室建在企业第一线。陈肖虎的科研既然追求的是工业化,他就要把实验室建在生产第一线。科学项目直接从生产第一线实践中来,又应用于生产实践第一线。当问到陈肖虎,他的实验室有多少时,他颇有些自豪地说:"我合作过的企业有多少,我的实验室就有多少!"可以想象,像陈肖虎教授这样,把工业化生产作为科研的追求目标,获国家授权发明专利149项的实干科学家,与他合作的企业当然不在少数。比如:瓮福集团、开磷集团、贵州铝厂、贵州银星集团、贵州省贵福生态肥业公司、遵义钛业公司、遵义碱厂、万山银河化工公司、贵州大龙汇成新材料有限公司、中伟新材料股份有限公司、贵州重力科技环保有限公司、安徽六国化工股份有限公司、浙江海洲药业等,都是与他合作过的知名企业。

这就是陈肖虎的科研原则。贵州省科技进步一等奖、贵州省技术发明奖一等奖和贵州最高科学技术奖,就是这样得来的;中国有色金属工业科学技术二等奖、中国石油和化学工业联合会科学技术二等奖、中国专利优秀奖和贵州省专利金奖、银奖、优秀奖,也都是这样得来的。

在贵州大学这个平台的支持下,陈肖虎很快就与瓮福集团达成了合作协议,磷矿伴生碘回收技术开始了它的研发进程。毫无例外,陈肖虎直接把他的实验室建到了瓮福磷矿集团矿区。

好大的矿区啊!矿区里面跑火车!——可见其占地面积之大!

陈肖虎教授带领的科研团队,在矿区外租房居住,而实验室,当然是建在矿区里面。每天去实验室,他们都得至少走半个小时!按照协议,瓮福集团提供了科研经费后,吃住行的问题,都必须由科研组自行解决。

工业化科研项目到手,相应地,就会需要购买很多科研设备。很多项目主持人一旦经费到手，首要采购的设备就是车和电脑，说是科研需要，也似乎是一种说得过去的理由。但陈肖虎却首先就排除了这种想法。陈肖虎说："舍不得啊！经费是按协议给的，就只有那么一点点，要把项目做成功，实现工业化生产，不把科研实验数据做扎实是不行的，还是尽量先考虑实验设备的需要吧！没有车，那就只能开动'11号脚踏车（双腿）'咯！"

陈肖虎的科研目标，是运用全新科学技术的理念，在瓮福集团建成一套能够实现工业化生产的大型碘回收装置。而这套装置，必须要实现低成本高产出，使企业能够盈利。

这个想法看似简单，实际有点异想天开！

因为，磷矿伴生碘的回收项目早就有人做过了。20世纪80年代，贵州工学院化工系就在组织老师尝试做，但大家采用的都是传统的萃取富集法，通过"浓缩、浓缩、再浓缩"提碘，过程复杂，成本偏高，回收效果也不理想。所以，一直没有实现工业化生产。而陈肖虎的科研思路则是与他们完全不同，科研目标就是要创造一套全新的磷矿伴生碘的回收技术，做到低成本高产出，还要好运作！

有了这个异想天开的雄心壮志，什么弄辆汽车来开开，买台电脑来玩玩，在陈肖虎这里就是"办家家"的行为，不符合一个科学研究者的思维，不具备一个科学研究者的素质！

陈肖虎，带着他的科研团队，每天一早就开动"11号脚踏车"，从矿区外住宿处往矿区内的实验室赶。陈肖虎开玩笑说："磷矿伴生碘回收的项目搞下来，我都可以参加长途竞走比赛了喽！"

好在陈肖虎的科研团队不是年轻力壮，就是年富力强，陈肖虎不怕走路，他的团队也不怕走路。

但时间是很珍贵的啊！一个真正的科学家，真正的科技工作者，怎么可能不珍惜时间呢！

从矿区外走到他的实验室有条近路，但需要横跨矿区铁路。

有时，恰遇矿区火车挡道，这种情况常常发生——铁轨上，停着几列火车，挡住直行的方向。"那么远！这得绕多少时间啊！"望着铁路远方的横穿通道，每个人走到这个点上时，谁也不会再愿意去绕那几个大弯的。陈肖虎也不例外，这个贵州大学的教授，飞身两步，爬上火车，教授风范全无；或者喊一声："钻啊！"躬着腰，手脚并用，从火车底下，快速钻了过去。一行人，跳下路基，横跨几条铁轨而去。

他事后说起，隐隐有些得意，尽管钻爬火车挂破的衣服已不下数十件，对钱财本来就不在乎的陈肖虎，豪爽地笑了一声："旧的不去新的不来。走喽！"在大家的一片笑声中，他们朝实验室奔去。

前方，朝阳已经变得明亮，万道金光照射着瓮福磷矿，繁忙的一天已然开始。

从陈肖虎琢磨着"萦绕的紫烟"那一刻起，多少个日日夜夜，他们的实验工作，就像他们每天的徒步一样，迎着朝阳，一步一个脚印，踏踏实实地向着光明前进！

"科研要讲性价比"

瓮福磷矿。

拔地而起的新装置。

4座大型圆顶碘萃取高塔耸立在蓝天白云之下，大大小小、银光闪闪的弯曲管道有规则地围绕并连接着这些高塔，使它们成为一个壮阔的整体。阳光照射着这个充满着浓郁现代化气息的巨型装置，使它显得格外的壮观而神秘。

这就是陈肖虎领衔、贵州大学以工程总承包方式建成的世界上第一套磷矿伴生碘回收工业化装置。

陈肖虎给瓮福做了4套具有年产百吨碘生产能力的装置。

陈肖虎教授后来在开磷集团又做了一套技术升级版的装置，一套就相当于瓮福的4套。尽管开阳磷矿中碘的含量比瓮福磷矿的低了很多，但装置处理总量大，回收总量是相同的，而生产成本却更低一些。

这套装置，只见钢梯围绕巨塔，层层直上云霄。站在高塔顶眺望，颇有一览众山小的气势！它更号称是世界上最大的碘回收装置！

当到访的外国专家们见到磷化工厂里正源源不断析出的紫色锃亮碘晶体时，无不瞠目结舌，竖起拇指！

《中国科技成果》杂志2011年1月号上的文章，从展示"中国科技成果"的专业角度，报道了关于陈肖虎团队成功实现"磷矿伴生碘资源回收新技术产业化"的消息。这篇报道，完整地叙述了陈肖虎教授团队的磷伴生碘回收技术研究实现工业化生产的全过程。报道十分规范，是一篇平实清楚的报道。但它平实的叙述下，所展示出来的"磷矿伴生碘资源回收新技术"实现"产业化"的过程，却颇有些不平凡，仔细阅读，竟然会读出些许起伏跌宕的艰辛感觉来，原文全录如下：

磷矿伴生碘资源回收新技术产业化

主要完成单位：贵州大学　瓮福（集团）有限责任公司

主要完成人：陈肖虎　何浩明　王江平　杨三可　解　田　刘　辉

金会心　王景峰　黄　进

DOI：10.3772/j.issn.1009—5659.2011.01.043

碘是世界稀缺资源。过去，世界上被应用于工业化生产碘的碘矿物资源只有智利硝石，其他国家主要使用海带洗水和地下卤水提碘。世界碘工业的年总产量也不过2~3万吨。

工业磷矿主要为海相沉积矿。在漫长的古生物沉积成矿过程中必然也伴随富含碘的古海藻类植物的沉积。磷矿伴生碘一般为30ppm左右，品位极低但总储量大。

碘工业生产大都采用氧化还原工艺。碘的氧化反应速度与碘浓度相关，原料中碘的浓度越低，碘的氧化反应速度越小。世界碘工业生产原料品位大都在300ppm左右，极低品位的碘资源回收利用过去一直是个世界性难题。

贵州大学材料与冶金学院陈肖虎教授研究发现，在特定的催化氧化条件下，碘的氧化反应呈现"零级反应"特征：$V=kC0=k$，即此时碘的催化氧化反应与液中碘的浓度无关。这一发现为开展极低品位碘资源的工业化回收新技术研究奠定了重要的理论基础。2000年—2004年，在极为艰苦的研究条件下，陈肖虎教授利用该理论指导，完成了磷矿伴生极低品位碘资源的回收实验室研究和扩大实验室研究：形成和完善了碘的催化氧化萃取工艺，并集成还原、吸收、净化、结晶和干燥工艺，最终获得成套的磷矿伴生碘资源回收新技术。该项技术受到贵州大学和瓮福(集团)有限责任公司领导的高度重视。2004年—2007年校企合作在瓮福(集团)有限责任公司磷肥厂先后完成了磷矿伴生碘资源回收新技术的中试和中试转产半工业化试验。新工艺充分利用磷肥生产工艺流程对矿石的"免费细磨处理"，因而大大降低了碘的回收成本。用该技术以磷矿伴生极低品位碘资源(含碘为：50mg/L)为原料生产碘的成本比现有碘工业以富碘海产品洗水(含碘为：300mg/L)为原料生产碘的生产成本还要低30％。该项研究成果为该项目工业化创造了必备条件。

在瓮福(集团)有限责任公司磷肥厂一期和二期50t/a碘回收工程建设中，陈肖虎教授担任项目工程建设总承包负责人。从工程总图设计到工人操作规程制定，从设备制作安装到调试运行，他始终身先士卒。2007年仅用不到4个月的时间，就在该磷肥厂自行设计、制作，完成了一期50t/a碘回收工程建设。2009年又完成了二期50t/a碘回收工程建设。该工程现已达到设计产能，改变了世界碘工业的原料格局，使过去被废弃的、在磷肥生产中耗散并污染环境的伴生碘资源成为人类的财富。该研究成果已为瓮福(集团)有限责任公司新增了一个储量万吨级的、按现有市场价计算价值110多亿元的大型碘矿资源的矿山，使过去极度缺碘的贵州"一夜之间"成为我国的碘资源大省和化工工业重要的原料碘的生产大省，使我国碘的工业产量翻了一番。

全球已查明的磷矿总储量约为500亿吨。按磷矿伴生碘的平均品位30ppm计，成果的实施等于为人类贡献了一个约150万吨的新的碘的矿物资源。按现有世界碘、工业碘的总产量约2~3万吨计，新的碘的矿物资源可供人类使用约50~70年。

碘的下游产业链，高附加值碘产品的开发，每年将产生数亿乃至数十亿元效益，有望成为贵州省化工、医药行业新的经济增长点。项目具有完全自主知识产权，已获发明专利6项(ZL 200810302681.1 | ZL 200810302351.2; ZL 200810302361.6等)，实用新型专利3项(ZL 200820301317.9; ZL200820301319.8{ZL 200820301318.3)，EI收录论文2篇。技术水平国际领先。

从此，在瓮福集团的简介中，年产100吨碘，便成为正式的内容。

在瓮福技术中心制作的《瓮福集团情况简介》的课件中，所展示的7个"重大装置"的图片，其中便有"全球首套磷矿伴生碘资源回收利用装置"，并且年产也上升到250吨。

至此，此项技术的总体科研过程和重大意义，应该是十分清楚的了。但我们还是忍不住想重复强调《中国科技成果》这篇文章中的几句话：

"该技术以磷矿伴生极低品位碘资源(含碘为：50mg/L)为原料生产碘的成本比现有碘工业以富碘海产品洗水(含碘为：300mg/L)为原料生产碘的生产成本还要低30％"；"该工程现已达到设计产能。改变了世界碘工业的原料格局"；"碘是世界稀缺资源"；"成果的实施等于为人类贡献了一个约150万吨的新的碘的矿物资源。按现有世界碘、工业碘的总产量约2~3万吨计，新的碘的矿物资源可供人类使用约50~70年"！

这一技术的成功使我国成为世界上第一个从磷矿中工业化回收碘的国家，我国碘的总产量因此翻了两番。

中国成为世界碘资源大国，从"碘缺乏"到"碘富足"，不再受制于其他国家！

我们能够不激动，能够不震撼吗？！

《科技日报》2015年8月5日头版从另一个角度也报道了这一成果："贵州大学碘资源回收技术卖了400万，技术购买方每年可新增产值5000万元。"这既是陈肖虎对母校的回馈，也是对国家工业的贡献。

当陈肖虎说到这项成果的时候，虽然眼里难免带着些许自豪的神情，但给人的感觉却是平静中带着一种深远的思绪。他说："其实，在做这件事的时候，我没有想太多，这仅仅是我自己在科研上的一种追求吧。正如我上课时，给学生强调的：局限于纯理论研究和实验室研究的科研，是难以完成引领工业发展大任的。

"'科研要讲性价比'是我的座右铭。我认为，再好的科研项目，如果最终不能实现工业化生产，就是一种遗憾。"

陈肖虎是二十世纪五六十年代成长起来的人，所以他很喜欢奥斯特洛夫斯基的小说《钢铁是怎样炼成的》。这部传记小说中，有一段风靡一时的话："一个人的一生应该是这样度过的：当他回首往事的时候，他不会因为虚度年华而悔恨，也不会因为碌碌无为而羞耻。"

这段话也成了陈肖虎的内心道白：作为一个能以自己的科研成果服务社会、报效国家的实用型科学家，他的研发，为人类社会的发展做出了实实在在的科学贡献。陈肖虎的确可以自豪地说，他的一生，没有虚度！

找寻两个"蓬莱"的启示

"学习与读书""泛读与精读"，也许在我们这些搞文科教学的教授们看来，那是文科学生们的需要。

然而，陈肖虎教授是一位工科二级教授，他给学生上课，却最爱强调"学习与读书"，强调"泛读和精读"的学习方法。

他常常用他的电子激光笔指着电子屏幕上的App说："看书的方法是很重要的，在现在这个知识爆炸的年代，泛读与精读的取舍，读书兴趣的培养，都是我们的讲课要点。你们记住，到了真要做出一些具体研究的时候，这些方法是很受用的。我们学冶金的，学化工的，要想学好专业知识，不去细读《化工百科全书》这一类的大部头工具书，你怎么知道关于我们的专业，原来里面有那么宽广的知识天地，有那么浩瀚的知识海洋。你遨游在这片天地和海洋中，你的科学眼界会大开，你的科研灵感会突然涌现。"

陈肖虎强调说："我的项目实验成功的前期，就是建立在大量的文献和资料阅读基础上的。我喜欢分析这些书里面的案例，前人成功的奥秘、不能被产业化实施的原因……在做实验时，我会把冶金专业成功案例的有关做法在化工项目中'嫁接'起来。事实上，我的方法就是博采众长的成熟工艺。而任何好的工艺都有它的应用局限。我把这些问题都搞清楚后，进行综合分析，借鉴成功经验，排除技术缺陷。有了这样的基础，所以我的项目基本是做一个成功一个。"

"我一本本地读，很多方法、技巧和人家的成败经验，就这样在这些阅读中积累起来，在进行科研实验的时候，就会突然找到破解的路径和方法。碘回收的创新灵感，就是这样来的。"

听陈肖虎教授谈他的读书心得，你会豁然开朗，原来"长期积累，偶然得之"，原来"厚积薄发"，并不是文科和文学的专利。

"创新从哪里来，那就是综合、总结、分析了人家的方法、技巧和经验，重新排列组合、创新创造出能够解决新问题的新方法新技术""比如：做磷矿伴生碘回收时的'吹出法'，我就是在这些书里面看到的，然后经过反复的实验分析，根据实际情况，才创造出了与前人的方法都不同的'吹出和吸收'的新工艺。克服了过去成本高、工艺复杂的弊病，磷矿伴生碘回收的工业化生产才得以实现。"

陈肖虎谈读书与运用，一席话就阐述完了。但这个行为却是长期的和复杂的，这里会有很多故事，有时这些故事还很有趣。

找寻"蓬莱"，就是这样的一个故事。

蓬莱的故事并不是关于碘回收唯一的故事，但是这个故事却很好地诠释了陈肖虎的科研精神。

"读万卷书，行万里路"，董其昌的话，人尽皆知，大家也许觉得那是关于文学的话题。但是，我们了解了陈肖虎的科研，才知道董其昌这句话的伟大之处，在于囊括了关于科学、文学和艺术所有领域的行为精神！

陈肖虎的科研，既不是只在书斋里面发生，也不仅仅在实验室里发生。陈肖虎的科研就是在"读万卷书，行万里路"的过程中进行的。

这一天，陈肖虎经过一天的实验，晚餐后，他又沉浸在书山的跋涉探索中。

当大家还在习惯于阅读纸质书籍时，陈肖虎已经是电子图书"超星图书馆"里的常客。那时候，在人们大都还在使用"286""386"计算机，陈肖虎已经用上了"486"了。忽然，一则并不起眼的资料引起他心脏的一跳：蓬莱盐厂，碘回收，吹出法……

陈肖虎顿时眼冒金光，"吹出法"正是陈肖虎在磷矿伴生碘资源回收研究中采用的方法，尽管自己使用的原料与蓬莱盐厂的原料完全是两种形态，碘品位也比蓬莱盐厂的低得太多，但能不能从他们的"吹出法"中受到一些启发呢？

陈肖虎坐不住了！

第二天一早，陈肖虎就赶上了去山东的绿皮火车（这也是当时人们长途旅行采用的常用方式），日夜兼程赶路赶了30多小时，下了火车，陈肖虎又登上了去青岛王庄的巴士。到了地方，陈肖虎直接找到有关部门，说明来意。听了他的要求后，接待人员很热情地帮忙查找有关资料，但查遍整个山东省，也找不到一个叫"蓬莱盐厂"的，做碘回收的企业也只查到一个从海带中回收碘的，叫"海上明月"的盐厂。

既来之，则安之！来都来了，只要是做碘回收，"海上明月"盐厂也罢，"蓬莱盐厂"也罢，总之是去一趟没有错。"海上明月"盐厂倒也爽快，没有拒绝陈肖虎的考察要求，带他参观了他们的碘回收车间。"海上明月"盐厂从海带中提取碘，采用离子交换法，海带水碘浓度达到500ppm（0.05%），回收后，排出的尾液含碘也还有50ppm（0.005%）；而磷矿伴生碘的含量最高也只有76ppm，到了稀磷酸中，一般只有30~50ppm。陈肖虎要做的，是极低品位碘资源的回收工艺，而"海上明月"做的是高品位富含碘的回收工艺。显然，他们的经验不适合借鉴。而且，在陈肖虎看来，他们的回收工艺成本偏高，也不符合他"性价比"的科研工业化生产理念。

本着"读万卷书，行万里路"的精神，从贵州到山东，陈肖虎算是穿越了大半个中国，此行并没有达到他的目的。但他觉得，从他所看的资料内容来分析，文献提供的信息是真实的。陈肖虎没有灰心！返回贵阳的火车票买不到，陈肖虎在心里泛起一丝尴尬的苦笑。

山东好汉，果然很讲义气，不仅帮买了一张到成都的卧铺票（当时山东回贵阳，是需要从成都转车的），还告诉陈肖虎一个振奋人心的好消息："蜀中有蓬莱。"原来叫"蓬莱"的地方不仅只是山东的"专利"，在我国西部的四川盆地，也有一个地方叫"蓬莱"！

坐在去往成都的绿皮火车上，陈肖虎一直在想，要实现低成本高产出，就必须在"V=kC0=k"上做文章（见前面《中国科技成果》2011年1月号《磷矿伴生碘资源回收新技术产业化》）！在该理论创新的基础上创造出一套全新的碘回收技术。

一天一夜的车程劳顿，陈肖虎来到了天府之国第一城——成都，这是个世界宜居城市。

陈肖虎本是个热爱生活的人，到了成都，哪有不蹲茶馆的道理！重要的是，茶馆是个信息汇聚的地方。于是，陈肖虎就直奔茶馆，泡上一壶峨眉雪芽，有模有样地品起了这香喷喷的川中名茶。在生活中，陈肖虎也算是个"侃客"，无论商贩工人，还是教授研究员，不用三分钟，他便能兴致勃勃地开启"神聊模式"，在四川，就叫"摆龙门阵"。在成都，进茶馆的，又有几个是不爱摆龙门阵的？要不了多久，陈肖虎就得到了他极想知道的信息。

"这位老师，你想晓得四川的蓬莱唛，这个你就来对喽。我们四川，是有个蓬莱啥，你怕他们山东才有唛！"

"对对对，我们四川这个蓬莱嘛，就在遂宁咯！"

"踏破铁鞋无觅处，得来全不费工夫"，陈肖虎在心里大笑了一声，"这壶茶钱，值了！"

陈肖虎买了张绿皮火车的站票（座票已售完）直奔遂宁。

到了当地，一切都明白。遂宁市果然有一个蓬莱，不过山东的蓬莱是个县，而四川的蓬莱是个镇；然而，这蓬莱盐厂，却还不在蓬莱镇！

蓬莱盐厂，位于大英县，果然在做碘回收！

蓬莱盐厂是从地下盐卤水中回收碘，采用的是传统"吹出法"，原料卤水含碘300ppm，吹出后的尾液含碘50ppm。尽管盐卤水与磷矿是不同的资源形态，但他们采用的"吹出法"，对自己的回收工艺还是具有一定的启发性。地下盐卤水属于世界常见的碘回收资源，生产工艺成熟，回收装置也不具备保密性。陈肖虎想收集一下他们的资料。对方提出需要1万块的资料购买费，这个价格在当时来说虽然偏高，但陈肖虎爽快地回答："就1万，成交！"但到了双方交易时，对方忽然反悔了。此时陈肖虎已经参观过他们的车间和生产流程，以他的专业水平，对他们的生产工艺原理和设计已经了然于心，见他们反悔，他完全能够理解他们的行为。将心比心，如果换成自己是对方，自己也未必能够答应。他没有强求，在他离开盐厂时，他反而一再对蓬莱盐厂的领导表示了由衷的感谢。

陈肖虎说，虽然为了考察蓬莱盐厂，他从西跑到东，又从东跑到西，多走了3000公里，无论是山东蓬莱县的"海上明月"盐厂，还是蜀中大英县的"蓬莱盐厂"，在面对一个有可能"抢他们饭碗"的同行时，他们都仍然毫无保留地带他考察他们的车间和装置，介绍他们的工艺和技术。这两趟行程，让他知道，在中国，有很多同行在期待着中国碘工业的发展和壮大。大家都是在做同样的事业，因此他更明白，自己的科研有多么重要的意义，有多么重大的价值。

陈肖虎虽然没有从蓬莱盐厂拿到资料，但他心里还是充满了感激。从后来的科研发展来看，没有拿到资料，未尝不是件"好事"。因为好多年后，他才明白，他所实施的从磷酸中吹出碘的工艺，和传统地下盐卤水碘吹出工艺，在吹出方法和提取装置结构方面，是完全不同的！这也是他的工艺创新特点：吹出尾液中几乎不含碘的技术诀窍。这已是后话了。

陈肖虎还给我们讲了很多的故事，这些故事有喜悦，也有心酸；有善意，也有刁难；有的故事可以写成浪漫小说，有的故事也可以写成黑色幽默。陈肖虎说，山东蓬莱与蜀中蓬莱的误会，虽然过程跌宕，却展示了人性的美好。情节也许比较平淡，但这个故事，展现了同行们为了中国的碘工业生产、碘回收，大家都在默默地做着自己的事业，贡献着自己的力量，哪怕自己在中国的碘生产事业中名不见经传。因此，找寻"蓬莱"，是他最愿意公之于世的一段经历。

从代课教师到二级教授的浪漫人生路

代课教师考大学

陈肖虎幽默风趣，说话满口的贵阳腔。其实，他的父母却是来自江南天堂之地，吴侬软语之乡。不过，他的上辈属于过去时代有点文化的人，为了谋生，所从事的职业与旧时代有着千丝万缕无法说清的关系。在那个历史年代，来到这大西南的云贵高原，是被遣送接受"改造"而来。

陈肖虎说到这些背景的时候，并没有沮丧和颓气，而是很阳光地打了几个哈哈："虽说我的老家在江南，但我更认可贵州，我3岁就到贵阳了，是贵州这片山水养育了我，能够拥有今天的一切，作为贵州人，挺好！"

陈肖虎生性豁达，谈到生活，总充满幽默感，而这种幽默感，代表着他永远积极乐观的生活态度。

陈肖虎属于那个著名的历史年代。1971年他初中尚未读完，便遭遇了"上山下乡"，后来又到一个农村中学读了个高中班，学了点知识。说是"高中"，其实当时最多也就只教了点高一的内容，其后，留在该中学做代课老师兼食堂采购。说到这里，陈肖虎又是哈哈一笑："别看我的学历低，但是，在代课的学校里，我还是一个挺不错的老师呢，学生挺喜欢我，不知是不是因为我长得帅，哈哈！"

陈肖虎敢于直面困难，但他不喜欢在别人面前"晒"困难。

凡是经历"文革"的那一代人，都明白一个道理，他们对于知识的渴望，恐怕是其他人难以想象的，因为他们曾经失去了整整10年的宝贵青春和学习时光。陈肖虎当然也不例外，他越是有机会做了代课教师，就对知识有着越强烈的渴求。

什么叫春雷？1977年，从北京传来了"恢复高考"的消息，对于失去受教育机会已久的学子来说，那真正是一声春雷！这声春雷，不但令所有重获机会的学子欢欣鼓舞，也让所有的家长喜极而泣。

面对知识，陈肖虎没有望而生畏，也没有停下追求知识的脚步，当时之所以选择代课老师这样一个行当来做，其主要想法就是不让自己忘却和远离了知识。

怀揣着决心和信心，陈肖虎向学校递交了参加高考的申请——参加高考，还必须经过"审批"的程序。而所谓"审批"，其实主要是"政审"，而所谓"政审"，其实就是"家庭出身"审核。如果具体地以陈肖虎来说，就是因为陈肖虎父母的历史身份，学校就没有同意陈肖虎参加高考。而陈肖虎参加考试的目的只有一个，就是获得学习知识的机会，获得提高文化修养的机会，所以，陈肖虎想，不让考大学，那就报考中专吧。但报考中专，陈肖虎仍然没有获得"批准"。

陈肖虎就这样与1977年的高考擦肩而过。

陈肖虎所认识的同学、同地知青、学校同事，陆陆续续地收到了大学和中专的录取通知书。陈肖虎羡慕的同时，也获得了一个自信的认知："哈哈！他们都能考上，只要给我机会，我也一定能考上！"

没有被批准参加1977年高考和中考的陈肖虎，既没有沮丧，也没有自暴自弃，他反而更加积极地认真复习，准备迎接1978年的考试。

能不能参加高考，陈肖虎不能左右政策，但做不做好高考的准备，则是自己能做的事，也是必须做好的事！用北方人的话来说，这叫不蒸馒头争口气！

1977年的高考，是分省考试；1978年的高考，则是"文革"后的第一次全国统一考试。而1978年，国家进一步地放开限制，以"出身"和血统为标准的不良风气逐渐在转变。1977年被排除在高考外的那一批人，将会参加考试，1977年被剥夺录取资格的那一批人，也将获得录取的机会，1978年的高考具有更大的挑战性。

陈肖虎抽空到贵工为应届高考生们组织的补习班旁听。辅导他们数理化的老师，是贵州工学院化工系的一位老师。贵州工学院，就此深深地印刻在他的脑海中。后来，陈肖虎以优秀的成绩圆了自己的大学梦，他报考的学校正是贵州工学院。1987年，陈肖虎又以贵工首届冶金专业研究生的优秀成绩留校任教，1996年，贵州工学院改名为贵州工业大学。直到后来贵州工业大学与原贵州大学合并组建国家重点大学"贵州大学"，陈肖虎成为贵州大学材料与冶金学院的二级教授，博士生导师。

1978年的高考，陈肖虎考了理科309分。

理科309分，在当时是怎么样的一个概念呢？说一个实际情况就明白了：当时只考数理化和语文与政治5门，每门100分，总分满分只有500分。理科260多分就有被省外重点大学录取的资格。

能够上大学就是一种意外之喜，不敢有更高的奢望，所以他只敢报考省内高校（相当于现在的"二本"），而贵州工学院冶金专业就是他的首选。有趣的是，当年贵州工学院冶金系招生时，第一个录取的学生，也是陈肖虎。

在陈肖虎的心目中，贵州工学院就是一个神圣的高等学府，能够进贵工学习，在他的人生经历中，已经是一个了不起的里程碑。当然，他的人生经历也说明了，贵工和后来的贵大对于他来说，果然是一个成就他的神圣学府。

随着恢复高考后的研究生招考的开始，已经在贵州科学院冶金化工研究室上班的陈肖虎又开始了他新的学习征程。他回忆说："和许多同龄人一样，在漫长的人生路上，我也有过浮躁和急功近利。大学毕业，工作后的我曾开办过夜校，半年不到就挣了四五千块钱，这在八十年代可算是一笔不小的财富呀。我们那个时候一个月的工资是多少？五十多块！相当于我半年就赚了别人十年的工资。不过钱拿在手里沉甸甸，心里空荡荡，总觉得这不是自己想追求的东西。'不为利禄牵，方行考研路。'我果断关了夜校，一心报考冶金专业硕士研究生。"

既聪明又勤奋的陈肖虎很快成为贵工冶金系第一届，也是当时贵工冶金专业唯一的研究生。那时贵工冶金专业还没有硕士学位授予权，陈肖虎在贵工完成毕业答辩后，又跨省去湖南中南大学（当时叫中南矿冶学院）进行学位答辩，也就是说，陈肖虎在贵工读取研究生，在中南大学拿取硕士学位，而且是以优秀的成绩取得学位证书。正因为成绩优秀，陈肖虎被贵工留校任教，成为一名大学教师。在陈肖虎的教学科研都逐渐展示出他的天才、取得一系列令人瞩目的成就时，2004年，已过不惑之年而趋于知天命的陈肖虎教授又考取了昆明理工大学的博士生。

当问到陈肖虎教授为什么不惑之年还要去读博时，陈肖虎教授难得那么严肃地说："是的，在科研和教学的道路上，我都取得了一定的成绩，在实践中，自己也掌握了一些科研的技巧和方法。但是，我知道学无止境，这时的贵州大学即将成为211工程大学，要进一步地深化教学和科研，要站在更高的平台去认识和总结自己已经取得的科研成果，争取更上一层楼，那么，让自己的理论修养提高到一个更新的层次，是很重要的。"

陈肖虎说："我也经常这样教育我的学生，该学习的时候就要去学习，该进修的时候就要去进修，能拿学位的时候就要去拿学位，这也是人生的一种积淀，一种精神，有了这种精神，才能做好研究、做出有价值的研究来。"

同为博士考生，恐怕很难有老师敢说一定能够考得过学生。而陈肖虎不但鼓励学生考研考博，提高学历，自己也亲自参加考博，这种对于"人生的积淀和精神"的追求，不能不令人钦佩感服。

由中学代课教师到博士生导师和二级教授，陈肖虎实现的并不是华丽转身，而是在山路上曲曲折折，一步一步地跋涉攀登，方才达到了顶峰。

借用陈肖虎的专业术语来说，陈肖虎的科研，正是在这种求学攻关的"萃炼"中，最终得以实现了辉煌的"回收"！

浪漫人生陈肖虎

1978年11月，贵州工学院的迎新大巴，从蔡家关石壁上凿出来的盘山公路入口驶进校园，一个知识和科学的神圣殿堂展现在所有新生的前方。

贵州工学院，树木葱茏，山石隐现，溪水淙淙流淌，漫过石滩。一座美丽的大学校园，适宜学习，适宜漫步，也适宜恋爱。总之，这是一个能够放飞美丽青春的好地方。

从此，贵州工学院校园，多了一个1米8的矫健身影，颀长英俊，读起书来专心致志，待人处事潇洒自得、热血心肠。这就是贵州工学院冶金系78级的班长陈肖虎了。

陈肖虎回忆那段学习时光，深有感触地说："那个时候是'文化大革命'结束的第二年，大家对于知识有种近乎狂热的渴求，所有考上大学的同学都非常刻苦认真，学习劲头很大。我记得在第一个学年里，我们班上大多数同学每天在教室学习的时间平均有13个小时，也就是说除了吃饭、睡午觉和少量的体育活动外，基本上就是在教室（或图书馆）学习。就连走在路上也是在背单词，考试更是'每分必争、你追我赶'。我综合考试成绩一直处于全班级第一，但还是不敢放松，因为大家都把我当成目标铆着劲追赶。这种学习氛围真的很好，大家一起努力，共同进步，所以我们那时候学的知识很扎实，学有所成的人也很多。

"现在想想，也很庆幸当时选对了自己想学的专业。要想做好一件事情，兴趣爱好也是一个很重要的因素，你只有对一个东西感兴趣，才会不知疲倦地去探索研究，去挖掘与享受，最后才能做出成绩。"

很快，陈肖虎就成为一个老师喜欢、同学喜爱、女生心仪的优秀大学生。在运动场上，他身影活跃；在集会场所，他舌灿莲花。他以优异的成绩和良好的表现，年年获得"三好学生"的奖励，他以出色的活动能力，被推选为校学生会文艺部长。

以如今陈肖虎获得的硕果累累的科研成果来看，说他在大学期间是"三好学生"，你会觉得理所当然。但你看见他在省政府的科技颁奖台上，那穿西装打领带、文质彬彬风度翩翩的形象，你难以想象，这是大学学生会的文艺部长？他难道不应该是学习部长吗？

陈肖虎也哈哈一笑："说起来，我在班上的成绩的确是名列前茅。但那时，我也是一个吹拉弹唱、文武俱全的大帅哥啊，手风琴、小提琴、象棋、围棋我都很在行，学生文艺演出时，我的手风琴独奏还在学校拿过奖！你们想，一个大帅哥的形象，该是学习部长呢还是文艺部长呢？不管你们信不信，反正我觉得应该是文艺部长！"

大家都哈哈大笑起来！

陈肖虎对他的恋爱，很是有些自豪骄傲，他颇有些自鸣得意地说："因为自己长得帅嘛，人家就给我介绍了遵义医学院的一位女生。说起来，正好她是77级的，我是78级的，这才是缘分嘛！"

陈肖虎笑说："为什么说'正好'她是77级而我是78级，这里是有道理的，因为她是医学院的学生啊，医学院是要学5年啊，这样，她不是就等到和我一起毕业了吗！我正好宣称，我们都是82届的大学毕业生嘛！哈哈！"

说到这里，陈肖虎忽然压低声音，像一个小年轻一样，神神秘秘地说："告诉你们，这个医学院的女生，还是个当时的高干子女呢。知道人家后来做了什么吗？中铁五局中心医院院长呢！虽说我什么官也不是，结果还是我捡到便宜了啦。哈哈！"

我们开玩笑说，怪不得为了参观一个车间，你能从贵阳跑到山东，又从山东跑到成都、跑回贵阳。这个跑路精神是从"蔡家关"跑到"茅草铺"——贵州工学院和遵义医学院地址——多年跑路操练出来的吧。陈肖虎哈哈一笑说，有道理有道理。

陈肖虎本科毕业后被分配到贵州科学院工作，1984年考上贵州工学院的研究生，1987年以优秀成绩取得中南大学硕士学位，毕业后学校留他在学校任教，成为一名高校教师。他又是笑了说："知道我为什么同意留校任教？'大学老师'嘛，说起多光荣嘛，嘿嘿，给人家医学院的妹子争个面子啥，人家始终是个高干子女嘛！"陈肖虎的研究生分配留校的"面子说"，好像还是很合情理的撒！

这个陈肖虎，还真是个浪漫的有趣人儿！

仔细一琢磨，其实陈肖虎的科研，就充满了"浪漫"色彩。他的"磷矿伴生碘回收"，是在"游山玩水"的磷矿采样过程中，看见了"紫烟萦绕"而产生的灵感；他找到大英的蓬莱盐厂，是在成都的茶馆中"摆龙门阵"打听来的；他为了赶时间，身为教授，去爬火车；为了节约时间，他从停在铁轨上的火车底下钻过去；挂烂了衣服，他说，"旧的不去，新的不来"。

只要你接触陈肖虎，你就会觉得，这个二级教授、博导，在专业上，他一丝不苟，追求"科研性价比"，追求"科研实现工业化生产"，的确是一个严谨的科学家；而在生活中，他幽默风趣，豪爽潇洒，喜交朋友，倒是具有些许文人的浪漫气质。

我的科研就是追求工业化产品

倡导反向思维方式

陈肖虎还喜欢说一句话："我的科研思维经常是反向思维！"

其实，这是陈肖虎科研成功的一种可贵的思维方法，其实质就是要善于发现事物的独特性质，独有规律，从众多的现象中发现并抓住事物的特有规律，才能找到正确和准确的解决方法。

陈肖虎刚开始做碘回收的项目时，化工系的老教授们就告诉他，其实很多人早就在尝试着从磷矿中提取碘，但大家用的都是传统的萃取法，经过反复的萃取、浓缩、富集，最后留下的物质达到99%的碘含量。

这个数据听起来很惊人，但具有"反向思维"的陈肖虎却没有被数据牵着鼻子走：这么完美的科研数据，为什么至今还不能产业化？他用他的"性价比"观点来作为思考前提，直接就可以算出来，这种萃取的方法在"科研数据"上看起来十分漂亮，纵然可以用来写出档次很高的文章，但运用在实际生产中，则成本太高。从工业化生产的角度来说，产生不了价值，因此企业不会采用。企业不采用的科研成果，算什么科研成果呢？

所以，陈肖虎经过大量的资料汇集分析和反复实验，从而发现了打破常规浓缩回收的途径和方法的新技术。这就是反其道而行之！用空气去"吹出"磷酸中的碘，看起来是碘被空气稀释了，但空气中的碘是极其容易被二氧化硫吸收的，反而容易被回收回来。也就是说，他不是通过反复的浓缩萃取富集，获取可用的碘物质，而是采用一种新的方法，先用数十倍的空气去"稀释"（吹出）碘，再吸收富集碘。当然，说起来简单，要实现这一工艺，必然需要坚持不懈地反复地科学实验，才能找出最佳的技术方法。但如果没有陈肖虎所说的"反向思维"法作为前提，将浓缩改为稀释，总是按照既有工艺技术方向去摸索，便很难找到经济有效的方法。

因此，陈肖虎的科研精神正是目前国内科研界所倡导的精神，他的科研思维正是他以实现工业化生产为目标，追求"性价比"的科研精神和思维方法。

陈肖虎说："这就是我的科研，直接走工业化的科研道路，通过实验直接用于生产。与那些'传统科研'是完全不同的路子，他们的做法是等人家在生产中做出产品，自己根据人家的工业化成果写论文，就算完成一项科研了。简而言之，我的科研是追求工业化产品，而'传统科研'的做法只是追求科研数据。"

我的科研是追求工业化产品，而"传统科研"只是追求科研数据！

多么振聋发聩！

我们多么需要陈肖虎这样的科学家啊！

磷酸盐：浓缩与提取，萃取与结晶

做了"磷矿伴生碘回收"项目的陈肖虎，似乎与磷结下了不解之缘，说到磷，陈肖虎就有讲不完的话题："我国的磷矿是世界上最好的，好多磷化工企业都来找我做项目。"

陈肖虎与开磷集团合作完成的"湿法磷酸直接制备磷酸二氢钾"项目，就是一个这样的项目。

陈肖虎脸上露出一丝意味深长的笑意说："我和开磷做的这个项目，仍然是反向思维。"

陈肖虎做的项目，专业性都比较强，比如这些个项目，先看标题："湿法磷酸梯级高效利用""制备磷酸二氢钾联产某某专用肥的方法"，如果你不是专业人员的话，一定觉得很有隔膜，觉得似是而非，似懂非懂。而项目的文字说明更是"看上去字都认得，但是到底说了些什么却完全不晓得"，比如这段文字："湿法磷酸是一个复杂稳定体，湿法磷酸净化是一直困扰着磷化工行业发展的世界难题。国内外在这方面研究大都采用'去除湿法磷酸中杂质，先获取净化磷酸，再用净化磷酸合成水溶性肥'。目前代表世界最先进的湿法磷酸净化工艺，采用有机剂萃取净化手段。处理成本非常高，使用有机溶剂还会造成新的环境污染。而本项目提出的从湿法磷酸中提取磷酸盐、用磷酸盐合成水溶性肥的工艺路线，为企业所采纳，通过精确控制磷酸盐结晶工艺参数，制取结构致密的大晶体磷酸盐，纯度满足水溶性肥生产要求，成本低；含杂质尾液中还含有大量磷酸，通过改性，用于合成（缓控释）复合肥。实现了湿法磷酸的'梯级高效利用'。"

陈肖虎说：

"磷矿石主要成分是磷酸钙，加硫酸浸出（这个过程在磷化工厂叫'萃取'），就得到磷酸和磷石膏（硫酸钙）；磷酸再与氨反应，就得到复合化肥磷铵。作为大宗化肥，磷铵施到土里会分解，分解出的磷只有20%左右能被植物吸收。多余的磷，流失并污染环境；多余的磷会和土壤中的钙反应，重新生成不溶性的磷酸钙，就使得土壤板结。这个问题必须要解决。

大宗化肥磷铵的植物吸收率只有20%左右！而磷酸二氢钾、水溶性肥的植物吸收率却高达99%。如果磷化工厂生产出的磷酸全部用于生产磷酸二氢钾或水溶性肥，而不是现在的磷铵，那么，困扰我们磷化工厂的磷石膏污染等一系列问题都将迎刃而解。

开磷集团出经费，让我来搞这个项目。

现代农业对水溶性肥、磷酸二氢钾的纯度要求很高，主要还是防止杂质沉淀堵塞施肥管道。一般的做法是将磷矿石炼成黄磷，再用黄磷来做磷酸，进而做成磷酸二氢钾、水溶性肥。所以生产成本很高。

湿法磷酸中的杂质含量高，极难去除。湿法磷酸的净化一直是相关领域的研究热点，也是一个世界性难题。于是，就有了以色列用有机物萃取湿法磷酸，制备净化磷酸的工艺。有了净化磷酸，再去做水溶性肥、磷酸二氢钾就顺理成章了。但从美国进口这样的一套设备装置，要5亿美金；以色列仅出售工艺包，也要8000万美金；技术要价不低，净化磷酸的生产成本也高，每吨增加1000元左右，有机萃取剂的使用还会污染环境。

我在开磷来做这个项目，目的是要降低磷酸二氢钾的成本。

沉淀分离，是去除溶液中杂质的最经济有效和节能环保的方法。通过资料查阅和系列实验，我们得到的结论同样是：‘湿法磷酸中杂质极难去除干净’。

用沉淀分离方法去除湿法磷酸中的杂质，几乎是不可能得到合格的净化磷酸的。那么，还有什么廉价的、性价比高的方法呢？

我的科研思维，当然仍然是采用反向思维！

我想，海盐的制作是从海水里直接结晶而成，而这个结晶可以做得很纯。根据这一个原理，我心里豁然开朗，为什么非要被传统工艺的"净化"束缚住思维呢？为什么不能尝试一下从湿法磷酸里面沉淀分离出磷酸盐，而将杂质和部分磷酸留在尾液中呢？

净化和提取，就是两个思维方向，一个是把湿法磷酸中的杂质清除出去，一个是把湿法磷酸中的磷酸提取出来，而过去的工艺已经说明，清除杂质的净化工艺过程复杂，成本高。而后者，采用磷酸盐结晶沉淀工艺，将磷酸以磷酸盐的形式提取出来，我们就可以简化生产流程，降低成本。

简而言之，我的思路就是，人家是浓缩，我是稀释；人家是从湿法磷酸中去除杂质，获取净化磷酸，我是从湿法磷酸中把磷酸提取出来。从湿法磷酸中获取净化磷酸，每吨成本至少增加1000元；而从湿法磷酸中提取磷酸盐，每吨成本仅需100元左右。成本优势明显。

最后要科普一下的知识：用纯度高的磷酸可以做出纯度高的磷酸二氢钾、水溶性肥；同样，用纯度高的磷酸盐，做出的磷酸二氢钾、水溶性肥，纯度也应该不差。"

经过多次实验，这个叫作"湿法磷酸直接生产磷酸二氢钾新工艺"以及"含磷酸二氢钾的各类专用肥、水溶性肥工艺技术"的项目很快就实现了工业化生产。项目获得了贵州科技进步二等奖及中国石油和化工联合会技术发明奖三等奖。

这项"磷酸二氢钾新工艺"技术针对每一种具体施肥对象，分解细化后，获得了90多项国家发明专利。看了这些专利，我们也了解到，一种真正增产增收的化肥，其具体制作方法原来是可以精确到每一种不同的栽培植物，比如专利号为"ZL2014104782648"的技术就被称为"一种制备磷酸二氢钾副产姜专用肥的生产方法"。

在陈肖虎的专利证书表单中，我们可以看到，这种具有国家专利证书号，称为"一种制备磷酸二氢钾副产（也有的叫'联产'）××专用肥的生产方法"的名单，除了"姜"以外，还有"菜豆、黄芩、山楂、韭黄、花生、白芍、菜花、粟米、桉树、大白菜、冬瓜、油桐、番茄、玉米、肉桂、高粱、杜仲、红豆、赤芍、枸杞"等几十种以上的植物品种，长长的名单真是令人叹为观止。怪不得"贵大新闻网"的记者要说："他已然成为名副其实的'专利等身'的专家。"

陈肖虎笑着说："奖不奖的、专利不专利的，其实无所谓。获奖只是说明，这个项目得到了认可；而专利的获得，是为了保护知识产权，维护合作企业的权益。"

说到获奖，陈肖虎的第一次获奖经历，也是个很有意思的事情，仔细推敲之下，似乎也带有一点"反向"的意思。

陈肖虎做科研，他的目的是为工业生产服务，能够做出产品，促进工厂企业的发展，同时也为学校争取一点收益，为自己的科研筹备一点经费。乐观潇洒的陈肖虎，从另一个角度来说，其实就是有点大大咧咧，在取得一系列成果的最开始，他并没有想到"评奖"的问题，在他的意识中，觉得那些东西"无所谓"。但成果多了，贡献大了，荣誉的问题就来了，要给予相应的荣誉，就要经过评委们评审的程序。

陈肖虎笑着说："成果虽然多，但都是实际成果，是工业化产品。评委们说，没有获得有关专业协会的奖励、政府奖励，是不合乎审批程序的'游戏规则'的。"

陈肖虎露出无奈的苦笑："那，我们就报个科技进步奖呗。"

于是，就申报了"磷矿伴生碘回收新技术产业化"科研项目，在这个项目中，

陈肖虎阐明了他的从理论发现到工艺创新:

"在特定的催化氧化条件下,碘的氧化反应呈现'零级反应'特征V=kC0=k,即:此时碘的催化氧化反应速度与碘浓度无关",这一发现,是一个理论上的突破和创新,"为开展极低品位碘资源的工业化回收新技术研究奠定了重要的理论基础"。

根据这一理论基础,陈肖虎在瓮福集团实现了"磷矿伴生碘回收"的工业化生产,制作出了"全球首套磷矿伴生碘资源回收利用装置"。

既有理论创新突破,又有实际的工业化生产装置设备,且影响具有"改变世界碘工业生产格局"的重大意义,成果价值突出。奖项报上,"万事都已具备,只待东风一吹"。2010年,陈肖虎获得了"贵州省科技进步一等奖"(排名第一)。顺理成章地,他也获得了相应的政府荣誉,得到大家的认可!

陈肖虎略有些幽默地说:"人家是因为获了奖,所以获得了各种荣誉,得到大家的认可;我是因为要想得到大家的认可,才去获奖。这是不是跟我的科研思维有点相像,又是一个'反向思维'?"

大家都哈哈大笑,深以为是。

陈肖虎又正色说,不过,科技奖的申报过程,对自己也是有很多好处的,这个过程可以迫使你去对自己的成果进行梳理总结,这样对于以后的科研能够起到一定的借鉴和启发的作用。

陈肖虎又开玩笑地说,这也算是科研人生路中的一种"回顾和反思"吧,你看,还是有个"反"字。

从2010年开始,陈肖虎陆续获得了"贵州省科技进步一等奖、二等奖""贵州省技术发明奖一等奖""贵州省最高科技奖"以及"中国专利奖优秀奖""贵州省专利金奖、银奖、优秀奖"等省内各种顶级科技奖项。

我们开玩笑说,陈教授差不多成了我们省里的科技获奖全能选手了!陈肖虎却说,这还不够啊!

望着陈肖虎那深邃的目光,我们能明白他心里在想什么,我们知道,他的追求不会停止!

低汞触媒:顺应国际大趋势

2011年初始,陈肖虎与贵州银星集团董事长赵应黔、陕西北元集团总经理王凤君，三双大手紧紧握在一起，他们达成了共同开发低汞触媒产品的合作协议。

这一握，就握出了一个顺应国际大趋势，具有重要历史意义的科研成果！我们可以将这个意义非凡的握手称为历史性握手。

为什么这样说？

这得从20世纪日本爆发的汞污染事件说起。

1932年，日本熊本县水俣市的窒素株式会社开厂生产聚氯乙烯，当时工艺是以乙炔和氯化氢在氯化汞催化下直接加成，废水中因此含有大量的汞。而这些废水却被肆无忌惮地排放到附近的海域中，最终随着鱼类食物进入沿海居民的饮食链中，灾难蓄积20多年开始爆发。当地4万居民中有1万人被殃及受害，其中1784人死亡。因此，汞污染中毒，就被称为"水俣病"。而灾害还在延续，1965年的日本、1970年的加拿大安大略、1982年的中国哈尔滨都发生了大规模的汞污染公害事故。

1988年11月7日—8日，"水俣病国际论坛"在日本熊本市召开，中国吉林医科大学水俣病研究专家潘云舟参加了本次论坛。

2003年，国家环保总局和日本环境省共同主办了"第二届中日水俣病环境问题研讨会"。

2009年召开的联合国环境规划署理事会会议上，各国同意启动政府间谈判，制定一项具有法律约束力的国际条约，降低各种来源的汞排放。此后4年间，政府间谈判委员会进行了4轮谈判。

2013年1月13日至18日在日内瓦召开的第五届，也是最后一届谈判委员会会议，147个成员国均派代表参加会议，充分表明了各国的重视程度。会议经过艰难磋商，最终于19日凌晨通过了有关限制和减少汞排放的《水俣公约》。

会议同意将该文书命名为《关于汞的水俣公约》，以纪念在20世纪50—60年代在日本水俣发生的汞污染事件，提醒各方对汞污染问题予以重视。

我国由环境保护部牵头，外交部、商务部、工信部、国家能源局、国家食品药品监督管理局、中国石化协会、清华大学、北京大学等单位组成的中国政府代表团参加了本次会议。

而在此之前的2010年6月，即2009年联合国环境规划署理事会会议准备启动《水俣公约》谈判的第二年，工信部就正式下发了《电石法聚氯乙烯行业汞污染综合防治方案》，期望通过加大新型触媒尤其是无汞触媒的研发，力争实现中国电石法聚氯乙烯行业的无汞化，并提出了两个阶段性指标：在2012年电石法聚氯乙烯行业低汞触媒普及率达到50%；到2015年，全行业全部使用低汞触媒，每吨聚氯乙烯氯化汞使用量下降50%，废低汞触媒回收率达到100%。

2011年，也就是工信部《电石法聚氯乙烯行业汞污染综合防治方案》正式下发的第二年，陈肖虎就将这个关系到"国计民生"的技术难题作为研究攻关的重点，联合贵州大龙银星汞业有限责任公司、陕西北元化工集团有限公司，共同开展"低汞触媒"关键技术研发。这就是本节文字开头所描述的"历史性握手"的产生背景。

2011年当年，陈肖虎关于"氯乙烯合成触媒绿色制造创新技术"，也就是"低汞触媒"技术研发获得成功。11月25日，陈肖虎向国家知识产权局提出"一种合成氯乙烯用的低汞触媒"专利申请，获得专利号——"ZL201110380027.4"。

2013年1月，贵州银星汞业公司低汞触媒7000吨的生产线正式投产，为公司节省7000万至1亿的生产成本。

2014年1月，高性能低汞触媒通过了贵州省科技厅成果鉴定："技术水平国内领先"。鉴于国外工艺不使用汞触媒，无相关技术对比，因此，此项技术实际上是达到了"国际领先水平"。新触媒在有效降低含汞量的同时，保持了此前的催化效果，2015年4月8日，国家知识产权局正式对此项专利授权公告。

2015年，高性能低汞触媒合成新技术产业化获贵州省科技进步二等奖。汞污染治理资源化利用新技术获中国有色金属协会科技奖二等奖。

2016年，"一种合成氯乙烯用的低汞触媒"获第十八届中国专利奖优秀奖。

这是贵州高校获得的唯一一项国家专利奖。

陈肖虎"低汞触媒"技术及时研发成功，使国家工信部《电石法聚氯乙烯行业汞污染综合防治方案》的低汞触媒进程得到了切实的保障，为我国"2015年PVC生产全部采用低汞触媒"的国际承诺做出了重大贡献。

这是在《水俣公约》背景下，陈肖虎"低汞触媒"技术的第一个重大意义。

而从我国工业产业的角度来说，陈肖虎"低汞触媒"技术则显示出其第二个重大意义。

PVC生产是我国支柱产业之一，年产能已经超3000万吨。PVC即国家工信部《电石法聚氯乙烯行业汞污染综合防治方案》中的聚氯乙烯（PolyVinyl Chloride），英文简称PVC。

PVC曾是世界上产量最大的通用塑料，由于其防火耐热作用，应用非常广泛。在建筑材料、工业制品、日用品、地板革、地板砖、人造革、管材、电线电缆、包装膜、瓶、发泡材料、密封材料、纤维等方面都有广泛应用；具体到各行各业各式各样产品来说，比如电线外皮、光纤外皮、鞋、手袋、饰物、招牌与广告牌、建筑装潢用品、家具、挂饰、滚轮、喉管、玩具、门帘、卷门、辅助医疗用品、手套、某些食物的保鲜纸、某些时装等。

国外用石油生产的副产物乙烯合成氯乙烯，反应无需汞催化剂；而我国能源结构"缺气少油"，只能用煤制乙炔合成氯乙烯，也就是用电石法生产PVC，反应必须使用汞触媒。

在世界汞排放总量中占据25%以上比例的中国，一直面临全球性限汞所带来的压力和挑战。

高性能低汞触媒合成新技术的研发成功，引领了我国PVC行业产业升级，在国际限汞大趋势下，为我国PVC行业提供了生产必需的关键催化剂，保障了我国产值高达数万亿元的PVC产业的生存和发展。

同时，汞是我省的特色资源，大型国企贵州汞矿为我国社会经济发展做出过巨大贡献。20世纪末，由于资源枯竭，贵州汞矿破产倒闭，成为贵州冶金人心中永远的痛。而陈肖虎教授与铜仁的贵州重力科技环保有限公司合作，首创含汞废气废渣和废汞触媒无害处置、资源化回收汞循环利用新技术，领衔与企业合作研发建成新型氯乙烯合成触媒绿色制造生产线，回收汞4300余吨，氯化汞减排5000余吨，生产的新型触媒催化剂产品市场占有率超65%，新增产值60亿元。形成了一个汞制品生产、销售使用和回收的闭路循环产业链。不但完成了工信部的系列限汞承诺（低汞触媒和废汞回收），更使贵州有关汞制品生产的企业起死回生，意义非凡。

正可谓，一个低汞触媒技术，顺应国际环保大趋势，保障国家支柱产业生产，挽救省内濒危企业，三大贡献，功莫大焉！

听陈肖虎口述低汞触媒的制作，就跟听他描述磷酸二氢钾的制备技术一样，幽默有趣，通俗易懂。陈肖虎喜欢开车，说起低汞触媒，他就用车来比喻："传统汞触媒中的汞含量大约是12.5%，而低汞触媒中的汞含量大约是6.5%，但达到的催化效果必须一样。这就像汽车发动机，要让小排量的发动机能拥有大排量发动机一样的功率！"

"我在实验中，阅读了大量的有关资料。"陈肖虎深有感触地说，"终于，我查阅到，有资料说到氯化钾汞的催化功能，正对我们的实验有效。"根据这一功能，陈肖虎研发了氯化钾汞薄膜控制合成技术，即：将具有升华特性的氯化汞制成性能稳定的氯化钾汞，如同在氯化汞表面上覆盖一层氯化钾保护膜，有效减少了触媒使用中的汞流失。同时，他研发的添加助剂配方，既能有效降低高汞触媒的汞含量，又保持了此前的催化效果。助剂配方的优化，如同为小排量的发动机增设了"涡轮增压"装置，赋予了小排量发动机如大排量发动机一样的输出功率！

两项发明创新，赋予了低汞触媒高催化性能。如前所说，其核心发明"一种合成氯乙烯用的低汞触媒"专利技术获第十八届中国专利奖优秀奖。这是我省高校获得的唯一的一项国家专利奖，可见其特殊的重要意义。

说到这里，陈肖虎告诉我们说，这一成果，2015年获得了贵州省科技进步二等奖。

低汞触媒，是国家工信部2015年第二阶段目标，这一目标，陈肖虎已经达成。而工信部的最终目标，是实现无汞触媒。

目前，陈肖虎正带领他的团队，向着无汞触媒的研发目标，迈开坚定的步伐。

徜徉在花溪河畔

三月，美丽的花溪，绿草如茵，繁花似锦，阳光和煦，白鹭翻飞。河水沿着黄金大道缓缓地流淌，从平桥跌下，小小的瀑布在阳光下泛起隐隐的彩虹。

流连在贵州大学美丽的校园中，作为贵州大学感动校园十大人物，陈肖虎对学校那种深厚的感情溢于言表。

"没有贵大就没有今天我的成就，我对贵大的感情不是几句话能表达出来的"，这也是陈肖虎经常说的一句话。当我们的采访即将结束，陈肖虎饱含着深情，目光深邃，瞭望着绿荫蔽日、高楼错落的校园说："好多次，为了支持我的项目实验，学院党委多次将党的组织生活会都挪到了我的实验现场来开。我的成功离不开我身后的贵州大学和基层组织战友们的支持啊！"

"贵州大学既是我接受高等教育启蒙的母校，也是我任教以来教学科研不断成长的地方，我对于它的感情，是深深浸润在心底的。"

陈教授学生眼中的男神

2019年，在陈肖虎硕士毕业留校任教32年之际，他获得"全国优秀教师"荣誉称号。

在荣誉面前，陈肖虎表现得早已从容淡定，但说起"全国优秀教师"这个称号，他却掩饰不住他的激动和感慨！

是啊，陈肖虎可以称为全省顶尖科技奖全能冠军选手，同时，也被中国科协评为全国优秀科技工作者。他享受着国务院专家津贴待遇，是贵州省省管核心专家。

他被评为全国优秀科技工作者，是对他杰出的科研成果的一种肯定；而被评为全国优秀教师，则是对他出色的教学工作的褒扬！

说起来，贵州大学教授陈肖虎，教学，才正是他的本色出演。

作为被学生们一票一票地评选出来的"贵州大学感动校园十大人物"，在贵州大学莘莘学子的心目中，陈肖虎教授，正代表了他们心目中神圣的"老师"形象。可以说，他是大学男生的崇拜偶像，也是大学里女生们喜爱的"男神"。

供职于贵州大学材料与冶金学院实验室的2008级研究生唐晓宁老师说："陈老师教学严谨，他讲课非常注重教材的选择和使用，备课时都要把教科书熟读到像自己写的一样。作为他的学生，我跟他学到了许多终身受用的知识。现在我成了老师，我也在一直努力学习陈老师的教学方法，向他看齐。"

"备课都要把教科书熟读到像自己写的一样"——凡是做过大学教师的人都明白这句话所蕴含的深刻含义。

这不仅仅是对"为师"的充分肯定，更是对"为人"的真诚佩服。

前面我们已经说过，冶金专业的陈肖虎教授的教学，已经突破到了文科教学所擅长的领域，擅长于科研和实验的陈肖虎教授，十分强调"学习与读书"，强调"泛读与精读"。作为理工科的教授，他有一套自己的读书体系，他把这套体系传授给每一届教过的学生，向他们推荐必读的书目。每一届他教过的学生，都会记得陈肖虎教授给他们的谆谆教导："想要学好这门课，首先要学好教科书，教科书是最经典、最真实的专业书籍，是前人经验的精华，是专业知识宝库的钥匙；其次，要看工具书，工具书是专业知识的源泉，读懂学通了，能解答所有的疑问，比如《化工百科全书》，就是冶金、化工专业最经典的工具书，是集大成的专业知识书籍；最后，还要看大量的新的专业论文，因为每一篇新发表的专业论文，都意味着当下研究者们向业内同行传达的新的成果和信息。我们要不断地用新知识充实自己的知识结构。"

"钥匙——教科书；源泉——工具书；新知识——专业论文"，这就是陈肖虎教授推荐给学生的读书体系。每一个优秀的教师，都会给学生推荐自己的读书体系，而只要仔细琢磨陈肖虎教授推荐的这个读书体系，你就会发现，虽然都称为"读书体系"，但陈肖虎教授推荐给学生的"读书体系"，工科特色，显而易见！这个体系对于理工科的学生学好专业知识、提高专业修养，是多么具有科学性和系统性啊！教科书，打开专业知识的大门；工具书，深入了解专业知识的渊薮；近期论文，提供当下新的研究信息。这个读书体系，实际上构建了一个完整的专业知识体系，无疑，这充分体现了陈肖虎的学识修养和教学智慧。

陈肖虎充满自信地肯定自己的这个读书体系："这样的一套读书体系，我把它传授给每一届教过的学生，学懂弄通了，其实就基本掌握了冶金专业的理论、实验方法和'科研套路'。

"现在是知识爆炸的年代，想在学校里把所有知识都学进去是不可能的，那就要启发学生学会读书，掌握怎么去学的诀窍，有利于不断提高。"

科研高手陈肖虎，谈起他的教学来，也是那样的头头是道，滔滔不绝，足见他"全国优秀教师"的称号的确名副其实。

陈肖虎指着缓坡下夕阳辉映的一大片教学楼，或侃侃而谈，或娓娓而诉，看看他脸上露出的表情，你想不到，这个痴迷于科研工业化的科学家，谈起教学来，也有独特的思绪。他似乎自言自语一般地说：

"我喜欢启发型的教学，用兴趣和经验去启发学生学习、探索，往往会起到很好的效果。我们学校冶金专业的老师就出过院士，这就是我们冶金系的第一届系主任徐采栋，最早称为学部委员。我们冶金专业毕业的学生中，就有担任过首钢董事长的，我的同班同学，好多现在还在担任着国家大型铝厂的老总，比如贵州铝厂的现任总经理就是我们的同学校友，怎么能说冶金专业不好、就业差呢？

要想做好一件事情，兴趣爱好也是一个很重要的因素，你只有对一个东西感兴趣，才会不知疲倦地去探索研究、去挖掘与享受，最后才能做出成绩。我爱我的专业。我的爱好，一是科研，二是教学，可以说，对这两个爱好，我是终身乐此不疲的。

如今我已到了退休年龄，但是我还在尽力发挥着余热，为学校学科建设和冶金专业博士点建设做点具体事情。我给自己制订的小目标：拿下冶金专业博士点，功成身退！"

说到这里，陈肖虎竟然露出了年轻人的那种血气方刚的表情，让人感受到那种"壮心不已""宝刀未老"的桑榆情怀。

教授陈肖虎，春风雨露，泽被桃李，其教学影响已经走出贵大，走出贵州，走到全国。他以讲座的形式，让他的科研精神和专业思想，走进我省许多的企业和学校，走进了青海和宁夏，走进了安徽、浙江和江苏。他以"创新思维与科技实践"为题，以他自身科研经历为例，启发着学生的专业兴趣，引领着青年教师深入企业一线搞科研的志向，带动着企业技术人员开动创新思维，积极参与科研项目，提高企业生产效益。

陈肖虎教授在贵州财经大学"鼎新讲堂"为信息学院教师和研究生举办讲座，学校官网报道："内容丰富，形象生动""老师和同学们也和陈教授行了积极的交流和讨论，开阔了视野"。

许多大学老师在听了他的讲座后受到启发，转换思路做科研，在他的指导下，青年教师们申请到了许多科研项目，这些青年教师参与的科研项目比如"电石法PVC低汞触媒循环利用技术研究与产业化""废菌棒肥料化利用关键技术研究和集成及产业化应用"等项目还获得了贵州省科技计划重大专项资助。

环视校园，陈肖虎说："我的职业是教师，也许这些默默的耕耘，更值得我一生回味和咀嚼，更加感到欣慰吧！"

明日依旧：向"人类错放的资源"发起挑战

陈肖虎虽然已过耳顺之年，但看上去却仍然精神焕发，壮心不已，就如这潺潺不绝的花溪河水，如这繁茂葳蕤的林花。除了"无汞触媒"，他和他的团队还正在向阻碍贵州工业发展的顽疾"三大渣"发起挑战！

"三大渣"即磷石膏渣、赤泥渣和锰渣。陈肖虎说："磷石膏渣、赤泥渣和锰渣，一直制约着我省工业发展，我下一步的科研目标，就是攻克这三大污染源——三大工业废渣。"

陈肖虎笑一笑说，其实，工业废渣还有一个美丽的别称——"人类错放的资源"。

工业废渣——人类错放的资源。这又是一个反向思维。对于污染严重的工业废渣，在陈肖虎这里，不是处理的问题，而是将它变害为利的问题。

陈肖虎告诉我们，氧化铝生产，产生赤泥渣；磷化工生产，产生磷石膏渣；金属锰生产，产生锰渣。我省是富铝、富磷、富锰省份，冶金化工生产会产生大量的废渣，日积月累，严重影响生态环境，成为一直制约我省工业发展的顽疾，他们正在进行的科研项目就是去攻克这三种物质造成的顽疾。

目前，针对贵州工业布局，陈肖虎和他的团队提出的"磷石膏渣、赤泥渣资源化利用新技术"创新工艺路线，"以渣治渣"，充分利用磷石膏渣、赤泥渣的组分互补性："酸碱中和""硅钙平衡"，采用酸性的磷石膏渣与碱性的赤泥渣为原料，利用化学反应回收氧化铝和制硫酸，该试验目前已经完成阶段性试验。

讲到这里他即兴朗诵了一首自创打油诗，生动有趣地总结了他在磷石膏渣与赤泥渣治理的研究成果：

> 磷石膏渣富含酸，错放地方酿危险。
> 拜耳赤泥附着碱，放射元素乱还添。
> 大宗固废弃渣场，跑酸漏碱惹民怨。
> 青山绿水遭污染，关停渣场迫眉睫。
> 山穷水复已无路，一技危废变资源。
> 石膏赤泥混一起，排列组合渣变钱。
> 冶金化工奥秘深，制酸提铝回收铁。
> 渣山复绿水变清，金山银山尽在黔。

这首打油诗，让我们增加了几分由衷的敬佩——"这个多才多艺的科学家"。

接着，陈肖虎又用科普式的叙述方式，为我们讲解了"三大渣"的问题。

赤泥渣的主要成分是铝硅酸钠，只要想办法把铝硅酸钠中的硅去掉，铝硅酸钠就变成了可以用于生产氧化铝的铝酸钠了。其实，赤泥渣脱硅生产氧化铝的工艺是个成熟工艺，但需要消耗大量的氧化钙，开采石灰石制氧化钙对环境的破坏大，能耗高。

磷石膏渣主要成分是氧化钙和硫酸(根)，用磷石膏渣制硫酸已经有人做，关键是能耗高，其间还要添加含硅的物料，如黏土、铝土矿等，去除磷石膏中的钙，也会破坏环境。

目前，他的研发团队正在研究磷石膏渣与赤泥渣的反应，用磷石膏渣中的氧化钙消耗掉赤泥渣中的硅，回收氧化铝的同时，还能实现磷石膏渣制硫酸，实现硫的循环利用。

关于锰渣的处理，贵州省科技厅要求成本费用不能超出70元/吨，但实际上，根据专业科技工作者和行业企业多方调查，按照业内专家常规处理方式，每吨锰渣的处理至少需要300元。因此锰渣处理成为难题，大家都在说难，难得不得了！锰渣的治理甚至还列入了2022年国家重大研发计划，向全国招标。

而对于锰渣的处理，陈肖虎却用了一个大家都熟悉的专业术语——城市垃圾分类处理。

贵州的锰矿主要是碳酸锰矿。电解锰厂用硫酸浸出锰矿，得到硫酸锰液，这时，产生了第一次渣——浸出渣。这部分渣量很大，占了总渣量的90%。目前的工艺产生的浸出渣中含有大量氨氮，成为危险固废，堆存造成环境污染。

而硫酸锰液在电解前，必须进行净化，得到净化硫酸锰液，这时就产生了第二次渣——净化渣，传统工艺采用硫化物净化，因而净化渣又称为硫化渣。这部分渣占总渣量的10%。由于硫化渣是从硫酸锰溶液中沉淀出来的，其中含大量的有价元素，堆存对环境影响大。

此外，金属锰电解过程中会产生酸，生产中需要向电解液里添加氨来中和电解产生的酸，此过程产生的电解尾液里面，既有硫酸铵、硫酸锰还有硫酸。传统工艺将这种电解尾液直接用于硫酸浸出锰矿工序，直接导致锰渣中含大量氨氮。

过去电解锰厂的处理方式是，不管三七二十一，所有的废渣、废液混合在一起，日积月累，越积越多，对环境造成严重污染。

而目前业内专家在锰渣治理方面的研究主要集中在锰渣去除氨氮和锰渣生产建材方面。氨氮和锰渣深度融合，分离十分困难，处理十分复杂，处置成本高、能耗高。

陈肖虎说，其实关于锰渣的处置还有更好的、更简单实惠的方法，这就是借鉴城市垃圾分类治理的道理。

企业将浸出渣、净化渣以及电解液混合堆存，这种锰渣中氨氮高，可溶性有价元素高，必然会造成严重污染。我们安排企业将浸出渣、净化渣（硫化锰渣）以及电解液分类处置，这时的锰渣就成为新的资源了。

陈肖虎告诉我们："3年前，我们就提出了锰渣分类治理、资源化回收利用的方案，在贵州大龙经济开发区建成的年处理10万吨硫化锰渣装置，已经连续运行了2年多。事实证明，用硫化渣生产回收镍钴锰，已经产生了很好的经济效益和社会生态效益。

"下一步，我们将致力于含氨氮电解尾液的综合回收利用，在回收硫酸铵和硫酸锰的同时，联产复合肥。可以在电解锰厂附近，就近建个复合肥厂，一举两得，变废为利。

"这样，就切断了锰渣的氨氮来源。不含氨氮的锰渣，可是做建材的好原料啊!"

说到这里,陈肖虎还是忍不住有些自得地说:"按照我的处理方案,锰渣的处理不但不会产生高昂的成本,还会产生经济效益。"

陈肖虎说,技术不是问题,关键就是等待更多的"伯乐",如果成功产业化推广出去,对解决贵州工业生产的这一顽疾问题,将会发挥重大作用。

有了磷矿伴生碘回收的成功,有了低汞触媒研发的成功,有了湿法磷酸直接制备磷酸二氢钾研发的成功,陈肖虎底气和信心十足。

其实,陈肖虎可以列举出来的实现工业化生产产生经济效益的重要科研项目还有很多,比如"燃煤火电厂烟气脱硫脱汞""高硫铝土矿脱硫""磷石膏和粉煤灰制酸联产耐热阻燃ABS/PC合金""高强度铝硅合金及其生产方法"等,这些都获得了专利。的确,陈肖虎是一个科研成果高产科学家。

高纯钛的生产制备,是这些项目中比较典型的项目。

高纯钛的研发过程同样跌宕起伏。

省科技厅经过调研,发现CPU上使用的高纯钛溅射靶材是一个新的研究难题和热点,这一技术国内没有,国外也只有美国和日本少数几家企业拥有生产技术。高纯钛的售价高达15万美金/吨(当时约合人民币100万元/吨),因此科技厅希望省里的科学家们来做这个项目。

陈肖虎说:"我想,既然项目具有这么高的价值,我就来做这个项目吧。"遵义钛业股份有限公司(遵义钛厂)与他达成了合作协议。遵义钛厂是中国生产"海绵钛"最大的生产企业,海绵钛含钛99%,是含有一定杂质的钛;而高纯钛中,不仅要求钛含量达99.99%,还对各种杂质含量有严格限制。在与陈肖虎达成合作之前,遵义钛厂未能生产出高纯钛。

根据陈肖虎的"性价比"科研思维习惯,他的目标就是既要提高钛纯度又要降低成本。但这个项目国内没有人做,国外的资料和方法也拿不到。陈肖虎仍然是遵循他的科研老习惯,大量查证资料,不断进行实验,深入实践考察,寻找科学契机。

也许一般人看了"碘是制备高纯金属的原料"这句话,也就一晃而过了,而陈肖虎看了这句话,却茅塞顿开:要制备高纯钛,看来又要落在"碘"的身上!高纯钛,不就是高纯金属吗!陈肖虎很快就想到,不同价位的金属碘化物的性质有不同的差异,那么,就可以依据这一规律针对海绵钛的特性,用合适的制备方法,将海绵钛中的钛分离出来,最后得到高纯钛。根据这一思路,一种"高纯钛制备新技术"由此诞生。这一技术，通过特殊工艺和装置生成的碘化钛热分解沉积速度快，钛的沉积表面积大，可形成一定的生产规模和能力。

最终，根据新工艺，陈肖虎做出了高纯钛样品，但国内没有检测技术手段来检验是否达标，只有邮寄到美国去检测。检测费高，但陈肖虎毫不犹豫就寄了过去。

陈肖虎笑了笑说，这一次项目科研，遵义钛业股份有限公司给他的科研经费花得精光，一是用于建高纯钛制备装置，二是用于样品检测。陈肖虎幽默地说："这一次，一分项目经费也没有揣进包包里头，还倒贴了差旅费和开支，不过一想，只要能为企业所用就值了，我们就当做了一回科研活雷锋，也是值得自豪的！"其实，在陈肖虎做的项目中，这种"雷锋"式的项目他也做了不少，他说，自己的收入有多少不是主要的，企业增加了效益，提高了收入，促进了国家经济发展，才是主要的！

有着这样的底气和情怀，陈肖虎对"三大渣"的治理充满了期待！

目前，三大渣的所有实验都正在顺利进行着……

陈肖虎笑着说："'生命不息，奋斗不止''革命尚未成功，同志仍需努力'，这不但是革命家们的格言，也是我们科研工作者的信条啊。"

三月的春风，在校园里拂过，吹动着陈肖虎的发梢，那张略带沧桑而充满智慧和乐观的英俊脸庞，是那样地精神焕发，有青春年少的风采，有壮心不已的踌躇，更有春风桃李的自豪！

陈肖虎脸上露出微微的笑意，轻轻地说："年华虽逝，人生无悔！"

话音随着春风，掠过树梢，好像整个校园都回响着一个声音：

"年华虽逝，人生无悔！"

撑起"天眼"

——记岩土工程专家沈志平

◆ 刘 毅

沈志平 （1960.1.12—）男，生于贵州贵阳，籍贯江苏溧阳，工程技术应用研究员，博士后导师，从事工程技术研究工作39年，2012年担任贵州省岩溶地基工程技术研究中心主任，2022年4月受聘为贵州省岩土工程勘察专家委员会主任委员。

1982年毕业于贵州工学院地质系，2005年获贵州省人民政府特殊津贴，2009年获贵州省五一劳动奖章，2019年获国务院特殊津贴，2020年获"贵州省劳动模范"荣誉称号。现任贵州正业工程技术投资有限公司董事长兼总工程师，中国岩石力学与工程学会滑坡与工程边坡分会常务理事。

沈志平一直从事喀斯特地区岩土工程勘察设计、科研和治理等工作，并多次受政府部门邀请作为专家组组长和项目技术总指挥，负责抢险救灾及重大事故处理工作，圆满完成了各项重难险急的任务。在国家科学出版社出版专著2部，起草及参编地方标准10余部，参编全国采矿设计手册1部，授权发明专利35件、实用新型50件，发表论文18篇，其中SCI论文1篇，核心论文9篇。主持完成的"中国天眼"台址开挖设计及研究获2015年全国优秀工程勘察设计奖工程勘察一等奖、2019年贵州省科学技术进步一等奖，"本项目成果创新性显著，总体达到国际领先水平"。主持建成了省级创新人才团队、博士后科研工作站。

话说"天眼"

2016年9月25日，一个看似平常的日子。

然而，这个看似平常的日子，注定将在中国天文史和科技史上，留下浓墨重彩的一笔。

当天，在贵州省平塘县克度镇金科村峰峦起伏的大窝凼，一个形似"大锅"的庞然大物——"中国天眼"，落成启用。

"天眼"准确的学名是：500米口径球面射电望远镜，英文简称"FAST"。500米口径，这个概念兴许过于专业和抽象，形象通俗的阐释是，这口"大锅"的接收面积，足有30个标准足球场大。因其全球独一无二、形状似锅，"大锅"的别称，也就应运而生，不胫而走。

从专业的角度看，FAST是世界上口径最大、最具威力的单天线射电望远镜，与号称"地面最大机器"的德国波恩100米望远镜相比，灵敏度提高约10倍；与被评为"人类20世纪十大工程"之首的美国阿雷西博305米射电望远镜相比，其综合性能同样提高约10倍。

一鸣惊人。

于是乎，这口掩藏在黔南平塘县克度镇金科村大山皱褶中的"大锅"，瞬间引起轰动，令世人惊叹。

落成启用仪式，庄重热烈。

中共中央总书记、中共中央军事委员会主席、国家主席习近平发来贺信，向参加研制和建设的广大科技工作者、工程技术人员、建设者，表示热烈的祝贺和诚挚的问候！

时任中共中央政治局委员、国务院副总理刘延东出席落成启用仪式，并宣读习近平总书记贺信。

喜庆热烈的氛围中，人称"天眼之父"的天文领域前沿科学家南仁东，凝视着眼前的庞然大物FAST，仿佛怀抱期盼已久，却刚刚临盆的婴儿，眼里情不自禁地闪出欣慰慈祥的光芒。瞬间，思绪宛如脱缰的野马，在往事的原野上驰骋……

时光回拨25年，也就是1991年。

日本东京。

备受关注的国际无线电科学联盟大会上，有科学家提出：应该在全球电波环境恶化之前，建造新一代射电望远镜，接收更多来自外太空的讯息。

出席会议的中国天文学家、北京天文台副台长南仁东，兴冲冲地回到宾馆，一把推开同事的房门，兴奋地说：咱们也建一个吧！

身为天文领域前沿科学家，南仁东对射电望远镜的发展现状和建造难度，自然了如指掌，知道这是块很难啃的"硬骨头"。但他更清楚其对外太空探测和天文学研究的重要性。

当时，中国最大的射电望远镜，口径仅仅30米。

1994年春初，北京长安街的行道树刚刚抽出鹅黄色的新芽，南仁东的《大射电望远镜（LT）国际合作计划建议书》便呈送到中科院领导的案头，很快地，便得到了支持。

接下来，首要的问题是："天眼"安在哪儿最好？

南仁东果断提出：利用喀斯特窝凼作为射电望远镜台址。

应当说，这个构想既是客观的、现实的，更是科学的。问题是，中国那么大，哪儿是这只"观天巨目"最好的安身之所？

踌躇间，南仁东找到了中国科学院遥感与数字地球研究所非再生资源遥感应用研究室主任聂跃平，两人一拍即合。接着，他们又联系了相关大学和科研院所，组成了为"天眼"寻家的科考团队，整装待发。

年近天命的南仁东率领科考团队，带着300余幅卫星遥感图，跋涉在贵州普定、平塘等地的崇山峻岭、沟壑深谷中，为FAST寻找理想中的"家"。

这一找，就是整整12个寒暑。

南仁东和他率领的团队，走遍391个大大小小的备选洼地。

2006年，最终选定平塘县克度镇金科村大窝凼为FAST正式台址。

这是个既大又圆、人迹罕至、天然形成的喀斯特坑洼，因其深深的凹陷，正好可规避无线电干扰；因其深深的凹陷，可大大省去土方工程开挖耗费的时间和财力。

就是这儿，就是它。气喘吁吁的南仁东手舞足蹈，高兴得像个孩子似的，连声说，就是它，就是它。

喜形于色的南仁东，在聂跃平等团队伙伴的簇拥下，伫立在大窝凼旁边一座高高的山头上，一遍又一遍地看着静静地沉睡在群山环抱中的大窝凼，硬朗刚毅的脸庞上，终于露出了会心的微笑，不停地与伙伴们握手致庆。

也难怪南仁东如此高兴。

别的不说，就他身边的贵州独山籍遥感专家聂跃平，为给"天眼"寻"家"，前前后后花了11年，甘苦自知。换一种说法，是遥感专家聂跃平，用11年的青春、心血、汗水，帮助"天眼之父"南仁东，为"天眼"找到了唯一的宜居的"家"。

不过，身为"天眼"首席科学家，南仁东这样的兴奋肯定是短暂的。既然"天眼"有了安家的宝地，他接下来要考虑的，是怎样为"天眼"安家，安一个优质的家，让它从蓝图走进现实，稳稳地坐落在金科村这个得天独厚的大窝凼中，经得起质量、时间和历史的检验。

2007年7月，500米口径球面射电望远镜（FAST）工程，作为"十一五"国家重大科技基础设施建设项目，正式被国家批准立项，由中国科学院、贵州省人民政府共建。

"中国天眼"从南仁东13年前的一个梦想，即将变成现实。

FAST项目开建在即，选择合适的开挖设计团队，成了南仁东迫在眉睫的选题。

谁有能力完成FAST开挖系统工程，将这口直径500米的"大锅"，安安稳稳地放置在金科村的大窝凼中，打响FAST创建第一炮？南仁东的目光，在国内若干地质工程设计公司逡巡。随即，FAST开挖系统工程设计招标，按部就班、有条不紊地展开。

最终，贵州正业国际工程企业管理集团有限公司经过激烈角逐，脱颖而出。

2011年3月25日，FAST项目正式开工建设。

"啪啪啪……"

又一阵热烈的掌声响起，将南仁东遥远的思绪拉了回来，他定睛一看，落成启用仪式已结束，领导们正准备离席。

走下主席台的南仁东，穿过面前的人群，快步走到不远处一位中等身材、面庞俊逸、浑身透出睿智干练的中年人面前，紧紧地握住他的手说："谢谢你！谢谢你们，撑起了"天眼"！"

南仁东连声称谢的中年才俊，就是承担FAST项目开挖系统工程设计的贵州正业国际工程企业管理集团有限公司研究员、董事长、岩土工程专家沈志平。

是沈志平和他的团队，按时、优质、圆满地完成FAST项目开挖设计，为FAST的落成立了首功，成了撑起"天眼"的人。

科学种子

1960年1月12日，沈志平出生于第二故乡贵阳。准确地说，是位于贵阳老城区南门外油榨街的贵阳钢厂，简称贵钢。

1958年，也就是"大跃进"年代，沈志平的父亲沈洪金跟随一个上海的机械化施工公司来到贵阳，建设贵钢。

具有初小文化程度的父亲，当时是吊装起重工，名副其实的技术工种，技术没得说。正因为如此，他才被公司挑选出来，从黄浦江畔的大上海，辗转数千里，风尘仆仆地来到云贵高原的贵阳，支援贵钢建设。

那个年代，通信和宣传手段相当落后，最常见的宣传工具，是几乎无处不在的高音大喇叭。无论时事报道，还是国际国内新闻，抑或本地好人好事，都通过大喇叭播放出来，声波洪亮，应山应水，老远老远都听得到。

援建技工沈洪金技术好，活干得棒，受到表扬是家常便饭，几乎成了大喇叭里的常客，在如火如荼、热火朝天的贵钢，具有相当高的知名度，说家喻户晓、人人皆知，也不为过。

惟其如此，原本短期支援，但技术过硬的沈洪金，便被厂里挽留下来，成了贵钢的一名正式员工。

1959年，沈志平的母亲朱爱英带着大姐二姐，沿着父亲赴黔的足迹，也来到贵阳，在贵钢安家落户。

翌年岁首，排行老三的沈志平，出生于贵钢，开启了自己的人生之旅。

沈志平母亲虽不识字，却聪慧贤淑，听着老家南渡独特的社戏长大，口口相传，耳濡目染，戏里戏外，很是通达，且记忆力超好，会讲许多戏里戏外的故事，沈志平虽然生长在贵钢，却是听着母亲绘声绘色的社戏故事长大的。

晃眼间，沈志平到了发蒙入学的年龄。

像许多生性贪玩调皮捣蛋的男孩一样，小学时代的沈志平，也不是父母眼中的乖娃娃，教师心目中的好学生。除了不时搞些恶作剧，还经常逃学，被请家长是常有的事。工作很忙的父亲，偶尔会抽空检查作业，看见作业本上有"×"，少不了一顿胖揍，打得他鼻青脸肿。如果不及格，日子就更难过了。

那时候，家里仅靠父亲微薄的工资，支撑一家六口的生计，经济相当拮据，课余闲暇，沈志平常常没什么玩具可玩。看见别人家的孩子把陀螺打得溜溜转，他心里恨不得伸只手出来，跑上去，抽上几鞭子，让它转得更快。

临渊羡鱼，不如退而结网。

沈志平小脑瓜一转，有了主意：自己动手，做个陀螺。

从来没做过，不会做，没关系。他找来一张白纸，在脑海里回忆别人陀螺的模样，然后在大脑的屏幕上"定格"。随即，用铅笔画在纸上。有了"图纸"，弄来一根大小适中的原木，锯下一截，手握柴刀，噼噼啪啪一番捣鼓，一个像模像样的陀螺大功告成。他兴冲冲地拿出去，甩开鞭子，啪啪啪地一气猛抽，那自制的陀螺，居然旋转得飞快，围观的小伙伴一个个羡慕得啧啧啧直咂嘴。

少年沈志平，第一次尝到了劳动的幸福、创造的快乐。

没多久，看到别人有玩具枪，尝到甜头的沈志平，又动起了脑筋：为哪样不整一支来玩呢？

不过，看上去，这玩具枪无论外形还是构造，都要比陀螺复杂得多，他有些犯难了。

有一天，母亲让他去打酱油，路过厂子旁边的一个小村子，看到路边一间屋子里，有几个人正在忙着翻砂。他们将一块块一根根零碎的铝片铝条，放进坩埚炉里融化，然后，将融化的铝液倒进预先准备好的砂模里，让它冷却，再倒出来。刹那间，一个个崭新的铝锅、铝盆、铝瓢等生活用具，展现在眼前，神奇得仿佛变魔术似的。

沈志平第一次开了眼界，简直看呆了，早把打酱油的重任抛到九霄云外，直至母亲沿路找来，好一顿"歌颂"，他才回过神来。

回到家里，沈志平又琢磨开了。他想，既然他们那种方法可以铸造那么多生活用具，铸造玩具枪应该是可以的。关键是，要有一支玩具枪做模本，再做成模型，然后才能铸出枪来。

想干就干。

沈志平向一位大叔借来支塑料枪，到附近田坝里弄来黄泥巴，很快地，就做成了铸枪的模子。可当他把融化的铝液注入模型，只听啪啦啦一阵响，模型爆炸了，心目中的玩具枪，成了一坨四不像的铝疙瘩。

既然模型有毛病，那就对症下药。

沈志平到山上转悠，找到一种很细的砂子，读大学后他才知道这种细砂是一种很好的铸造用砂，学名：白云砂。他将这种山砂弄回家，经过精心筛选，浇适量的水，用玩具枪做成了砂模，浇铸融化的铝液，冷却后，稍作修整，终于如愿以偿，拥有了一把心爱的玩具枪。

小学一晃而过，沈志平上了初中。

一天又去打酱油，因为人太多，得排队。沈志平人不能走动，耳朵可没闲着。突然，他听见前面不知是初二还是初三年级的几个校友，正津津有味地聊可变电容、三极管什么的，顿时来了兴趣，一打听，他们正在安装晶体管收音机。

沈志平一头雾水，不知晶体管、收音机为何物，但又不想放弃，便缠着这几个出身干部家庭的同学，一个劲地问这问那。其中一人见他如此好学，说一时半会难得讲清楚，干脆带他去家里看看。

在这位同学家里，沈志平不仅看到了晶体管之类的元件，还发现有本《怎样安装晶体管收音机》的通俗读物。刚一打开，便爱不释手，但人家不愿外借。无奈，他只好坐在院子里，津津有味地读着。

这时，班主任刘春华老师走了进来，看他如醉如痴的模样，轻轻地走到他身后，提着书一抽，笑着说："你喜欢看这书啊！"沈志平一惊，回过神儿，嘿嘿一笑说："是的，老师，好好看哦！"

沈志平逐渐发现了自己的兴趣所在，奠定了追求与志向，有了前进的动力。从此端正了学习态度，还被老师选任为物理科代表。

不但老师肯定他物理方面的天赋，家里对他装晶体管收音机也大开绿灯，父亲破天荒地给他经济援助，已上师专的二姐，从生活费里省出钱来，支持他买电子元件、电烙铁什么的。他自己呢，四处搜索，捡来些三合板，做成收音机外壳。紧锣密鼓地一番捣鼓，不仅装成了单管、双管、三管，甚至还装成了电子管收音机。

更重要的是，通过这一连串的实践，沈志平由此想到了一个概念：设计。有了预先的理想的设计，才有可能弄出自己想要的东西。而要搞好设计，就要学好数、理、化，才能为设计打下扎实的专业基础。

换一种说法，设计是门科学，而设计这颗科学的种子，在初二时已植入沈志平的大脑，只要有适宜的土壤和雨露、阳光，开花结果是水到渠成的事。

那一年，他14岁。

高中时期，沈志平像一块硕大的海绵，如饥似渴地吸收着知识的养分，时常手不释卷，废寝忘食。在知识的海洋里奋力搏击的沈志平，一门心思要学好数理化，立志考上大学，当科学家。

当年，贵钢的住房，基本上都是走廊连通的一溜宿舍，简易的厨房大多建在走廊上，逼仄拥挤，烟熏火燎自不消说，更恼人的是，屋里没卫生间，不管刮风下雨，暑往寒来，都得下楼上公共厕所。那种旱厕，通常有头十个蹲位。沈志平上厕所时，手里几乎都习惯性拿着一本书。有一回，他正拿着一本微积分看得如痴如醉，冶金设计院工程师张智德走了进来都没察觉。张工见状，说，"这小崽，看的什么书啊，这么专心。"沈志平闻言，这才转过神来，说，"我看的微积分呢！""什么？微积分？"张叔说，"你小子不简单啊！"

1977年夏天，沈志平高中毕业了。

不过，事与愿违，他并未像梦想中那样，直接考大学，当大学生，而是响应知识青年"上山下乡"的伟大号召，来到地处修文县扎佐的贵钢知青农场，当了一名下乡知青。

他心中那颗科学的种子，只好蛰伏起来，期待早日破土。

志趣之间

理想与现实，往往存在差距。

许多时候，我们坚持不懈地努力，就为了缩小这种差距，让生命之舟顺利地到达理想的彼岸。

此前，似乎一帆风顺的沈志平，一个风华正茂的翩翩少年，陡然碰上人生的第一道坎，要说他对"准农民"的未来充满信心，欢欣鼓舞，似乎有点儿矫情。他比较清醒的是，既然上山下乡是大势所趋，摆在面前的路不外乎两条：一是高考。当时，坊间已流传小道消息，大学即将恢复招生。再就是就业，也就是进工厂。

他向往的，当然是走第一条路。

兴许心中早有既定目标，离开家时，除了必不可少的生活用品，沈志平带得最多的，就是书，从小学到初中、高中的教材，统统带上。且别出心裁，按照自己的想法，分门别类：小学合订成一本，初中高中合订成一本。阅读起来，既方便又连贯，效果颇佳。同学李自黔的哥哥是贵州工学院毕业生，保存有一套《1958年—1966年高考题集》，沈志平就缠着李自黔，想方设法地借了来，装入行囊，带到了知青农场。

沈志平不但喜欢读书，而且善于观察学习，触类旁通，勤于动手。平日里，见补鞋子的师傅在路边街头操作，他总会停下来，或蹲在旁边，认真观摩学习，弄不明白的还虚心求教，比如勾勾针的原理什么的。这些不经意间掌握的手艺，在必要时还真派上了用场。

就说装合订本吧。

看起来挺简单的事儿，做起来并不容易。那么一两寸厚的书，没有特殊的手段，是难以穿透、完成装订的。这时候，沈志平的补鞋手艺就大显身手。一枚长钉，一把锤子，一根勾针，半截优质丝线，就迎刃而解。精湛的工艺，可与古代线装书媲美。

像当年成千上万上山下乡的知青一样，沈志平虽然出身工人家庭，条件并不优渥，在一般人心目中，既不高贵，更不显赫，但打小衣食无忧，学校、家庭两点一线，没有经过什么历练，更没吃过什么苦，也是不争的事实。因此，他首先要面对的同样是"劳其筋骨"，也就是过"劳动关"。然后"苦其心志"，用当年时髦流行的说法：练一颗红心，进行脱胎换骨的改造，以期成为新型农民。

环境确实能改变人。或者说，人能很快地适应环境。平素没干过重体力活的沈志平，17岁的身体，看上去也有点儿瘦筋筋的，一副弱不禁风的模样，可正值青春期的小伙子，宛如拔节的春笋，力气随着岁月的流逝，蹭蹭蹭地往上长。无路可退，咬紧牙关磨炼了一段，他终于挺了下来，脱胎换骨，似乎有点儿夸张，但确实判若两人。二人抬56块沙砖（每块5~6斤），一个人背200斤的麻包、挑4筐草皮灰，都不在话下。

短短半年，沈志平在知青农场放过牛，挖过土石方，搞过坡改梯，下过装矿石的火车皮，还抽回厂里，搞过厂房维修……

用知青点头儿的话说，这小伙子，像那么回事儿。

1977年，枫叶正红的时节，恢复高考的传闻，果真成了现实。

即将迎来改变命运的大好机遇，沈志平别提多高兴了。他在心里暗自琢磨，一定要报考自己心仪的大学，学自己打小就特别喜欢的物理专业，为将来从事科研打下坚实的基础。

1977年秋末冬初，高考如期而至。

沈志平与知青农场的一帮知青，汇入应届生和社会青年组成的浩浩荡荡的考试大军，参加了这场足以改变命运的人生大搏击——高考。

考试结束，他的预感是，发挥得不太好，成绩并不是那么理想。

沈志平有点儿沮丧。

接下来填报志愿，他就犯难了。分数不高，意味着与名校无缘。那么，一般的众多院校，如何填报，如何取舍呢？

一时难以定夺。

这时，当年借塑料枪给他搞铸造的大叔建言，大意是：报什么学校、学什么专业，并不重要。重要的是，走出农村，跳出"农门"。而要实现这个目标，就得走"冷门"，增加保险系数，切忌凑热闹、蹭名校。

什么是冷门呢？大叔进一步明示：地质系，或与地质相关的专业呀！

大叔的话，听起来很有道理，全家人终于形成共识：生存是第一要务，就报地质专业，最好是就近入学。

于是，似乎有些许犹豫、有些不甘的沈志平，放弃早已向往的物理专业，将贵州工学院地质专业作为报考的第一志愿。

沈志平清楚地记得，他的录取通知书到得较晚，许多同学或校友都收到了录取通知书，一个个欢天喜地、笑逐颜开，以各种各样的形式庆祝各自的"新生"，他却没得到任何信息。他当时的心情是矛盾的，既希望录取通知尽早到来，早日跳出"农门"。可潜意识里，因为心有不甘，他又觉得，万一名落孙山，也不是坏事，明年还能从头再来。

纠结中的沈志平，收到了贵工迟到的录取通知书。

农场一帮高考知青，最终仅4人"金榜题名"，两人本科，两人专科。除了沈志平考取贵工，还有一人考取贵阳师范学院。其他两人，被安顺大专班录取。

场领导履行当初的承诺，专门杀了一头猪，热烈庆贺。

比上不足，比下有余。

看着一个个榜上无名的年轻伙伴强颜欢笑的脸上不经意间透出的失落与沮丧，想想即将告别知青农场的自己，两相比较，沈志平算是有了些许的庆幸与欣慰。

不过，原本打算学物理，但却硬要学地质的沈志平，心里还是不爽，结果被老妈好一顿"歌颂"，并告诫他，就业很重要，有工作才是硬道理，这才无可奈何地来到了贵工。

1978年3月，蔡家关山头的杜鹃花灿如云锦的时节，沈志平作为"文革"后恢复高考的首届大学生，也就是人们常说的"77届"，走进了贵工校园。

报到后，他蓦然发现，他们这个地质系，来头还真不小。毕业于北大地质系，贵工筹委会委员、地质系创办者罗纯武教授，是地质系首任系主任；第三届系主任付锟，来自北京地质学院；时任系主任的高平，原是民国地质所所长；周德中教授是国内遐迩闻名的找矿专家……

开学后，听了几节地质课，沈志平觉得还有点儿意思。但心中的"物理情结"并未就此隐退。一逮着空隙，就去开有物理课的师资班蹭课。

应当说，这些课对他知识面的扩展、眼界的开阔，大有裨益，但从专业的角度来说，意义并不是太大。

当时，贵工没有全国统编教材。老师上课时，端着一杯茶，拿上几支粉笔，便走进了教室，例行公事地起立问好后，随即打开话匣子。其间，很少板书，就一个劲儿"灌"。中学里老师保姆似的学习模式，到了大学，根本行不通。沈志平的记忆中，最痛苦的莫过于记笔记。刚开始，根本跟不上老师的节奏，记不下来。下课时，拿出笔记来复习，鬼画桃符似的，连自己也找不着北。

不过，人都是逼出来的。

半年后，沈志平的课堂笔记，就记得像模像样了。上课时，手握钢笔，不看本子，手也会在本子上下意识地书写，无论字迹的清晰规整，还是行距的疏密把控，比起刚开始的笔记，大不相同。

一转眼，就到了大四。

身在地质专业的沈志平，虽不时"移情别恋"物理，"三心二意"，专业课倒还不错。但大四的来临，让他不由得有了紧迫感与危机感，觉得还是应该把专业课搞得更扎实些。否则届时拿不到毕业证，就真的无颜见江东父老了。

危机感则源于当时的地质系专业考试，要求专业课全部口试，5分制，大题目，清一色口述。

具体是：考生共口试三道题。

试题以竹筒抽签的方式确定。第一题，从整本教材中挑选一个章节，进行口述；第二题，确定本书中的某节，进行口述；第三题，确定某个问题，进行口述。

第一题满分3分，第二题满分1.5分，第三题满分0.5分。三道题，满分共计5分。

这种口试的特点，或者说难点在于，你不仅要熟悉教材，烂熟于心，还要有较好的语言表达能力，也就是口才。即便你对教材很熟悉，吃得相当地透，但茶壶煮饺子，倒不出来，或者结结巴巴，讲得不清不楚，表达得不到位。那么，肆业证就会向你招手。

如此阵仗，沈志平岂敢掉以轻心？

形势逼人！

如果说，头两年的大学校园生活，沈志平有点儿优哉游哉，那么，大三、大四，他可真是一心扑在了学习上，说"头悬梁、锥刺股"，也许有点夸张，废寝忘食，却是真实写照。

关键时刻，兴趣与前途，孰轻孰重，沈志平头脑清醒，不忘初心，拿捏得十分到位，一点儿也不糊涂。

毕业实习，3人一组。沈志平和同学朱桂琴、阎家明结伴，来到地处黔东的万山汞矿实习。

带他们实习的，是冯启德老师。

实习中，细心的冯老师发现，沈志平聪明好想，专业基础挺扎实，但不大喜欢地质，精力不太集中，心有旁骛，便语重心长地开导他：人的一生，兴趣和工作能结合起来，当然求之不得。但许多时候，两者往往难以吻合。这时，我们要做的，就是把兴趣转移到工作上来，两者高度融合，有机统一，才能有所成就。如果三心二意，东一榔头西一棒，到头来，势必一事无成。

听了冯老师苦口婆心的谆谆教诲，沈志平从未有过地震动了。

万山汞矿的夏天有些炎热，好几个夜晚，同室的同学早已进入梦乡，沈志平却辗转反侧，怎么也睡不着。他将冯老师的教导电影般反反复复，来来往往地在大脑的屏幕上播放闪回，一字一句，仔细咀嚼，认真思考，觉得字里行间，洋溢着冯老师慈父般的关爱，掩藏着一颗恨铁不成钢的炽热师心。

沈志平打小崇尚"知行合一"，是个说一不二、说干就干的人。既然想通了、想开了，就会义无反顾，一往无前地践行。

打这以后，沈志平发生了彻彻底底的改变，心无旁骛，把所有的时间、精力，都转移和投入到地质学上来，简直像换了个人似的，令人刮目相看。

冯老师看在眼里，喜上眉梢，情不自禁地露出欣慰的微笑。

半年后，毕业实习结束。

紧接着，就是由周德中教授主持的毕业论文答辩。

沈志平胸有成竹，引经据典，不慌不忙地回答周教授和其他老师不按常规出牌的一系列提问，让老师们不停地点头额首，表示肯定。

最终，沈志平以满分5分的优异成绩，为自己4年的大学生活画上了圆满的句号，信心满满地与母校作别，踌躇满志地走出蔡家关。

志趣之间，如何抉择，他交出了完美的答卷。

牛刀小试

1982年1月20日，沈志平拿着报到证，到贵州省冶金设计研究院报到。

这是他人生的一个关键节点，他至今仍清楚地记得这个日子。

20世纪80年代初，国家对大中专应届毕业生实行包分配政策。这种分配制度的优势是，所有大中专学生毕业后，根据其专业去向，都有相对应的工作单位。区别在于单位的大小，地区、环境条件的差异等等。比如，医学生一般都会分配到医院，或者与医学相关相近的单位，不存在"失业"风险。不足之处是，大多数人有可能一分定终身，几乎没有选择的余地和机会。不像现在的大中专学生，全都自主择业，专业不一定要求对口，还可以双向选择，不耐烦干了，就炒老板鱿鱼，早已不是什么稀罕的事儿。

贵州省冶金设计研究院成立于20世纪1958年，地址在油榨街附近，贵钢旁边。从这个意义上说，沈志平相当于"回乡"工作，离家挺近，可以在家里吃住。

报到时，人事科王祥成科长给了他两个选择。一是岩矿鉴定，即矿物研究；二是矿山设计。

"好好想一想。"王科长微微一笑，郑重其事地说，"你到底喜欢干什么？"

"好！"沈志平说，"我想一想哈。"

自己喜欢干什么？面对王科长的提问，沈志平没有立即作答。他深知，这个最初的看似不经意的抉择，听起来就是一句话，却有可能影响他人生的志向，甚至成败得失。

于是，就在王科长办公桌前，沈志平高速开动脑筋，琢磨开了。

他觉得，两相权衡，矿物研究比较精深，但范围相对较窄；矿山设计，虽然看似没那么高深，但范围要广泛得多。而范围广，则与自己兴趣比较广泛的性格相吻合，今后，也许会有较大的发展空间。

"王科长，我选择矿山设计。"思索片刻，沈志平胸有成竹地说。

"是吗？你想好了哈！"王科长关切地问，"可别后悔哟！"

"想好了。"沈志平毫不犹豫地回答，"我不会后悔的。"

于是，初出茅庐的大学生沈志平，成了贵州省冶金设计研究院设计室的一名新人，开启了自己漫长的职业之旅。

俗话说：头三脚难踢。

就刚参加工作的沈志平而言，在人才济济、高手如云的省冶金设计研究院，他不过是一只乳臭未干的"菜鸟"，没人会挂在心上，当回事儿。沈志平呢，年轻单纯，涉世不深，不会在意水有多深多浅，也不会琢磨别人的言语和脸色。他唯一的念头是，既然走上了工作岗位，就要力所能及地做点分内的，或者自己喜欢做的事，至于成败与否，另当别论。

正是这种平和的心态与由衷的敬业精神，让入职不久的沈志平，很快地便在单位崭露了头角。

说来其实也很简单，或者说是顺势而为。

前面说过，沈志平在万山汞矿实习时，开始似乎漫不经心。在冯启德老师的谆谆教诲和耐心启发下，发生了很大转变，一心一意地投入地质专业。他全身心投入的收获，就是有意无意地收集积累了一大堆实习资料。当时，兴许仅凭兴趣和直觉，觉得这些东西很有意思，便悉数收入囊中。

参加工作了，有了闲暇，更多的是有了回首的动力，沈志平便计划每年写一篇论文，总结当年的工作和学习成果。于是，产生了整理这些资料的兴趣。

1982年岁末，院里接到中国地质学会发来的论文征集通知，沈志平看到通知后，非常兴奋，又重新对大学实习期间收集的资料进行整理和研究。经过2个多月的努力，终于完成《从汞的供求关系谈我国汞矿地质的出路》一文。

文章写好了，他找了个有院里落款的牛皮纸大信封装好，买了一枚8分邮票贴上，便投入了路边的邮筒，寄给了中国地质学会矿产资源综合利用第三次学术讨论会论文征集委员会。

然后，上班下班，该干什么干什么，早将这事儿忘到了脑后。

1983年夏末初秋，他突然收到一份《通知》，是中国地质学会资源综合利用第三次学术讨论会会议通知，会议将于9月中旬在福建厦门鼓浪屿召开，他的论文入选，特此邀请他与会。

一时间，院里炸开了锅。

是啊，一个上班没几天的毛头小子，居然写出了论文，而且，荣幸受邀，参加中国地质学会的学术会议，这在看似平静如水的省冶金设计研究院，无异于投下一颗重磅炸弹，这是多大的荣耀啊！

惊奇之余，甚至有人质疑，可能么？

然而，白纸黑字，言之凿凿。有原始资料，有底稿，不信也得信。

实际上，沈志平也是一头雾水，他做梦也没想到，天上又掉下馅饼，再一次砸到他头上，喜事儿，居然来得这么快。

好在，震惊归震惊，议论归议论，院领导还是爱才惜才的。虽然花儿开在墙外，但毕竟开花了，且香气扑鼻，再怎么说，也要支持。不过，据说因为资料可否外传的问题，还是有些阻力的。

23岁的沈志平，出席了在厦门鼓浪屿召开的全国地质学会学术会议，成了最年轻的与会者。

贵州参加会议的仅仅3人。除了沈志平，还有贵州铝厂矿山处工程师汪襄生、贵州铝厂矿山处时任副处长王金泽。与他俩比较，沈志平无论资历还是年龄，都是名副其实的小字辈。

鼓浪屿之行，无疑使年轻的沈志平开阔了眼界，深感学无止境，天外有天，在科学研究这条艰难曲折的道路上，永远没有止境，没有顶点，必须勇往直前，矢志不移地奋力攀登，从而激发了进一步学习研究的恒久动力。

毫无疑问，出席鼓浪屿全国学术会议，让沈志平在业界有了点儿"名气"。假如这个说法对一个年轻人来说，似乎有点儿夸张和溢美，最起码，他给业界留下了深刻印象，许多人知道，在贵州省冶金设计研究院，有个很有些见地的年轻人，名叫沈志平。

1984年，全国冶金系统设计院采矿情报网会议提议，由冶金工业部、中国有色金属工业总公司、化学工业部、国家建筑材料工业局、核工业部等5个部门组织31个设计研究单位、约300人编写《采矿设计手册》，旨在总结新中国成立以来采矿设计经验和国外采矿技术，为国民经济发展服务。会上，要求报选题，沈志平选了汞金属采矿设计。于是，《采矿设计手册》编写会议，又点了他的将。

回来后，他多次深入各地汞矿，实地采访，收集了大量的第一手资料。然后，撰写成文。

后来，这篇稿子荣幸入编。

旗开得胜，尝到甜头的沈志平，马不停蹄，一鼓作气地做了贵州冶金矿产资源的现状研究。

由此，他大胆地提出，省冶金设计研究院仅靠贵州冶金矿产资源，养不活自己，应该向外发展。同时，要改变现状，拓展拓宽业务发展方向。

一石激起千层浪。

沈志平的观点，顿时引起热议。但院里对此不置可否。

1985年5月，沈志平成为一名中共党员，他感到自己身为科研工作者，使命光荣，肩上的担子更重了。

1986年，沈志平尝试着转向，搞工程勘探。

岂料领导对此大为光火。他为自己的"不听话"付出了代价，受到全院通报。

1985年至1992年，由于种种原因，单位的活儿少，基本没事干。尤其1988年，整整一年，什么活儿也没有。许多人要么到处闲逛，要么栽花种草，要么沉溺"方城大战"，一个个无所事事，却心安理得。

1990年，已经成家有了孩子，可又闲不住的沈志平，在油榨街开了家小吃店，名之"豆花面馆"。刚开始时，没有生意，每天都在亏本，弄得他心急火燎，坐立不安。于是请了一个厨师，两个伙计，自己每天围着菜市场和小店灶台转，甚至放下"小老板"的身段，加入伙计的行列。

为了提高洗碗效率，他还总结出一套"标准"流程。

具体方法是：预先准备两个较大的容器，放置适当的水，其中一个加入适量的洗洁液。首先，拿起要洗涤的碗，放入加了洗洁液的容器中，左手拇指按住碗口边沿，其余四指按住碗底；其次，右手用洗碗布沿着碗的内壁旋转一周，洗碗布靠近左手拇指时，左手顺势移位，避免左手位置漏洗；其三，右手洗碗布完成碗内旋转后，顺势在外部碗底旋转一圈；随即，将里外都旋转了一周的碗，放入盛有清水的容器中清洗；最后，用事先准备好的消过毒的干洗碗布，按照前述3个步骤的动作如法炮制，擦干，放入消毒柜中。

整个洗碗过程，如行云流水，一气呵成，3个洗刷步骤，10秒内就能完成，大大提高了洗碗效率。

"沈氏快速洗碗法"深受伙计们欢迎，很快地便推广开了。

由此，大伙也深深感受到，沈老板点子多，是个想干事、能干事、认认真真干事的人。有这样的老板，"豆花面馆"的生意，肯定会兴隆起来。

果然，经过3个月艰苦不懈的努力，小店总算开始盈利，沈志平终于尝到了努力创业的甜头。

这时，沈志平想，小店虽然有了利润，可个人前途在哪里啊？我一个大学生，科研工作者，再这样下去，要不了多久，人就彻底废了。对不起党和国家，对不起父母家庭，也对不起自己啊！

于是，沈志平放弃了下海经商的想法，回到单位努力工作。

既然单位没活干，那就主动出击，自己找活干。他怂恿10个志同道合的工程技术人员，明里暗里地干起了工程勘察的行当。好在，小领导同意，大领导呢，睁只眼闭只眼，虽是小打小闹，不成气候、不成规模，但有活可干，心里踏实，日子呢，也过得充实多了。

　　没过多久，终于迎来了转机。

　　1988年，贵钢总工陈泓出任省冶金设计研究院院长。

　　1992年，沈志平再次向他陈述了自己的观点，终于得到了陈院长的支持。

　　水到渠成，瓜熟蒂落，院里欣然同意：成立工程勘察所，沈志平出任副所长。副所长，当然大小也是个官，但更多的是，要负责任，要带头干活。

　　沈志平清楚地记得，他们正式接手的最早的工程，是贵阳针织厂新建主厂房工程勘察，钻探总进尺1000米左右，麾下不到10人。

　　他身兼数职，既是设计者，又是领导，还是实际操作干活的工人。拿出设计，安排停当，所有的活都跟着干，带头干。经过"上山下乡"的历练，他电工、电焊工、泥水工都很熟练，拿得起、放得下，可与专业工人媲美。甚至，令不少专业电工望而生畏的三相电带电作业——搭火，他也自己干。

　　室内室外各一周，总工期仅仅半个月，全体员工夜以继日，奋力拼搏，以闪电般的速度，拿下了这个工程勘察项目。

　　其间，沈志平三天三夜没合眼。

　　甲方表示：十分满意。

　　结果，勘察所成立后承接的首桩工程，圆满收官。刨去成本人工等开销，净赚1万多元，可谓开张大吉。

　　第一炮打响，声誉信誉与时俱增。

　　打这以后，随着技术与实力的增强，贵州所有岩土类型工程，他们都能做，都可以悉数收揽。工程勘察资质，经过6年的摸索积累，从丙级升到甲级。

　　时光的年轮转到1998年5月，一种新生事物在黔中大地涌现，风靡一时，那就是：民意测评，由职工推荐海选领导干部。具体到省冶金设计研究院，可以推荐海选副院长。

　　此前，已任院勘察所副所长的沈志平，因业绩突出，受到众多职工拥戴，推举他出任副院长的呼声不是一般的高。

　　在许多人看来，这是个千载难逢的好机会，可面对天上又一次掉下来的馅饼，沈志平却相当犹豫，甚至困惑。在其位，就要谋其政，肩上的担子陡然加重，责任，也就更加重大了。况且，他是个不干则已，要干就力求干好的人，用时下的话说，就是拒绝"躺平"，这势必要耗费更多的时间和精力。还有，倘若遵从民意，领导也首肯，出任副院长，按照当时的相关规定，得降薪，每月只拿1000多元工资，升官，不"发财"。而在勘察所副所长任上，年薪3万多，差距之大，他不可能等闲视之，那可是一堆现钞呀！

套用一句口头禅，沈志平展开了激烈的思想斗争。

为什么当这个副院长？能不能当好这个副院长？好几个夜晚，他辗转反侧，苦苦思索。他明白，这是他人生的十字路口，或者，又一个重大转折点，何去何从，必须尽快做出正确选择。说白了，自己之所以犹豫，其实就是个价值取向问题，在社会价值与个人经济利益面前，如何取舍？是的，钱是个好东西，没有钱是万万不能的。如果遵从民意出任副院长，自己会少很多钱，可也不是过不下去呀！何况，挣钱这等事儿，何时是个头呢？挣多少钱，才会满足？假如出任副院长，也许可以为单位、为职工挣到更多的钱，让大伙的腰包都鼓起来，何乐不为？普惠，不是自己向往已久的愿景么？既然有这么个施展身手、实现理想抱负的平台，还犹豫什么呢？

一连串的扪心自问，沈志平终于想通了，欣然接受民意，选举圆满成功。随后，省冶金厅行文，下达了任命。

时年，沈志平38岁。

一年后，即1999年5月，老院长袁余胜光荣退休，省冶金设计研究院副院长沈志平顺理成章地主持全院工作。

主持全院工作没多久，沈志平前往北京，参加一个体制改革方面的会议。其间，有幸结缘省建设厅总工高国富。没想到，虽萍水相逢，三观却相当契合，很是投缘，不禁彻夜长谈。

沈志平敞开心扉，说了自己新官上任的境况，并虚心地真诚讨教，如何开展工作才好？

高总语重心长地说：年轻人，一要行得正，坐得稳；二在钱上，一定要看得开；三要把自己的意志或想法，变成文字，让全院形成共识，付诸行动。

沈志平听了，很是感慨，深受启发。

回到贵阳，院里很快形成了院发第44号文件，主要阐述的问题是：下一步怎么办？主要观点为：市场就是专业，院里所有的工作，都要按市场需求来干。院里现有的所有中层干部（骨干），必须做到"三要"：一要吃大苦，二要耐大劳，三要吃大亏。前面"两要"不难理解，第三"要"，文件做了解释，或者强调：今天的吃亏，意味着明天的希望，吃亏，是暂时的。

如果说，上面这些精神条文，似乎限于理论的层面，多为鼓劲务虚，有点和风细雨的味道。那么，紧接着的"3＋X"，就是实打实的硬货，动了真格的，山雨欲来风满楼了。

何谓"3＋X"呢？

其一，所有不需要的实验室和实验设备，全部撤掉；其二，所有中层干部，全部调整；其三，所有水电设施，全部改造。X的本意是未知数。文件特意加以阐述：按市场规律办事！何为市场规律？对于省冶金设计研究院大部分从未进入过市场的职工来说，无疑是一头雾水。

这个"3＋X"的模式，结结实实地让院里炸了锅。

别的不说，就改造水电设施来说吧，这么多年了，水电失修，家庭用电很难公私分明。但有人就不以为然，虽不时有些大大小小的毛病，还能对付着用嘛！一下子砸10多万搞水电设施改造，有必要吗？有价值吗？

沈志平的解释是，正因为时间长久，管线老化，跑、冒、滴、漏严重，才要投资改造，一户一表，眼下看起来是投资，长眼看，却是收益。更重要的是，要改革和发展，必须有坚实的后勤保障，解除后顾之忧。

那段时间，沈志平成了议论的中心和焦点人物。有的老太婆遇见他，甚至卟卟卟地吐口水。可他不气不恼，依然面带微笑，点头致意，并不计较。

谁叫你触动了别人的利益呢？他一边擦身而过，一边暗自思忖，也许，这就是改革的阵痛吧！

单凭由旱涝保收的事业单位，转变成主要靠自我拼搏创收的科技型企业，压力陡然增大，危机感不时存在，许多人就一时半会想不通，转不过弯来。

沈志平实施的改制改革，无疑是成功的。

限于篇幅，不再赘述。

无论是改革改制的义无反顾、勇往直前，还是转型的大功告成，打造面貌一新的省冶金设计研究院，都不过是小试牛刀。

胜券在握的沈志平，养精蓄锐，卧薪尝胆，仿佛一匹志在千里的骏马，期待驰骋广阔的原野，一展雄风；宛如一只羽翼丰满的大鹏，渴望翱翔无垠苍穹，一飞冲天。

脱颖而出

人生有许多机缘，企业也如此。

能否抓住机遇，搭建更高更宽广的平台，创造更大的经济效益和社会效益，加快自身发展的同时，提高企业的知名度和美誉度，取决于平日间是否做好了准备，取决于公司决策者是否具有高瞻远瞩的战略眼光。换句话说，你是不是一个有准备的企业。否则，就算机缘扑面而来，也会失之交臂。

从这个意义上说，贵州正业国际工程企业管理集团有限公司，就是个有准备的企业，他们抓住了承担"中国天眼"（FAST）开挖系统工程设计这个千载难逢的机遇，在这个既陌生，又高端，充满无限可能和挑战的广阔平台上，尽显身手，大展宏图。

在此，有必要将贵州正业国际工程企业管理集团有限公司的由来，做简单的介绍，以免产生突兀之感。

前面说过，沈志平任院长后，贵州省冶金设计研究院通过改革改制，打破坛坛罐罐，发生了前所未有的变化。

企业运行操作过程中，他深感接触面相对较窄，再就是，原名也有点局限，市场认可度不高，容易遭人质疑。冶金设计研究院嘛，何以涉足建筑、市政、环境治理等行当？抢别人的饭碗啊！

似乎名不正，言不顺。

为名正言顺地走向市场，拓展业务，沈志平想到了改名。起什么名好呢？众说纷纭，莫衷一是。

议论纷纷中，一向恋旧的沈志平，蓦然想起，改制前，冶金设计研究院隶属贵州省冶金厅，冶金，是他们这些人的出发点，是根，是娘家。虽然他们为适应市场需求，在前进的路上，有了很多新的拓展，但初心依旧，根本还在，那就是，振兴冶金。于是他灵光一闪，振兴冶金，前后各取一字：振冶。取其谐音，不就是正业吗？对，公司新名就叫"正业"。

他兴致勃勃地将自己的想法告诉大伙儿。众人一琢磨，哇塞，还真是这么回事，很快便达成了共识。

2009年1月，贵州省冶金设计研究院整体更名为：贵州正业工程技术投资有限公司。公司从单向服务，转向集规划、咨询、设计、勘察、监理、检测、造价、新材料研究开发于一体，全方位、综合性服务，走国际化EPC模式，即受业主委托，按照合同约定，对工程建设项目的设计、采购、施工、试运行等，实行全过程，或若干阶段的总承包。

2016年2月1日，贵州正业工程技术投资有限公司再次重组成立集团公司，命名为：贵州正业国际工程企业管理集团有限公司。

法定代表人：沈志平。同时，启动上市进程。

新公司不仅名字有异，内涵与实质也有了根本的改变，形成了规模更大的下辖5家子公司的集团公司，即：贵州正业工程技术投资有限公司、贵州正业高新技术投资有限公司、贵州正业海外工程投资有限公司、贵州正业龙腾新材料开发有限公司、贵州任之和人力资源管理公司。

其实，公司未更名和组建集团公司之前，已接手"天眼"开挖系统工程，公司有缘"天眼"，纯属机缘巧合。

机遇源自"二平"，即殷跃平、聂跃平。有趣的是，这两人的姓名，三个字中，竟然有两个字相同，除了姓氏不同，名均为："跃平"。更巧的是，殷跃平和聂跃平均毕业于贵州工学院。殷跃平与沈志平是同窗，聂跃平早一届，正儿八经的大师兄。而沈志平的名字，竟也有个"平"。

有人戏谑：仨"平"一台戏。这戏，自然是好戏！

说说沈志平同窗殷跃平。

殷跃平系自然资源部地质灾害技术指导中心首席科学家，中国环境监测院副主任，兼总工程师，研究员、博士生导师、著名地质灾害专家。曾荣获国家科学技术进步二等奖、李四光地质科学奖、中国科学院杰出科技成就奖等。

2013年11月，在日本京都大学召开的国际滑坡协会第十二次理事会上，殷跃平曾当选第三届国际滑坡协会主席。

作为我国工程地质与地质灾害防治学科领军人，其发展了以易滑地质结构控制为核心的防灾减灾理论和工程技术体系，解决了西部复杂山区和三峡库区地质灾害防治系列关键技术难题，支撑了全国地质灾害防治工程的实施。

这样一位大名鼎鼎、成果丰硕的地质专家，自然不会缺席以南仁东为首的"天眼"专家团队。

大约在2008年初春，"天眼"已确定选址平塘县克度镇大窝凼洼地。根据南仁东就地寻找一位工程地质专家的意愿，鉴于沈志平多年来取得的成果及在业界的影响力，殷跃平毫不犹豫地推荐了他。换言之，"天眼"邀请沈志平去做专家。

既在其位，就要建言献策。

在一次"天眼"开挖系统论证会上，沈志平在充分肯定大窝凼洼地作为"天眼"台址优越性的同时，就即将开始的"天眼"创建，谈了三点看法：一是排水；二是地质灾害防治；三是大射电望远镜，具体放什么位置（即后来所说的开挖中心）。没想到，他的发言引起了"天眼之父"南仁东的极大关注，认为他说到了点子上，当即予以肯定。

后来，贵州正业国际工程企业管理集团有限公司作为受邀单位，有幸参与了"天眼"开挖系统工程竞标。

沈志平深知，竞标，无异于一场没有硝烟的激烈争夺战。能否赢得胜利，凭的是综合实力。"天眼"这样史无前例的浩大工程，更是块难啃的"硬骨头"，必须严阵以待，扎扎实实地做足功课。

根据业主方安排，首先是现场考察参观。应国家天文台之邀，来自国内的多家设计公司参与现场考察。

现场考察后，部分公司知难而退。

第一轮邀请招标，受邀单位共5家，贵州正业工程技术投资有限公司入围。

第二轮竞争性谈判，参加单位3家，贵州正业工程技术投资有限公司也在其中。

第三轮公开招标，中铁西北设计研究院有限公司、贵州正业工程技术投资有限公司、贵州交通规划勘察设计研究院、贵州省建筑设计研究院参加竞标。

最终，贵州正业工程技术投资有限公司脱颖而出。

多年后，回首当年竞标的全过程，沈志平依旧记忆犹新。

公司之所以脱颖而出，取得这场短兵相接的争夺战的胜利，除了机缘，靠的是科技实力和公司相关部门全方位的充分准备，身为公司"一把手"，沈志平更是身先士卒，倾尽心血，竭尽全力。

概括起来，正业胜出的原因，主要有三：

一是竞标团队整体实力较强，所做方案切合大窝凼洼地实际，具有合理性；二是设计理念和技术具有先进性，用的是三维仿真技术；三是投标图纸全面、细致、准确、扎实。

当年，用三维仿真技术做"天眼"开挖系统设计，正业是第一家，也是参与投标公司中唯一的一家。以致连学识渊博、见多识广的南仁东博士都感到吃惊，他没想到，在地处边远的贵州，居然有这样出类拔萃的团队，能够运用如此先进的设计理念与科学技术。

其实呢，南老有所不知，领风气之先的正业国际，此前做"首黔"工程时，就已经开始运用时尚的三维仿真技术。

业内有句行话：图纸是工程师的语言。

对懂行者而言，许多时候，并不需要太多的语言表达，抑或说明，图纸递过去，别人一看，就知道你想说什么、讲得如何、达到什么层次。所谓内行看门道，讲的就是这么回事儿。

时过境迁，当年参加过"天眼"开挖系统设计招标的人，大多都还记得，正业竞标时绘制的图纸、标书文本，堆在一起，有一米五六高。因过于沉重，只好找来手推车，将这一米多高的图纸和标书，运至现场。别的公司呢，最多的也就高达四五十公分。差异之大，一目了然。所下功夫之深浅，可想而知。

功夫不负有心人。

如此广泛深入的研究，如此全面细致的"备课"，基本上满足了"天眼"开挖系统建设的所有要求，于是乎，贵州正业国际工程企业管理集团有限公司，在紧张激烈的竞争中脱颖而出，"天眼"开挖系统设计工程花落正业，也就是水到渠成、众望所归的事了。

正业国际"天眼"（FAST）台址开挖系统岩土工程设计投标方案，得到了中国科学院国家天文台的高度肯定。

FAST工程首席科学家、总工程师、"天眼之父"南仁东，对正业国际投标方案的评价，赞美有加："这个投标方案，很切合FAST的最初构想。"

撑起"天眼"

成功竞标"天眼"开挖系统设计，欣喜之余，沈志平却相当冷静，甚至感到前所未有的压力。

这样一个举世瞩目、世界无双，没有成功经验可借鉴，容不得半点闪失的浩大工程，竞标成功，不过是万里长征走了第一步。要把纸上的蓝图，变成克度镇大窝凹洼地里的宏伟现实，还会碰上多少困难？有多少拦路虎？

按照南仁东的说法，FAST工程的建设遇到了许多前所未有的难题。

因为通常施工，尤其在喀斯特山区，都会避开洼地，唯恐不及。"天眼"呢，却反其道而行之，非但不回避，还要在大窝凹洼地里大做文章，难度多大，不言而喻。

沈志平要做的，是让公司上上下下拧成一股绳，增加科研团队战斗力，细化方案，一边科研一边做施工设计图，甚至直接到现场去做，以便采集更多鲜活的信息，不断优化和完善方案，保证将"天眼"开挖系统做成业主满意、经得起历史检验的优质工程。

也难怪沈志平压力山大，别的姑且不说，南仁东当时的要求是："天眼"既要比美国阿雷西博先进，又要比阿雷西博省钱。

一句话：既要马儿跑得好，又要马儿少吃草。

这个近乎苛刻的要求，谁不捏着一把汗？

不过，换位思考，沈志平倒能理解南老的理念，国家并不富裕，挤出点钱建造"天眼"，并不容易，既能把工程做好，又节约投资，何乐不为？

沈志平和他的科研团队，就是这个目标的践行者。

正业国际投标胜出，南仁东打心眼里认可。否则，他可"一票否决"呀。不过，认可归认可，还是有点儿不放心。怎么办？老科学家说一不二，从不含糊，一丝不苟的劲头一上来，当即便有了主意：好办，派人跟班监督，做到万无一失。

于是，南老派出由3名博士组成的FAST工程开挖系统优化团队。第一位是FAST工程开挖系统副总工程师石雅镠；第二位是主动反射面系统总工助理、现任FAST中心总工程师姜鹏；第三位是馈源支撑系统总工助理、现任FAST中心办公室主任潘高峰。他们从北京开赴贵阳，一头扎进正业国际，全程跟进，每一个环节、每一个数据，都不放过。

不过，没几天，他们发现，正业国际FAST开挖系统设计科研团队不仅敬业，也很专业，各项设计和数据，准确无误、细致入微，简直无懈可击。

跟了一个月，放心了，奉命撤了回去。

得到首肯，正业国际FAST开挖系统设计团队铆足劲，开足马力，很快进入了快车道。

一个个难关，被他们攻克；一只只拦路虎，拱手让道。

FAST开挖既是前无古人的艰巨工程，也是系统工程，涉及面很广。按沈志平的描述，主要有"三大技术"。

首先是如何确定开挖中心，抑或说开挖中心的选择。

众所周知，大窝凼洼地形似一口硕大无朋的锅，这锅的上口900余米，底部直径不到100米，高差360米。那么，大射电望远镜怎么安放，中心点，也就是锅底的准确位置，应在哪儿？这是开挖系统的关键一步。放得越深，电波受到的影响越小。因为FAST接收的宇宙射线是无线电波，干扰越大，接收到的无线电波就越会受到影响，灵敏度会大打折扣。左一点儿、右一点儿，高一点儿、低一点儿，都会对望远镜的建设产生影响。因此，必须选择性价比高的中心位置。

"中心"何以如此关键？

我们知道，台址大窝凼的包络形状，非常接近FAST反射面球冠，但自然形成的窝凼洼地与反射面球冠，不可能丝丝入扣，高度吻合，必须经过精细的开挖和修整，才能更好地契合大射电望远镜的安装要求。

因此，在FAST项目待建的台址开挖、主动反射面、馈源支撑、测量与控制、馈源与接收机、观测基地建设六大系统中，台址开挖系统，无疑是六大系统的基础体系，是FAST项目建设和运行的基本保证，可谓重中之重。

FAST项目台址工程，要在岩溶洼地（大窝凼洼地）中，铺设由4355个反射镜单元组成的、半径为500米的球形反射面。反射面由宽12米，位于直径506米圆周上的50个圈梁支柱支撑；6个馈源支撑塔，均匀分布于直径600米圈梁同心的圆周上。

为满足大射电望远镜反射面、圈梁、塔基三部分结构的安装要求，需实现对岩溶洼地的合理有序开挖，以及土石方回填，而实现这一切的前提条件是：有一个正确合理的开挖中心。

所谓合理的开挖中心，包含合理的开挖平面坐标与合理的开挖深度。开挖之后，满足结构安装需求的同时，充分考虑大射电望远镜的整体建造成本，最大限度地降低开挖与边坡工程量。

然后，在合理开挖中心的基础上，进一步通过BIM模拟及仿真，合理确定50个圈梁支柱及6个馈源支撑塔的最佳位置。通过建立开挖中心选择多属性决策的数学评价模型，获取开挖中心选择时的最优目标区域。

在此基础上，对目标区域选择加密点，进行三维曲面拟合，建立目标区域的二元函数，通过二元函数的极小值，最终精确求解出最优开挖中心的空间坐标。

正业国际将以上科学方法，成功地应用于FAST工程，为台址的开挖建设，提供了科学依据和参数优选，从而使开挖系统建造，从最初预计的1.8亿余元投资，成功优化到0.89亿元，节省了约50%的建造成本，满足了南老既要比美国阿雷西博先进，又要比阿雷西博省钱的近乎苛刻的要求。同时，为大型岩溶洼地高效安全地综合利用，提供了新的理论依据，取得了专利。取得了经济效益和社会效益"双丰收"。

通常，预算都是要超过的，更何况FAST这样史无前例的浩大工程。但正业国际不仅节约了投资，且工程质量绝对一流。

其次，是FAST如何排水，或者说，建造怎样的排水系统。

先说说大窝凼洼地的构成。

大窝凼洼地是个总称。实际上，它包括大窝凼、小窝凼、南窝凼、水淹凼4个大型洼地。大窝凼是望远镜设备的建设场地，其底部原为稻田，地势平坦，底部标高840.9米。东面、南面斜坡中部以上，呈阶梯状石崖陡壁或陡坡，西面为陡坡。

其中的水淹凼，顾名思义，就是自然消水的地方。其底部标高735.5米，位于大窝凼洼地东侧，之间被峰丛分隔。上游罗甸大井地下河主管道，流经水淹凼，受地下河主管道涨水和大气降水影响，水淹凼每年被淹1~3次，成为地下河的补给区。不过，这些汇集的雨水，很快就从地下通道消退，积水退去后，水淹凼又露出真容。

通俗地说，若干年的地壳演变形成的克度镇大窝凼洼地，本身具有天生的庞大的排水功能。那么，在大窝凼洼地建造FAST项目，要不要另建排水系统，建什么样的排水系统？

这是正业国际面临的必须解决的一道难题。

当时，业主方的意思是，可以利用自然的排水通道。

乍一看，这似乎是个求之不得的好事，省力、省钱、省事儿。而且，这个办法，是业主方主动提出来的，顺水推舟也就是了。但沈志平却有点儿"一根筋"，并不领这个情，旗帜鲜明地表示反对。他认为，洼地容易蓄水，比如威宁草海，就是这样形成的。FAST项目排水使用原通道，排洪时有很大风险。如此"大国重器"，一旦被水淹没，后果不堪设想。因此，在原有自然通道的基础上，必须通过人工通道增强泄洪，流入地下的水，可以通过原有通道排泄。

对方一听，还真是这么回事儿呢！愣了愣，连连称是。对沈志平这种坦荡无私、一丝不苟、兢兢业业的胸怀，顿生敬意。

按照沈志平的思路，FAST排洪工程共设置了3道径向排水沟，2道环向截水沟。圈梁外侧，设置外围道路边沟，作为截流排水沟，收集外围降水。道路排水沟收集到的雨水，汇集到第一道径向排水沟，向下流动，流入第一道环向截水沟中。第一道环向截水沟在收集部分圈梁内降水后，继续下流，将积水输送到第二道径向排水沟。在圈梁区域内，依靠第二道环向截水沟与内侧螺旋路排水沟，作为辅助设施，收集圈梁区域内侧降水，并疏导外围来水。外围降水和反射面区域的降水，沿着第三道排水沟，最终排到反射面底部消能池中，底部消能池再经排水隧道，将降水排至水淹凼洼地，流入地下原有排水通道。

由此，完成一个山洪排水周期，周而复始。

从功能来看，环向截水沟以泄洪功能为主，径向排水沟主要分担每个区域降水，各司其职，协同排水。

通过环向排水沟与径向排水沟汇集的水，最终流入排水隧道中。排水隧道的坡降是5%，位于水淹凼洼地的排水隧道出口，高程为821.4米，该出口的位置与水淹凼洼地底部高差为83.9米，完全满足汇集降水自由流出的需求。

这些水排至水淹凼洼地后，经由洼地内的落水洞，排入大井地下暗河。为防止排水隧道阻塞，在大窝凼洼地底部隧道进口处，设置了兼有沉砂和拦渣功能的消能池。

如此一来，可谓环环相扣，万无一失，足以防御百年一遇的特大洪水。

FAST落成启用6年来的良好运行证明，其排水系统的创建，不仅确保了大窝凼洼地底部FAST重要仪器设备不会受到水淹而损坏，还能防止地表冲刷，保护洼地内的生态环境，一举多得。

"三大技术"的最后一项，是溶塌巨石混合体的处理，主要包括稳定性分析和加固技术。

何谓溶塌巨石混合体？

指的是可溶性岩石在各种物理、化学作用下，形成大型岩溶空间，失去稳定，产生崩塌、滑塌、剥落，形成大小不一的岩石碎块、岩屑，在自然力的作用下搬运、堆积形成的松散堆积体，属于典型的不良地质。由1米以上巨型岩块为主组成的这类地质体，地质灾害防治专家殷跃平等将其名为"溶塌巨石混合体"。

这是喀斯特岩溶洼地常见的一种地质现象，其工程地质条件非常复杂，FAST台址区所在的大窝凼洼地，也不例外。如若分析处理不当，导致溶塌巨石体失稳破坏，将对工程设备的正常运行和工作人员的人身安全造成巨大威胁。

就FAST台址区巨石混合体而言，块石尺寸多在1米以上，且块石相互堆积、咬合，导致其力学性质和变形破坏特征，与一般的土体和岩体有较大差异。

溶塌巨石混合体的处置，通常用的是有限元法与离散元法。

通俗地说，有限元法就是一种计算机模拟技术，可以在计算机上，用软件模拟某工程某问题的发生过程，而无须把它真正地做出来。其优越性是：在图纸阶段，就能在计算机上观察到设计出来的产品，以及将来在使用中可能出现的问题，不用待样品出来后再去检验，有效降低产品开发成本，缩短产品设计周期。

离散元法是专门用来解决不连续介质问题的数值模拟方法。它把节理岩体视为由离散的岩块和岩块间的节理面所组成，允许岩块平移、转动和变形，而节理面可被压缩、分离或滑动。因此，岩体被看作一种不连续的离散介质。其内部可存在大位移、旋转和滑动，乃至块体分离，从而可以较真实地模拟节理岩体中的非线性大变形特征。

由上述概念性叙述不难看出，两种方法的最大差异是，有限元法以连续介质为基础，离散元法则是非连续介质。

FAST台址区溶塌巨石混合体不存在连续介质。所以，正业国际FAST开挖系统团队采用离散元法，无疑是正确的选择。因为，离散元法不受变形量限制，方便处理非连续介质力学问题，有效模拟溶塌巨石混合体中块碎石转动、移滑等非连续现象。

这肯定是一种客观的、睿智的、科学的选择。

实际操作中，既有理论上的突破，也有良好的实施效果。

概而言之，主要有三：

一是通过分析圆形颗粒相对粒径下的主动土压力，得到了土压力大小、随颗粒粒径尺寸变化的规律曲线，并提出主动土压力作用点修正公式，可靠的计算结果更接近工程实际，从而修正了库仑主动土压力计算理论未考虑粒径尺寸效应的不足。

二是针对传统锚杆加固挡墙的不足，提出了"溶塌巨石混合体整体补强加固结构"，并推导了其抗滑稳定性和抗倾覆稳定性的计算公式，用于指导工程设计。

三是针对FAST工程中，存在局部失稳可能的溶塌巨石混合体，提出了"微型组合桩群支挡结构"。同时，采用UDEU和有限元法，对溶塌巨石混合体进行稳定性分析。然后，对加固后的溶塌巨石混合体进行整体安全系数计算，结果表明：安全系数由加固前的1.20，提升到加固后的1.483，加固效果明显。

总而言之，正业对FAST台址区溶塌巨石混合体进行了针对性分析，并成功治理了台址内多处溶塌巨石混合体。与此同时，对类似的工程具有很好的指导意义。

由此可见，"三大技术"的运用实施，是FAST开挖系统工程的关键环节。

当然，FAST开挖系统既然是工程，就是一个有机的整体，其他关键技术也必不可少，如下拉索拉应力对球冠形边坡稳定性的影响与研究、超高边坡稳定性及动力响应特征分析、开挖系统长期稳定性分析研究、开挖系统灾害预警系统建立等等。

正业国际举全公司之力，上下一心，尽锐出击，FAST开挖系统科研团队在董事长沈志平带领下，勇于进取，奋力拼搏，用科技、心血和汗水，撑起了举世无双的"大国重器"——"中国天眼"，为国家重大项目建设做出了卓越贡献。在中国科技史和天文史上，书写了浓墨重彩的一笔。

用沈志平的话说：为有幸成为"中国天眼"六大系统中一个系统的主要设计研究人员，感到非常荣幸，能取得良好的成绩，离不开国家天文台FAST工程团队的支持，比如郑晓年、朱博勤、李颀等，都给他留下了终生难忘的美好回忆……

这，无疑是肺腑之言。

团队灵魂

一个公司，不论大小，都是一个团队。

既为团队，团结协作、共同发力，当是关键之关键，立命安身之本。

沈志平身为正业国际"一把手"，其才情学识、胆识运作，公司内外，常常为人称道。但在他看来，一个人即便再能干，浑身是铁，也打不了几颗钉。公司董事长也好，老总也罢，也就是个"火车头"而已。重要的不是自己跑得多好多快，而是要让身后长龙般的列车，多拉快跑，飞驰开来。

在搭档余能彬、孙洪，部下余永康、许竹竹眼中，他们的老总沈志平，就是个勇于开拓创新、富有凝聚力、以身作则、马力强劲的"火车头"。

现任正业集团总裁余能彬，名如其人，看上去文质彬彬的，浑身上下，透出儒雅干练、睿智通透的气质，极富亲和力。

余能彬1988年到省冶金设计研究院，比沈志平晚到了6年。

说起沈志平的往事，余总裁记忆犹新，娓娓道来：

"沈院富有开拓精神，敢想敢干，早在1992年，就带着一帮年轻人，转型搞工程勘察，走出了困境。不过，当时涉及面较小，规模不大。

1999年当院长后，他鼓励全院走出去，面向市场。市场需要什么，就干什么，围着市场转！为什么要鼓励？原因挺简单。以前我们是事业单位，围着冶金转，具体来说，就是为贵钢、水钢、贵绳、遵义铁合金等冶金企业服务。冶金设计研究院，为钢铁企业服务，倒也名正言顺，没错！问题是，随着改革开放的深入，就显得太单一、太单调了，常常没活儿干。更要命的是，已经有了生存危机。如果不打破坛坛罐罐，尽快转型，拓展业务范围，重新整合，必然被时代和市场抛弃。"

当然，那时候，许多人看不见这种危机，他们仍旧在事业单位'等、靠、要'的'舒适区'，心安理得地享受快乐时光，浑然不觉危机正扑面而来。也许，沈院的过人之处，就在于居安思危，于无声处听惊雷，具有远见卓识，在一片歌舞升平中，预见到暴风雨将不期而至。真的，当年我们冶金设计研究院的改革改制，无异于一场震级很高的大地震，那种转型的阵痛，没有经历过的人是难以体会的。好在，沈院挺住了，我们大伙儿，挺住啦！

贵阳三桥立交桥，是我们转制后接的第一单大型立交桥监理工程。沈院身先士卒，不仅亲临现场，还白天黑夜地守起、跟班，随时处理碰到的问题。最终，工程质量优良，受到业主好评。"

地处六盘水市的水钢15万立方煤气柜，遇到几十米高的边坡存在古滑坡体，有严重的安全隐患，直接威胁水钢及相邻六盘水城区的安全。受水钢邀请，沈志平亲自主持制订了工程检测及抢险加固治理方案。措施是，先成孔钻，然后植入锚索、锚杆、灌浆张拉、锁死张拉，从而改变滑坡体的受力结构，消除安全隐患，确保工程安全。现在仍在使用。

通过这个工程，既积累了经验，也为进一步转型、开拓更多更大的市场，赢得了良好口碑。

这些年，除了"天眼"，公司为人称道的项目还有不少，譬如"首黔"，就比较经典。

所谓首黔，即贵州首黔资源开发有限公司。

这是2009年初，在当时号召工业强省的大背景下，贵州首钢产业投资有限公司、贵州盘江精煤股份有限公司、贵州黔桂发电有限责任公司、水城钢铁（集团）有限责任公司，共同发起组建的国有大型工业企业。并在贵州省盘州市启动年产300万吨煤、钢、电、化一体化项目，项目估算总投资190亿元，地基处理及场平工程，总土石方量达1000万立方米。

正业接手这个工程后，在沈志平的亲自带领下，第一次引入先进的EPC模式来做。简单地说，就是以设计为龙头的总承包。当然，这个工程，最终因首钢战略调整，放弃了。但正业负责的部分，历时一年多，全部完工，并圆满达到预期。虽然有所遗憾，毕竟第一次吃到螃蟹，尝到了滋味儿，完成了从学习先进的EPC模式，到做好先进的EPC模式的转型。

正是在这个基础上，才有了后来的贵州宝能新能源汽车产业园项目地基处理及场平工程，依旧采用EPC模式，"一条龙"推进，因为有此前"首黔"摸索积累的经验，熟路轻车，就从容自如多了。所以，正业能在"天眼"开挖系统工程招标中胜出，得益于公司此前打下了坚实基础，积累了丰富的喀斯特地区工程地质经验。所谓"不积跬步，无以至千里"，我想，也许就是这个道理吧。

余总裁最后深有感触地说，2020年8月，集团党委换届，沈志平任集团党委书记，党政"一肩挑"。在其位，负其责，党建上他同样不含糊，同样舍得花大力气。时常强调，我们搞企业，当然要讲效益，要赚钱，但更重要的，是坚持党的领导，企业行为一定要和国家保持一致，服务于国民经济发展要求，这是企业存在与发展的最大价值。

早在2003年，沈院就用三句话，高度概括公司愿景，并成为全体员工的座右铭：

创造精湛的技术为客户实现价值。

创造优秀企业文化建设卓越团队。

创造最好经济效益满足职工需求。

"三创"的确立，明确了公司长远的奋斗目标，宛如浩荡春风，令人振奋，催人奋进。

余能彬到省冶金设计研究院工作4年之后，另一现任副总裁孙洪，也来到了院里的勘察所。

那是1992年仲夏，他刚从北京科技大学地质专业毕业，是一个22岁、朝气蓬勃、满怀憧憬的年轻人。

这时候，刚巧长他10岁的沈志平，已在省冶金设计研究院摸爬滚打了整整10年，有了工程师的头衔，成了学术带头人，还是行政上的"副头"，算是"混"出了模样儿。

上班没几天，大概是7月中旬，孙洪正准备参加岗前培训，沈志平叫人来喊他，说有事。他当时一头雾水，不知沈志平是何方神圣。但当时新兵一个，菜鸟一枚，只有服从的份儿。

于是，就认识了沈志平，沈工。

原来，沈志平知道他是地质专业毕业的，十分欣赏，特地召见了他。

接下来，孙洪没参加岗前培训，沈志平带着他去了工地，搞工程勘察。

孙洪当时的印象是，沈工穿得太朴素了，简直像个农村干部。但干起活来，马上就进入角色，一点儿也不含糊，不仅讲得头头是道，还亲自动手。他记得，工地上用的是100型勘探钻机，得用柴油机做动力，否则，钻机也就是一堆废铁，什么也干不了。那柴油机相当笨重，要把这笨家伙弄到钻机上，唯一的办法，只有人抬。孙洪觉得自己年轻力壮，应该没问题，便主动去抬发电机。岂料，用了吃奶的力气，却抬不动。沈工见状，一把将他拉开，自己亲自抬。与此同时，一有闲暇，沈工还经常与维修工人混在一起，帮着修理机器，弄得浑身上下油乎乎的。

孙洪暗自思忖，这就是工程师吗？工程师就这么干活？可铁的事实就摆在他眼前，沈志平就是工程师，他就这么干活！

时至今日，这第一次上工地的经历，依然历历在目，恍如昨日。

那工地就在市区的贵阳针织厂，有时候，早上四五点钟就起了床，大伙儿起早贪黑，拼命地干。孙洪虽学的地质，工程勘察却基本没接触过，什么都觉得新奇，什么都感到陌生。于是，沈工便手把手地教他，怎么鉴别岩石，怎么识别红黏土，耐心细致，循循善诱，一点儿也不保留，让他茅塞顿开，可谓名副其实的师傅。

千百年来，"教会徒弟，饿死师傅"的传统观念，根深蒂固。

有的科研单位，同事间相互封锁，各自为政，基本上没什么交流沟通，生怕泄露了什么秘诀似的。但在孙洪的记忆中，沈志平的观点恰恰相反。自己刻苦钻研的同时，肯教人，真正做到了诲人不倦。他常常说，每个人都有闪光的地方，教会徒弟的同时，自己也可以从他身上学到东西，相得益彰，双赢。

正因为沈工带了好头，当时，勘察所"传、帮、带"的学术氛围非常好，相互学习、共同进步，蔚然成风。即便是院外来的，只要有一技之长，他也放下身段，不耻下问，虚心求教。

有一次，来了个师傅，技术上很有几把刷子，沈工虚心请教，真诚地拜这人为师。这师傅表面看去，倒也随性谦和，见他态度诚恳，也讲了些表面皮毛的东西。其实骨子里蛮保守的，核心问题、关键技术，缄口不言。师傅金口不开，似乎也无可奈何，换个人早就打退堂鼓了。可沈工却不，倔劲儿钻研劲儿当即就上来了，不教是吧，那我自己钻研，你看我能整明白不！

沈工通过现场认真观察，刻苦钻研，终于搞清了症结所在，解决了难题。

原来，那地基一边是岩石，一边是黏土，容易产生不均匀沉降，导致房子开裂。处理办法是，土石置换。在黏土上加碎石垫层，岩石上加蠕变垫层，形成新的均匀的人工地基。这样，要么不再沉降，即使还会沉降，也是同时均匀沉降。

当年，孙洪副总裁是现场负责人。工程竣工后，观测了整整一年，稳定性很好，地基不均匀沉降的难题迎刃而解。

眼下，这个技术我们已经非常熟悉了，但当时，却是"老大难"。

有了成功的经验，再碰到类似问题，在沈工眼里，就不是问题，处理起来，触类旁通，从容多了。

1993年前后，地处贵阳跑马场的成都军区被服供应中心竣工后，山墙开裂，最大的裂缝宽度达2厘米。

顿时，新房成了危房。

该中心负责人慕名而来，找到沈工。

他现场勘察，很快便发现了问题。依旧是一边基础在土壤上，一边基础在岩石上，与前面说过的如出一辙。不同的是，沉降更为严重，地圈梁都开裂了。不过，沈工采用的处理方法，却与上次不一样，是他在一本书上看到的预试桩托换技术，但没实践过。机会来了，他决定大胆尝试，带领大家不仅做了加固施工图、施工组织方案，还亲自组装了市场上买不到的大吨位千斤顶，解决了自制施工机具的难题。

结果，果然大获成功。

沈工善于学习、敢于探索、勇于创新的精神，可见一斑。

那些年，金阳新区（现观山湖区）也有类似房子，也出现过地基不匀称的问题。

某地段一栋3层砖混结构新建楼房，竣工没多久，地基便开始不均匀沉降，同时房屋多处开裂，有人建议：拆除！

情急之下，业主领导慕名找到沈工，一边反应情况，一边诉苦：拆除，看起来蛮简单，可把房子拆了，也等于把我拆了！沈工听了，微微一笑，安慰他，没事儿没事儿，不用拆，我来想办法，你把心放到肚子里，正常上班下班，该干什么照样干什么。

沈工亲临现场一看，好家伙，地基一边是原状土，一边是回填土，不发生不均匀沉降，那才怪呢！怎么处理？这房子发生不均匀沉降的原因，与前面两个例子中不均匀沉降的原因有所不同，加固方法也不同。

当时，首次采用了树根桩加固技术这一新技术。说起来简单，但当时贵州还没有谁用过这种技术加固类似地基。咱沈工，独占鳌头啊！

跟着沈工干了这么多年，笔者的最大感受是，他眼里有科学，把许多平常的现象，用科学的眼光和精神去研究、探索、归纳，挺厉害的；再就是热衷科研，将生产与科研的关系，处理得挺好。在科研上，不吝投入，通俗地说，不怕花钱，舍得花钱。如"首黔"，仅科研费就投入1800多万元；再如"天眼"开挖系统工程，科研费花了3000多万元，而设计收费，不到1000万元，科研费高于设计费。表面上看，不赚钱；实际上，这是个辩证关系，科研成果出来了，技术先进了，带来的效益远远超过当初的投入。即，科研带动和促进生产。当然，有的企业家不一定这样算账，他们注重的，只是眼前利益。

因此，身为公司董事长，我觉得他既懂得经营，又善于经营。或许，这是正业国际蒸蒸日上的一个重要原因。

与余能彬、孙洪两位老总相比，年轻的正业国际第一勘测设计院技术副总监余永康，显然运气要好得多，抑或说，赶上了好时节。

2010年盛夏，出生黔东南榕江县，毕业于重庆大学土木工程系的余永康，辞别素有火炉之称的山城，来到爽爽的贵阳，幸运地成为正业国际的一名科学技术人员。

余永康心里，洋溢着由衷的喜悦。

在成千上万大学毕业生面临很大就业压力，不知何处显身手的当下，自己不仅幸运地拥有了专业对口能够施展才华的平台，而且是心仪已久的贵州正业国际工程企业管理集团有限公司，一家实力雄厚、业绩卓著、闻名遐迩的大公司。他心里的那股爽劲儿，仿佛中了头彩，高兴之余，踌躇满志，意气风发。

余永康确实值得高兴，2010年7月初，他刚到正业国际上班，接触到的第一个工程，就是"天眼"。

当时，公司主持的"天眼"开挖系统已经中标，正做优化和施工图设计。公司将科技人员分成道路、桥梁、排水、边坡、围堰等几个小组，分头设计，分工合作。然后，汇总形成总图。

核心内容是，开挖中心的选择确定和排水系统。

沈院是总指挥，除了协调调度，还要解决设计中碰到的困难和问题，全程跟着大伙儿一起干。

余永康虽初来乍到，却深得沈院器重，刚上班，就参加优化和施工图设计，安排在排水和边坡组。

因为是新手，有的东西难免陌生，沈院手把手地教他。比如，排水系统中，暴雨时洪峰流量的计算，他在重大读书时就没学过，脑海里一片空白。这时，沈院告诉他，可分区域设计排水通道，环行排水沟与径向排水沟相结合，在接点上，建一两米的消能池，等等。沈院一点拨，他很快掌握了要领，干得有声有色。

余永康觉得，像沈院这样的学术权威，在资讯发达的互联网时代，坐在宽敞明亮的办公室里发号施令，遥控指挥指挥，也就够了。让他没想到的是，沈院不仅身先士卒，长期扎在一线，为大伙排忧解难，而且亲临现场，靠前指挥，危、难、险、重的活儿一样没落下。

工程刚开始时，进场的道路没修好，清一色坎坷不平、坑坑洼洼的毛路，汽车走在上面，七歪八扭，就像跳迪斯科，坐在车里也东摇西晃，即便不晕车的人，也感觉憋闷得慌。

2010年8月的一天，沈院带着他们去现场勘察，快到大窝凼洼地时，因下了一夜暴雨，路边山上的石头滚落下来，横亘在公路上，根本没法通过。无奈，驾驶员只得停车。车刚停稳，沈院马上下了车，二话没说，便带头抱石头，大伙见状，自然不敢怠慢，七手八脚地，很快便排除了路障。

治理危岩时，沈院亲自带队，对"天眼"台址区的危岩体，一个一个地现场查勘，共提出128个具体处理意见。后来，这些危岩点，都得到了有效妥善处理，消除了隐患。

什么办法？一般是清除。如果清除可能影响上面岩体的稳定性，就进行加固，即锚杆锚固支撑。操作程序是，打洞、放置钢筋、灌注水泥砂浆。如此一来，危岩体的稳定性，就大大地增加了。

事实上，工程设计与现场施工，往往会有出入，或者误差。其实，这也是一种正常现象，主观与客观未必丝丝入扣，关键是如何调整，使设计与施工有机融合，高度吻合。在这方面，沈院实事求是的科学精神，大刀阔斧的决策与处置，给余永康留下了深刻印象。

最典型的是桥改路。

按原先设计，"大锅"旁边的环行道路，需要架桥。经实地反复勘察，反复对比，结论是：桥梁没有必要修，可改成修路。

沈院当机立断，在对路基稳定性充分研判的基础上，决定桥改路。

台址开挖结束后，"天眼"开始相关设施安装，正业国际的开挖系统设计，受到甲方好评，信赖度倍增。

圈梁所需的50根钢柱基础，甲方原委托其他单位设计。由于对地质条件不够了解，做出的方案不仅造价高，实施难度也很大。当时，双方虽已签订合同，但并未开工，甲方就此举棋不定。为慎重起见，特意征求沈院意见。他看了设计图，坦言：设计确实不合理。因为，圈梁支撑柱的基础都位于斜坡上，一是大型机械上不去，难以施展；二是开挖更大，造价更高。

沈院的意见，受到了甲方高度重视。最终，由南仁东亲自拍板，果断地将圈梁所需的50根钢柱剥离出来，交给正业国际来做设计。

正业国际的设计，完全满足了甲方的要求，得到充分肯定。

此后，机房、定滑轮、设备基础、拖运轨道基础等所有基础设施，甲方都交给正业国际来做设计。其中两条拖运轨道，各长五六十米，技术尤其考究。原因是坡陡，坡度大，修不了路，就算勉强修了，车也开不上去。最后，采用捲扬机作动力，上下运行，设备留下，运送车下来，循环往复，解决了难题。

在"大锅"外沿11点钟处，距FAST设施设备二三十米的地方，有个七八十米高的高大边坡，勘察设计中，发现存在地质隐患，需要加固处理。原设计单位方案是，准备用钢筋混凝土板全部覆盖支撑，投资1000多万元。沈院亲临现场察看，认为这不是好办法，既成本高，又破坏了山体生态和景观。他主张先将表面危石清除，然后铺设防护网。这样，即便有石头坠落，也可一网打尽，确保安全。投资仅花了100多万，实施效果很好。

上述过程，余永康均全程跟进，深受触动。

作为新人，他深深地感悟到，这些经历除了反映正业国际的设计能力，也映衬了沈院在科学面前坦荡无私。他并不因为怕开罪同行而罔顾左右，遮遮掩掩，甚至缄口不言，而是直言不讳，尊重科学，敢说敢当，令人肃然起敬。

"天眼"落成启用后，正业与"天眼"仍旧续缘。出于相知信赖，"天眼"的坡面防护、维保、地灾防治，都由正业国际继续承担设计工作，履行"售后服务"的职责。

伴随着"天眼"落成，年轻的余永康也茁壮成长。技术水平不断提高姑且不说，职称的不断晋升，就是明证。

2010年，他刚上班时，任助工；仅仅过了两年，也就是2012年，任工程师；又过了两年，荣获2014年贵州省优秀勘察设计一等奖的同时，"破格"评上了副高。2015年，余永康斩获全国优秀工程勘察设计一等奖。4年后，也就是2019年，他评上正高，也就是教授级高级工程师。

短短9年间，余永康从一名初入职场的"菜鸟"，实现了从助工到正高的"三级跳"。其间，他本人的天赋、才能、勤勉，自不必说，但正业国际良好的学术风尚，董事长沈志平和党政一班人尊重知识、重用人才的胆识气魄，也是关键一环。

余永康的成长与进步，除了自身的刻苦钻研、不懈努力，还得益于正业国际"传、帮、带"的悠久学术传统，更得益于董事长沈志平的培养、扶持、重用，不拘一格地奖掖后学。他的成长经历，无疑是正业国际众多年轻科技人员成长成才的缩影。

公司综合部经理许竹竹，说起沈志平，则是不同的视角。

许竹竹1991年毕业于贵州财经大学财会专业。1999年1月到省冶金设计研究院上班，如今是公司二级班子中为数不多的女性之一。

许竹竹把事务繁忙的综合部打理得井井有条，是个为人称道不可多得的"女管家"。

许竹竹说公司上下对沈志平的尊重与敬意，并不是无缘无故的，可以用数据说话。

1999年，她刚到公司时，年产值140万元；次年480万元；第三年，也就是2001年，年产值1000余万元，逐年递增。

2009年，公司改制、注册，吸收合并了省冶金设计研究院所有的机构。当年，公司产值翻跟斗似的增长，高达7000多万元。辉煌的业绩后面，是沈董不为人知的无私奉献和大量心血的付出。

"这么多年，我的感觉是，他不断有新的思路、新的举措，时常出新，不故步自封、停滞不前。他不仅是专业技术带头人，更是团队的灵魂人物。更难能可贵的是，沈董既抓公司的大事，也不放过员工的所谓小事儿。总是不厌其烦地教员工学习新知识，甚至从很小的生活习惯教起，诲人不倦，细致入微。"

2021年岁末，公司搬新办公楼。

小会议室的投影，沈董强调，一定要用大尺寸的小米电视机代替投影仪。既漂亮、清晰度高，又操作方便，维护保养也要简单得多。按原先的设想，职工食堂准备安排在一楼，进出方便。沈董听了表示反对，说职工食堂一定要安排在视野开阔、楼层最高的15楼。大伙辛勤工作后，登高望远，一边吃饭，一边欣赏窗外的风景，感受双龙新区日新月异的发展变化，轻松愉悦，心旷神怡，岂不是很惬意的事儿?

果然，顶楼就餐，望远登高，身心愉悦，员工交口称赞，一帮小年轻人，更是喜形于色，打心眼里感动钦佩。

言语间，许竹竹姣好清秀的脸庞，洋溢着尊崇与欣喜。

这就是沈志平，一个拼搏奋进、成果丰硕，心系公司千余员工，身为研究员的"老板"，既是正业国际的学术领军人，更是团队的灵魂。

回望"天眼"

弹指间，"天眼"（FAST）落成启用，已经6年了。

因其高灵敏度的优势，FAST已成为中低频射电天文领域的观天利器，充分发挥了巡天探宇、解密星空的巨大作用，取得了一系列重磅成果。

2022年1月6日，国际学术期刊《自然》以封面文章形式，发表了我国科学家利用"中国天眼"（FAST）获得的测量结果，为解决恒星形成的三大经典问题之一的"磁通量问题"，提供了重要观测数据。

一时间，引起全球天文界的震惊。

其实，自"天眼"问世以来，它的发现，并不仅仅限于此。有资料表明，发现脉冲星是"天眼"的主要科学目标之一。截至目前，"天眼"共发现脉冲星500余颗，成为自其运行以来，世界上发现脉冲星效率最高的射电望远镜。

所谓脉冲星，是中子星的一种，能够周期性发射脉冲信号，直径大多为10千米左右，自转极快。被称为"毫秒脉冲星"的短周期脉冲星，可与地球上最好的原子钟相媲美。

与此同时，我国科学家还开展多波段合作观测，开启脉冲星搜索新方向，并打开研究脉冲星电磁辐射的新途径。

其次，通过"天眼"探究宇宙奥秘，中性氢及快速射电暴探测取得了新进展。2007年发现的快速射电暴（FRB），是射电波段最亮的持续仅几毫秒的神秘现象，其在1毫秒的时间内，释放出太阳大约一整年才能辐射出的能量，疑为来自河外星系的脉冲信号。因其起源与物理机制完全未知，是当今天体物理领域最大的热点之一。

中科院研究团队通过FAST中性氢星系巡天，预期探测到10万个以上星系的中性氢谱线。目前，已完成数据处理相关工作，即将开始大规模的宇宙大尺度、局部宇宙、星系间、最邻近的星系等不同尺度巡天。

其三，FAST年观测时长超过5300小时，运行效率、质量不断提高，已远超国际同行预期，为FAST科学产出，起到重要的支撑作用。

2022年6月9日，国际学术期刊《自然》杂志刊载："中国天眼"（FAST）"多科学目标同时巡天"（CRAFTS）优先重大项目，发现首例持续活跃快速射电暴。

中科院国家天文台研究员李菂表示：快速射电暴被称作是引力波探测之后天文学最重大的发现，我们在这个新兴的领域首次发现持续活跃的快速射电暴，证明我们已经能够站在这个前沿的第一梯队。它推动我们去建设一个神秘现象的演化图景。

除了天文科研的丰硕成果，"天眼"（FAST）的建成，极大地促进了所在地平塘县旅游业的蓬勃发展。

"天眼"，已赫然成为景区。

"天眼"景区，号称"地球上可以看得最远的地方"。

伫立观景台，世界唯一的一口"大锅"尽收眼底，其宏大规模、磅礴气势、无限神秘，令人震撼遐想，流连忘返……

距"天眼"5千米外，一座天文科普小镇拔地而起，应运而生。

漫步其间，天文体验馆、天文时空塔、天幕商业街、天文科普带、球幕飞行影院、喀斯特生态公园、星辰天缘大酒店，相继扑入眼帘，令人目不暇接。从细小的灯饰动漫，到高大宏伟的建筑，无不充盈着浓浓的天文元素，充满时代气息和如梦似幻的天文科技感。

时光迈入2022年初，首批全国科普教育基地公示：贵州共12家机构入选，"天眼"（FAST）榜上有名，赫然入列，引领贵州方兴未艾的"科普游"。

每周五、周六晚上8时至9时30分，天文小镇宇宙之眼广场，天文时空塔两个观星点，灯火倏地熄灭，这时，现场工作人员协助观星爱好者架起天文望远镜，瞄准浩瀚星空，帮助他们观天看宇，尽享"摘星"的乐趣……

到平塘，到克度，"摘星"去！

这个美妙的憧憬，已成神州大地成千上万天文爱好者梦寐以求的夙愿。

作为FAST创建的参与者，分享这些喜讯时，沈志平心里充满了喜悦，深为自己为这个"大国重器"的建造尽了绵薄之力，感到荣幸。

与此同时，对于他与团队所交出的完美答卷，党和人民也给予了充分的肯定和嘉奖。

不妨简要罗列：

"中国科学院国家天文台500米口径球面射电望远镜（FAST）工程台址开挖岩土工程设计"获2014年贵州省优秀工程勘察设计奖勘察一等奖。

"中国科学院国家天文台500米口径球面射电望远镜（FAST）工程台址开挖岩土工程设计"获2015年全国优秀工程勘察设计奖工程勘察一等奖。

"贵州正业工程技术投资有限公司FAST项目班组"荣获2018年"全国工人先锋号"称号。

"FAST台址开挖系统关键技术应用及推广"荣获2019年贵州省科学技术进步一等奖。

2019年1月，沈志平担任"贵州正业工程技术投资有限公司博士后科研工作站"主任、博士后导师。

同年，沈志平荣获"贵州省劳动模范"荣誉称号。

……

这样的奖励与荣誉，实在太多了，无须一一赘述。可以断言的是，每一份奖励和荣誉，都由心血和汗水凝聚。

FAST工程，不仅规模上独一无二、史无前例，而且，台址开挖系统的建造，也独树一帜。

2018年6月，沈志平等著的《FAST开挖系统关键技术及安全性研究》由科学出版社出版。

他在"后记"中坦言：我为有幸成为"中国天眼"六大系统中一个系统的主要设计研究人员，感到非常荣幸。

这是沈志平发自肺腑的心声。

是啊，人生能有几回博。撑起"天眼"，是沈志平人生中最辉煌的一页。这样的荣幸，抑或机缘，不是每一个人都有的，但沈志平碰到了，拥有了，从这个意义上说，他确实是幸运的。

所以，工程虽圆满竣工，但他对"天眼"的情感和牵挂，却随着岁月的流逝，日益浓郁。除了全心全意地做好"天眼"台址的维护保养，时不时地，他还会应朋友之请求，带着他们前往"天眼"观瞻，自己也借机重温创建"天眼"的峥嵘岁月。

每逢此时，沈志平就像见到久别重逢的亲人似的，总有一种浓烈的情愫在心里涌动，很兴奋，很亲密，也很幸福。

如果说，已故著名天文学家南仁东是"天眼之父"，那么，领衔FAST台址开挖系统设计的沈志平，不就是"天眼"称职尽责的"助产士"么？

回望"天眼"，他眼角眉梢都是爱，既欣慰，又自豪。

智曜有色

——记有色金属智能制造专家曹斌

◆ 涂万作

曹斌 （1963.6.25 — ）男，出生于贵州贵阳，全国有色金属行业智能制造专家，工学博士、研究员、国家注册电气工程师，国务院特殊津贴专家、贵州省核心专家、杭州市B类高层次人才、全国有色金属行业工程勘察设计大师。现为中铝集团首席工程师、中铝智能科技发展有限公司首席技术官、国家铝镁电解装备工程技术研究中心副主任。主要从事工业互联网、大数据分析、智能装备和智能管控技术研发，在贵阳、杭州、北京分别拥有国内一流研发团队。截至2021年，已承担国家支撑计划项目、863计划项目、国际合作项目和省市、集团级重大科技项目等30余项，累计申报专利179件，获中国专利优秀奖2项，省部级科技进步一等奖6项（均为第一完成人）、二等奖7项，部级优秀设计一等奖1项等多个奖项。

引　子

自然界鲜有现成的金属，多数经冶炼而来，比如铝，在它成为金属铝之前，是"铝土矿"，提炼后，派生出纯净的无水氧化铝，再经电解，便形成了银光潋滟的铝块。有色金属是国民经济、国防工业、日常生活及科学技术发展必不可少的基础材料和重要的战略物资。

有色金属研究领域的每一次跨越，都凝聚着广大科技工作者的辛劳与智慧。贵州就诞生了这一领域的杰出人才，他就是中铝集团首席工程师、中铝智能科技发展有限公司首席技术官曹斌。

赴杭州工作前，曹斌是贵州土生土长的科学家，他先后在贵阳铝镁设计研究院有限公司负责技术研发和管理工作，是国家铝镁电解装备工程技术研究中心、贵阳铝镁设计研究院国家博士后工作站、贵阳铝镁设计研究院国家企业中心主要创始人。历任全国有色金属智能制造联盟专家委员会副主任、中国有色金属建设协会信息技术委员会主任委员、中国有色金属学会自动化学术委员会副主任委员、国家绿色制造专家委员会专家、中共贵州省委服务决策智库专家、中国人工智能学会常务理事、贵州省计算机学会副理事长、贵州省自动化学会副理事长、贵州省制造业信息化专家组组长等社会职务，以及国家科学技术奖、国家科技计划项目、国家知识产权、青年千人计划和多部委与省市计划项目等评审专家。

小试牛刀

"假如你要认识我，请到青年突击队里来！"这首响彻20世纪80年代的奋进之歌，正是曹斌崭露头角的真实写照。1983年，年仅20岁的曹斌大学毕业到贵阳铝镁设计院工作，很快接手承担白银铝厂阳极组装引进、吸收、再创新项目。面对复杂的工艺流程和过程控制，他同刘建英、胡国强、刘星桂等年轻科研人员组成"青年突击队"，在科研攻关的一线加班加点，夜以继日。功夫不负有心人，"青年突击队"靠坚强的意志和坚实的学习基础，完成了拥有数千个继电器组成的控制系统的研发，还建成了我国铝工业首个阳极组装自动化生产线。事后总结他们这次攻关成功的意义：一是消化吸收了日本轻金属株式会社的工艺与装备技术，并进行了创新优化设计，打破了国外垄断；二是实现了阳极组装工序自动化，降低了劳动强度和安全风险，提高了劳动生产率和生产效率，使之成为中国有色金属工业的标杆之一。当时的日本专家山本课长还称赞说，中国年轻人真了不起。随后他又积极投身贵州铝厂、广西平果铝厂、甘肃白银铝厂等多个国家级重点工程项目建设，业务能力迅速提升。每当人们夸赞他时，他的脑海里浮现出的是昆明工学院的李开萌、蒋家正、杨威等老师的悉心指导……

1977年恢复高考后，哥哥曹勇、姐姐曹南分别考进华中工学院和贵州财经学院，1979年曹斌随后也考进了昆明工学院。在当时条件下，一家出了三个大学生，是很了不起的事，曹斌的父母也因此而广受关注，被亲戚、邻里视为培养教育子女的成功典范。当然，人们看到的也许只是光鲜一面，但背后的艰辛唯有做父母的才能体会得到。试想，在20世纪70—80年代，一个靠微薄工资生活的普通家庭，要同时培养出三个大学生，该是怎样的不易！那些年，父母省吃俭用，精打细算，扳着指头过日子。曹斌至今记得，父母为了筹集三个孩子的学费，每年都以参加民间"互助会"筹集资金的形式，亲戚朋友若干家庭合作互助，每家每月固定出资一笔钱轮流给其中一家，以解子女读书之类的燃眉之急。也许，正是父母的无私付出，才让曹斌懂得一寸光阴一寸金，十分珍惜大学时光。

在校期间，曹斌铭记"明德任责，致知力行"的校训，秉持"情系有色，坚韧不拔"的求学精神吮吸着知识的营养。学校图书馆成了他经常"打卡"的地方。到了毕业季，更是废寝忘食，其毕业论文《谐波分析与无功补偿》被评为"优等"。

当时国家正处在改革开放初期，大学生的学习和生活尽管充满着激情与理想，但生活清贫却是共同面临的现实。学校食堂每周只供应两顿肉菜，其余都是白菜和土豆，想花钱买也找不到地方。部分享受学校助学金的同学，甚至为了少花钱而干脆不吃肉，把省下来的钱寄回补贴家用，一些同学因此患上了严重贫血症，还发生了个别学生昏倒事件。

那时的曹斌，是班级的学习委员和自动控制原理、电路课代表，这跟他酷爱数理化不无关系。他对数学的偏爱也是出了名的，比如为了买到苏联数学家吉米多维奇《数学分析习题集》，曾多次"赖"在昆明新华书店，跟售书阿姨说好话、套近乎。功夫不负有心人，居然在一年之内凑够了全套十册。他如饥似渴，在书海里遨游，4000多道数学题居然完成了一半以上的演算，俨然一位泳者，享受着劈波斩浪的快意。

经过系统地学习了计算机高级语言、单板机原理、自动控制原理、电工基础、电子技术等课程，曹斌建立了电气自动化专业知识体系，尤其在控制理论、电路设计和无功补偿领域成绩突出，并以全班排名第三的成绩毕业，获得学士学位。那时，学校计划在成绩排名前三的男学生中，确定一个留校任教名额。面对难得的机会，成绩排名前三中的曹斌主动选择了放弃，他打定主意回到贵阳，回到父母身边。毕竟是计划经济时代，学生的毕业分配并不由学生自己说了算。为此，曹斌多次向系领导和班主任申请放弃留校，并最终获批。就这样，曹斌于1983年8月，回到贵阳，进入贵阳铝镁设计研究院，专业是有色金属工程建设，他的人生从此翻开新的篇章。

回炉重铸

1998年，随着新一代信息技术的迅猛发展，曹斌已经感到，智能科技日益影响着社会管理、人类社交、消费和工业生产方式的变革，是科技创新的必由之路，也是未来产业高质量发展的方向。作为贵阳院技术骨干，曹斌所面临的是复杂空间和恶劣环境中在线检测、多物理量耦合与解耦、工艺过程分析等方面的难题。若解决不好，就难以实现装备与过程管控、数据共享、协同生产、生产要素分析、全生命周期管理及资源优化配置。而这些难题又大大超出了他现有的知识范畴，这也促使他必须继续深造，向更高的学术领域迈进。于是，经一年的准备，曹斌如愿考入北京科技大学信息学院，攻读工学博士学位。

北京科技大学是教育部直属的全国重点大学，1952年由北洋大学（现天津大学）、清华大学、唐山铁道学院、山西大学、北京工业学院、西北工学院等高校的部分系科组建而成，原名北京钢铁学院，1988年更名为北京科技大学。其下属的信息工程学院在控制工程、计算机应用、机器人技术等方面成就巨大，曾为我国的信息产业、科学研究、国防军事、工业信息化等领域培养输送了大批高科技人才。在这里"读博"，意味着曹斌的科研之路将更加宽广。

曹斌是幸运的，不单纯是进入梦寐以求的大学，还遇到一位让他终身受益的导师——涂序彦教授。涂序彦是我国人工智能学会两届理事长，两届名义会长，原为北京科技大学首任计算机学院院长，属于我国自主培养的首批研究生，也是首批国家组织访问台湾的十大科学家之一。作为中国人工智能学科的主要奠基人、中国人工智能学会的主要创始人之一，这位自动控制和人工智能专家，被学界誉为"大系统控制论"、新学科分支的奠基者，以及"人工智能"理论、方法和应用技术的开拓者，是德高望重的理论家和教育家。曹斌这一届的北科大信息学院博士研究生30余人中，就有8位投在涂序彦门下。他们个个学习成绩优异，思想活跃，在同届研究生中知名度很高，人称科大"八博"。他们彼此团结友爱，相互激励，结下了很深的情谊。

曹斌在"八博"中不是年龄最长的，却被称为"大帅"，这跟他乐于助人与豁达的性格不无关系。在他的邀约下，同学们还经常以看望老师为名去涂序彦家"蹭饭"。涂教授的夫人汪蔚霄女士是原中科院自动化所的研究员，是从事过程控制的专家，两个女儿都在国外工作。"八博"们名曰"蹭饭"，实则是借机向两位老师讨教学术问题，在老师家里，师兄弟妹无拘无束。记得有一次，曹斌和师弟庄力可一起开师妹杜军平的玩笑，说她"高分低能"，把她气哭，还是师母汪蔚霄老师好一番安慰，才缓和了尴尬气氛。涂序彦也借机讲了自己大学生活的许多趣事，一时间笑语连天，其乐融融。其实杜军平很不简单，入学英语考试排名全校第一，毕业后又读了清华大学博士后，最终成为北京邮电大学的知名教授，是中国人工智能学会会士，长期活跃在国内外人工智能研究领域。那位叫庄力可的师弟，毕业后也就读清华大学博士后，事业有成。

曹斌还与"八博"以外的同学建立良好关系，一位叫单志广的学弟跟他往来密切，常常一起畅谈理想，探讨学术。单志广兴趣广泛，除了专业，还对管理方面的问题感兴趣。对此，曹斌建议他选修管理学课程，以提升自己这方面的知识储备。单志广很受启发，在之后读清华大学博士后期间，兼顾管理学与计算机应用融合的研究，收获颇丰。单志广现为国家信息中心信息化和产业发展部主任，中国智慧城市发展研究中心主任，国家新型智慧城市建设部际协调工作组秘书处秘书长。

20世纪末，人工智能理论和应用研究逐渐走向深入。比如，涂序彦创立的"多变量协调控制理论""最经济控制理论""大系统控制论""生物控制论"等理论，率先在国际上提出"智能管理"的新概念与"多级专家系统"等新方法，得到了学术界的广泛认同和支持。由于曹斌直接在涂序彦指导下开展研究，才近水楼台，及时接收到新的知识信息，赢得接触业界成功人士的机会，得到更多社会和技术资源的支持，从而站在了国内人工智能前沿。加之不断努力和过人悟性，使他很快成长起来，直至担任人工智能学会理事、副秘书长。

曹斌读博的专业是控制理论与控制工程，研究方向为人工智能。在读博期间，曹斌针对"人机、机机、人人"高效协调问题，致力于商业智能、多智体协同和信息安全等方法与技术研究，构建了多方协同、利益博弈、效果评价等模型，一定程度上解决了计算机网络支持下的协同优化、信息安全等难题，并以此为基础，撰写博士毕业论文，与老师涂序彦等知名教授合作发表了一系列高水平论文。同时，曹斌也同河北省科学院、四川长虹电器、宜昌交警支队等合作，不断解决智能交通、瘦客户智能终端等技术难题，获得相关单位和教授们的好评。

2002年，曹斌完成学业并获博士学位，涂序彦希望他能留校，继续在身边工作。但曹斌经过反复思考，认为目前的铝工业信息化、自动化、智能化基础建设还比较薄弱，而贵阳院又是国内外知名的铝工业技术服务企业，有利于开阔国际视野，找到适合自己快速成长的位置，将读博所学应用到工作上来，从而最大限度地发挥潜能。

于是，曹斌再次回到了贵州，回到了贵阳院。

破局专利

21世纪初，我国知识产权保护尚处在起步阶段，侵犯知识产权的现象时有发生，科技人才的辛勤劳动得不到应有的尊重，企业的利益得不到保护。因此专利作为最重要的知识产权，逐渐成为国家立法、行业管理、企业竞争与维权的重要内容。

曹斌坚持认为，竞争的本质说到底是科学技术的竞争，拥有知识产权的数量和运用知识产权的能力，无疑是现代高技术企业的核心竞争力。读博归来的曹斌很快提出"实施专利战略，既是保护自己，也是进攻市场的重要手段"的重要性，他对贵阳院专利战略进行谋划，思考时常萦绕在他脑海中的，如何创造知识产权、管理知识产权和使用知识产权方能提高贵阳院的市场竞争力。

2004年秋，中铝集团"第一次科技大会"在北京京西宾馆召开，会议期间，时任贵阳院院长的贺志辉与担任副总工程师的曹斌，在谈及贵阳院科技工作突破口时，不约而同想到了专利问题。二人彻夜长谈，激情谋划着贵阳院以知识产权为基础的科技发展蓝图。作为专利申报负责人的曹斌已经意识到，要实现"专利破局"，小刨小凿是不行的，必须大刀阔斧，打破坛坛罐罐。他们甚至提出了"一天一件专利申请"的工作目标，这无疑是一个超前的构想，要知道2004年之前，贵阳院的专利申请累计才只有区区18件。

会议结束回到贵阳，贺志辉在全院进行专利战略总动员，而曹斌则迅速组织制定贵阳院专利管理办法和激励机制，画出"分析—发现—创造—激励"的专利申报路线图。一方面集中办班培训，一方面深入基层进行专利申报的技术性辅导。与此同时，严格落实绩效考核，全面调动相关科技人员申报专利的积极性和创造性。那时贵阳院的营业收入并不高，但却出台了申报一件发明专利奖励5000元、申报一件实用新型专利奖励3000元的政策，在全国实属罕见。

一系列的"动作"下来，很快见到成效。仅2005年，贵阳院专利的申报就创造了225件的历史之最，尽管离"一天一件专利申请"的目标还有距离，但曹斌和他的团队却在实际工作中获得了宝贵经验。他们在总结得失、完善措施的基础上乘胜前进，又取得了连续5年的年专利申报超过365件的好成绩。2010年贵阳院的专利数量从2004年的18件，以几何级的速度增加到3000多件，形成了不同技术领域的专利池，树立了贵阳院技术服务上的良好形象，提高了技术实力和开拓国内外市场的能力，一举跨入全国3万多家科研院、所专利申报的前列。

专利申报的突破让曹斌劲头更足。2011年，曹斌又开始了提高专利质量的新征程，他一方面组织贵阳院相关技术专家对已申报的专利进行再审查，筛选出创新性、先进性、实用性相对薄弱的专利，实行逐步淘汰；另一方面，对专利保护领域进行甄别，主动放弃那些只有小市场或知识产权保护意义不大的专利维持。并积极推动专利技术的转让和授权使用，争取国家专利经费支持，减少企业的专利维持支出。这项工作虽然辛苦，但意义重大，不仅节省了专利维持费用，还坚定了使用专利保护的信心。

2007年，贵阳院因专利管理工作成效突出，而受到时任中央政治局委员李长春同志的关注，并就贵阳院依靠知识产权走出国门带来的正面影响做出重要批示。随后，国内新华社、人民日报、中央电视台等13家媒体相继报道，使得贵阳院一时间声名鹊起。专利战略的实施，让知识产权转变成商品和财富，有力地支撑了贵阳院国内外市场的拓展。例如，在争取印度Vadanta公司项目时，印方认为国内获得的奖项和工程建设并不能代表贵阳院就已拥有了相关技术，而要说明技术的归属只能用拥有的专利技术和数量说话。由于贵阳院早已系统地开展了专利申报，建立了铝工业相关的专利池，因此在同印方的谈判中处于主动一方。按照贵阳院经营部门要求，曹斌组织相关管理和技术人员连续奋战3个昼夜，系统地提出了与印方项目相关的专利30余件，有理有据，最后让印方折服。仅此一项，不仅击败了欧美竞争对手，确保合同顺利签订，还获得了近30万美元的技术使用费。

值得一提的是，曹斌在负责全院专利管理的同时，还结合科研项目实际亲自撰写专利，形成了先申报专利再立科研项目的良好机制，既理顺了创新点思路和项目技术路线，又保护了知识产权。迄今为止，曹斌已申报170余件专利（获授权发明专利50多件）中，有两项分获中国专利第十五届、十九届专利优秀奖，曹斌也被聘为国家知识产权专利审查专家。

在专利管理上，曹斌注意做好技术人员和管理人员之间的协调工作。如贵阳院专利管理专员隋建新，是位开朗直率的女同志，做事认真，不绕弯子，可就是常常为技术细节与人发生争执。记得有一次，为确定一个总图配置问题，她与相关技术人员意见不合，使得专利方案迟迟无法拿出。对此，曹斌很快召集隋建新与有关人员，从工艺流程、物流、地形等多方面进行研讨和分析计算，确定最佳方案，终使该项专利成功申报。

曹斌深知，专利申报是一项需要多方合作才能完成的工作，从技术细节到专利权利要求的凝练都离不开技术人员与管理人员的分析与创造，为此他积极推动技术人员与管理者之间的沟通与联系，并为隋建新配备了助手和徒弟。由于管理得当，隋建新的工作变得顺畅起来，在连续五年完成"一天一件专利"申报任务的同时，还为贵阳院的专利管理培育了后备人才。随着贵阳院专利申报工作不断取得突破，曹斌和隋建新在全国有色金属行业的知名度越来越高，成为国家知识产权评审专家。

创建平台

2009年，曹斌转任贵阳院技术研发中心主任，工作千头万绪，其中一项任务是编制贵阳院科技发展规划。曹斌认为，贵阳院的发展需要一个大的促进科学技术进步的创新平台，以便整合资源，聚集人才。基于这样的思考，他在当时贵州省只有两家国家级技术研发中心和中铝集团只有一家国家级技术研发中心的情况下，大胆谋划，提出了申报成立"国家铝镁电解装备工程技术研究中心"的构想，为贵阳院的发展描绘融贤融智的科技创新蓝图。

曹斌的提议，很快得到了省科技厅和贵阳院两级领导的支持，由此曹斌踏上了申请"国家铝镁电解装备工程技术研究中心"的征程。贵州属于经济和科技欠发达地区，技术资源严重不足，不要说争取国家创新平台，就是申请国家科技项目也十分不易。为此，曹斌系统地分析了贵阳院的专业优势、研发基础和市场推广能力，在充分凝练发展方向的前提下，认真编写申报材料，回答了"为什么建中心""为什么在贵州建""中心做什么""预期取得什么成果""如何引领行业发展"等一系列问题，提出了铝电解装备自动化与智能化工程技术研发、产业化、市场化的方向和产业路径，阐明了在贵州省建立中心的必要性、重要性和紧迫性并做了充分论证，得到科技部领导和国内知名专家认同。经过历时3年的不懈努力，终于通过了科技部组织的初评和会评，获批立项建设。

国家铝镁电解装备工程技术研究中心的成功申报，离不开贵州省政府、中铝集团和行业协会的坚定支持，也离不开众多专家学者的关心与指导。如在申报过程中，孙传尧院士、黎懋明教授、付旭教授等专家不吝赐教，使曹斌和团队倍受鼓舞，也从中学到了许多与申报有关的专业知识。国家铝镁电解装备工程技术研究中心的建立，标志着我省又多了一个重要的国家级创新平台，为有色金属行业的创新与发展提供了新的支撑。

中心获批后，曹斌被任命为国家铝镁电解装备工程技术研究中心副主任。按照国家铝镁电解装备工程技术研究中心建设确定的任务目标和分工，曹斌负责建设国家铝镁电解装备工程技术研究中心的中试/产业化基地，组建了仿真、虚拟、电气、工艺实验室，培养高素质、高水平人才队伍。

面对贵州省和集团装备与自动化技术和人才资源不足的现状，曹斌积极推进产业联盟建设，聚集创新资源，在国家中心领导和员工的共同努力下，于2012年成立了包括中科院沈阳自动化所、华中科技大学、贵州大学、株洲起重机厂、乌江机电股份有限公司、贵阳永青机电设备公司、遵义铝业等21家单位的铝镁电解装备产业联盟，形成了官、产、学、研、商优势互补的创新环境。同时，曹斌还将眼光投向世界铝工业先进研究机构，2014年依托国家国际合作等项目，与澳大利亚联邦科学与工业研究组织（CSIRO，相当于中国科学院）、新西兰奥克兰大学等研究机构建立了合作关系，在多物理场耦合、降低连接压降、浓度控制等研究方向，形成了一批核心技术和产品。

2013年—2018年的五年间，曹斌不负众望，依托国家铝镁电解装备工程技术研究中心国家创新平台，带领团队将新一代信息技术与铝电解工艺结合，积极凝练创新点，成功申报并获批国家、省市、集团等科研和产业化项目20余项，包括3个国家863项目、1个国际合作项目和工信部2个企业高质量发展项目、贵州省2个重大专项、2个集团重大专项，争取到科技经费近5亿元。研发出铝电解强磁、高温、多尘、振动、腐蚀环境和多物理量耦合工况下阳极电流分布、两水平等在线检测装置，开发了"九区"分析软件、智能在线检测装置、带电焊接机器人、铝电解智能MES等产品，助力贵阳院获得省部级一等奖5项，中国优秀专利奖3项。积极进行科技成果产业化和市场化，创造了超10亿元的直接经济效益，推动相关企业节能降耗数十亿元，并带动省内贵州乌江机电有限公司、贵阳永青机电设备有限公司、力源液压股份有限公司等一批企业的发展。

值得一提的是，贵阳院把国家铝镁电解装备工程技术研究中心建设，作为中长期发展的重点任务，2010年以来，贵阳院历任领导在科技资源整合、团队建设、资金支持、运行管理等方面积极发力，为中心建立了良好的创新生态，推动了人才和技术聚集，为曹斌等科技人员争取国家项目、科技研发及产业化提供了有力的支撑，推动了科技成果的产出，使贵阳院在国内外的声望逐步拉高。此后，曹斌与团队再接再厉，又成功申报了国家贵阳铝镁设计研究院有限公司企业中心、贵阳铝镁设计研究院有限公司博士后工作站。

作为申报负责人的曹斌，因业绩突出而被中国有色金属工业协会授予"中国有色金属先进科技工作者"和"中铝集团先进科技工作者（科技标兵）"等称号，并荣任中铝集团首席工程师。

太湖论道

创新是发展的永恒主题，进入21世纪，人工智能技术研究与应用风起云涌，不断在机器替人、运行优化和价值链升级等方面赋能，成为全球制造业高质量发展的推进器。

2014年8月的一天，来自贵阳铝镁设计研究院的曹斌和北京科技大学信息学院院长尹怡欣、中国科学院沈阳自动化所数字工厂研究室主任史海波等多名专家，齐聚太湖之滨，召开国家863项目"基于精确感知和智能决策的铝电解MES应用研究"专题研讨会。会议期间，曹斌等人在探讨铝电解在线检测、管控模型的同时，还围绕李克强总理访问德国带回的"工业4.0"新概念，结合铝工业实际，探索行业发展方向。会议要求：每位与会者须拿出一个"金点子"，作为研讨会交流的主题。

盛夏的太湖，水光山色，凉风习习。这是曹斌组织的一个极具创新理念的学术会议，会上，他提出了实现"铝工业4.0"的技术架构及智能制造的"七个维度"，与尹怡欣院长的"工业CT"方向和史海波主任的"数据驱动"方向，一起成为会议研讨的热点。由于此次会议涉及面广，议题丰富，在行业内具有较大的影响，而被赋予了一个标志性名词："太湖论道"。

太湖会议之后的2015年1月，在中国有色金属工业协会的大力支持下，曹斌在北京组织召开了"铝工业4.0技术研讨会"。会上，曹斌提出了"七个维度"，即智能装备、在线检测、物联网络、数据融合、智能管理、智能控制、智慧决策，它们彼此独立，又相互关联。完整地揭示了工厂（矿山）智能制造系统的创新方向和通过数据共享的内在联系，得到了时任中国有色金属工业协会铝部主任孟杰、中国有色金属工业学会副秘书长兼科技部主任张洪国、中国铝业集团公司科技部主任吴跃武、中铝国际科技部主任朱佳明和北京科技大学、华中科技大学、中科院多家研究所的领导和专家的高度评价。

"铝工业4.0"的概念倍受业界关注。在中科院沈阳自动化所，王天然院士向曹斌提出了"什么是智能制造"的灵魂之问。这个貌似简单的问题，其实包含了"工艺是核心，智能是手段"的道理；在中南大学，桂卫华院士向曹斌提出了"智能制造解决什么问题"的核心之问，蕴涵了企业不能为了智能化而脱离实际泛化智能技术应用的道理。院士们的提问和指点，推动了曹斌及其团队对智能制造的深度思考和应用实践。自此以后，曹斌依托国家铝镁电解装备工程技术研究中心创新平台，与中科院、相关高校和企业进行产学研合作，积极探索复杂空间与恶劣环境中在线检测与精准定位；多物理量、多维度、多粒度、多概率仿真；铝电解电、磁、热、力、流多物理场耦合分析与解耦；铝工业知识图谱与统一建模；电磁兼容与动态降磁等科学问题。并带领团队深入有色金属矿山、冶炼、加工等企业调研，了解生产痛点和卡脖子问题，提出了基于数据空间的分布式多源异构数据融合系统；新型碳/碳复合材料及整体成型工艺与槽内衬3D打印；智能铝电解多功能机组；基于精确感知和智能决策的铝电解MES、数字铝电解槽、铝电解数字孪生智能生产系统；铝电解导杆焊接生产线；碳素仓储无人车间；阳极全生命周期追踪与质量优化；自动制样系统等多个项目。

客观上讲，智能制造是一个复杂的系统工程，既包括新一代信息技术与生产工艺融合的技术问题，也涉及特定应用场景中解决方案的合理性问题，具有个性化、专业化、系统化特点。但一段时间以来，业界对智能制造内涵的认知和实施路径差异较大。对此，曹斌在2015年—2021年六年间，通过不同会议平台阐述自己的学术观点，使之成为"太湖论道"的完善与延伸——

2015年，曹斌在内蒙古包头的全国自动化技术应用交流会上，作了"铝工业4.0技术架构"的专题报告，介绍了铝工业智能制造系统的架构和"七个维度"。

2016年，在武汉举行的"全国自动化技术应用交流会"上，提出了发展智能制造不可逾越的三个阶段，即："敏捷—智慧—智能"三步走思路。

2017年，在中国有色金属学会年会上，提出了"数字电解槽"，阐明了实现铝电解数字化和数据驱动的关键技术。

2018年，在苏州国际有色金属信息年会上，报告了"铝工业大数据开发与利用"的思路，阐述了多模态、多时序、多粒度数据融合与分析利用的研究方向和技术路线。

2019年，在北京工信部"5G＋智能矿山"会议上，报告了"从'采选＋智能'走向'工业互联网＋矿山'"的智能矿山发展路径，提出了依托工业互联网促进绿色采选、减员增效的关键技术。

2020年，在杭州全国有色金属智能制造联盟成立大会上，作"有色金属行业工业互联网建设的关键问题"报告，提出了统一建模、感知适配、快速连接、可靠映射、安全管控的研究与实践方向；并在重庆国家人力资源部组织的智能制造培训班上，把多年对有色金属行业与工业互联网融合路径的研究成果，对几百名学员进行讲解。

2021年，在兰州中国有色金属学会学术年会上，作"铝电解数字孪生"报告，阐述了装备与过程数字化、物理空间与虚拟空间映射、虚拟空间仿真分析、虚拟空间计算结果反馈，进而促进物理过程优化的闭环技术。

同年，在天津2021中国国际矿业大会，作了"智能技术助能有色矿山高质量发展的思考"的报告；在贵阳全国工业互联网赋能会议上，作"从制造业信息化迈向工业互联网"报告，提出了相关的发展路径及关键技术。

此外，曹斌还围绕相关问题，在国内外核心期刊发表上百篇学术论文，如 *Technology & equipment for starting up & shutting down aluminium pots under full amperage*（铝电解系列不停电停开槽技术及装备）；*Research and Practice on Aluminum Industry 4.0*（铝工业4.0研究与实践）；*Online Prediction Method of Molten Aluminium Height in Electrolytic Cell Based on Extreme Learning Machine with Kernel Function*（基于深度学习的铝电解槽两水平在线测量方法）等，相当一部分被SCI、EI收录。

"太湖论道"意义深远，持续影响着行业相关研究和实践的开展。曹斌也逐步形成了"数化世界，万物互联，数据驱动，智造赋能"的智能制造发展思路，确立了"优先发展精确感知、物联网络、智能装备，强化数据开发与利用，优化过程控制与管理技术，提高决策支持水平"的技术路线，得到业界广泛认可。并将这些认知，写进工信部、发改委、自然资源部组织的"有色金属矿山、冶炼、加工智能工厂建设指南"和国家工信部重点软课题"流程工业与工业互联网融合路径研究"，在"有色金属行业智能制造发展规划""中铝集团智能制造行动计划"中落实和布局，不遗余力深化和拓展"太湖论道"的内涵与外延，为行业智能工厂（矿山）建设、大数据利用和工业互联网的研发和产业化做出了贡献。

锻造团队

有句老话："一个人浑身是铁能打几根钉！"小成靠个人，大成靠团队。制造企业的竞争说到底是科技的竞争，而科技竞争本质上是人才的竞争。在长期科研工作中，曹斌逐渐体会到，要培育一个作风硬朗、能打胜仗的队伍，不仅要有"不求所有，但求所用，更求所为"的开放心态，聚集人才，更要建立敢于拼搏的狼性精神，创新群体协同与业绩激励机制，把团队成员组织起来，能力发挥出来，在攻坚克难中做到"攻守能战，战无不胜"。

曹斌是2002年贵州省的50多个博士之一，也是当时省内唯一的IT博士。作为从科研一线艰苦耕耘，逐渐成长为中铝集团首席工程师、全国有色金属行业设计大师的科学家，他"爱才、惜才、用才"，所以周围才聚集了一批青年才俊，也是他核心产业技术团队的中坚力量。

为了打造团队，曹斌最先想到的是，寻找国内外优秀技术资源并与之合作。博士毕业回到贵阳后，他与时任贵阳院院长贺志辉一起，多次拜访国内知名高校寻求合作，建立了校企联合培养研究生的工作机制，并担任"校长"，负责所有在读研究生管理，至今已累计向华中科技大学、贵州大学选送30余名优秀员工攻读硕士学位，这些员工学成归来，大大促进了贵阳院的设计与研发能力。之后，他又积极支持在职员工报考博士和博士后，并为他们争取学习待遇，使得读博人员"回流率"高。但曹斌并不满足，还通过多方努力，申报并获批"贵阳铝镁设计研究院有限公司博士后工作站"。另外，他还兼任北京科技大学、清华大学、贵州大学、华中科技大学、中南大学、云南大学等研究生导师，培养了近100名研究生和6名博士后，为我国有色金属行业智能制造人才的储备和生态建设，做出了贡献。

为了突破科研瓶颈，他先后同清华大学、华中科技大学、北京科技大学、中南大学、东北大学等合作开展基础研究；同中科院沈阳自动化所、中科院自动化所、中航集团力源液压、中船重工712所、航天乌江机电股份有限公司等单位组成创新团队；同新西兰奥克兰大学、澳大利亚SCIRO等研究机构建立合作机制，打造了一支近200人的协同创新团队。正是这个团队，承担了一批国家863、国际合作计划项目和工信部、省部级重大专项课题，解决了行业10余项重大技术难题，取得了良好的经济效益和社会效益。

曹斌的团队中，大部分是他的学生、助手和部下，如今大都成为科研创新的生力军。如贵阳铝镁设计院技术研发中心主任工程师邓翔，现已成为国务院特殊津贴专家、贵州省"百人"科技人才、贵州省优秀青年科技工作者；主任工程师李猛、院副总工程师杨朝红被评定为贵州省优秀科技青年，分别成为中铝国际战略专家、企业专家；院技术研发中心副主任路辉博士，现为观山湖区政协委员；另一位博士后崔家瑞，还被评为北京市优秀青年工程师，IET Signal Processing（英国工程技术学会信号处理）杂志审稿人；博士后曹阿林为广西壮族自治区管专家；博士后徐杨为贵州大学大数据学院系主任。

他的学生黄若愚博士回忆说："我从入职到现在，一直跟着曹斌教授，是他手把手地把我引到科研之路上的。他思维缜密，要求严格却又平易近人。记得2013年，曹教授安排我做一个文献综述，初稿完成后，还带着我深入现场了解情况，一起讨论，直到按时完成综述，形成一篇高质量的论文，并在行业内顶级期刊发表。我也因参与这个项目，而获得我的第一个省部级科学进步奖一等奖。"

胸怀铝工业，曹斌有忘我的情怀。由于任务繁重，超常规工作对于曹斌来说是常事。曹斌的学生邓翔回忆说，有一次，他加班后看见曹总办公室仍然亮着灯，便过去查看。这才发现曹总躺在沙发上，头上虚汗淋漓，表情痛苦。忙叫来同事要送他去医院，被他拒绝。后问得知，由于连日加班、出差，寝食无规律，导致痛风加剧。正是这样的拼命精神，曹斌及团队不仅突破了一批铝工业智能制造关键技术，为贵阳院赢得了市场和荣誉，而且还培养了一支拥有30余人的高素质、高水平的科研团队。

在团队同仁眼里，曹斌是领导、是老师，更是亲如兄弟的朋友。有叫他"曹部"（技术开发部部长）的；有叫他"曹总"的；还有的直接叫他"老大"。一位哲人说过：合作是最高形式的爱。曹斌的这种爱体现在工作中的点点滴滴，团队里有位年轻的材料工程师张嘉，回忆他大学毕业到设计院应聘时，遇到的面试官就是曹斌老师。在他的印象中，曹老师和蔼、睿智，具有敏锐的洞察力。张嘉到贵阳铝镁院后，一直从事仿真模拟计算方面的工作。不久，曹斌让他独立承担贵州省重大专项——铝电解槽内衬用新型碳/碳复合材料整体成型应用研究，并鼓励他说："年轻人要敢于创新，敢于挑大梁！"那年张嘉刚好30岁，果然不负老师所望，顺利完成研究任务。

曹斌带的研究生刘俊，有一次跟他说，自己最喜欢的书是涂序彦的《大系统控制论》，可惜买不到。涂序彦是曹斌北科大的导师，他手里恰好有一本，便忍痛给了刘俊。这也许是中国传统意义上的师道传承吧。刘俊十分珍惜，后在《学生眼中的曹老师》一文中写道："曹老师不仅是我们传道授业解惑的导师，更是知己和朋友。他批阅论文时喜欢学生坐在身边，边改边讲，以便理解他的思路和方法。"

曹斌在贵阳的团队——国家铝镁电解装备工程技术研究中心，可谓人才济济，除硕士以外，还有博士7人，博士后4人。比如路辉博士就是其中具有代表性的一位。他是2016年进入曹斌团队的，负责国际合作项目"铝电解电、磁、热、力、流与浓度综合应用研究"。很快，他就对铝工业智能制造领域产生浓厚兴趣，在曹斌指导下，一路攻关，组织研发的高效能铝电解槽多元物理场协同耦合优化及动态管控技术、阳极质量追踪技术、原铝及铝合全制样检测技术、碳素阳极无人堆垛技术，均达到国际领先水平。后通过产业化推广，产生经济效益达1.2亿元之多，获中国有色金属工业科学技术二等奖2项，并且牵头编制的行业标准获金属标准化委员会技术标准优秀奖1项。

曹斌在贵阳的另一支技术团队——贵阳市智能软件工程技术研究中心技术团队，主要成员多来自省内高校毕业生和在读研究生，重点开发制药企业ERP和电子文档安全管理软件。其中，电子文档安全管理软件先后通过国家保密局涉密资质评审、国家机要局（密码办）商用密码安全资质、国家公安部信息安全产品销售许可证，是我省第一家获得国家相关涉密和安全资质的产品；ERP软件已在贵州神奇、威门、圣济堂、赤天化等制药企业应用推广。目前中心负责人王嘉还兼任贵州省软件行业协会秘书长，闫凡兵、魏波、伍照生、卯明举等在省内IT界已有一定的知名度。

在团队里，曹斌既是领头人，又是普通兵；既是表率，又是标杆。他的作息时间，是用分秒来计算的。比如有一次，跟老师曹斌出差的刘俊就记录下这样一个时间表：第一天晚上抵湖北黄石；第二天上午到厂里调研，下午同客户交流方案，晚饭后坐飞机到昆明后，旋即转车到玉溪的易门县；第三天上午为客户进行方案汇报和评审，下午乘车约7小时去曲靖的会泽县；第四天上午现场调研，下午同客户交流方案；第五天乘火车返回贵阳。曾在华为工作过7年的工程师刘俊说："这5天让我感觉到老师工作就像打仗一样，马不停蹄，这在华为公司也是少见的。"

同样的情况，团队里最年轻女高工马靓也遇到过。那是2019年底，按照中铝集团将普朗铜矿建设成国内首个高海拔5G智能矿山的要求，曹斌带队前往滇西北迪庆，对普朗铜矿进行实地考察。普朗铜矿，地处红山铜多金属成矿亚带南缘，那里有我国近年来发现的重要斑岩型铜矿床。由于是冬季，加之高海拔，本不适宜女同志前往。但作为从事智能装备研发的马靓，很想到她一直向往的普朗铜矿看看。架不住学生一再要求，当老师的曹斌最终还是同意了。

普朗铜矿位于香格里拉市区东北部，矿区海拔3400米至4500米，高寒缺氧。曹斌一行经过高铁、飞机，到达香格里拉机场，再转乘汽车上山。刚下车，马靓就感觉到彻骨的寒冷，紧接着头晕恶心，但她并没在意，以为坐车太久休息一会就好。没想到，头晕恶心一直不曾好转，晚饭也没胃口。这时，厂里的同志提醒，这是正常的高原反应，吃饭不能太饱，走路要慢一点。矿区招待所没有空调和暖气设备，房间里置有一个氧气袋，以备不时之需，好在有电热毯，还能对付。

第二天会还没有开始，就有参会人员因无法适应高原反应，离开矿区。只有曹斌和他的团队坚持留了下来，并按计划下矿踏勘，还给每人分配了任务。矿下环境复杂，走一会儿头昏脑胀，马靓和其他几位年轻人走几步就要停下来喘会儿气，唯独他们的曹总精神抖擞，步伐矫健，他的状态和激情，让后辈们敬佩不已。转身来到矿山高处眺望，蓝天下的矿区一览无遗，明丽中透着纯净之美。曹斌对几位后辈说，这里的矿山被誉为云南"铜业的粮仓"，采用5G+智能装备、智能管控等技术,让采矿工人在宽敞明亮的调度大厅就能操作井下无轨铲运机、有轨运输电机车和数公里外智能装备,实现了"少人、无人"的安全生产,使依山而落的建筑群与周边环境和谐共生,体现绿色的环保理念,这就是我们从事智能研发的方向和愿景。

踏勘结束,他很快召集项目组成员讨论各自的调研情况,及时归纳总结,形成文字材料。然后经曹斌逐字逐句斟酌、修改、把关,最后拿出完整的调研报告,满载而归。

多年来,在攻关路上,团队成员不怕艰辛,克服困难,抒写着动人的故事。其中,2008年凝冻期间,南方大部分电解铝厂受电网突然停电影响,损失严重,为了将先进的装备运用于抢险救灾中,技术研发中心主任工程师李猛,3次从外地调研回贵阳,不入家门,冒着冻雨乘车直奔遵义现场试验;杨朝红在父亲重病需要人照顾的情况下,克服困难,坚守现场,在大电流、强磁场、高温、多尘环境中一干就是3个多月,知道父亲快不行了才赶回家中。

像这样的事例还有很多,曹斌带出的是一个朝气蓬勃、具有拼搏精神的创新团队。这个团队,在铝电解智能机器人、电解槽控制和管理、大数据开发与利用等方面努力耕耘,累计解决10余项行业重大关键技术,开发了铝电解连续生产新工艺、铝电解和氧化铝MES、数字电解槽、铝电解在线检测、铝加工与质量大数据分析平台、铝电解智能多功能机组、阳极无人仓储、化检验自动制样、铝电解阴极整体成型、阳极大数据质量追踪与优化等应用系统。

高质高效

曹斌自1983年投身从事铝工业以来,在创新求强的路上不断进取,贡献着光和热,传承了一种勇攀高峰、孜孜不倦的奉献精神。铝工业属于高能耗、高消耗、高排放产业,长期以来,围绕节能降耗、提质增效、安全环保的基础研究、关键技术研究和产业化应用研究,一直是业界努力的方向。在2019年离开贵阳院前的36年科研历程,使他由一名新人成长为行业翘楚,在工业互联网、智能装备和智能管控技术的研发方面,取得了丰硕成果。

2006年以来,针对铝电解工艺采用直流大电流(最高600kA)对串联起来的数百台电解槽供电，难以在系列不停电工况（额定工作电流）下实现单台或多台电解槽定期停电检修的世界难题，曹斌带领李猛、杨涛、杨朝红等技术人员，在国家863计划项目"铝电解强磁场环境下特种机器人与焊接工艺关键技术研发及应用"和中铝集团科技重大专项、贵州省科技重大专项的支持下，开展技术攻关，他提出了"二次换流+短时工作制"的技术路线，研究了电能无弧转移、动态降磁等科学问题，突破了大电流开关小型化和有限空间装备配置等技术瓶颈，开发出铝电解不停电开停槽装置、带电焊接装置、阴极焊接机器人等装备，申报专利40余项，编制了国家标准和行业标准各1项，获得中国专利优秀奖2项、省部级科技进步奖3项，创造了近10亿元的直接经济效益，带动企业节能降耗超50亿元。

乘着贵州省大数据产业发展如火如荼的东风，在大数据成为贵州新名片的背景下，曹斌深入探索大数据的价值和利用的新模式，在2017年在全国自动化技术应用年会上，率先提出了铝工业大数据开发与利用的研究方向，并在工信部企业高质量发展项目和贵州省大数据发展项目等的支持下，带领王明刚、刘俊等研发骨干，与中科院计算所何涛、武汉大学王先兵等专家合作，研究统一建模、感知适配、可靠映射、快速连接等科学问题与关键技术，开发出基于分布式数据空间的大数据应用平台，实现了多源异构数据融合、时间同步和大数据的分析利用。后经遵义铝业、丹江铝业等多家企业应用实践检验，取得理想效果，形成了大数据助力企业降本增效的典型案例。

针对流程工业生产过程数据自动检测难和管控模型研究不足、多数MES系统都难以落地、成功案例不多的实际困难。曹斌在国家863计划项目"基于精确感知和智能决策的铝电解MES应用研究"和国家国际合作项目"铝电解电、磁、热、力、流与浓度综合应用研究"的支持下，带领贵阳院高工王明刚，博士曹阿林、康自华、王紫千等，同中科院沈阳自动化所、北京科技大学、华中科技大学、遵义铝业多家技术团队，开展铝电解在线检测技术和管控模型研究。经多年努力，突破了阳极电流分布、两水平等在线检测瓶颈，构建了基于数据驱动的智能排产、"九区"分析等模型，实现了铝电解生产的精准管控和可视化分析，达到国际领先水平，获得中国有色金属科学技术一等奖。

近十年来，流程工业"用工荒"问题凸显，本质安全与环保需求旺盛，曹斌结合企业实际，重点推进仓储少人化、样品制样自动化等无人系统建设。在工信部新一代人工智能产业创新重点任务"智能铝电解多功能机组核心装置"、贵州省科技重大专项"铝电解智能管控关键技术研究与产业化"等项目的支持下，带领路辉、李猛、邓翔、刘俊、马靓等技术研发人员，开展堆垛天车无人化与智能调度、多机器人协同等关键技术研究，解决了复杂空间位置精确感知与多自由度精准定位的难题，成功开发出阳极炭块仓储无人化系统、电解铝化检验自动制样系统，并投入到云南神火、遵义铝业等企业中运行，提高了劳动生产率和运行效率，促进了本质安全环保。

针对铝电解阴极生产和铝电解槽筑炉能耗高、劳动生产率低的现状，曹斌提出了采用不定型碳素材料和3D筑炉机器人筑炉的电解槽阴极内衬整体成型新工艺，着力颠覆传统工艺，缩短铝电解阴极制造生产流程，降低电解槽筑炉成本和运行能耗，经过长期的材料改性和力学与温度实验，解决了材料配方、振打频率与材料结构、焙烧温度与材料改性等科学问题，并于2017年以"铝电解内衬用碳/碳复合材料整体成型技术应用研究"分别获得中铝集团和贵州省科技厅双重大科技专项的支持，曹斌和团队成员，卧薪尝胆，经过长期的基础研究与上百次的中小试验，一举突破筑炉、焙烧、启动和生产运行管理等方面的技术瓶颈，开发出3D扫描系统、3D打印机器人、燃气控制系统、焙烧分流装置、烟气处理装置等系列装备与控制系统。

针对铝电解导杆和钢爪焊接长期依靠人工完成，不仅要求工人具有较高的焊接水平，劳动强度大、产量低、用工多，而且焊接质量差异大、不稳定，严重影响电解铝生产的能耗的现状。曹斌带领李猛等人深入研究强腐蚀、大截面钢铝材料焊接工艺，在中铝股份科技重大专项"铝电解阳极导杆自动焊接生产线研发"项目的支持下，解决了焊枪运动规划、焊接温度控制、排渣等难题，研制了钢钢焊和铝铝焊自动焊接专机，获得了高强度、高导电性的焊接质量，并提出了环形生产线与时序控制策略，成功开发出铝电解导杆自动上下线、自动定位、自动焊接等工序一体的生产线。这一技术，使原先需要近30个焊接工完成的作业，现在只需5人，且效率和质量显著提高。

针对电子文档的易复制性、易泄密的问题，曹斌提出了将密码嵌入操作系统中，使文件在打开时解密、关闭时加密的安全架构，并在国家科技部和省市有关项目的支持下，与贵州大学李祥教授合作，带领间凡兵、魏波、卯明举等研发人员，开展技术攻关，建立了保护商业密码和知识产权的信息安全体系，开发出"电子文档安全管理系统""双因子认证保密U盘"等系列产品。通过了国家保密局保密评审和公安部安全产品销售许可评审，获得国家机要局商用密码生产许可证，成为贵州省首个同时拥有国家保密局、国家密码办和公安部三大资质的产品。

此外，曹斌为主完成了"中国铝业公司智能制造行动计划""中国有色金属工业智能制造规划（铝工业篇）"等发展规划的编制，并承担了中铝贵州分公司"退城入园"50万吨电解铝工程、中铝华昇铝业公司200万吨氧化铝工程、中铝遵义铝业公司电解铝等多家企业的智能工厂设计，积极推动科技成果产业化，提供中国铝工业智能制造解决方案。

截至2019年，曹斌已承担国家支撑计划项目、863计划项目、国际合作项目和省市、集团级重大科技项目等累计30余项，累计获得近5亿元科技与产业化支持经费，解决有色金属行业技术难题10余项，开发出具有国际领先或国际先进水平的工业软件和智能产品20余个，主编或参编国家和行业的发展战略研究和规划数十项，发表相关学术论文上百篇；申报专利170余件（获授权发明专利50多件），多项成果达到国际领先或国际先进水平，获中国专利优秀奖2项，贵州专利优秀奖1项，省部级科技进步一等奖6项、二等奖7项，部级优秀设计一等奖1项。其中：

1. 主持研发的"铝电解连续生产新工艺"成果系统解决了连续生产的难题，开发了焊接机器人等应用系统，建立了连续生产国家标准和行业标准，减少了开停槽和槽维护的时间，提高工效40%以上，累计创造10亿元以上的经济效益，2019年获得贵州省科学技术进步一等奖（第一完成人）。

2. 主持研发的"新型节能悬浮带式输送系统"成果取得了输送系统装机功率减小41%、输送效率提高50%、计量精度误差在−0.6%~+0.8%的应用效果，在国内10多家铝工业企业应用推广，并出口马来西亚，2016年获得中国有色金属工业科学技术一等奖（第一完成人）。

3. 主持研发的"铝电解槽不停电开停槽开关装置"成果解决了铝电解系列不停电开停槽的世界难题，在国内数十家电解铝企业80kA~600kA系列应用，并出口印度、马来西亚等国，为企业带来节电35kWh/t-Al、增产7.22kg/t-Al和减排当量二氧化碳438kg/ t-A的间接效益，2010年获得中国有色金属工业科学技术一等奖（第一完成人）。

4. 主持研发的"铝电解系列全电流降磁关键技术与带电焊接装备" 成果解决了铝电解系列在强磁场下焊接与维护的世界难题，在国内外10多家电解铝企业350kA~500kA系列推广应用，实现0.7亿余元的销售收入，为企业带来可降低连接压降15mV以上的效果，增产降耗显著，2013年获得中国有色金属科技进步一等奖（第一完成人）。

5. 主持研发的"基于精确感知与智能决策的铝电解MES"成果，在生产过程自动检测的基础上，实现了基于精确感知和智能决策的铝电解生产排产、调度、作业指导等智能管控，在国内多家电解铝厂推广应用，2017年获得中国有色金属科技进步一等奖（第一完成人）。

6. 牵头编制的"铝电解系列不停电开停槽设计规范"国家标准，使铝电解系列在全电流工况下停开槽工艺、装备设计、安装作业等标准化，2018年获中国有色金属工业科学技术一等奖（第一完成人）。

7. 主持研发的"异型阴极铝电解技术开发与产业化"成果解决了抑制铝液波动的难题，在贵州铝厂、华鹭铝厂等多个系列应用，节电300~900kWh/t.Al，2011年获得中国有色金属科技进步二等奖（第一完成人）。

8. 为主研发的"石墨化阴极炭块生产技术"成果解决了利用国内原材料生产石墨化阴极的技术难题，在国内广泛推广，成为行业主流技术，2008年获得中国有色金属科技进步二等奖（第二完成人）。

9. 牵头申请的"系列全电流下铝电解槽带电焊接方法及装备""铝电解系列不停电的铝电解槽电动式短路方法及装置"发明专利分别获得第十九届中国专利奖优秀奖和第十五届中国专利奖优秀奖（第一完成人）。

作为一名执着的科技工作者，曹斌的科研成果得到了国家、省市有关部门和行业协会、集团的肯定。2002年以来，曹斌先后被国家有关部委聘为国家科技重点专项（绿色制造）专家组专家和国家科学技术奖、科技部科技项目、工信部多类计划项目、知识产权局知识产权鉴定、青年长江学者等评审专家，历任中国人工智能学会常务理事、中国有色金属建设协会信息技术委员会主任委员、中共贵州省委服务决策智库专家和贵州省自动化学会副理事长、贵州省计算机学会副理事长、贵州省制造业信息化专家组组长等社会职务。2018年后，成为享受国务院特殊津贴专家，获批贵州省核心专家、全国有金属工程勘察设计大师。曹斌个人也因此成为有色金属行业科技领域有影响的专家和领军人物。

展翅杭州

杭州，古称临安、钱塘，素有"鱼米之乡""丝绸之府""人间天堂"之美誉。21世纪以来，杭州抓住数字经济和互联网经济发展的历史机遇，积极建设全国一流、国际先进的"智能杭州"，已成为我国重要的互联网技术研发与产业化基地。

2018年，中铝集团打造智能制造创新板块，曹斌作为集团首席工程师和全国有色金属行业设计大师被调往北京，以主要成员身份参与中铝智能科技发展有限公司组建和运行公司，并被任命为首席技术官，承担着有色金属工业智能科技研发与产业化重任，开展行业智能制造"卡脖子"、颠覆性技术研究。2019年，"中铝智能科技发展有限公司"落户杭州余杭，与阿里巴巴为邻，瞄准"高端化、终端化、国际化"的目标，大力推进产业智能化与智能产业化，培育集团高质量发展新动能、新优势，构筑创新、协调、绿色、开放、共享的智能产业平台，建设具有全球竞争力的世界一流企业。

中铝智能担负着四大使命：一是推进管运分离，加快信息化建设。按照集团"管运分离"的决策要求，负责集团信息化项目建设、信息系统运维等运营业务，做好全集团信息化整体规划与标准制定，建设集团统一管控平台、云数据中心，及与行政相关的信息化系统，打造数字化、智能化企业。二是整合内部资源，实现协同错位。整合集团内企业的市场、技术、人才资源，聚集专业优势，强弱项，补短板，强强联合，精准施策，达到"1+1＞2"的增值效果，加快智能产业发展。三是融合外部资源，壮大智能产业。通过资本运作，与集团外优势企业合作，壮大"人工智能+""工业互联网+"等产业，把控核心技术，形成多元化发展态势，开拓集团外部市场，扩大市场份额，实现可持续发展。四是赋能传统产业，助力转型升级。发挥人工智能的"头雁"效应，将人工智能技术赋能于传统产业，加快传统产业向价值链的横向集成、生产制造的纵向集成、全产业链的端到端集成转型，打造安全、低碳、少人、高效的核心竞争力，助推集团高质量发展。

这是一个集团级的创新平台，也是曹斌发挥才干、挥洒智慧的舞台，按照公司确立的"立足集团，服务行业，打造国际一流企业"目标，在科研一线打拼数十年的曹斌，一直处于"到中流击水，浪遏飞舟"，奋勇进击、劈波斩浪的宏伟场景之中。通过和同事们的不懈努力，在短短两年时间里，建成了多个分（子）公司，打造了一支300多人的技术团队，并建立了以曹斌为专家的杭州市专家工作站，曹斌本人也被认定为杭州市B类高层次人才和临平区"科技领军人才""金钻工程师"。2020年，曹斌所在公司成为中国有色金属智能制造联盟副理事长单位，曹斌也被委以中国有色金属智能制造联盟专家委员会副主任之职。

远离熟悉的贵阳，到陌生的杭州组建新公司，单调的生活让曹斌想起家庭的温暖，心中不由激起一缕对妻子张慧的歉疚之情。这么多年来，老父老母皆已过世，自己一门心思扑在科研工作上，家庭的琐事、孩子的教育，全由妻子打理。张慧，一位睿智的女人，与曹斌相识，是在一次铝工业技术交流会上。当时曹斌正在作学术报告，他的才华和气质深深吸引着清纯美丽的张慧。偶然相遇，互生爱慕，不久结为伉俪。张慧现为一家公司的总经理，儿子曹彧昊从小受家风润育，懂得"尊重师长，自强自律"，18岁时赴美留学，现已学成归来报效祖国。

事业有成，家庭美满。可在曹斌看来，要做的事情还很多，尤其是要从过去只从事铝工业智能化工作，转向全面考虑整个有色金属行业的智能化，路宽了，可是要弥补的知识也更多。在杭州，他每天工作都在10小时以上，除了铜铅锌等业务学习外，就是探索全行业的智能化研究和产业化方向，组织开展有色金属矿山、冶炼、加工企业应用示范和工业互联网建设，为智能工厂（矿山）建设提供行业解决方案。两年多来，曹斌对有色金属矿山、冶炼、加工企业智能化的研究很快得到业界的认同，并赢得了国家工信部、中国有色金属工业协会和中铝集团的大力支持。其中，2019年，受中国有色金属工业协会委托，主持编制了《有色金属矿山、冶炼、加工智能工厂建设指南》，于2020年被工信部、发改委、自然资源部联合发布；参加工信部重点软课题"流程工业与工业互联网融合路径研究"，主持编制"有色金属行业与工业互联网融合路径"专项报告，于2020年通过验收并发布。并且多年度参加国家科技部、工信部的年度申报指南编制和国家重点研发计划、制造业高质量发展计划等项目立项评审；参加国家和部分省市、行业科学技术奖和"青年千人"项目等评审。

另一方面，曹斌围绕铜铅锌矿采选、铝电解、氧化铝、铜粗炼与精炼、铜铝加工高质量发展需求，牵头完成了青海牛苦头铅锌矿山、湖北华中铜业股份有限公司、云南普朗铜矿山、云南会泽铅锌矿山、云南西南铜业、云南易门铜业、四川攀枝花红泥坡铜矿山、新疆众和高纯铝厂、湖北丹江铝业铝加工厂、广元中孚电解铝厂、广西华昇氧化铝厂、文山电解铝厂等10多家工厂（矿山）的智能专篇设计和工程总包。其中，丹江铝业公司铝加工大数据生产与质量管控平台、新疆众和高纯铝电解系统已建成投产，在数字孪生、数字电解槽、大数据生产与质量分析、过程控制、智慧管理、可视化分析等方面创新突出，受到同行和企业的好评，成为建设标杆。

2020年，曹斌在精确感知、多源异构数据融合、生产过程可视化、智能装备等技术取得阶段性成果的基础上，牵头承担了中铝集团"铝电解数字孪生智能生产系统"重点项目，组织中铝智能李文浩、遵义铝业王明刚、中科院计算所何涛、武汉大学王先兵、南京先维科技有限公司贾伟、鹏程实验室张伟等人，抓住工艺管控的"牛鼻子"，深入开展数字化建模、数据汇集与感知适配、时间敏感与快速链接、数据湖与高效访问控制、可视化分析等关键技术研发，建立了基于大数据的工艺监视、工艺控制、工艺管理、工艺考核、工艺分析等应用系统，在铝电解、铝加工等企业，初步实现在虚拟空间中映射生产过程与多学科、多物理量、多粒度、多概率的可视化分析，并在新疆众和、遵义铝业等企业中应用，成为行业应用中率先体现了数字化、数据驱动和可视化的一大亮点。

几年来，曹斌还承担了工信部"智能铝电解多功能机组核心装置""工业互联网企业可视化资产管理与安全运营技术和产品项目""离散制造业信息物理系统关键共性技术测试验证能力提升——基于信息物理系统的行业工业互联网应用研究""基于高强度国产密码算法的工业互联网认证网关"等项目，其中，一些成果已实现了产业化应用。另外，曹斌还为国内智能领域知名团队的发展做咨询服务，2020年以来，先后受聘成为阿里研究院机器人、上海大学无人艇等研究领域专家。

《荀子·正名篇》云："所以知之在人者谓之知，知有所合谓之智。所以能之在人者谓之能，能有所合谓之能。"智能，是智慧和能力的合称，智能者，人才也！在中国有色金属行业，曹斌如是。

回望来路

曹斌现在虽在杭州工作，却时常想起黔山秀水，回望来时路，每一步都走得坚实而自信……

当阳，曹斌的老家，现为湖北省直辖、宜昌市代管县级市。这是一座历史悠久的文化古城。1940年，中国军队也曾在这里同侵华日军展开过殊死的"当阳保卫战"，在付出重大牺牲的同时，重创了敌军有生力量，留下过可歌可泣的抗战史话。

曹斌的父亲曹贤灿，就出生在这座经历过冷热兵器时代战争洗礼的英雄之城。而曹斌的祖父原是位于当阳漳河左岸淯西镇的一位爱国乡绅，曾在抗战期间出钱出力。1949年，19岁的曹贤灿高中毕业即参军入伍，部队是大名鼎鼎的中国人民解放军第二野战军。由于文化程度相对较高，曹贤灿在一年后就被提拔为军事教官，并随大军南下贵州，进驻贵阳。那时，贵阳刚刚解放，干部奇缺，曹贤灿经组织安排转业地方，在贵阳某机关单位工作。不久，便认识曹斌的母亲杨映梅。杨映梅是位名门闺秀，祖上在龙洞堡一带置有多处田产，其家族祖坟至今还立有民国时期贵州省省长周西成送的墓碑。杨映梅自幼聪慧好学，知书达理。她的父亲——曹斌的外公，也是一位知识分子，早年毕业于国立北京大学农学院，从事植物种植研究，后家道中落。杨映梅先后辗转安龙、贞丰、贵阳等地教书。贵阳解放后与曹贤灿组成家庭，仍以教书育人为业，直至以高级教师身份退休。

岁月久远，曹斌甚至记不清祖父和外公的名字，但良好的家风传承，以及父母亲的教育与熏陶，让他从小就养成了爱学习、肯钻研的好习惯，加之天资聪颖，使他在不同阶段的班级总是成绩突出的一个，深受老师喜爱和同学尊重。

曹斌1963年6月25日出生于贵阳，家中排行老三，他的中、小学阶段，是在解放桥小学和贵阳第十四中度过的。那时教学秩序尚未恢复，由于父母的督促与辅导，曹斌和兄姊的学习一直处于正常状态。

曹斌在学校是德智体美发展全面的尖子生，每次考试均名列年级前三，曾在贵阳市中学化学竞赛中获得过第四名的佳绩。他不仅文化课成绩突出，而且酷爱美术，篮球打得好。那时候的学校处于后"文革"时期，老师们没有"升学率"之类的压力，成绩过得去就行，所以高中生普遍基础薄弱。但曹斌却遇到一位重教学、重成长的好老师——班主任霍菊兰。在曹斌印象中，霍老师在课堂上认真严肃，课后亲切和蔼。为了抓好班级升学率，在强化课堂教学的同时，还把同学们叫到家里，请名师义务给大家补习数学、物理和语文等课程。曹斌的另一位恩师是教化学的丁恩庆。他至今还记得丁老师课堂上那激情洋溢的状态，包括他和同学们一起讨论化学反应原理、做实验、完成练习题时的点点滴滴。可以说，曹斌扎实的化学课基础，就是在丁老师那里打下的。除此之外，曹斌中学期间还师从张志辉教授学习素描和国画。张志辉时任贵阳艺术专科学校（现贵州大学艺术学院）教务主任，具有很高的艺术素养。学习美术，对曹斌审美情趣的培养帮助很大。

如果说家庭熏陶和中小学教育是人生启蒙阶段的话，那本科教育则是塑造年轻学生的人生理想与"三观"的重要时期。高考前的曹斌对于未来的从业方向显然是模糊的，是大学教育让他选择了有色金属，并在这一行业领域奋斗至今。

曹斌16岁考上大学，所在的昆明工学院（现昆明理工大学），是我国冶金行业五所重点院校之一，也是云南省综合性重点大学，1954年合并成昆明工学院。学校在有色冶金工程、矿物加工工程、电气工程及其自动化等方面，具有极强的竞争力。曹斌主攻的专业是有色金属工业自动化。

1983年曹斌一再坚持回到贵阳，并顺利进入贵阳铝镁设计院工作。改革开放以来，贵阳院抓住世界铝工业发展的历史机遇，先后自主研发了大型预焙电解工艺技术及成套装备、炭素阳极生产工艺技术及成套装备、石墨化阴极技术、氧化铝工艺技术和装备等核心技术，成为国内铝工业发展的标杆。其中，为主研发的280kA电解槽及成套装备技术获得了国家科学技术进步一等奖。所研发的铝电解多功能机组，还取代了国外同类产品，占据国内100%的市场。此外，还通过科技成果转化和市场开发，成为我国最具实力的轻金属冶炼设计科研单位之一，业绩显著，如：1989年设计了中国第一个大型预焙阳极电解铝厂——贵州铝厂；2001年加入中国铝业集团；2003年承揽的印度Balco电解铝厂，第一次实现了中国铝工业技术和专有设备海外输出；2005年承建了中国第一个铝行业工程总承包项目——广西华银氧化铝厂，并荣获工程建设鲁班奖；2006年加入中铝国际工程股份有限公司；2007年承揽世界上一次性建设规模最大的电解工程——印度VENDANTA项目；2008年承揽世界上一次性建设规模最大的氧化铝工程——印度LANJIGARH项目等，在全球铝工业中享有较高知名度。

曹斌作为参与者和见证者，发自内心地为贵阳院的发展而深感骄傲。对于年轻的曹斌，贵阳院既是他科研路上的驿站，也是他人生新的起点。记得第一次领工资就请父母到餐馆里吃了一顿团圆饭，还颇为自豪地将工资全数交给母亲。看着儿子的成长，父母十分欣慰，父亲还一再勉励他要干一行爱一行，在单位好好表现，做出成绩，为国家做贡献，给家里添光彩。父母开心的笑容，让曹斌第一次体会到作为儿子的幸福感，并暗暗告诫自己，在今后的工作中要加倍努力，不负所望。

曹斌这样想着，也一直这样自我鞭策。他珍惜在贵阳院的每一天，兢兢业业，以前辈李儒林、胡荫先、祝淑芳、陆锦荣等名师为榜样，养成了白天在岗位上工作，晚上在办公室学习的好习惯。他从参与贵州铝厂、白银铝厂等国家重点工程设计项目的供电和控制设计，到承担铝电解关键技术研发，力争每一件事都做到最好。在前辈的指导下，完成了一个又一个工程设计和科技研发项目。

如今，曹斌是在贵州成长起来的全国有色金属行业智能制造专家，深知中铝智能科技发展有限公司的快速发展，对贵州智能建设同样有着积极的影响。怀着一份乡梓之情，曹斌在继续培养贵阳院技术团队、激发他们创造力的同时，积极争取国家、省市和企业的项目，推动了贵州省内遵义铝业、中铝贵州分公司、华仁铝业、华锦铝业等有色金属企业转型升级和高质量发展，并带动贵州力源液压有限公司、贵阳永青机电设备公司等装备制造企业以及省内数据、装备、传感器等产业和信息服务业的技术进步与发展。继续为贵州的高质量发展，积极争取一个又一个大项目，产生着深远的影响。

水碧山青"贵定"人

——记环境生物工程专家周少奇

◆ 李祥霓

周少奇 （1964.4—）男，汉族，湖南益阳人，1985年6月加入中国共产党。1993年10月参加工作，2002年9月，被中组部选派到贵州工作至今。工学博士，二级教授、博士生导师；环境生物工程专家。国际欧亚科学院院士、中国发明协会会员，国家级计划领军人才，国家有突出贡献中青年专家，国家重点研发计划专项首席科学家等。现任贵州大学党委常委、副校长。2020年6月，被授予2019年度贵州省最高科学技术奖。获得省部级科技进步一等奖8项，SCI／EI论文220余篇，出版学术著作10部。

被《沁园春》震醒的少年

出生于湖南省益阳市赫山区毛家塘的周少奇，在特殊年代里半工半读是常态。周少奇还记得小学一年级的第一课是"毛主席万岁！"，第二课是"中国共产党万岁！"，第三课是"中华人民共和国万岁！"。那时，上午到学校上课，而下午不是打猪草，就是放牛，或参与其他劳动。当然，也少不了与小伙伴们漫山遍野地疯玩。在这样的学习教育制度中，周少奇一直没有把读书、学习当成什么难事。因为书本比较简单，周少奇一学就会，一读就能背诵。从小学到初中，周少奇各科成绩一直是名列前茅。

一天，12岁的少年周少奇无意中得到一本当时的中学课本，信手翻开一页就读，不觉读到：

　　　　沁园春·长沙

　　独立寒秋，湘江北去，橘子洲头。
　　看万山红遍，层林尽染；漫江碧透，百舸争流。
　　鹰击长空，鱼翔浅底，万类霜天竞自由。
　　怅寥廓，问苍茫大地，谁主沉浮？
　　……

噢！多么美的诗句呀！周少奇被迷住了，特别是词中那句"问苍茫大地，谁主沉浮？"触动了少年周少奇，震撼了他懵懂少年的灵魂："多好啊！怎么会有这么美的诗哦？！"小小周少奇一再感叹。周少奇顿觉脑子里"轰"的一声，这位成天只知道恣意玩乐的少年，一下子被这首《沁园春·长沙》震住了。

"一个人，一个小孩，得到了他人生中的第一把钥匙，为他打开了进入一个崭新世界的大门……"

自从毛主席的《沁园春·长沙》叩击了少年周少奇的心扉，特别是其中撼动他的那句"问苍茫大地，谁主沉浮"。这种抒发革命青年对国家命运的感慨和以天下为己任，蔑视反动统治者，改造旧中国的豪情壮志，让周少奇敬佩不已，他幡然醒悟：少年贵在立志，贵在立大志、立长志！

在此之前，周少奇与那个年代的大多数农村孩子一样，连县城都没去过几次。但他喜欢读书，喜欢在名著和诗歌中憧憬着远方的世界。清代诗人袁枚的诗歌《所见》，是童年周少奇喜欢的诗：

牧童骑黄牛，歌声振林樾。

意欲捕鸣蝉，忽然闭口立。

几百年前的牧童骑黄牛，与周少奇小时候骑在牛背上的情景何等相似？可此牧童与彼牧童想的，可就大相径庭了：

"八九岁时放牛，骑在牛背上，望着天尽头，我就告诉自己，一定要走出去！去看看外面的世界。"

多年之后，想起敦厚温暖的牛背，周少奇仍会眯着眼睛发自内心地微笑，由于《沁园春·长沙》的震撼，遂立下少年之志：

"读博士、当科学家，是我骑在牛背上的梦想。"

被《沁园春·长沙》震撼的少年周少奇，感觉身心就像被什么击中一样，"顿时，脑筋就开窍啦！从此就非常喜欢读书了！"如今，早已是功成名就的科学家的周少奇，提起他的"第一把钥匙、第一次脑筋开窍"，依然非常感动，瞬间就荡开了孩子般的笑容。从此，少年周少奇就更喜欢读书了，读什么书都觉得津津有味。作为土生土长的湖南人，少年周少奇骨子里天生就带着湖南人实干的刻苦精神，读书亦然。天长日久，周少奇无意识间就储备了许多课外知识。

他刻苦努力，认真学习，如饥似渴，在益阳县羊舞岭公社长坡岭中学，他日夜攻读，总结掌握了一套卓有成效的学习方法，学业日益精进，1980年顺利考入省级重点中学——益阳县一中（现为益阳市箴言中学）升读高中。益阳县一中的前身是成立于1854年的箴言书院，由晚清名臣胡林翼创办，有着"严谨求实，勤苦奋进"的校训，具有优良的办学传统和特色，1977年恢复高考后，迅速培养了大批优秀人才，名播三湘，誉满华夏。周少奇在这座山环水抱、名师荟萃的古老书院里，如鱼得水，在高手云集的激烈角逐中，仍然保持成绩优异，虽对文史哲有浓厚兴趣，但分班时坚持读理科，一直名列前茅，1983年高考期间由于感冒，成绩虽未如理想，但还是一举考上了大连工学院（现大连理工大学），进入化工学院化工机械专业学习。由于年少时志在远方，高考报志愿时本省高校一所未填。

周少奇虽然生长在比较缺失多彩教育的农村，但他有一个淳朴善良、任劳任怨、呵护儿女的母亲，还有一个做人做事认真负责、一丝不苟的父亲。周少奇的父亲周书云在解放初期是村里一个村小组的文书，做会计工作。在1953年的"三反五反"严苛的查账中，即便是一个小小村组的收支账目表，父亲每笔账都记录得干净整洁、清清楚楚。那时的查账非常严苛，父亲的账目分毫不差，一次审查就通过了。20世纪70年代，生活困难时期，母亲李立珍在挑水时在池塘边捡到一块手表，这在当时可是贵重物件。"一定要找到失主，人家肯定很着急。"母亲焦灼地寻觅问询，一天又一天，终于找到了失主。将手表还到人家手上后，母亲这才心安。就是周少奇已经逝去的爷爷奶奶，在抗战时期有为躲避飞机轰炸和战乱而逃亡外地的村民遗失在周家门口、路边或树林里的箱子物品，爷爷奶奶都会捡拾回来帮忙收好，等村民返回时再还给人家。在这样的家庭环境和传承中成长，家里老一辈一言一行的身教言传，使周少奇从小就奠定了明德至善、博学笃行的可贵品质。而周少奇的父亲，即便是儿子已经远在他乡读大学了，经常一封一封书信嘱咐远隔千山万水的儿子："要好好读书，多做发明创造""读书要有进步，要有理想，有道德和仁义，有文化修养"。

大连理工大学是一所以工科为主，理、工、经、管、文、法、哲、艺术等协调发展的综合性大学，学风扎实，注重知行合一。自1983年9月进校，周少奇没有丝毫懈怠，继续如饥似渴地学习。"我们每天晚上都在阶梯教室自习，学到十一二点是常有的事儿。有时碰到停电，大家就跑到附近的小卖部买来蜡烛接着学。有好几次，小卖部的蜡烛都脱销了。"同时，周少奇积极参加各种社团活动和社会调查实践活动，注意全面锻炼、全面发展、增长才干。由于品学兼优，周少奇于1985年6月6日光荣地加入中国共产党。周少奇加入党组织后，父母都很高兴，经常嘱咐他要严格要求自己，好好为人民服务。1987年12月17日，已在攻读硕士研究生的周少奇得到父亲的回信，父亲在回信中嘱咐："要响应党的号召学习十三大文件，党员要进一步地认真学习。学书要有根本（创新），对国家要有贡献""研究创造新的机械发明和事业，人民才有信任，要把党的事业放在第一位"。这是一位经历过旧社会和毛泽东时代的普通父亲对儿子提出的殷切希望和嘱托。家山万里的周少奇，每每一想家，就会拿出父亲的信来读。父亲的信，一直是鼓励他远航的风帆。至今，周少奇还一直珍藏着他学生时代父亲写给他几十封信中的五封信。因此，在大连理工大学，好学不倦的大学生周少奇，特别珍惜来之不易的读书时光。通过学习毛主席的《实践论》《矛盾论》，深刻体会到理论联系实际的重要性，认识到科学研究必须能转化为实际应用的重要性，即使是科学巨匠牛顿的经典力学与万有引力定律、爱因斯坦的相对论和质能公式等，都实现了实际应用。同时，大连理工大学具有注重工程应用、知行合一的传统。在毕业论文环节，在导师王琪教授的指导下，周少奇选择了射流混合作为研究课题，他进行了反应器的设计加工、安装调试、运行优化、数据处理与最小二乘法模型优化等研究，最后，顺利通过答辩，获得优秀成绩。

作为从中学时代就对哲学、历史倍感兴趣的理工男，周少奇在学好本专业课程的基础上，一直注意广学博采。大学时期，他非常景仰我国著名科学家钱学森。

钱学森晚年提及创新人才培养时，曾回忆起自己年少时既学理科又学绘画和音乐的经历，他认为艺术上的修养对他后来的科学工作很重要，开拓了他的科学创新思维。周少奇特别推崇钱学森先生的这个说法。"虽不能至，心向往之。"周少奇这样想，亦是这样紧跟的。本科时的周少奇迷上了哲学。他认为，"哲学是关乎世界，关乎本源的大智慧。"每到周末，周少奇会整天整天地泡在图书馆，除了课程体系安排的马克思主义哲学、毛泽东思想外，他还阅读大量的哲学、历史书籍，从中国的"诸子百家"到西方先哲。广泛涉猎《中国哲学史》《中国通史》《西方思想史》《世界通史》《中国科技发展史》《资本论》《黄帝内经》《本草纲目》；包括旧三论，即《系统论》《信息论》《控制论》，新三论，即《耗散结构论》《协同论》《突变论》；还有《物种起源》《超循环论》等。所以，本科即将毕业的周少奇自学多门哲学及形式逻辑等课程，报考了本校哲学专业刘则渊教授的硕士研究生。"由于热门研究方向（科技与社会发展战略）报考人数太多，30多个考生，只有2个名额，我虽然成绩不错但录取指标有限，但幸运的是学校研究生院将我调剂到了计算力学专业攻读硕士学位。"攻读硕士学位期间，周少奇面对艰深玄奥的各种力学课程，主动修读系列主干课程并旁听了大量选修课程，合计能超过50个学分。在导师周承芳教授的指导下，选择了"壳体强度非线性和稳定性分析"作为硕士学位论文的题目，并于1990年2月通过硕士论文答辩，顺利毕业。

由于从小立志要读博士、当科学家，1989年底，周少奇义无反顾，积极报考大连理工大学的博士研究生，并顺利取得攻读资格，导师是曾两次获得国家自然科学奖，领衔提出拟协调元有限元法原创理论的著名力学家唐立民教授。

因为对新兴学科与交叉学科的浓厚兴趣，特别是20世纪80年代，生命科学、生物技术是国家863计划的最重要发展方向之一，周少奇在开始攻博时阅读了美国华裔学者冯元桢教授的《生物力学》及我国学者康振黄教授、吴云鹏教授、杨桂通教授等的《生物流变学》等生物力学文献后，与工程力学系党总支书记付国智老师交流时，流露了想研究生物力学的想法。导师唐立民先生知悉后，立即找周少奇谈话讨论，并先到大连医学院和大连理工大学化工学院生物化学工程专家冯朴荪教授的实验室进行了调研，探讨研究血液流变学或高等真菌发酵液流变学的可能性。为郑重起见，周少奇又到北京图书馆、中国科学院图书馆开展文献调研，并受导师派遣，于1990年6月乘火车，先后到太原理工大学、北京大学、西安交通大学、成都科技大学（现为四川大学）、重庆大学、华中理工大学（现为华中科技大学）等高校，开展我国生物力学、生物流变学、运动生物力学研究进展的实地考察和调研。作为初出茅庐的青年科技工作者，名不见经传的一年级博士生，先后得到杨桂通教授（校长）、康振黄教授（副省长）、吴云鹏教授（校长）、杨挺青教授（系主任）等知名大家的热情接待和悉心指导，周少奇对这些老一辈科学家一直深怀崇敬和感恩！实地调研返校后，根据我国生命科学，特别是生物化学工程等高新技术发展需求，在导师唐立民先生和冯朴荪先生的大力支持下，决定开展生物化学工程领域的生物力学，这一新型交叉学科的研究探索（研究生院项德镛副院长对此也非常支持）。具体开展高等真菌灵芝、云芝的生物反应器研发与液体发酵培养，重点开展高等真菌发酵液的流变力学研究，包括发酵液流变学、气液固三相流变流体动力学、气升环流生物反应器计算流体力学及其对高等真菌培养过程的影响研究。研究方向确定后，周少奇很快进入状态，在师兄白凤武教授等的帮助下，夜以继日地开展灵芝、云芝菌丝体的生物反应器悬浮培养等试验研究。试验紧张阶段，他会在凌晨打开钢丝折叠床，一个人睡在实验室。生物反应器长时间连续运行、取样化验、数据及时整理分析研判，时间非常紧，也十分辛苦！长时间的高负荷、高强度工作，使他一度营养不良、面黄肌瘦，但他还是一直坚持，毫不退缩！试验成功后，他取用一些自己培养的、清香扑鼻的灵芝菌丝体与发酵液，用烧杯煮开品尝，起到缓解疲劳之效。通过不懈努力，终于在高等真菌发酵悬浮液、发酵清液流变学非牛顿流变特性研究方面获得了一些新的发现；之后，在流体力学专家赖国璋教授的联合指导下，将高等真菌发酵液流变学与流体力学Navier-Stokes方程相耦合推导出相关的流体力学模型，通过简化，结合气升环流生物反应器的构造，开展计算流体力学研究，获得了生物反应器流场分布与优化方案。最终，1993年初他顺利通过了博士学位论文答辩，1993年7月获得工学博士学位。

回顾三十岁之前的求学之路，周少奇颇为感慨！他说："我这一生，受到过三次洪钟大吕的思想撞击和醍醐灌顶的震撼。"第一次是前面提到的初读毛主席诗词《沁园春·长沙》，震醒了少年时的懵懂，知道了人的一生，少年贵在立志、立大志、立长志；第二次是1983年上大学后，读到马克思、恩格斯《共产党宣言》的第一句，"一个幽灵，一个共产主义的幽灵在欧洲徘徊……"震撼了寻求理想社会的他，结合毛主席"实事求是""为人民服务"的光辉思想，遂于1985年6月加入中国共产党，明确了自己的理想追求；第三次是1990年暑期，因为导师的开明和信任，派遣他到北京、太原、西安、重庆、武汉等地开展博士论文开题实地调研时，在重庆码头等着换船去湖北武昌的间隙，在一地摊书肆，第一次看到我国的经典哲学名著《道德经》，知道了"圣人之道，为而不争。夫唯不争，故天下莫能与之争""千里之行，始于足下"等深刻道理。

获得博士学位以后，周少奇开始了博士后研究，通过国内外学术交流，承担各类科研攻关和工程示范项目，一步一个脚印，晋升副教授、教授、博士生导师，当选国际欧亚科学院院士，至今也已近三十年。回顾成为科技工作者的历程，周少奇又有一番不一样的感慨！他说：作为科技工作者，获得博士学位只是独立开展科学研究工作的起点；科研工作贵在创新，创新贵在领域跨越、贵在学科交叉、贵在持之以恒与积累；创新最重要的纸质成果是学术论文和设计图纸，成果贵在转化应用、贵在"将论文写到大地上"；科学素养是科技创新的重要基础，其中，哲学素养、数学素养、科学技术史素养具有非常重要的支撑作用。

跨学科领域创新的勇士

1993年3月，周少奇于大连理工大学博士毕业前夕，鉴于他在攻读硕博期间的优异表现，由导师唐立民先生、冯朴荪先生推荐，申请华南理工大学轻工与食品工程学院发酵工程专业做博士后研究。1993年7月博士毕业后获得全国博士后管理委员会批准，周少奇遂来到华南理工大学，师从姚汝华教授，主要开展灵芝菌发酵与灵芝多糖等方面的研究。从本科到博士后，周少奇的学习经历横跨了化工机械、哲学（报考硕士）、工程力学、生物化工和发酵工程等几大专业，成为我国发酵工程学科培养的第一位博士后。

1994年12月，周少奇首次出国进行国际学术交流，参加了在新加坡举行的生物医学工程领域的一个国际会议，访问了国立新加坡大学、南洋理工大学等高校。取道香港回国时顺访香港大学，他拜访大连理工大学工程力学研究所的老师——时在港大土木工程系做高级访问学者、与张佑启院士开展合作研究的陈万吉教授，经陈万吉教授引荐，他参观了方汉平教授的污水生物处理实验室。方汉平教授在环境生物处理领域开展了大量前沿技术的研究，与内地清华大学、同济大学、哈尔滨工业大学等环境领域的学者开展了深入交流与合作。机缘巧合，在方教授的指导支持下，遂商定将高等真菌生物反应器经过改进设计用于污水生物处理、开展香港粉岭垃圾填埋渗滤液生物脱氮研究，并准备办理到港大做博士后研究助理的手续。

早在20世纪80年代，周少奇从大量新闻报道和假期社会调查中发现一个严峻的环境问题：乡镇企业作为我国80年代经济发展中的一支重要力量异军突起，在带来乡镇经济高速发展的同时，也对环境造成了严重污染和破坏。随着我国开始新一轮的工业化发展，周少奇注意到了日趋严峻的环境问题。尤其是不断推进的城市化进程，让城市污水的排放量迅速增加，但在相当长的时间里，全国城市污水处理率仅为50%左右，由氮磷超标引起的水体富营养化问题日益突出，而传统工艺同步脱氮除磷效率严重偏低，往往还需辅以化学药剂，容易造成水体污染。面对污水中氮磷处理这一技术瓶颈，有没有可能另辟蹊径？周少奇说，只要环境适当，一个细菌在昼夜间可以繁殖出数十亿个。微生物和人一样，维持生命也需要消耗营养物质，包括有机物、氮、磷和其他营养元素，甚至还需要微量元素。如果能从微生物中找到氮磷克星，一切便迎刃而解。他坚信，将之前所学的生命科学原理和生物技术应用到环境工程上，一定会找到一个突破口。"我何不跨学科研究？"周少奇突发奇想。他敏锐地意识到环境学科将成为国家迫切需要发展和有广阔应用前景的新兴学科，生物技术将成为经济高效处理污水的前沿技术。当时，水污染治理面临氮磷的去除与减排控制等国际前沿和技术瓶颈问题。

1994年12月这次访问香港大学，更加坚定了他转向环境污染治理研究的决心。周少奇回到广州后，开始准备科研转向，恰逢广州出现一些由垃圾填埋渗滤液到处漫流、污染田园、臭气弥漫、稻作庄稼歉收等现象带来的难题，他开始结合垃圾渗滤液氨氮浓度奇高、污染物复杂多变的特点，开展了一些前期调研与准备工作，设计了新型生物反应器图纸给香港大学的实验室先行加工制作，同时办理赴港手续，1996年5月到香港大学时，设备已经准备齐全，很快便进入试验阶段工作了。在导师方汉平教授的精心指导下，不是环境专业科班毕业的他，从环境污染与治理的基本概念学起，一边看教科书，学习思考，特别是紧密结合美国两院院士、斯坦福大学MaCarty P.L教授关于污水生物处理的专著教材，一边做试验，很快就入了门。

功夫不负有心人。周少奇的跨学科研究，果然发挥了意想不到的作用。通过脱氮微生物，周少奇将培养灵芝菌和云芝菌的气升环流式生物反应器，通过优化设计成交替好氧缺氧厌氧污水生物处理反应器，1996年率先用于香港粉岭高氨氮垃圾渗滤液的活性污泥法生物处理，取得了神奇的功效。然而，传统理论和教科书并不能完全解释他看到的现象，即有微生物能以氨氮为电子供体、硝氮为电子受体实现生物脱氮转变为氮气，他推导出了其生化反应计量方程及有关计量模型，将其命名为"硝反硝"反应。周少奇不知道的是，他无意间发现的，正是之后20多年来风靡国际学术界的厌氧氨氧化反应。遗憾的是，当时找不到相关参考文献，且时间紧，导致他未能及时发表论文。

1997年5月，结束香港大学博士后研究的周少奇回到华南理工大学，开始参与筹备开办环境科学与工程专业，负责固体废物与处理资源化学科方向，1998年3月起任华南理工大学造纸与环境工程学院新办的环境科学与工程系副主任。期间，有关广州垃圾填埋渗滤液生物处理技术作为重点攻关项目得到广东省科技厅立项支持，1998年开始结合广州大田山垃圾填埋场渗滤液厌氧氨氧化与同时硝化反硝化生物脱氮协同作用开展创新研究。周少奇和他招收指导的第一位硕士生周吉林，不分昼夜，春节期间也不回家，坚守在偏远山间、恶臭的垃圾填埋场进行新设备的现场试验和攻关，终于获得成功，取得理想的结果。之后，与相关企业和设计院合作，将相关技术推广应用于广州兴丰垃圾填埋场渗滤液处理技改优化工程（6700 m³）和广东江门垃圾填埋场渗滤液处理技改优化工程（1500 m³），获得了垃圾填埋渗滤液厌氧氨氧化与同时硝化反硝化协同高效脱氮关键技术工艺与装备，具有广阔的推广应用前景。

结合1996年至1997年期间在香港大学研究垃圾渗滤液生物脱氮的试验结果，经过近三年一千多个日夜的积累和沉淀、实验和理论分析与创新，尽管由于研究课题太超前，在相当长一段时间里都申请不到经费资助，但他始终相信环境生物技术的发展前景和应用价值，哪怕用自己的工资倒贴科研项目，周少奇也从未有过丝毫退缩的念头。周少奇始终坚信科学理论、科学原理的引领作用，始终坚信理论应该与工程实践相结合，已有的工程事实一定能够找到理论的解释与支持。他坚持以污水治理和水体富营养化控制的"牛鼻子"——生物脱氮除磷技术原理研究为突破口开展攻关。

生物化学反应过程是在微生物的作用下的氧化还原反应。我们中华民族的祖先早在龙山文化（距今4600—4000年）时期和夏代（距今4100—4000年）就已利用发酵这一生化反应酿造美酒琼浆，古巴比伦人早在公元前6000年已掌握了啤酒酿造技术，相传埃及在公元前40至公元前30世纪开始酿酒、发酵面包，但古代的人们一直不清楚其中的道理。1676年荷兰人列文虎克发明显微镜，首次观察到微生物的存在并系统阐明了发酵是由微生物（酵母菌）作用而产生的原理，1857—1876年，法国著名生物学家巴斯德通过研究给出了酵母发酵能力的确凿证据，由此大大推动了发酵工业的发展。1953年沃森和克里克在Nature期刊发表了DNA的双螺旋结构论文，使生物学研究、遗传学研究由细胞水平推进到分子水平。

大千世界，生命最为可贵！微小的细菌、真菌、放线菌等，五花八门，各种各样，都是神奇的微生物！以细菌为例，由于其世代时间很短，有的只有10多分钟，但只要环境适当，一个细菌通过繁殖，一昼夜可以增殖到数十亿个！由于微生物和人一样，维持生命也需要消耗营养物质，需要消耗有机物、氮、磷和其他营养元素，甚至微量元素。这为微生物应用于环境污染治理奠定了基础。

生物化学反应是以酶催化的化学反应，考察化学反应的特性，需要探讨其反应热力学、反应动力学、反应计量学。发酵过程、生物化学反应如何考虑热力学、动力学、计量学呢？氧化还原化学反应均存在电子的得失和价态的变化，生物化学反应作为一种氧化还原反应，其电子得失的规律又是如何的呢？这在20世纪90年代，有关教科书和前沿研究论文，主要只停留在讨论发酵动力学（包括反应物消耗动力学、产物生成动力学、细胞生长动力学），且理论研究结果难以准确反映工程实际，从而对反应过程进行有效的控制。这些一直困扰着该研究领域的学者们，周少奇在教学和科学研究中也一直苦苦地思索着、探索着。

1998年，周少奇从生命代谢过程电子流传递入手，结合生化反应属于氧化还原反应这一本质，深入到电子流层次，采用函数分析法，考虑到细胞的合成与能量代谢，在国际上率先提出了生化反应"电子流守恒原理"和电子计量学方法，将生命代谢过程中好氧过程、厌氧过程、缺氧过程的各类生物化学反应，写成反应等式，揭示了生物化学过程的反应机理，并进而推导出各种计量关系式和计量模型。这一进展解决了国际上生物脱氮研究领域120余年来无法逾越的难题，其中反硝化COD/N比与微生物生长的理论计量模型，比国际上该领域权威专家总结获得的唯一经验模型，精度提高30%以上，为整个环境工程领域环境污染治理、水体富营养化控制与生物脱氮研究与应用提供了理论基础。

在此基础上，周少奇又提出了微生物脱氮除磷过程碳氮磷三要素电子计量方程与计量模型，更新了环境工程污水生物领域的有关基础知识，攻克了本行业依据经验计量模型设计和管理污水生物脱氮过程引起较大误差及过程控制失真的技术难题。继而，他还在电子流守恒原理的思路基础上，深入开展微生物脱氮除磷机理研究，在国际上首次发现了4种新的，可以同时以分子氧、硝态氮、亚硝氮为电子受体的同步脱氮除磷菌，在生物除磷理论方面突破了传统理论通过"厌氧释磷"和"好氧聚磷"两个阶段去除磷的认识，并通过大量创新研究，开发了一系列新的工艺和实用技术，为城市污水同步脱氮除磷工程技改优化应用提供了重要的理论依据和创新技术。相关学术论文发表在国际刊物 *Environmental Technology*（2001）、*Biotechnology Journal*、*Bioresource Technology* 上，并将生物脱氮电子计量学、生物脱氮除磷电子计量学理论，比较系统地总结发表在独著《环境生物技术》（科学出版社，2003）一书中。

此外，周少奇在理论上将生化反应电子计量学，与生化反应热力学、生化反应动力学进行耦合，以此为基础，周少奇带领团队在废水生物脱氮技术领域展开了孜孜不倦的研究和工程推广应用。

1996年开始，《国务院关于环境保护若干问题的决定》中确定，2000年，各省、自治区、直辖市要达到"一控双达标"的目标，对污染物排放总量进行控制，实施排污许可证制度。由于广州石化污水处理氨氮等污染物指标不达标，1998年该企业与广州市环保局主动联系周少奇，并由广州市环保局设立技改示范项目进行重点攻关。通过运用生物硝化、生物反硝化脱氮电子计量方程在COD、碱度等方面表现出的互补原理，给生物脱氮同步硝化反硝化工艺与设备一体化方面提供理论支撑的要求，对广州石化污水处理的两套Orbal氧化沟（处理能力分别为20000吨/日），开展进水方式与分布位点、曝气方式与强度、污泥与硝化液回流等工艺调整优化，大幅度提高了同时硝化反硝化效率，处理后出水COD、氨氮、氰化物等达标率于2000年如期达到国家和地方环保部门的要求。同时，该技术应用于河南、新疆等地相关的污水处理工程。2004年通过了广东省科技厅组织的专家鉴定，相关成果获2008年度国家科技进步二等奖，2009年因此获得华南理工大学科研重奖50万元奖励，尽管当时周少奇还处于还房贷的情况下，但他连同当年获得的其他科研绩效奖励，共53万多元悉数捐出，用作科技创新研究和研究生生活补助的经费。

令人可喜的是，周少奇的研究成果已经广泛应用在废水处理领域。硝化、反硝化、厌氧氨氧化生物脱氮的有关电子计量学研究又有了新的进展，目前，这些研究成果对海洋、湖泊、土壤、湿地、草地及污水处理工程中氮的循环与转化，可以提供合理的理论解释，在含氮有机废水处理工程设计、工艺优化、管理运行及污染水体修复与整治等方面均具有广阔的应用前景。

2002年11月—2003年1月，周少奇受到英国皇家学会资助到Middlesex大学做访问教授，开展人工湿地技术研究。在此期间，周少奇参加了英国皇家学会成立340周年的庆祝活动，参观学习了科学巨匠牛顿的伟大事迹，瞻仰了革命导师马克思的墓地，访问了牛津大学、剑桥大学、兰卡斯特大学，并多次到大英博物馆借阅学习。更深切地感受到了近代科学的产生与人类进入工业化时代的密切关系，更加坚定了科技创新必须面向世界科技前沿、面向国家重大战略需求、面向经济社会发展主战场的研究目标，更加坚定了环保科技创新与成果转化的信念。2004年7月，华南理工大学重组环境学科，成立环境与能源学院，周少奇由造纸与环境工程学院调入新成立的环境与能源学院，并担任市政工程系主任，创办了该校给水与排水专业，促进华南理工大学环境学科与给排水专业的融合与发展。2009年1月—7月，由国家公派，周少奇到加拿大Waterloo大学化工系生物化学工程实验室做高级研究学者，师从加拿大皇家学会MooYoung院士和Perry Chou教授，开展生物能源方面的研究和学习，也很好地开阔了视野，感受到了生命科学的魅力和生物技术发展的美好前景。

俗话说，隔行如隔山。2000年代初，随着我国城市污水处理工程建设进入高潮期，他将主要精力由垃圾渗滤液处理技术与装备研究转向城市污水同步生物脱氮除磷技术研究。周少奇承担了国家自然科学基金项目、国家科技成果重点推广项目等，致力于新发现的反硝化除磷技术原理之关键技术与一体化设备研究，并与相关设计院及企业合作，通过相关技术专利的实施许可，实现了工程化应用，已推广到贵州、广东、山东等20余个省区城市污水处理与提标技改工程。经过长期成果推广转化，相关专利技术获得了2021年世界知识产权组织（WIPO）杰出专利发明奖和2020年度中国专利金奖。

"民以食为天"，提高粮食产量一直是解决我国粮食自给与安全的首要问题。化肥在农业粮食增产中的作用占50%左右，我国是化肥生产（尿素、氯铵、硝铵、碳铵）与消费第一大国，通过以粉煤为原料气化的合成氨工业制取的尿素是氮含量最高、使用量最多的氮肥品种，在我国被广泛使用。然而，在合成氨、尿素制取及氮肥生产过程中，氨氮废水的产生与处理已成为制约该行业发展的世界性环保难题。2008年，针对化肥废水处理对高效生物脱氮技术的迫切需求，周少奇与湖北宜化集团、贵州宜化、金沂蒙集团等该行业龙头企业开始合作，主持承担了国家科技支撑计划课题，采用生物脱氮电子计量学原理，开展氨氮综合废水与COD/N比计量优化和关键技术研发，建设示范工程，经过10多年的努力，实现了产业化推广应用。相关专利技术获得了2021年世界知识产权组织（WIPO）最佳发明奖和2018年中国专利银奖。

2013年开始，周少奇带领团队多次到威宁草海调研，针对富营养化控制和综合治理需求，提出相关技术方案，通过了省环保部门组织的专家论证，申报国家环保部、财政部专项，获批立项，争取到中央财政资金2550万元。以此为引领，多年以来，贵州威宁草海国家级自然保护区围绕"退城还湖、退村还湖、退耕还湖、治污净湖、造林涵湖"的指导方针，启动草海环湖污水处理综合治理工程，取得良好效果。其实，早在2003年，周少奇在贵州省环境保护局挂职期间，结合贵州和西部环境保护实际，依据主要因氮磷引起水体富营养化的科学原理力主取缔网箱养鱼、开展高原湖泊草海研究与流域治理理念，助力乌江及贵州重要水体富营养化控制，乌江优良水质于2021年初得到了习近平总书记现场考察时的高度称赞。

2016年，针对困扰我国西部7省区(贵州、陕西、甘肃、新疆、青海、宁夏、内蒙古)60多年的农村污水处理与资源化技术难题，周少奇率领团队，提出了"典型西部缺水地区农村供水排水一体化技术及应用示范项目"的技术创新方案，经过国家科技部组织的严格专家评审和激烈竞争，获得了国家重点研发计划专项的首批立项，获国家专项经费2900万元。经过5年多的艰苦攻关，他带领团队取得重要突破和一系列创新成果，开发出乡镇级、村组级、散户级系列关键技术与装备，为贵州及我国西部农村污水处理、乡村振兴提供强有力的技术支撑。该项成果获2019年度贵州省最高科学技术奖和贵州省技术发明一等奖。

长期以来，周少奇紧密结合贵州和西部环境保护实际，以"只争朝夕"的精神，针对喀斯特地区特点，开展城市污水、化肥废水、农村污水、垃圾废水、湖泊富营养化控制等方面的实用技术研究与产业化应用，在不同的研究领域和研究方向，取得了系列创新成果。他到底是怎样做到的呢？

回顾这些年不断开展跨领域的创新技术与应用研究，周少奇谈了他的体会。他说：科技创新有链条，论文实用重"六化"。周少奇认为：科研创新活动具有阶段性特征，所以科技创新有一个链条，对于工程学科而言尤其明显。他眼中的"技术创新链"或"链式科技创新"，包括：科学理论创新、技术原理创新、工艺创新，设备研制、装备研发、工程示范、产业化应用等诸多环节。一方面"万事开头难"，说明原创理论、原创机理、原创模型非常重要；另一方面"行百里者半九十"，理论研究成果通过小试、中试、生产性试验，研制出设备或装备，进行工程应用和产业化，最后一个环节"装备化和产业化"也是极其重要。如牛顿的经典力学与万有引力定律、爱因斯坦的相对论和质能公式，以及麦克斯韦方程、薛定谔方程等伟大科学理论与数学模型，均能实现成果转化和实际应用。因此，"理论与应用同等重要"，也就是习近平总书记所提倡要求的：科技工作者要把论文写在祖国的大地上。这也是周少奇特别看重创新链条和创新生态的原因所在。"很多的科研成果之所以走不出实验室，就是因为没有打通成果转化的最后一公里，没有打通创新链中的'堵点'。"周少奇说，对于工程学科而言，有价值的学术成果要先实现"六化"（即工艺化、设备化、装备化、工程化、产业化、社会化），才能最终实现标准化或实用化。

在周少奇看来，科研成果如果不能直接服务于社会经济发展，就不能体现出其应有的价值。"着眼于实际应用的科研成果，往往更有生命力。"随着时间的推移，多年的科研与转化推广工作让周少奇更明白"实践出真知""科技工作者要服务社会，实现科研成果转化应用，就要敢于走出书斋和实验室，把论文写在大地上"。

周少奇的学习和研究始于化工机械，经过多次更改专业和转向，1994年开始定格在环境生物技术领域，至今已28年。由他花费近5年心血，独著的《环境生物技术》一书，2003年以来已由科学出版社印刷17次以上，该书已成为国内相关专业研究生参考教材或设计参考用书。环境生物技术已经成为环境科学与工程学科中发展最快的领域之一，随着世界经济的飞速发展及环境污染治理需求的不断增长，用生物技术手段解决环境污染问题是最科学、最环保、最经济的，这对发展中的中国意义重大。

周少奇认为，除了各种微生物在污水处理及环境污染整治中起到重要作用外，植物、某些小微动物对污水治理、水体富营养化控制、垃圾处理与资源化等也能起到关键性作用，且比其他技术更为经济、更为高效；分子生物学、分子生态学，生化反应计量学、热力学、动力学等均是环境污染治理技术的重要科学支撑，生命科学在环保领域中大有可为。

立足贵州，服务西部20年

我国西部国土面积占全国的56%，人口占全国的22.8%，但由于自然、历史、社会等因素，西部地区经济发展相对落后，人均国内生产总值仅相当于全国平均水平的2/3，不到东部地区平均水平的40％，迫切需要加快改革开放和现代化建设步伐。

2002年9月，由于国家西部大开发战略的需要，周少奇被中组部选派从发达地区广东到贵州省环境保护局挂任局长助理。从此，周少奇便与贵州这块土地结下了不解之缘。

贵州地处中国西南腹地，与重庆、四川、湖南、云南、广西接壤，是西南交通枢纽。20世纪90年代以来，贵州经济特别是工业经济的持续快速发展，加快了工业化进程，并随之带来严重的水污染和水危机。为更好地了解贵州省情，周少奇深入基层广泛开展调研，挂职的一年里，他的足迹踏遍全省88个县（市、区）中的85个。在调研中，周少奇深感："当时，这里的城市污水处理厂建设刚刚起步，技术还很落后，与其他发达地区还有很大差距。污水处理厂无法保证正常稳定运行，严重缺乏技术支撑。我作为一名环境科研工作者，当时就下定决心要改进贵州的污水处理技术。"

贵州是长江和珠江上游的重要生态屏障，2016年贵州被列入首批国家生态文明试验区。水是生命之源，碧水保卫战是守住水环境质量的底线。贵州为打好碧水保卫战，深入开展水源地保护、长江和珠江上游生态屏障保护、城市黑臭水体治理、磷污染治理4个专项行动，确保到2020年全省地表水水质优良率保持在95％，基本消除劣Ⅴ类水体，中心城市集中式饮用水水源地水质达标率保持在100％，县级城市集中式饮用水水源地水质达标率达到99％以上。

周少奇根据走访了解到的实际情况，以及通过广泛深入的调查研究和分析论证，明确了工作思路。由于当时贵州省的城市污水处理建设刚刚起步，无法保证正常稳定运行，技术支撑更是严重缺乏。为此，周少奇通过与四川华健公司和山东省城建设计院等单位产学研合作引进先进适用的一体化氧化沟等污水处理技术，在贵州进行推广示范和产业化应用。

2003年，周少奇将优化设计后的一体化氧化沟工艺，推广应用于贵州茅台、习水、绥阳等地城市污水处理厂的设计、建造与运行，并通过和绿地环保公司等产学研合作，将新技术在贵州进行了大面积推广应用。2003年10月挂职结束，他虽然暂时回到了广州，但他一直受聘为贵州大学客座教授、贵州工业大学兼职教授，还一直带贵州的硕士、博士研究生等，并把华南理工大学的研究生派驻到贵州，开展新型污水处理技术与装备的研究与推广应用。

其实，从2002年开始，周少奇就尝试"如何实现污水的同步脱氮除磷"。这是周少奇团队在新世纪之初面临的新考验。经过6年的实验室研究之后，2008年，周少奇带领着他的博士生团队在广州大坦沙污水厂进行了实地验证，利用4种新发现的反硝化除磷菌进行工艺优化与工程应用，完成了城市污水同步脱氮除磷关键技术的研发。传统工艺同步脱氮除磷效率严重偏低，需辅之以化学药剂除磷，周少奇的新发现极大地优化了污水处理工艺并显著提高了处理效率，他尽力把相关的新技术带到贵州，实现推广应用，使贵州城乡人民逐渐享受到了水青山绿的亮丽日子。

曾几何时，外界人知道"喀斯特地貌王国"这个时髦名称，是从贵州开始的。可外界人不知道，美丽的"喀斯特"，其实就是极其贫瘠、寸草不生的"山体石漠化"之称谓。刚刚开始接触到贵州的周少奇，被贵州大山里随处可见的"污水造成的赤贫现象以及诸多不良后果"震惊了。为此，"贵漂"周少奇展开了污水处理技术的推广示范和产业化应用如十年一剑的辛勤耕耘。为了完成城市污水同步脱氮除磷关键技术的研发，周少奇就在广东—贵州—广东—贵州两地来回奔跑，成了典型的"贵漂"。

2012年，"为贯彻落实国务院《关于进一步促进贵州经济社会又好又快发展的若干意见》（国发〔2012〕2号）和贵州省第十一次党代会精神，深入推进人才强省战略，拓宽选人用人视野，贵州省决定开展成龙配套引进急需紧缺领导人才和高层次人才工作。"周少奇响应号召，报名参加了"贵州省成龙配套引进急需紧缺领导人才和博士等高层次人才"的遴选。经过全国公选，2012年6月，周少奇成为了贵州省"成龙配套"引进的紧缺高层次人才，从发达地区广东彻底转到相对贫瘠的贵州工作。2013年1月周少奇任贵州科学院副院长，从"贵漂"转换成了一名坚定的"贵定"人。

正是怀着对贵州这片热土的深厚感情，周少奇扎根在了贵州，取得了一批基础理论研究成果，开发了一系列关键技术，开启了他助力贵州经济社会发展的人生新旅程。铆足干劲的"贵定"人周少奇，身心定居贵州后，敞开胸怀、撸起袖子加油干，全心全意地为贵州及全国水生态保护贡献着自己的智慧和力量。

2013年开始，周少奇领衔提出技术创新方案，开展高原湖泊——贵州草海富营养化控制研究，该方案被列入国家发改委组织的流域综合治理规划，获国家财政专项支持，并在贵州兴仁、兴义等县市开展了河道修复治理工程示范与应用。2016年，周少奇作为首席科学家，在国家重点研发计划项目的支持下，结合贵州喀斯特环境实际情况，在乡镇级、村组级、散户级农村污水处理系列成套化技术与装备方面开展刻苦攻关，已在新型一体化乡镇污水、自流式无动力村组农村污水、分散式微动力农村污水处理新技术与装备研发方面取得了重要突破和进展。通过产学研合作与专利实施许可，他带领团队建设了一批示范工程，为乡村振兴战略实施提供强有力的环保科技支撑。

"与国内外现有技术对比，这些新技术与装备投资少、运行成本低，操作简便。如自流式无动力农村污水技术与装备运行电费为零、分散式微动力农村污水处理设备运行成本每户每月只需1.5元人民币左右，且可以实现无人值守，不存在污泥处理等难题。"周少奇介绍说。

路虽远，行则必至；事虽难，做则必成。多年来，秉持链式科技创新的理念，周少奇领导团队开展了一系列创新实践，有关污水生物脱氮除磷的科研成果，形成国内外专利140多项（获中国、德国、澳大利亚等专利授权100余项），发表SCI/EI收录论文290余篇次，在全国20余个省区实现了工程推广和产业化应用，取得巨大的经济、社会与环境效益。系列创新成果以第一完成人获联合国世界知识产权组织（WIPO）杰出专利发明奖/最佳发明奖2项，国家科技进步二等奖1项，中国专利金奖、银奖各1项，中国专利优秀奖2项，获何梁何利奖、贵州省最高科学技术奖、贵州省首届杰出人才提名奖，并获省部级科技一等奖多项。2016年，周少奇入选了国家"万人计划"领军人才名单。他还是享受国务院政府特殊津贴专家、国家绕月探测工程科学应用专家委员会专家、国家有突出贡献中青年专家、广东省"珠江学者"特聘教授、贵州省核心专家、贵州省"百人领军人才"、贵州省"十层次人才"，荣获中国发明人物奖，以及全国化工优秀科技工作者、全国最美生态环境科技工作者、贵州省最美科技工作者等荣誉称号。

20年来，周少奇除了矢志科技创新，为贵州环境保护做出贡献外，他在努力打赢脱贫攻坚战、服务乡村振兴战略方面，也做了大量卓有成效的工作。

历史实践证明，越是欠发达地区，越需要创新驱动发展、创新人才引育机制、创新平台建设模式、创新成果推广应用方式等。贵州省是我国脱贫攻坚任务最为艰巨（88个县中有66个贫困县，2012年绝对贫困人口920多万，为全国最多）的省份。作为一名科技工作者和贵州科学院副院长，从2018年3月，周少奇开始担任驻村扶贫工作队队长和省级脱贫攻坚挂牌督战队副队长，投身贵州省两个贫困县（贵阳乌当区、水城县）的脱贫攻坚主战场。

多年来，周少奇切实找准了扶贫工作的着力点，带领驻村扶贫工作队队员走进千家万户，深入一线了解贫困户家庭成员生产生活情况、贫困原因。按照国家和贵州省脱贫攻坚战略行动部署要求，他注重"点面结合"及"科技扶贫、智力扶贫、项目扶贫"的理念,研究提出科学的脱贫思路和措施,组织带领专家团队深入乡村开展卓有成效的工作,并培训农村产业人才共1.2万多人次,发展精品水果等产业超过10万亩。生动实践了"授人以鱼不如授人以渔"的精神,为"百姓富、生态美"的贵州生态文明试验区建设做出重要贡献。

2019年6月,周少奇带领贵州科学院扶贫驻村工作队,由贵阳市乌当区转战贵州省深度贫困县水城县。在这一过程中,周少奇始终坚持"乌当区所需,贵州科学院所能"的帮扶理念,充分发挥贵州科学院的科技优势、专业优势和人才优势,助力乌当区2018年脱贫攻坚考核在全省综合排名第一,取得了显著成效。转战深度贫困县水城县后,他领导团队顺利完成了当地政府分配的扶贫任务和重要需求,有针对性地开展了卓有成效的工作,助力水城县顺利通过了2019年度国家乡村振兴局组织的专项评估检查、省级审查与第三方评估机构实地评估检查,水城县顺利实现脱贫摘帽。

2020年兼任省级脱贫攻坚挂牌督战队副队长后,周少奇更加全身心投入水城县脱贫攻坚工作。为了更好地对扶贫工作情况进行梳理,提出更多有益的指导性意见,周少奇在几个月的时间内参加省级或主持贵州科学院有关脱贫攻坚各类会议100余次。在这一过程中,他紧扣水城县脱贫攻坚需求,围绕水城县"八大亿元级"产业发展,积极为水城县食用菌、猕猴桃、中药材等特色产业发展提供科技支撑和人才服务,为水城县按时高质量打赢脱贫攻坚战提供了有力保障,并结合农村养殖废水处理、食用菌产业废物与农业废物生产有机肥,实现了资源利用和生态农业建设,在科技扶贫方面做出了重要贡献。

2021年5月,周少奇调入贵州大学工作,担任党委常委、副校长。周少奇的环境保护、污水处理的主攻方向,又转战到了"如何助力贵州省的乡村振兴战略实施与生态文明出新绩"上。

为此,2021年8月开始,周少奇带领团队,到贵州大学的省级乡村振兴示范点黔东南州榕江县忠诚镇、黔西南州贞丰县长田镇,开展深入实地调研,推动农村污水新型处理技术推广工作。

针对困扰中国西部典型缺水地区农村污水处理的技术难题,周少奇带领团队在新型一体化乡镇污水、自流式无动力村组污水、微动力分散式农村污水处理新技术与装备研发方面取得了重要突破和进展。比如,自流式无动力农村污水技术与装备运行电费为零,分散式微动力农村污水处理设备运行成本每户每月只需1.5元人民币左右,且可以实现无人值守,不存在污泥处理等。已在贵州省榕江县、兴仁市、桐梓县等地进行了工程示范，与国内外现有技术对比，这些新技术与装备投资少、运行成本低，操作更为简便高效。

周少奇认为，下一步开展乡村振兴战略，在农村改厕与农村污水一体化处理方面还有很多工作要做，他将带领团队继续研发与创新，围绕贵州省新技术、新产业、新业态、新模式"四新"以及产业智慧化、智慧产业化、跨界融合化、品牌高端化"四化"的要求，加大成果转化力度，将这些新技术与新设备进行大面积推广应用。

眺望贵州大地，周少奇思绪万千。环境保护之功，又岂在朝夕。今后，结合贵州当地的环境发展状况，他还将继续用科技创新的成果与推广应用来书写答案。

坚守创新志，不忘报国心

因痛心农村环境污染而投身环境生物技术领域，这是周少奇主人翁精神的责任心体现；潜心钻研22年，破解百年难题，为中国水污染治理提供科学环保又经济的路径，这是周少奇科学家的担当，也是周少奇40年前就埋在心中的科研报国梦。

从踏入大连理工大学大门成为大学生开始，周少奇对祖国的未来有着强烈的责任心和使命感。只要有老师出国学习后举办的讲座，周少奇一定会提前去占座。他迫切地想要了解国外的新技术，关心中国与发达国家的差距。做科研，为祖国做科研，是周少奇最初的梦想，也是他此后40年始终不曾忘却的初心。

如今，教书育人已达30年的教授周少奇，也将他的科研报国梦传递给了他的学生们。不论是城市污水处理也好，农村污水处理也罢，周少奇都喜欢把自己的博士生或硕士生派驻到工程现场，以便开展针对性的实验和研究。20多年来，周少奇指导培养了160多名博士生和硕士生，他们超过80%的研究课题是在工程现场进行或具有工程实际应用背景。

"我有个博士生是污水厂厂长，研发出的新技术、新装备直接就用在几十万吨的污水处理中了。"周少奇无不自豪地夸赞他的学生。

每月见一次面，开一次讨论会，是周少奇对自己和学生们的基本要求。学生们需要每月写一份月度报告，列明自己在这一个月中的学习情况、研究进度，"遇到困难可以随时通过邮件、电话和我沟通、交流、讨论。"对待学生，周少奇注入了更多的信任和期待。

《道德经》和《科学技术发展史》是他列给博士生的必读书目。"作为一个科研工作者，你有义务从一个更加综合、更加历史的高度看待科学发展和你所从事的研究。"

周少奇话语不多，不过，不论是在华南理工大学还是贵州大学，在他教过的学生心目中，他们的周少奇老师都是一个特别令他们骄傲的导师。

"周老师对学生很好，他给学生创造的是一个宽松的环境，大胆放手支持学生提出新思路、新研究。"还记得周少奇第一次召集研究生新生开会的时候，他要求大家研读《科技发展史》、认真学好《自然辩证法》和哲学，要大家从一个综合的、历史的高度看待科学问题，而不能仅仅拘泥于自己手头的研究。

周少奇经常对学生说，"不要以为教授什么都懂。对待学术问题一定要严格，真理面前人人平等。"这是周少奇反复对学生提及的要求。为了培养学生细致观察问题的能力，周少奇会和学生一起反复做试验，引导学生从中观察问题的细微差别。

"周老师是我们心中的偶像，他推崇真诚、严谨、勤奋、创新，他想的是如何提升学术水平，如何能够像爱因斯坦、袁隆平那样，做出一些对人们生活有意义的科学成果或技术成果。他是一个真正的学者，跟着周老师觉得很骄傲。"他的学生贺小兵说。

多年前周少奇带学生去东北进行野外科学考察的时候，望着田野里一望无际的稻谷，满怀热情地跑过去，深情且感触地对学生说："杂交水稻之父袁隆平搞出了杂交水稻，并不断创新，为农民兄弟，乃至全人类都做出了不可磨灭的贡献啊！"

对钱学森、袁隆平院士的崇敬，以及对他们和于敏、屠呦呦等老一辈杰出中国科学家做出的成就的钦佩，凸显了周少奇滚烫的赤子之心。周少奇希望他研究的成果也能为改善人们的生活做出贡献，也能解决工程实际问题。在科研的道路上，周少奇一路向着他的标杆袁隆平学习，既勇于突破传统理论禁区、发现新的理论或原理，又能克服重重困难，将理论成果通过艰苦研发实现工程化推广乃至产业化应用，完成全链条科技创新，把科研成果转化为现实的生产力。袁隆平院士的杂交水稻技术获得的首个国际大奖，是1985年10月15日的世界知识产权组织（WIPO）颁发的发明和创业金质奖章。2021年12月12日，周少奇因"生物脱氮新技术在氮肥生产废水处理工程中的应用"获得世界知识产权组织（WIPO）颁发的最佳发明家奖和金质奖章，周少奇也获得了和他偶像一样的大奖。

周少奇说，他作为一名扎根贵州的环境保护科技工作者，要克服种种困难，理论联系实际，把科技成果应用到生态文明建设的伟大事业中："这样获得的科研成果具有实践性和实用性，能指导工程实践，易于实现成果转化与产业化。"周少奇说，对于一个环境科学家来说，用生物技术手段保护好赖以生存的土地、河流，践行"绿水青山就是金山银山"的生态理念，责任重大，使命光荣。

"来贵州、服务贵州20年了，我在这里投入了大量的精力。自己与'污水'打了20多年的交道，着眼于能运用到实际生活的科研成果，这样的科研成果才更有生命力。科研成果如果不能服务于社会经济发展，就不能体现出其应有的价值。"

由于周少奇大张旗鼓地研发创新，加强前沿科技成果转化，全心全意服务乡村振兴，他获得了 2020年度贵州省技术发明奖一等奖。在授奖大会上，周少奇表示，这次大会代表了省委、省政府对科技创新的高度重视，非常提振信心。他说："我们团队这次获奖项目是利用新发现的反硝化除磷菌作用机制，在城镇污水一体化装备的研发，以及应用成果转化方面实现了创新，未来面向社会重大需求，既要完成0到1的基础研究突破，也要做好1到N的成果转化，服务贵州高质量发展。"

在贵州多年的工作、生活经验，让周少奇感触颇深。周少奇认为，贵州经过这么多年的发展，取得了辉煌成就，在发展战略的选择和实施上是卓有成效的。他说："习近平总书记在党的二十大报告中，强调了要坚持"三个第一"，即科技是第一生产力、人才是第一资源、创新是第一动力。同时要实施"三个战略"，即科教兴国战略、人才强国战略、创新驱动发展战略。推进美丽中国建设，要坚持山水林田湖草沙一体化保护和系统治理。""接下来，我们要做好人才链、创新链、产业链、资金链与管理链'五链'对接、'五链'融合，以人才链为纽带和引领，带动其他链条的联动与创新，以达到科技自立自强、支撑贵州产业链发展、乡村振兴和社会经济高质量发展的目的。"如今，"头雁领航、雏雁展翅、雁阵齐飞"的人才新格局，在贵州大学逐步形成。周少奇对他的学生们说，既要仰望星空，也要脚踏实地。要把知识转化为新动力，投入到乡村振兴和农业现代化建设之中，为贵州经济社会发展贡献力量。

多年来，环境保护专家周少奇为祖国、为贵州的环境保护事业做出了重大贡献，亦见证了贵州的沧桑巨变。看着现在到处绿水青山的贵州，言语不多的周少奇欣慰地笑了。"为什么我的眼里常含泪水，因为我对这土地爱得深沉。"一步一个脚印丈量过贵州山川大地的周少奇热爱贵州、心疼贵州，因而全心全意地为贵州服务；而人民亦喜爱、拥戴为我们家园的山青水碧倾尽丹心、洒下满腔热血的科学家周少奇。当然，祖国和人民，包括国际上，亦向我们的科学家赋予了最温暖、最崇高的礼赞。

2021年7月，在贵阳召开的由清华大学和贵州大学主办的"绿色低碳循环发展共建全球生态文明"主题论坛——"生态文明教育与绿色治理转型"议题上，贵州大学副校长周少奇抛出了一个疑问：在全球生态危机背景下，人类是否可以进行星际移民？

周少奇说，人类自古以来就有飞天梦想，近年来我国在探月工程和火星探测方面取得重要进展，世界各国科学家也一直致力于宇宙学研究和宜居行星的寻找。目前，天文学家发现了大量的宜居行星，有些与现在的地球高度类似。如2011年12月6日，科学家发现的宜居行星开普勒-22b，有液态水，距离地球约600光年。

"按照现有的探月和火星探测技术，人类要星际移民到该星球，星际旅程时间至少需要2000万年。"周少奇说，以目前的技术，经过千万年顺利到达该星球，地球生命的种子能否顺利存活，或者该星球留给地球生命的剩余寿命是否足够也都是不确定的。因此，周少奇表示，"茫茫宇宙，浩瀚无边；唯有地球，人类家园！千万年太久，我们要珍爱地球，建设好生态文明！"

真是万变不离其宗啊！整个身心都投入到保护环境工作中的科技工作者周少奇，说什么都离不开他的"保护环境、生态文明"。

周少奇强调："科技生态化、产业生态化、经济生态化"是生态文明发展趋势和要求，我们应该结合各自的学科特点，加大力度，开展环保科技攻关和成果转化应用。周少奇就是这样用他滚烫的报国之心，锐意创新，矢志建设生态文明！

"兴黄单" 之父

——记玉米专家王国富

◆ 刘彻东

王国富 （1944.8.23—）男，出生于贵州省兴义市（原兴义县）。著名玉米专家，2000年获贵州省科技进步一等奖。贵州第一个享受国务院政府特殊津贴玉米专家，获全国"五一"劳动奖章、获省科技进步一等奖、全国科技扶贫先进个人、贵州省农业科技先进工作者、高级农艺师等荣誉。成功选育出丰产、稳产性好，抗病、抗倒性强，适应性广的优良杂交种"兴黄单"系列玉米良种。其中"兴黄单892"于1999年通过全国农作物品种审定委员会审定，成为新中国成立以来贵州第一个全国审定的玉米杂交种，成功解决了喀斯特山区杂交玉米"上山难"的问题。自2000年以来，以"兴黄单"系列为主要种植品种的优质玉米良种，以黔滇桂三省区为核心，辐射到全国各地推广，紧密结合市场，缩短育种、制种和推广周期，试验、示范同步进行，形成了"兴黄单"系列良种的制种权和经营权对外有偿转让联合开发模式，促进了"兴黄单"系列品种的大面积推广应用。为粮食增产、农民增收和夯实"压舱室"做出了巨大贡献。在王国富数十年玉米科研及种子生产经历中，包括其独特的家庭科研经营模式，诠释了家国情怀的丰富蕴含。

遇伯乐　"农业辅导员"科研起步

　　王国富1944年8月出生于偏远贫困的贵州黔西南兴义县桔山镇云南寨（现兴义市桔山办民航村永兴三组）。一次躲避土匪的经历中，年幼的王国富头一回知道玉米能救命。那一次是父亲带家人上山躲土匪，因怕土匪发现不能在山上烧火弄吃的，而从家里逃走时玉米又来不及煮熟带走，只能带着生玉米上山。结果，在山上躲土匪时就靠吃生玉米勉强活命。年近八旬的王国富至今还清晰地记得他终生难忘的这件事，这恰是玉米给童年王国富烙下了人生第一次深刻的印痕：这是保命之物！

　　王国富的祖父是"道士先生"。那一年由于一场严重的伤寒疫情，他这位曾想济世救人的祖父甚至无法自救，不治而终。祖父去世后，年仅12岁的王国富的父亲就在二姨妈的撮合下，成了寨子里袁家的上门童婿。这样，1951年解放后土改划成分，他父亲名下也没有田地，他家被划为佃中农，并分得了一部分田地。因为感恩共产党的土改政策，他父亲响应党和政府的号召，积极参加土改，受到领导干部认可，成为云南寨的组长。

　　从小王国富就聪明过人。在1954年开始读书以前，一边放牛，一边读过很短的一段时间扫盲班，认识不少字，读小学就从二年级开始。他家到学校约有4公里路，他在上学路上是边走路边背书，60多行400来字的古诗《木兰辞》，他就是在上小学的路上背熟的。也是因为成绩优异，离正规小学毕业还差一年，王国富五年级就被"提考"（提前考试），考取了兴义第二中学，同学投来羡慕的目光，邻里纷纷称赞。

　　王国富初中阶段，正是国家处于"三年自然灾害"困难时期，虽然经常饿肚子，但他读书仍然特别勤奋用功。那时，兴义二中是在"大跃进"的背景下新建的中学，还在搞基建，身患浮肿病的王国富还积极参加搬砖建校舍。因为他是小学五年级"提考"，六年级的功课没有学，所以入读兴义二中开始，他比一般同学多了一项功课——小学六年级的功课，特别是算术和小数课。他每天天不亮就起床，带着书到学校旁边的山上背俄语（当时兴义二中的外语课），背数学公式，背语文诗词，在很短时间不仅补读掌握了六年级的功课，而且在初一学年还未结束时，他的成绩在班上位居前列，随即他被选为班主席和学校学生会副主席。

王国富也是命运多舛，家庭环境艰苦而身心受累的母亲当年因难产而过世；他读到初二下学期不久，又因为父亲患浮肿病严重、家庭经济困难而准备休学。此时，正逢1961年贵州出台了一项包括中学生在内的城镇青年下乡支援农业生产的政策，王国富所在的班52名学生要裁减13人。虽然名义是裁减，但又没有公开宣布裁减对象的条件，其实暗里对象已定下，是年龄大一点成绩差一点的学生。而王国富这个成绩优秀的学生干部，纯属个人要求作为特殊情况裁减，他向校长和老师诉说父亲患病、家庭困难的情况，申请退学，但最后学校给他办理的是休学手续。

王国富休学回家时，正逢中央下达《农村人民公社工作条例（修正草案）》，文件共10章60条，简称《农业六十条》。因为王国富在生产队里是文化程度较高的，所以开群众会由王国富宣读文件。王国富至今仍记得《农业六十条》，其中就有允许农民可以开荒搞点自留地的条例。因为他对中央政策的领悟，所以他在生产队带头开荒挖地，仅他一个人一个多月就开挖荒地两三亩种下了大麦，受到群众的称赞和跟随。在当地兴修水利等发展农业的工程工作中，他一如既往，不怕苦不怕累，实干巧干。

王国富积极务农的行为受到群众和领导的好评，在政治思想方面也紧跟党的方针政策，并以实际行动向党组织靠拢，1964年成为中国共产党预备党员。后来因为"文革"特殊情况，直到1970年才转为正式党员。

1968年金秋时节，24岁的王国富因为得到群众和组织的信任，开始担任生产队队长兼会计。就在这年玉米种植时节，比王国富年长5岁、北京农业大学毕业的兴义地区农业局种子站副站长赵则胜，带着玉米新品种三交种烟三1号到王国富所在的生产队搞新品种推广试验，给的10斤种子王国富按要求全部种完。由于严格遵照赵则胜他们种子站的科学规则护理，不仅苗期长势非常好，收获产量也出人意料，两亩地共产1058斤，亩产超过500斤，远超当地一般农家玉米亩产量200~300斤，增长幅度约70%。

这般高产成效，大大出乎赵则胜的意料，青年王国富玉米种植的管理能力给他留下了深刻印象。公社还组织各大小队干部前来参观，大家都给予称赞好评。这也更增加了王国富向赵站长等相关领导表示继续搞高产玉米新品种的信心。赵则胜就想邀请他到海南一起搞玉米新品种加代制种试验。虽然没有工勤薪资，仍只在生产队记工分，但有一个头衔——地区农业局聘用的"农业辅导员"。王国富没有多犹豫，满口答应。生产队长和会计职务，在当时农村人眼中还是很有分量的，但在此时的王国富心中，同玉米科研相比就不值一提了。于是，1969年初冬，王国富在找到替代他的生产队职务人员后，跟着省农业厅副厅长魏雷农和地区农业局种子站副站长赵则胜一起去海南参观考察玉米南繁加代试验。从此王国富开启了玉米科研工作，从而改变了他的一生。

我国农作物南繁工程始于20世纪50年代中期，到目前经历了探索实践、逐步兴起、稳定发展、全面提升四个阶段。当时只有屈指可数的几个省区参与，贵州是其中之一，而贵州最早启动南繁工程的地区竟是兴义（1981年兴义地区改制为黔西南布依族苗族自治州）。

1970年春，王国富和赵则胜就带着在海南收获的种子回兴义种植，先后在地区党校、兴义县果树农场、安龙县新桥茶场等地试种，秋收以后就到海南进行加代繁殖……就这样，冬天到海南，春天回兴义，来来回回五六年时间，先在农家种贞丰黄中选育出贞122、贞20、贞33等8个自交系，然后培育出较有价值的兴单1号、兴单4号、兴三1号等多个玉米新品种。其中，兴单1号是从原农家种贞丰黄（贞丰县农家的一种黄玉米）中提出的一个自交系贞122和美国自交系C103杂交而成；兴单4号是由自交系贞20和自330杂交而成；而三交种兴三1号则是由兴单1号和自330杂交而成。在赵则胜的引领指导下，几年的磨砺和历练，使王国富熟练掌握了玉米自交和杂交新品种培育种植各方面的技术。这为十几年后由王国富团队培育出的，获得贵州科技进步一等奖的玉米新品种兴黄单892，奠定了成功的基础。

王国富对"师傅"赵则胜领他入门念念不忘。赵则胜在贵州搞植物新品种育种、推广等方面成果显著，获得省里审定或获奖的玉米新品种兴单1号、兴单4号和兴三1号，他都是课题领头人和第一责任人，为贵州特别是兴义地区玉米植物的发展做出了重大的贡献，是改革开放后我省第一批荣获"贵州省农业先进工作者"称号者之一。王国富说："我这辈子搞玉米科研，一言一行都是向师傅学习。"在玉米科研领域，赵则胜不愧为王国富年轻的伯乐，而王国富也无愧为赵则胜慧眼而识得的千里马。

"家庭联产承包"创新育种模式

1975年6月，王国富被地区农业局推荐到当时的"兴义农业大学"进行农学方面的理论学习。期间，他于1976年6月转为国家体制内的正式干部，1977年回到桔山人民公社负责农科站工作，分管全公社11个大队的农科队玉米新品种试验、新技术推广工作。王国富管公社、大队农科工作可谓行家里手，如在玉米病虫害防治方面，不花一分钱，用造纸厂的废弃碱水打蚜虫；为增加土壤肥性，搞5406菌肥制作，这两项举措效果都很好。

1978年改革开放后不久，王国富随即任公社副主任，担子繁重，包干三个大队工作。1979年任公社主任，这一年，县里根据中央有关文件和指示精神，要求搞包产到户试点。王国富不愧为紧跟时代富于创新的青年干部，在农作物品种改良种植方面和执行改革创新方面，都体现了他的敢闯敢干精神。而当时公社领导班子几个成员中，有一些人思想保守，工作中存在阻力，而王国富坚决拥护中央关于土地包产到户的政策，他切身体会到，人民公社的土地集体所有制的大锅饭弊端必须革除，只有充分调动广大群众的积极性，才能解决温饱问题。公社党政班子连续热烈地争论了三个晚上未有结果，最后决定由投票解决。由于王国富做了武装部长张银祥的工作，赞成改革包产到户的一方赢得胜利。但搞大队包产到户试点的落实任务，公社书记指定由王国富承担，限期一个月完成，而试点大队安排在王国富不太熟悉的朝阳大队。王国富义无反顾地扛起重任，不分白天黑夜，跑到各家各户做动员工作，耐心细致地讲解党的改革方针政策和农村未来发展的光明前途，受到村干部和农民群众的欢迎，他们一致拥护党的改革政策，称赞王国富体贴民情，心往群众一处想。这样，王国富仅用了21天时间，按照公社班子制订的细分方案，完成朝阳大队包产到户的田地林山分配到户，包括土地远近、肥瘦搭配以及五保户、转业军人等特殊人员的照顾安排。

也就在这期间，国家工商业政策进一步放开，号召城乡劳动者从事各种各样副业生产经营。公社干部开会，要求回家动员家属带头搞副业生产经营。王国富夫妇响应号召，积极行动，他们用养猪卖猪崽等副业经营赚到的钱，推倒了家里原来的第一栋黑瓦房，建起了新平房。这可是当时带头靠劳动奔富的榜样！

后来，王国富被调到丰都公社任党委副书记，分管纪委工作。在丰都，又因坚持原则，要求公社领导成员廉洁从政，反对贪腐，不止一次揭露个别领导截留救济款项私分，对一些贪腐案件的查处而得罪人，以致难以立足。

从某种角度说，王国富的人生道路似乎陷入了低潮。1984年王国富从兴义县丰都乡人民政府（社改乡）调到下午屯区公所，在未明确职务的情况下分管乡镇企业。由于乡镇企业工作多了一些出差的机会，因此遇到了人生中的第二个"贵人"

李言益。

当时新办兴义县下午屯纸箱厂，王国富曾到上海市奉贤县购买成套的生产纸箱、纸盒的机械设备。1986年2月，分管乡镇企业的王国富出差到云南省曲靖地区水玻璃厂购买生产纸箱用的水玻璃池。王国富有早起的习惯，看到黔西南州农科所副所长李言益等4人在洗脸刷牙，彼此打招呼后，得知他们是为农科所在曲靖搞小麦种植。王国富在交谈中试探地问他们：你们种小麦，我来给你们种玉米可以不？李言益知道王国富曾往返兴义和海南多年搞玉米育种的经历，是行家里手。回到所里汇报后，领导研究同意，登门去做他工作。他当然愿意去，1986年6月8日将他调到农科所工作，因为他家离所里有10多里路，所里还专门给他配了一辆自行车。

王国富到农科所上班后，接手的第一件工作，是要他去处理好农科所甚为棘手的难题——70余个当初作为知青下乡的农工的事务安排。第二天，王国富主持召开了农科所知青农工会议。他首先向全体知青农工通报他冥思苦想谋划出的四个出路方案，诚恳征求大家的意见。他这个方案的主体思路是依照农村联产承包责任制进行的：一是符合退休条件的（包括病退的）就办理退休手续；二是愿意停薪留职的按有关政策规定办理手续，工龄照算；三是分配土地自行经营，当时农科所有120来亩田地，除留下12亩搞科研外，其余110来亩可全部用来分配；四是以上三个方案或不符合条件，或符合条件但不愿意干的，作待业处理，可拿40％工资。虽然有少数人难以理解王国富提出的切合实际而且宽松富于人性化的处理意见，但多数人通情达理予以赞同。特别是州农经委主任曾居伦认为王国富解决农科所这个难题的思路清晰，切合实际且具有创新特点，表示坚决予以支持，强调必须要走王国富设计的符合政策而又关注人情的这条路。接着王国富经过40来天的努力工作，终于全部落实70多位知青农工的出路问题。从这件事情圆满处理的结果，可以看出王国富的工作能力。

在给农科所处理好这个棘手难题后，1986年8月王国富承担的第一项玉米科研任务，就是兴义地区农业局种子站原站长罗德礼育成的"盘单2号"玉米新品种在海南制种200亩。这项任务并不简单。此前，农业局在兴义坪东洒金村和云南西双版纳搞盘单2号制种，都失败得很惨，说出来至今都令人难以置信：一亩地才收几斤种子。这样，所里让王国富来搞，真是重任在肩。接受此项任务前，分管农业的副州长王敬祥和农经委主任曾居伦亲自找王国富谈话，让其承包生产盘单2号200亩，每亩承包费400元，不管最后的产量如何，8万元承包收益，预付现金4万元，征求王国富的意见。王国富询问产量要求如何，两位领导都明确表示：我们相信你的为人和能力，先不定产量目标，能搞多少就是多少。

200亩盘单2号玉米制种可是不小的工程，具体事务繁重多艰，王国富感觉自己一个人难以承担，决定和大女婿张庭贵、大儿子王文一起来做玉米制种工作。这就是王国富后来的家庭式玉米科研经营的开端。张廷贵和王文担心难以搞成功，王国富为做通他们的思想工作，带他们到农业局在洒金的制种地现场观察，让他们感知农业局在这里育种为何失败，至少找出问题主要根源之一是杂交的母本矮421（州种子站站长罗德理育成）植株太高，父本318（从兴义1号提起的白粒自交系）植株太矮，难以自然授粉而不结实。王国富告诚两个年轻人，我们要吸取这个自然授粉的教训，必须采取人工授粉才能够结实！这样，他们带着农业局的种子到海南选好制种地，和当地农民签好合约，指导他们种植。

罗德礼站长曾告诉他们，制作生产盘单2号玉米种子花期调节技术，父母本同播，偏管（多追一次肥）一次父本318，就应与母本矮421花期相遇。他们按此方法先行试验，1986年9月10日在海南农户苏玉明家将父母本一同播下了2.5亩地，待过了58天母本矮421已经吐丝，但父本318还未见雄花，他们就将母本的果穗扳掉，事隔5天母本又长出2个果穗，仍然没见父本的花粉出现，这样他们连续4次把长出的母本果穗扳掉，才看见父本的雄穗长出。王国富对张廷贵说，现在父本已过16天才有花粉，能否猛追一次肥（尿素40斤/亩）灌溉一次水？果真按此法一做，5天后母本矮421茎基部长出3至5个椭圆形的果穗，吐丝期恰好与父本相遇，再加上人工辅助授粉，最终每亩获得168.3公斤的好收成。当地农民称王国富他们创造了玉米制种的奇迹，真正实现了制种单位和土地承包农户的双赢。至于成功的诀窍，王国富直言：一是根据植物学基本原理，每一种植物都有传宗接代的义务；二是根据赵则胜首位总结出的关于玉米生长的规律，玉米秆的每一个节的叶芽都可以形成果穗。王国富长期在农村推行包产到户生产责任制，又善于学习思考，创新了育种管理体制，探索建立了新的育种机制，并得到当地有关部门和农民群众的大力支持，这是王国富取得成功的法宝。

王国富他们对农民种植户的最终收购价，按每斤玉米0.7元计算，而当时市场一般玉米价每斤才0.2元左右。这也算是给当地农民让利，大大提高了农户的种植积极性。为了保障制种的成功和农户的利益，在海南缺少肥料时，他们还专门回贵州用汽车拉肥料，就连海南缺少的农用抽水机、脱粒机，也及时从贵州运去。

世界上原本就没有一帆风顺之事，正当王国富带领儿子、女婿在海南制种，历尽艰难即将迎来胜利曙光的时候，州农业局个别人，编造谎言舆论，说农经委主任拿公家肥料给王国富到海南去卖，搞投机倒把，从中谋利分钱……"君子坦荡荡，小人长戚戚"，王国富光明磊落，流言蜚语见不得阳光，最终事实真相大白于天下。

1987年春天，王国富玉米科研事业也迎来了第一个美好春天，王国富他们收获了68300多斤玉米种子，用两辆汽运大货车满载而归。车到兴义市，州里正在召开"五干会"，得知这般喜讯，作为分管农业口的副州长王敬祥都有点激动地对参会同志们说："原来对王国富在海南搞玉米制种工作的谣言不少，似乎这项工程必败无疑，结果呢，事实是最有力的证明，大家现在去外面看看两辆汽车种子吧！"

州农业局奖惩分明，除了兑现原来合同上的承包费，额外又奖励王国富5000元。

王国富在回顾此次盘单2号大面积育种成功的过程时，仍不忘赵则胜的言传身教，他回忆20世纪70年代末，赵则胜带领他进行农作物育种制种研究，在对不同区域、不同温带来源的物种自交和杂交品种的选择和组培方面，曾先后提出"金字塔法"和"淘汰法"。在前几年的试验实践中，都没有取得成功。当然，这里也有一个科技创造发明的实践时间问题。王国富谈到当年赵则胜以"蒙骗法"进行不同物种的杂交试验，把晒死后的玉米花粉和活甘蔗花粉混合，再授在玉米雌蕊上，进行杂交。赵则胜曾说：玉米秆根部可以结红薯，叶子可以当菜吃，玉米秆可以榨糖，雄花可以结高粱。王国富按照赵则胜的方法，先后搞了3年都不见成功。当时这种把不同物种杂交试验的"蒙骗法"，其实就是今天的"转基因"科学，只是当年兴义的科研条件和水平不到位而已。王国富从和赵则胜的探索挫折中，悟出了道理——根据不同区域、不同气候来源物种的自交和杂交品种的选择和组培方面的"理论推导法"：玉米秆每一个节的叶芽都可以形成果穗。所以，王国富以此推导，大胆创新，在原来父母本同期播种花期不遇时，把早抽丝开花的母本扳掉，母本再从根部长出多个雌穗，才与父本花粉相遇，实现交合结实丰产。实践证明，在科研中必须勇于探索才能结出丰硕的成果。

攻克"上山难"　产销服务一条龙

盘单2号大面积制种成功，圆满地解决了州农业局的一道难题，而且成效显著，受到单位的表彰。王国富绝不满足这一次的成功，而是要进一步探索玉米科学制种的规律。在到海南进行盘单2号制种的第二年，经不断琢磨，王国富设计了一个新的改良方案，利用盘单2号母本矮421和普单3号母本普E17（盘单2号父本318和普单3号母本普E17，同是从兴义1号选的自交系），成功研制出一个玉米新品种兴黄单871，产量比盘单2号有明显提升，制种成功率提高，经过两三年的推广应用，成效显著，并获得黔西南州科技进步奖。由此，新品种兴黄单871就取代了盘单2号，成为大力推广种植的玉米丰产新品种。在兴黄单871选育成功后，作为州农科所杂交玉米项目主持人，王国富在盘单2号原有的平台上加快探索创新的步履。他又主持设计了另一个更有创意的改良方案，用晴隆五穗白农家种提出的5311自交系和泰国苏湾壹号提取的苏11（这里的"苏湾""苏"，均是泰国苏湾农场的简称，1965年泰国农业部、肯色萨大学与洛克菲勒基金会合作组建的玉米和高粱研究中心）进行测配，并喜获成功，种质各方面表现良好，具有穗部以上叶片与主茎夹角小、直立生长、株型紧凑、适宜密植、叶片互相遮阳少、光合效率高等优势，符合紧凑型玉米较平展型玉米种植密度、经济系数、叶面积、单株粒重、单产能力等5个方面的高标准。

接着在海南，王国富和大女婿、大女儿、大儿子、大儿媳共同测配并生产出来的种子，经运用到多点试验，表现仍然很突出，比各试验地大面积推种过的盘单2号增产25%以上。此品种于1989年正式定名为"兴黄单892"，并载入贵州和中国玉米种质创新发展的史册。兴黄单892的研制组合式为：5311×苏11。5311（母本）来自黔西南州晴隆县的晴隆五穗白（1976年王国富曾派女婿到晴隆收集种子），抗性强的苏11（父本）来自泰国苏湾农场。

在王国富带领下，他们在此基础上迈出更加强劲的步伐。从国内的广西、云南以及泰国、哥斯达黎加、美国、印度、缅甸等地收集20多个农家种及单交种，不断进行南北两地自交提纯，经过3年6代终于获得一批300多份自交系种子，同时测配出2000余份新组合，经多点试验鉴定，进一步确认兴黄单892表现最为优异，被提供做贵州省区域生产试验，于1995年通过贵州省农作物品种委员会审定，获准大面积推广。

继贵州本省区域生产试验取得显著成效，兴黄单892开始向云南、广西、四川、湖北、湖南等多个省区推广。在推广地试种一两年后，因为效果好，种子供不应求，试种单位纷纷主动上门求购，影响日渐扩大。

天道酬勤，该来的终将要来。兴黄单892于1999年通过国家农作物品种委员会审定，成为新中国成立以来贵州省第一个通过国家级审定的玉米杂交品种，并于

2000年12月被评为贵州省科技进步一等奖。国家级评审专家团队认为兴黄单 892 有四个方面的突出特点：一是解决了利用热带种质与温带种质有机结合的问题，培育出适宜喀斯特地区种植推广的新品种。二是该品种具有抗逆性强、适应性广、稳产高产、品质优良等突出特点，成功解决了喀斯特山区杂交玉米"上山难"（"上山难"是指杂交玉米品种在海拔较高的山区难以种植丰产）的问题。三是该品种曾于1995年作为全国农作物新品种率先实现制种权和经营权的有偿转让，在当时全国39家制种公司中是第一家。四是已成为贵州跨地区跨省向外推广应用效益极佳的品种，初步形成了品种选育、试验、示范、繁制种、推广应用一条龙的服务体系，很好地解决了普遍存在的研究与生产相互脱节的矛盾，大大缩短了科研成果转化为生产力的时空距离。

由于得到专家权威的认证，黔西南州农科所乘势而为，对兴黄单892进行了更广泛的知识产权转让，成为全国第一家玉米种子知识产权转让的成功案例，其转让的原则条件是：25公斤母本、5公斤父本，一次转让费6万元，使用范围仅限于获得知识产权许可的县（市）域内。

至今王国富仍然记忆深刻的是：20世纪90年代后期，有一年云南的西畴县、富宁县和本省的普定县，共出资18万元购买知识产权转让的兴黄单892种子。当年州农科所用销售种子的盈利，包括知识产权转让资金，建了一栋5层楼的房子，特别奖励他一套62.8平方米的住房。如同当年他在老家自建钢筋混凝土房一样引人注目。

除兴黄单892外，王国富团队于1989年—1990年同期还育成一个品质价值仅次于兴黄单892的玉米新品种兴黄单901。这两个新优品种，经省级多点试验示范，产量超过此前曾在云南、贵州推广的玉米品种中单二号15%以上。报经贵州、云南两省品种审定委员会审定通过，这两个新品种很快就在云贵两省推广应用。王国富和州农经委主任曾居伦、工作员李忠柏等三人就带着数百斤种子，从兴义出发，历经41天，到云贵6个地州市和32个县种子站进行宣传推介，在各地种子站却受到不同的接待。在云南省麻栗坡县农业局，该局局长深知王国富技术成果来之不易，立即通知种子站安排分种王国富带来的种子。当时种子站的工作人员说，各地已经播种结束，没有地再种了。局长斩钉截铁地说："你们必须把已种下的苗拔掉，再重新种贵州送来的两个新品种！"种子站照此办理。经过他们的试验，收到显著效果。其中兴黄单892表现尤其突出，比当地推广的品种增产50%以上。

不受待见，甚至吃闭门羹的情况也有发生。王国富他们将种子送到了云南省丘北县时，该县种子站的同志委婉拒绝说："我县玉米主要种植白粒种，你们送来的玉米新种是黄粒种，我们无法推广应用。"第二年，丘北县发现罗平、麻栗坡、西畴、富宁、华宁、澄江等县种植贵州兴黄单玉米种子的收效很好，该种子站的经理亲自到兴义订种。在他们将种子送到云南省玉溪地区种子站时，该站办公室主任竟然妄言："你们贵州能有什么新品种？在我们这里不适应，没有什么利用价值。"无奈之下，王国富他们只好绕过玉溪地区种子站直接将种子寄给玉溪地区的澄江县、华宁县、新平县等县农业局，经过几个县试种表现特别好，当地县农业局就将种植结果向地区种子站汇报，并建议地区种子站的同志一同到贵州购买王国富他们的种子或者购买成果转让。他们找到州分管农业的领导，该领导此前听说过去玉溪种子站对当年前去推销新品种同志的绝情无理，略带幽默地说：你们要买可以，但是成果转让的价格不是过去西畴、富宁等县的6万元买价，你们玉溪有钱，至少要120万元我们才卖……

实践是检验真理的标准，更是检验科研工作的核心。接下来的实践证明，兴黄单892在云南多地种植表现很好，比他们当地大面积推广种植的罗单1号、会单2号等都有大幅度增产，在1993年至1999年间就有云南省的富宁、西畴、建水等种子公司来贵州购买兴黄单892新品种的知识产权许可，合同规定只能在本县范围内使用，不能将亲本种子扩散。但有些人不遵守合同，明知故犯。两年后他们将种植扩散到了宝山、红河、曲靖等县市，致使多头制种。这样就造成两亲本严重混杂95%以上，生产出来的种子大面积种植后，严重减产，这才引起了省农业厅高度重视，责成云南省种子管理站处理此事。2003年云南省种子管理站就将各县生产兴黄单892的18家单位两亲本种子收集起来，种植在元江县，与原来的两亲本对照，重新认定正宗的兴黄单892，从而使该品种在云南省获得大面积推广。

王国富的家庭科研团队研制出的以兴黄单892为主的杂交玉米种子，在黔、滇、桂、川等省区大面积推广种植获得了丰产，领头人王国富声名鹊起。2001年11月被贵州省人民政府授予"贵州省农业科技先进工作者"称号，同年12月，被贵州省农业技术职务高级评审委员会评为农作专业高级农艺师，在《贵州民族报》专题报道中他被称为"西南玉米王"。

兴黄单892的突出表现，自然也引起了有关农作物专刊的关注。1998年，王国富在《贵州农业科学》发表玉米科研论文，对玉米杂交种兴黄单892的选育及应用推广做了全面的梳理。2001年，由权威的中国种子协会参与主办的《种子》杂志第4期上，罕见地用8个整版篇幅刊发《黔西南州农科所专版》，刊登了以王国富为首的玉米科研团队4篇有关兴黄单982的论文，在业内影响力非同寻常。

王国富在其《玉米杂交种兴黄单892的选育及应用推广》一书的序言中，简明扼要讲述了兴黄单892产生的背景：贵州是一个典型的喀斯特高原山区，地形地貌复杂多变，生态环境复杂，立体农业结构特点明显。长期以来我们在玉米育种上往往只注意高肥水品种的选育，多以马齿形为主，与山区群众主食习惯冲突较大，在生产应用推广上受到一定局限。为此，黔西南州农科所玉米研究室在把握玉米生产现状及发展趋势的基础上，确定了以选育品质好、耐瘠、抗病、适应高原生态类型的杂交玉米单交种为主。兴黄单892正是在这一指导思想下进行选育的，用自选自交系5311（从晴隆优质农家种五穗白选育而成）为母本，苏11（外引自交系）为父本，于1989年组配而成的黄粒型单交种。经两年品比试验、两年区域试验及两年生产试验，于1994年经黔西南州品种审定委员会审定通过，1995年经贵州省品种审定委员会审定通过。1995年—1996年参加云南省玉米杂交种区域试验，综合农艺性状表现良好。

紧接着，王国富就兴黄单892的特征特性、产量表现、栽培要点和应用推广分别作了论述。这里，对其核心部分简摘如下：

其特征特性：该品种株高240cm，单株叶片数17片，呈半直立型，穗位高85cm，穗长19.7cm，穗行数14行，行粒数36粒，千粒重365g，秃尖长2.5cm，出粒率85.3%，轴白粒黄，硬粒型，品质好，蛋白质含量9.06%，赖氨酸含量0.30%，植株长势强，根系发达，叶片宽厚，叶色浓绿，耐瘠耐涝，抗倒伏，高抗大小斑病，轻感丝黑穗病，青秆黄熟，抗早衰，适应性强，全生育期120d。

其产量表现：从1990年—1996年数据显示，平均单产每亩478.34~692.5kg，而在云南省玉米杂交种主要推广区，随机选点测产验收，最高亩产量达808.7kg。

其栽培要点：该杂交种在海拔180~2360m不同地区均可种植。密度一般每亩3400~3800株。要求整地精细，深窝浅种。每亩用钾肥10kg或复合肥20kg、磷肥（钙镁磷肥）20kg与1200~1600kg农家肥混合作底肥。第一次追肥在3~5片真叶时每亩用4~5kg纯氮，第二次追肥在喇叭口时用8~10kg纯氮，并结合中耕除草培土。

其应用推广：兴黄单892自1989年选育成功，1990年开始试验，1995年审定，截至1997年累计推广面积$16.6 \times 10^4 hm^2$，仅1997年在贵州、云南、广西三省区推广面积就达$5.8 \times 10^4 hm^2$，应用推广面积逐年大幅度增长，这在山区杂交玉米应用推广速度上是比较快的。主要原因有：一是品质优良，深受以玉米为主食的农村地区欢迎；二是适应性广，是其迅速得以应用推广的前提；三是丰产性、稳定性好；四是制种产量高；五是试验、示范推广同步进行，缩短了中试年限；六是制种基地落实，供种有保证……

2004年和2005年，黔西南州农科所在王国富享受国务院政府特殊津贴专家等申报推荐材料上，对王国富以兴黄单982为经典代表的玉米科研成果做了简要而精准的概述：

王国富主要从事杂交玉米选育及应用推广研究工作。针对贵州及周边省（区）山区自然生态特点和玉米生产现状，作为第一选育人先后育成了兴黄单871、兴黄单892、兴黄单901等20余个玉米杂交种，其中兴黄单892于1995年通过贵州省农作物品种审定委员会审定，1998年通过云南省农作物品种审定委员会审定，并于1999年9月通过全国农作物品种审定委员会审定，成为贵州省新中国成立以来第一个全国审定的玉米杂交种。由于该品种表现良好的丰产性、稳产性和广泛的适应性，是迄今为止贵州省杂交玉米推广面积最大的品种，成功解决了山区杂交玉米"上山难"的问题，截至2004年在滇、黔、桂三省（区）累计推广2300多万亩，新增粮食总产17亿公斤，新增产值18亿元，社会、经济效益极为显著。

选育的兴黄单901于1995年7月通过贵州省农作物品种审定委员会审定，2003年通过云南省农作物品种委员会审定，该品种1999年获第二批"九五"国家科技攻关农作物后补助新品种，并于2001年列为贵州省科技成果重点推广项目。到2004年在滇、黔、桂三省（区）累计推广面积达6万多亩，新增粮食150万公斤，新增产值205万元，社会、经济效益极为显著。此外，选育的兴黄单988、兴糯单2号通过贵州省审定，兴黄单871、兴黄单933、兴黄单936、兴黄单941、兴黄单953、兴糯单1号通过黔西南州农作物品种审定委员会审定，并在黔西南州大面积应用推广，兴黄单999（原区试名兴黄单998）已通过贵州省区域试验；新近培育的兴黄单206等一批优良玉米新组合，经贵州省区试及比较试验，均比对照组增产显著，为黔西南州农科所多出品种、快出品种增强了后劲。

王国富参与完成国家农业科技成果转化资金项目"喀斯特山区兴黄单系列杂交玉米转化及应用"，完成了兴黄单系列杂交玉米高产优质制种技术、高产栽培技术体系、多点适应性鉴定、大面积示范及电脑专家系统的建立等方面的研究，为兴黄单系列杂交玉米的应用推广提供理论数据和技术贮备，于2004年4月通过专家组验收，对改变山区玉米生产水平、提高粮食产量、增加农民收入做出了积极贡献。参与完成的贵州省星火计划项目"兴黄单系列杂交玉米制种及高产栽培示范"，完成制种面积5823.6亩，为制种农户增收341.55万元，完成示范面积10396亩，单产501公斤，均超过合同计划指标，示范带动面积62.28万亩，比项目实施前新增总产3653.24万公斤，新增产值4910.16万元；参与完成的贵州省科技成果重点推广项目"杂交玉米兴黄单892大面积应用推广"，完成面积63.5万亩，新增粮食3968.75万公斤，新增产值5159.38万元，社会、经效益极为显著。为此，两个项目经省专家验收鉴定为省内领先、国内先进水平。

王国富不仅在科研上取得显著的成绩，而且在促进科技成果转化方面，积极配合单位进行科技成果开发及推广应用工作。1995年先后实现了兴黄单892的制种权和经营权对云南省西畴、富宁两县及我省安顺地区普定县的有偿转让；1999年按照平等互利、风险共担、利益共享、诚实守信的原则，分别与云南建水、富宁县种子公司进行兴黄单892联合开发，与云南思茅地区种子公司进行兴黄单933联合开发；2001年实现了兴黄单901、兴黄单988与山西屯玉种业联合开发模式，形成以科研为核心，以各级种子公司经营网络为依托的种子开发体系，促进了兴黄单系列品种的大面积推广应用。通过成果转化，提高了玉米生产的科技水平，促进了玉米生产的可持续发展。

王国富先后选育了兴黄单892等20余个优良玉米杂交种，其主要技术创新要点：一是加强对地方种质资源和外来种质的利用研究；二是针对喀斯特山区生态特点选育出了一批广适性的兴黄单系列杂交玉米；三是针对喀斯特山区生态特点，研究了兴黄单系列杂交玉米配套栽培技术体系；四是针对喀斯特山区杂交玉米应用率低、推广速度慢的现状，构建了一套推广体系……

王国富的突出贡献，党和政府给予高度重视。2008年3月，黔西南州委、州政府做出决定，实行州委常委、州政府副州长联系专家和优秀人才制度，由副州长陈文发联系高级农艺师王国富。年逾花甲的王国富在州委、州政府的关心支持下，不断探索，屡创新绩。同年5月，他参与主持的"喀斯特山区'兴黄单'系列杂交玉米的转化和应用"课题，被评为黔西南州2006—2007年度科技进步一等奖，他本人则获黔西南州最高科技奖。

由于工作业绩突出，成效显著，为贵州及周边多个省（区）农业和农村经济的发展做出了突出的贡献，除前述褒奖荣誉外，王国富同志先后获得贵州省"五一劳动奖章"（贵州省总工会，2001年）、全国"五一劳动奖章"（中华全国总工会，2001年）、全国科技扶贫先进个人（中华人民共和国科学技术部、中国科学技术协会、中国科学院，2000年）、振华科技扶贫奖励基金服务奖（香港学者协会、国家科委科技扶贫办公室，1996年）、贵州省科技兴农贡献奖（贵州省人民政府，1996年）、贵州省科技扶贫名人（贵州省科学技术协会、中共贵州省委组织部、贵州省扶贫开发办公室，1999年）、享受国务院政府特殊津贴专家（中华人民共和国国务院，2005年）等荣誉。

优良基因代际传递

王国富妻子及几个女儿女婿对他玉米科研工作的支持非同寻常，常人难以想象。从1986年至2015年，王国富带着一大家人都从事杂交玉米的选育、测配、鉴定、繁殖、生产等全流程工作。这个大家庭包括其大女婿张廷贵、大女儿王兰，二女婿陈文红、二女儿王红、大儿子王文、媳妇易业念，还有其爱人魏培英以及外孙张兰波、张兰浪、陈鹏，家孙王茂颖，特别忙的时候小女儿王平、女婿韦剑以及小儿子王卫也都来帮忙。此外，还有王国富舅舅家一些人也参与其中，每年几十个人去海南，聘用的务工人员每人每月2000元包吃包住。每年春、冬两季共生产种子100~150万公斤，都是全家动手，30多年来育成的新品种20余个，生产杂交种子3000余万公斤。

王国富的妻子魏培英，由于艰难岁月和辛劳付出，与丈夫虽是同年生人，但看上去比王国富衰老得多，实际上她还比王国富小4个月。她在谈起家庭和王国富工作的关系，深有感触地说道：1963年，我和王国富结婚的第二年就生下大姑娘，到1974年生最后一胎，12年间共生下5个孩子。王国富为了工作，对家务事，包括孩子，他几乎不管，也没有时间管。刚结婚才几个月他曾想去当兵，没有去成，后来被保送到贵州农学院去读书，也没去成。家里不想让他去，觉得他去海南搞玉米育种实在点。最后，他离家去海南搞玉米育种繁殖，对我说宽慰的话："培英，你在家苦着点，我出去闯一闯。" 从搞玉米育种制种起，王国富每年去海南待的时间长，以至于早些年他从海南回来，孩子都不认他，抱都不让他抱。我婆婆又是王国富的后母，她不管这些小孩，我出门经常是背上背一个，面前抱一个，有时后面还跟一个……

魏培英回忆到当年的情况时，连说几个"太苦了！"并用兴义的方言"赖得"（有宽容、理解、忍耐之意）表述了家人对王国富科研成功的付出："也幸亏是我们家人'赖得'，他才能成功。"她这几十年来对丈夫工作的支持，似乎也印证了当今流行的话语：每一个成功的男人背后，都有一个无私支持他的女人。

1969年出生的王国富大儿子王文，他前面有两个姐姐，跟随父亲王国富搞玉米科研至今20多年，他对小学启蒙时期的记忆，也印证了母亲的说法。王文1975年7月就读于永兴小学，1980年就读于桔园中学。当时他父亲忙于工作，照顾不了家里，全家五姐弟全靠母亲关照，而母亲身兼数职：不仅要照顾几个孩子，还要下地干活养猪养鸡，晚上做衣服、当"赤脚医生"和开小卖部。当时邻居称他的母亲为"五员"：保育员、饲养员、缝纫员、卫生员及售货员。这是十足的"全职老婆"，可见魏培英对家庭、对王国富玉米科研事业的辛劳奉献……

当然，儿子对父亲对科技事业无私的奉献精神十分敬佩尊重。王文在短文《我的父亲》中回忆道：

"1986年8月父亲再次踏上玉米科研之路，到全国各地收集玉米种质资源，重振玉米育种，叫上我的大姐王兰、大姐夫张廷贵，我的二姐王红、二姐夫陈文洪，和我们一起开始较有规模的育种。没有太多的经费，以兴义地区农业局种子站站长罗德礼选育的玉米单交种盘单2号和普安县农科所所长育成的玉米单交种普单3号为依托，并利用两个单交种的父本、母本组成新组合矮421×普E17。经过试验和示范表现较好，经黔西南州品种审定委员会审定，定名兴黄单871。随后我们利用自己收集的农家种及杂交种，分别选育的自交系，育成了玉米新品种兴黄单892、901、941、936、938、999、988、206、兴黄单2号和兴糯单1、2号等共计23个新品种，先后分别获国家和贵州省、云南省、广西省、湖北省品种委员会通过审定，大面积应用于生产。21年往返海南生产玉米种子2100万斤，创造了较大的社会效益，分获国家及省部级和州级奖项19个。

我的父亲很辛苦，对工作精益求精，奋发图强、成绩显著。他对同事和蔼可亲，对我们家人严肃教育。"王文还记得："1999年7月的一天，上午我到科研地授粉，干到下午我表弟魏芳到科研地找到我，约我一起到周家打麻将，年轻人聚在一起玩了一个通宵。第二天早上我父亲要到科研地授粉，找工具时才发现我没有回家，于是就找到我们打麻将的这家。气急之下将麻将桌掀翻，并将麻将甩到门前水稻田里……

另外，我父亲生活特别勤俭，从不抽烟喝酒，在玉米制种授粉期间，从早上7点到晚上6点都不离开地里，每天午餐晚餐就是馒头、包子。繁重的工作都是自己亲力亲为，搬运种子为了节约上下车费（每袋玉米种子是50~80公斤），因用力过度，造成腰椎间盘突出和滑脱，到医院做手术，竟上了8根钢钉来支撑腰椎……"

　　说起支持自己玉米科研的大家庭"功劳"，王国富回忆了玉米科研工作与州农科所交往时的一件往事。当时，他们负责玉米新品种的选育、试验、示范，农科所主要负责经费和新品种的审定，审定后的新品种生产、繁殖任务由王国富大家庭全部承担，农科所下属的种子公司负责推销经营。每年王国富都要与种子公司签订春、秋两季种子生产合同，两季生产的种子全交给公司包运、包装后发往各地种子部门销售，公司提前按合同支付20%的生产基金，待种子成熟收获时付60%的收种资金，留下15%的资金待种子入库检验合格后支付，余下5%保证金待种子公司销售后农民种植田间未出现纯度问题，才结清全部款项。每年他们生产的上百万公斤玉米种子交给种子公司，由种子检验员抽检合格方能入库，种子公司指定从生产地直调各地的种子后，再由各种子公司抽检，纯度是否合格要由农民种后的反应来做结论。

　　在同几家种子公司几十年的合作中，偶尔出现一点问题也是可以理解的，但如果说仅出现两次较小的质量问题，几乎可以忽略不计。第一次是2002年种子公司指定王国富家庭团队在海南生产和发往云南泸西县种子公司的30吨兴黄单892，经泸西县种子公司检测发芽实验，发芽率为93%，未达到国家种子条例规定的96%，仅差3%。最后严格按未达标的种子比例扣除3%的种子款。第二次是2006年王国富的家庭团队在贵州省石阡县春季生产的兴黄单2号由种子公司指定调往湖北省恩施州种子公司20吨，该种由恩施州种子公司包装销售给农民种植。玉米苗长到快抽穗时，全田发现部分小苗。恩施州种子公司电告兴农种业有限公司，受兴农种业有限公司委托王国富亲自前往湖北恩施现场查看，进行处理。他与恩施州种子公司负责人一同进行田间鉴定，最终判定有5%的小苗（自交系），按种子条例规定纯度超标3%，按相关规定赔偿农民3%的产量值（减产值数）总计8万余元。

　　上述两起事故造成赔偿后，王国富家庭团队认真查找原因，发现与玉米育种系列工程中的某种失误有关：云南泸西县种植的玉米种子发芽率未达标，是与海南生产种子的辅导员、大女婿张廷贵的亲表弟杨邦学的失职有关，在晒种时允许农民将300余斤不合格种子掺入正常种子中造成的。此事责成张廷贵找他谈话并写书面保证，扣除三个月的辅导费用6000元整。在石阡县生产的玉米种子在湖北恩施种植过程中发现部分小苗，是种子纯度未达标造成的，原因是石阡县生产的承包人赵朝圣在制种抽雄方面管理不严格，因母本散粉才开始抽雄，从而造成母本自花授粉使纯度超标。即使这样，王国富严格问责时仍宽以待人，赵朝圣个人那里只扣罚给对方赔偿金的一半，而另一半由王国富家庭团队承担。

世间百事难以一帆风顺，更何况是科学严谨的育种工程？王国富家庭团队在海南生产种子曾遭受几次不同的自然灾害，并遭受四次挫折：第一次自然灾害是1993年，王国富大家庭在海南与黔西南州种子公司签订生产普单3号1200亩，当年制种落实在海南三亚市藤桥、海丰村、长湾村等，在海丰村抽水灌玉米时（苗已开始抽穗），从头一天抽到第二天上午7时，因海水涨潮倒流进淡水河，他们不知情仍继续抽灌，有约80亩玉米苗被海水浇灌，当天太阳一出全田一片白茫茫，禾苗仅三天全部死完。他们不但没有收获到种子，反倒赔给农民每亩地租500元。这一年，除了自然灾害，还发生一起人为的"灾害"：王国富他们在收获种子的时候，有个李姓老妇人悄悄捡了他们的玉米果穗两框，用地瓜叶盖在上面，正从地里挑到她家，被他们当场抓获。她不但不认账，反而用刀将装有苞谷的麻袋一连砍了23个，并撒泼要赖"我没有偷你们的玉米"，还叫来她的四个儿子要行凶打人。王国富他们立即找到了当地领导及藤桥派出所的民警，经反复做工作，并将偷盗的玉米放到老妇面前她才认账。事后经领导及派出所给偷玉米老妇人的四个儿子做工作，才公开认错。王国富他们大度对待犯错老妇人和她的儿子，仅仅要求其赔偿相关损失，也未要求派出所按治安案件来处理。

第二次自然灾害是1998年，王国富家庭团队与兴农种业有限公司签订生产玉米种子130万公斤的制种任务，他们组织辅导员38人前往海南省乐东县5个自然村落实3500余亩制种地，于当年8月20日开始播种，至11月10日播种结束。其中有400余亩遭受40天的连绵小雨，苗长到5片叶子时，田块严重积水造成禾苗发黄停止生长，无法追肥，苗长40天仅有1米高，接近抽雄期也一直不间断下雨，他们和承包农民都特别焦虑，看来是没有什么收成了。承包农民放弃不管，并说：我们不要了，你们自己看怎么办。王国富大家庭反复商量，几百亩玉米苗报废，不但完不成合同任务，已投入的150元一亩的种子复合肥就全没了。最后他们决定：不能放弃，农民不要我们要。采取挖十字、井字、四周深沟排、降水。每亩重施50斤尿素做面肥，投入上百个劳动力突击15天将这批小苗田块整完。时隔半个月苗开始抽穗，也长青并长高些，普遍在1.2米左右。后经加强田间管理，最终每亩平均收获146.8公斤，只比正常年份减产30%，当地农户亲眼看到他们"死马当活马医"，将损失降到最低，十分佩服。

第三次自然灾害是2005年，王国富大家庭与种子公司签订兴黄单892、941、999、兴糯单1号共150万公斤制种任务。他们落实制种地3800余亩，全部保质保量完成。但在11月16日一场12级强台风将他们播下的玉米几乎全部摧毁。有的育种队只有卷起背包回家，有的倾尽家产甚至寻了短见。此时王国富召集家庭团队几十个人商量，最终决定不能回去，应该分头查看制种地的受损情况，想办法挽救。经三天分别逐丘逐块查看汇总结果：水冲沙壅不见苗的约500亩，禾苗被沙压倒1380余亩，其余的倒伏70%左右。他们立即采取将家里剩下的亲本1.848万公斤，急运到海南补种481亩。将沙壅的割叶扶起再追尿素每亩50斤，经过21天紧张地加班加点补救，仍收获种子90万公斤，完成合同的60%。

第四次自然灾害是2008年，全国遭受了一场历史上罕见的低温、凝冻天气，海南也不例外。低温天数超过20余天。正是玉米种子开花授粉期，当年苗长得特别好，看来是一个丰收年，哪知人算不如天算，低温潮造成大面积玉米不结实。一个果穗仅有30~50粒种子，有的果穗全部不结实，制种农户说"真是见鬼了！"愤然将果穗扔到地里。这次的产量每亩仅收50~60公斤，减产约70%。在海南海拔较高的报告村正值果穗灌浆，一夜凝冻全部冻死颗粒无收，一位八九十岁的老人说："我们从未看到白茫茫的一片，太怪了！"这年他们家庭团队仅完成合同的40%，农科所请州政府领导到海南与他们一起过春节，农科所所长姜紫勤对王国富他们说："你们今年受灾严重，我们会尽最大努力给予你们适当补助。"最后将他们交给种子公司的种子40余万公斤，每公斤补助1元。尽管如此他们还亏了10万余元。

30多年的玉米科研制种工程，遭遇4次自然灾害，受到很大损失，难能可贵的是，王国富这个腰部曾打入8根钢钉的硬汉，带领着家庭团队一次又一次挺直腰板，战胜了各种困难，将这个家庭几十个人的团队锤炼得犹如一艘军舰，在"老船长"领航下劈波斩浪，奋勇前进。王国富的科学家精神，犹如他培育的优良品种，实现了代际传递。

王国富家庭团队在海南制种育种的经历，特别是遇到自然灾害时的苦斗苦熬过程，一般人确实难以承受。听听当地受雇农工怎么议论："下一年绝不种老王的玉米种了，天还不亮，老王和他那些女儿、女婿、儿子们，就在门口、窗下，或在村委会喇叭里，一遍遍地催，催下种、催补种、催去杂、催抽花、催收粉、催授粉、催施肥、催浇水、催排涝、催晒种、催脱粒、催复晒……"很多次刮台风，台风像剃刀一样席卷了一切，别家育种队伍都准备买车票回老家了，似乎没有什么可干，老王他们还会催下地，一棵一棵扶起还没彻底断掉的玉米植株，培土、施肥、挽救……

路遥知马力，日久见人心。后来，成了朋友的当地农工对王国富说：阿公啊，跟你们干太累了，不跟着干，看你们自己干，又不好意思，更累！

"我不入地狱，谁入地狱？"这是王国富干事为人的一个原则，王国富大家庭成员的苦干精神和惠民情怀，就是这样感动了当地农工，也是他们的玉米南繁业绩远胜于他人的一个重要原因吧。

王国富这个大家庭只负责玉米种子的研发和制种，种子收获后按此前签订的合同价格交给农科所兴农种业有限公司推销经营，王国富他们每斤种子可赚几角到1元钱，一年利润100余万元，每个小家庭20~30万元。王国富在种子研发种植方面的家庭模式，获得了可观的社会效益和经济效益，受到省科技厅高贵龙厅长、省农科院陈泽辉副院长等省、州相关部门领导的一致好评，称他们这种"家庭式"的生产模式特别好，几十年如一日年年有成效，获得了国家、省级、州级等各种奖励不可胜数，而且全家进入了科技致富的行列，是大家学习的榜样。

对王国富家庭团队勤劳致富，尤其是1996年他们家买了一套两层楼并加建一层共三层令人羡慕的新式楼房后，一些别有用心的人怀疑王国富家庭收入来源问题，包括应不应缴纳个人所得税，当作重大经济问题向有关部门和领导反映。面对个别心术不正的人，主管州农科所的州科技局张大章，义正词严地为王国富申辩道："王国富他们那一家人吃的苦，你们哪个受得了？搞玉米制种生产，他带着当农民的儿子女婿干，甚至自己贷款买化肥、赊种子给农民用，怎么算成本？眼红人家买房子起房子？哼，人家那新房子，都是用一颗玉米一颗玉米垒起来的！"

这位领导的话语，可谓斩钉截铁，一语中的。真正感受到，不只是王国富家的新房子，甚至可以说，王国富科研方面的成果，也都是王国富和他的家人用滴滴汗水浇在一颗玉米一颗玉米上创造的劳动果实。

牢记使命奉上赤诚玉米"芯"

2005年春节期间，正在贵州考察工作的时任中国共产党中央委员会总书记、中华人民共和国主席、中共中央军事委员会主席胡锦涛专程来到黔西南布依族苗族自治州考察，和当地各族人民群众一起欢度春节。2月7日，农历除夕的前一天，下午6点，胡锦涛在时任省委书记钱运录、省长石秀诗和州委书记许正维、州长班程农的陪同下，来到民航酒店亲切看望在黔西南州工作的劳动模范和少数民族代表，同大家一一握手，向他们致以节日的问候和新春的祝福。

劳动模范们纷纷表示，感谢党和政府的关怀，一定会珍惜荣誉，再接再厉，把工作做得更好。

当胡锦涛总书记热情地与他握手时，他内心不仅是激动，更多的是感到鞭策，年届六旬的他暗下决心，要把总书记对劳动模范的深情关怀和殷切希望化为工作动力，不断砥砺前行，争取在玉米种业科研上更上一层楼！

此后10余年的实践，可以说王国富全身心履行了当年对自己的承诺，兢兢业业干到2015年年过七旬，带领他的大家庭团队，每年为国家生产玉米种子100余万公斤。

2022年3月11日，在黔西南州喀斯特区域发展研究院（由原黔西南州农科所和林科所合并而来）会议室，几位王国富过去的老同事和研究院的领导，从各自的角度把对王国富科研情怀精神的理解和认识，"竹筒倒豆子"一般，倾泄而出。院办公室副主任余芳应约热情地复印了厚厚一沓近100张A4纸有关王国富的科研成果论文、奖励证书，以及单位为其申报奖项荣誉的文件等资料。由此也见证研究院和院里同仁对王国富玉米科研成果的高度重视和尊崇，以及其入选《贵州科学家传记》的看重。

王国富30多年前的同事、现黔西南州喀斯特区域发展研究院副院长张泽志，谈及王国富，说得最多给人印象最深的一个词语是"科研情怀"。他说："一个人如果没有高尚精神情怀的支撑，要干一件事，特别是科研方面的系统工程，是干不长久的，更遑论取得显著成就。"

他认为，王国富的科研情怀，第一是吃苦耐劳的美德。第二是耐得住寂寞沉下去。"你要沉得下去，要真正到田间地头去，天天到地里面去。今天进去看到的，和昨天进去看到的不一样。这个就是搞科研的情怀，才能支撑走下去。"第三是这种情怀对单位对社会产生的影响。"大家都以他为标杆，就是你要出成果，就要拿王国富老师来做标杆。要搞好科研，首先把自己的位置站好，要问自己：我为哪样要来这个单位？来了单位我要干哪样？要怎么干？我预期的成果在哪里？为单位的发展或整个黔西南州的发展，以致整个国民经济的发展，我要在里面起点哪样作用？……"

张泽志还以王国富老师在玉米科研方面创造的"四个一"来教导年轻人。他说，王国富老师原来起点并不是很高，但他勇于实践创造了"四个一"：第一个"一"，是兴黄单982研制成功。新中国成立以来，贵州在玉米科研方面第一个获得贵州省科技进步一等奖。第二个"一"，是兴黄单892创造了一个在喀斯特山区应用面积最大的一个品种，7000多万亩。第三个"一"，是他在科研上最大的一个贡献，创造了一个新的玉米优良品种的杂交模式，就是用热带材料和地方改良的材料组配的一种模式，这对我国西南地区育种界产生的影响很大，它是杂交模式里面一种全新的模式。第四个"一"，就是成果转让，兴黄单892创造了贵州省杂交玉米品种在我国第一家进行成果转让。正是由于这个成果转化的创新模式，带来了我们黔西南州兴农种业一段时间的辉煌。在前不久院里"不忘初心、牢记使命"党史学习教育活动中，我们联系实际，对过去农科所在农作物特别是玉米制种研究推广方面成就的精准文字表述，反复琢磨，最后定在了"辉煌"这个词上。我们农科所以前"辉煌"过，就是因为玉米品种。我们应该传承王国富创造的"辉煌"，发扬光大。

贵州省玉米专业委员会委员、黔西南州兴农种业有限责任公司经理王勋在回忆王国富玉米科研成就时，说王国富给人印象最深的是他的敬业奉献，不计名利。1987年冬，年轻的王勋开始同王国富一起搞玉米科研，他动情地说：州农科所最早的玉米课题组正式科研人员就只有我们二人，他的女婿张廷贵、儿子王文等都不是农科所正式干部职工，当时条件非常艰难困苦，没有课题经费，刚起步，从种子公司承包制种，经费才几千、万把元钱，但他们仍然干得很展劲。非常可贵的是，王国富是课题主持人、项目主要完成人，却没给他明确任何行政职务，但他一点也不在乎，只管认真刻苦踏实地干事，潜心钻研科研课题。那时我才20多岁，跟他一起搞玉米科研是人生的一种幸事，他工作上关心我，生活上照顾我，一直是我学习的榜样。就是在这样艰难困苦的环境条件下，王国富主持突破性地育成兴黄单892玉米高产新品种，可以说是创造了一个奇迹。

州农科所试验农场场长胡忠庆深有感触地说：结识王国富近半个世纪，对王国富在科研工作上的吃苦耐劳、艰苦奋斗的精神印象深刻，甚为感动。20世纪70年代后期在海南制种期间，生活条件极差，作为州农科所正式职工，每天也只有2角钱的补贴，而王国富虽然名义上是农业局聘用的"农业辅导员"，但谈不上工资和补贴，仍然只在原生产队记工分，可以想象其生活的艰难，连吃的蔬菜都是自己种。海南那么热的天气，他经常是赤裸上身，下身穿条短裤就下地干活，令当地群众都佩服不已，我亲身经历，一个老阿公竖起大拇指对我说："你们这个老王啊，太厉害了！"

在谈到王国富助人为乐的情怀，胡忠庆讲述了一个30多年前与他爱人有关的一个感人的情节：王国富老师对科研有深厚的爱，把自己的玉米制种科研工作和同行的科研工作，看成一个整体，不是哪一个人的专属所有。不仅自己工作上勤勤恳恳、一丝不苟、吃苦耐劳，同时非常乐于助人，无偿付出。1977年，他爱人梁新贵她们几个年轻人也在海南搞玉米兴义1号南繁制种，王老师在制种、生活等方面帮了她们很大的忙。梁新贵她们有10来亩地的玉米生了一种红叶病，她们自己找不出病因，已有几年玉米育种经验的王老师帮助找出原因，说是由于缺钾引起的，应尽快增施磷钾肥。王老师还不光是给她们找出病因就完事，还亲力亲为，他一早就去地里帮她们施磷钾肥。很快，一个星期玉米苗就全部恢复了正常状态。梁新贵她们很感动，也很感谢他，把王老师当成自己学习的榜样。

还有一件令人深为感佩的事，1998年州农科所下面有4个玉米科研小组，加上农业局杨佐兴、严志伟和农科所的王勋、龙声卫、张泽志、姚正奎共6家从事玉米研究。为加强管理服务，州政府下文组建农科所玉米研究室，统筹管理全州有关玉米科研工作，任命王国富为玉米研究室主任。当年王国富已近55岁，按照有关党政干部任职年龄管理规定，是不能"提拔"的，但最终王国富还是破格肩负起了玉米研究室主任的工作。执着痴情于玉米科研的王国富，对此也不好推辞，只能接受。王国富在农科所玉米研究室主任岗位上一动不动整整干了12年，直至2010年7月正式退休。他退休期限也因工作业绩突出和组织的信任，被延迟了6年。王国富确实不辜负组织的重托和期望，在任职期间通过与各个玉米研究小组和农科所兴农种业有限公司商定，各科研小组经费自负盈亏，独立核算，谁家选育的新品种都可经过各级试验示范，若经各级品种审定委员会审定后，各家组织生产自家育成的新品种并与兴农种业有限公司签订春、冬两季种子生产合同，亲本种子各自保存，新品种各自定名。这一举措更加增强了大家玉米科研的积极性，王国富大家庭育成的品种定名"兴黄单"系列，王勋育成的定为"兴海"系列，张泽志育成的定名为"兴农单"系列，龙声卫育成的定名为"兴科"系列，杨佐兴育成的定名为"兴单"系列，严志伟育成的定名为"盘江"系列，截至2008年，6个玉米研究小组共育成新品种30余个，应用于西南片区大面积生产推广运用，总共8000多万亩。统管此项工作的贵州黔西南州农科所玉米研究室主任王国富，真正无愧于"兴黄单"之父的美誉。

为千万人的稻粱之谋

——记水稻专家黄宗洪

◆ 陈茂荣

黄宗洪 （1956.2—）男，贵州省思南县人，贵州省农业科学院水稻研究所二级研究员、原所长，贵州省农业科学院原副院长，九三学社贵州省委主任委员，贵州省有杰出成就和突出贡献的水稻专家。2007年获贵州省科技进步一等奖。

黄宗洪于1977年考入贵州农学院农学系农学专业学习；1982年自贵州农学院毕业，进入贵州省农业科学院水稻研究所从事水稻科研工作。

他潜心于水稻新品种繁育、水稻杂种优势利用、新品种高产高效栽植技术的推广与应用等方面的研究工作。自1990年始，他就参与了中国"杂交水稻之父"袁隆平先生主持的两系法杂交水稻领域的科学研究，并获得了成功。在2014年国家科学技术表彰大会上，他参与袁隆平院士领衔研究的全国"两系法杂交水稻技术研究与应用"，荣获国家科学技术进步奖特等奖。

在面对繁重的科研工作的同时，黄宗洪还兼有不少民主党派团体的职务和社会活动。多年来，他在全国政协会议及相关的组织活动中积极为农业科研建言、谋划、呼吁。为贵州省的粮食增产增收，为国家的粮食安全做出了重大贡献。

困苦中的梦想
——让面朝黄土背朝天的人都有饱饭吃

1956年，黄宗洪出生在贵州省思南县板桥镇一个偏僻的山村。他的父母都是终日吃苦耐劳、老实巴交的农民。黄宗洪上面，有一个大他十多岁的哥哥，还有两个姐姐。他的家在半山上，零星的田土错落着散布在寂寥的山头、山腰各处。山上的田都是"望天田"，一遇干旱的年景，粮食就不能果腹，甚至颗粒无收；村民们做活路，每天须牵牛扛犁、挑肥担担、爬坡上坎，备尝艰辛。而田土瘠薄，收成不丰，即便最好的田，最高的产量也只有四五百斤谷子。因此，黄宗洪的父母尽管终日辛劳，一家大小糊口还是相当困难。而正值黄宗洪断奶学步、嗷嗷待哺的时候，如火如荼的"大跃进"正在神州大地蔓延。紧接着，正是长身体的关头，遇上了20世纪60年代的"困难时期"。无情的大饥荒肆虐人间，亲见饿殍载道。黄宗洪很小的时候，对饥馑就留下了可怕的印象。

黄宗洪在回忆袁隆平先生的文章里谈到自己的童年时写道："20世纪50年代，我出身于贵州山区一个地地道道的农村家庭。食不果腹，衣衫褴褛，是那个时代广大农民贫苦生活的真实写照。对于曾经因贫穷而闻名的贵州农村来说，每年青黄不接的时候便揭不开锅更是普遍现象。那些儿时经历的艰苦日子我至今仍未忘记，也不会忘记。"

黄宗洪8岁时，上了大队办的民办小学，学校的屋宇就是一栋凋零残破的旧板房，其读书用的桌凳都是自己从家里带去。书也只能读到三年级，再进入公社办的带有附设初中的板桥小学，在这里读完小学并顺势进入这所小学附设的初中部读完初中。

1971年，黄宗洪从板桥公社的小学附设中学初中毕业。由于他的学习成绩和在校的表现等各方面都很优异，他被学校推荐到塘头区中学读高中（初中学校第一次附设高中部），是学校推荐的三名最优秀的学生之一。那时候农村娃想不断地就学是非常不易的。黄宗洪在塘头中学读高中期间，差不多每个星期都要返家，一是利用学习间隙帮父母做些劳动，二是到家里拿一周补助自己吃的粮食。在学校的食堂中，有少部分谷米，有时是些苞谷，而作为主粮的，也即黄宗洪每周从家中带到学校的口粮，大多数都是红苕。至于菜蔬肉类，那是想都不敢想的事。这样的生活，对正处少年时期，身体成长发育非常需要营养的黄宗洪无疑是极为匮乏的。1973年，在塘头中学附设高中部的学习算是毕业了。然正值"文化大革命"，无学可就，也无处可去，黄宗洪只得回到家乡务农。以后的两年间，他跟着父母风里来雨里去，打田栽秧。此时在他的世界中，多了一个概念："脸朝黄土背朝天"。事实上，这正是中国传统农耕生活与农民生活最形象的写照。

1975年，黄宗洪又得到了一个机会，他所在的铜仁地区（今铜仁市）一所农业学校招生。那时的所谓高等学校，虽然极不正规，仅是一般的农学课程。但不管怎样，一心向学的黄宗洪抓住这机会毅然报考。他幸运地被录取到这所学校的农学班。这个班级，又叫"社来社去班"。其性质可以想见，结业以后，也只能回到生产队去。而所学，大抵也是些实用性的基础农业技术。在此期间，黄宗洪结合自己从事农业生产的实践，发奋学习，从理论上为农业科技的进一步学习打下了较为坚实的基础。

1977年，中断了整十年的中国高等教育，终于迎来了春天。

高考恢复。念念不忘学业的黄宗洪非常振奋，他立即报名参加高考，而且义无反顾地选择填报了贵州农学院农学系农学专业，他幸运地被农学院录取了。四年的大学学习生活，黄宗洪像一块投入了知识瀚海的海绵，他拼命汲取着农业的知识，发愤于课堂理论的学习、图书馆的大量资料、田间地头的实习作业。他的思想中，是有着某种潜意识的，他是有一个相对明确的目标的。这个潜意识就是幼年、童年、少年以及青年时期在农村历经的饥饱不均的困苦生活——而他想从学习农业入手，为家乡的父老、为"面朝黄土背朝天"的人们吃饱肚子做点什么。

1982年，饱读"农书"的黄宗洪从贵州农学院毕业，成为家乡几十年来第一个学农的大学生。按照他的愿望，他被分配到贵州省农业科学院水稻研究所。他感觉，自己的初心似乎渐渐清晰起来了，自己的心愿实现了。实际上，他的志趣正在向他潜意识中那个单纯的念想靠拢。那就是——搞出粮食增产的办法，用农业科技让千千万万"面朝黄土背朝天"的农民们吃饱肚子！

这是黄宗洪的理念、追求、人生前行的某种动力。这个理念是极朴素的，但确乎是伟大的。为天下人吃饱肚子而奋斗，还有什么理想比此更宏大、更艰难而荣耀呢？

拜访袁先生，为良种水稻的培育而砥砺前行

农科院的工作与生活，特别是水稻研究，对于一些人，也许是平凡而闲散，波澜不惊的；而对于另一些人，却是奇妙无比、富于激情与梦幻，蕴含着惊天动地的革命性的。

黄宗洪把生活的乐趣都投注在对水稻的科学研究工作上。他的生活很有规律，"三点一线"——家、办公室或实验室、实验田里或基地。他有梦想。简洁地说，搞水稻的培育，让它大幅增产，让所有的人吃饱且粮食都有富余。恰如贵州，传统的稻作，历史以来，即便是良田沃土，在无灾无害的年景，最高的亩产量也不过600来斤谷子。如果增产至千斤甚至一千几百斤，那得解决多少人吃饭的问题？

好在黄宗洪到水稻研究所的时候，中国的水稻在以袁隆平院士为首的一批农业科学先驱的努力研究与培育下，有了突破性的进展。尤其是杂交水稻的种植成功，更使得我国粮食大幅度增产，粮食安全有了可靠的保障。

1990年，黄宗洪作为水稻科研工作者中的后辈，有幸在他的老师、贵州农科院院长廖昌礼先生的带领下，到大名鼎鼎的农学专家、中国杂交水稻之父袁隆平先生家里拜访。廖昌礼先生自20世纪70年代就在袁先生的指导下从事杂交水稻的研究。在袁隆平先生的悉心指导与关照下，为贵州水稻科研工作做出了不凡的业绩。

这是黄宗洪第一次接触到他景仰已久的袁先生。他自到大学学农开始，就知道了袁先生的研究、业绩和重大贡献。他了解到那时袁先生已在全国不少地方组建了杂交水稻研究的协作团队。因此他非常希望借此机会让袁先生了解贵州、了解自己，从而在今后的科研工作中，得到袁先生的亲自指导。这个想法，他跟老师廖昌礼也说了，廖老师说自己也正有这个想法，非常支持他。

袁隆平在长沙的居室非常普通，窄小、极简朴，几件老式家具油漆斑驳，不像一位有名望的科学家应居的宅邸。在黄宗洪的眼中，传奇而功高至伟的袁先生竟是那么一个亲切随和、平易近人、友好和善、朴实得像个老农民的长者。

黄宗洪知道袁先生爱抽烟，特地在贵州买了条当时本省最好的"贵烟"送给袁先生。袁先生非常高兴，谈到贵州的烟，又谈到贵州的酒，"茅台"之隽永醇厚香浓纯正；说贵州的山川形胜、谷米粮秣，都是好东西！

话题很自然地转到水稻的科研上来。黄宗洪早已知道，袁隆平先生培育出中国

第一个高产杂交稻品种"南优2号"是在1974年，其时正值"文化大革命"之时。袁先生带领他的团队，顶着别人给他们扣的一顶顶帽子，避开干扰，在环境极为不利的条件下潜心攻关，培育出了这一名满天下的杂交水稻品种。黄宗洪也知道，贵州金沙县早于1978年就引进种植了南优2号杂交稻新品种，取得了亩产800公斤的历史上最高产量，获得了大面积增产。是袁先生亲到金沙考察，召开专题会议，总结推广金沙经验，在金沙大面积推开南优2号的种植。

这次对袁老的拜访，黄宗洪深感震动，十分振奋。袁老对贵州杂交水稻研究十分关注，对贵州水稻科研的进展情况也非常了解。他依据掌握的情况，对贵州科研的计划、策略，材料的选择、方法与路径等提出了非常具体的指导意见。在袁老家与老科学家的深谈，令黄宗洪心潮难平，他对袁隆平老先生敬佩不已。他感到，从此，"我对自己从事杂交水稻研究也更加充满了激情。"

而另一件发生在袁先生身上的故事，则更使他受到很大的启发，那就是科学工作者与常人不一般的思维——不停歇地思考、好奇，善于发现、探寻。20世纪60年代末，袁先生根据自己研究的心得与掌握的大量知识和资料，开始在野生稻中寻找能与水稻杂交的优良植株。1970年秋天，他带领着一个由几名科研人员组成的小组，来到海南岛崖县的南红农场，进行野外考察。袁隆平对此次能够出来在田野里搞调查非常高兴。因此在对海南学农的、研究水稻的同学们讲课时格外的认真细致。此时，南红农场的技术员冯克珊上了袁隆平的课，马上意识到一些生长在农场附近的假禾，可能就是袁先生们要找的野生稻。冯克珊马上约起袁先生的助手李必湖，来到一处长着这种"假禾"的地方。这种植物看起来就像野草，一大丛匍匐着，穗粒甚小，一碰就掉。他们挖回一兜雄花异常、花药细瘦没开裂的穗子，是一株雄性不育野生稻。袁先生见状大为欣喜，与同事们立即对这株野稻进行了研究。这株被命名为"野败"的野生稻，后来成了多数杂交稻母本不育系的质源。

黄宗洪被这个故事深深吸引。回来后，在他的水稻科研活动中，他以此为鉴，时时注意到对材料的观察、分辨、选择、取舍，使研究工作路子大为开阔。

然而，科研的道路从来就不平坦，生活现实往往比想象和愿望更加曲折多难。

虽然有袁隆平这样的科学家为国家创造出不凡的奇迹，但20世纪80—90年代，农业科研还是举步艰难。除了众所周知的获取前沿科研信息少，与外界学术交流少等原因外，科研经费的缺乏也是制约着科研工作的开展、令研究工作者倍感困顿的问题。

1991年，在水稻科研中趱赶前行的黄宗洪遇到了工作以来最困难的时期。此时他的恩师、老领导，贵州水稻研究的领军人物，贵州农业科学院院长廖昌礼先生被调离了。廖昌礼先生是贵州水稻研究方面的权威，是袁隆平先生在贵州进行杂交水稻研究的同行。廖老师可以说是当时黄宗洪他们团队的主心骨，他曾率领团队步入杂交水稻研究的轨道；与团队成员合作著有《水稻旱育水促育秧技术及其应用前景》等论著，对学界产生过较大影响。廖院长的调离，无论是从科研的角度还从课题、经费的取得上，都不啻是对黄宗洪们的一次重挫。

廖老师是国家863计划生物技术领域项目在贵州的指定责任人。根据当时的规定，该项目责任人一旦调离，团队的一切科研课题、科研经费都不再拨给。当时的黄宗洪还只是一个普通的科研人员，业务上，许多工作都要在老师的指导下进行；没有课题、经费，基本上就处于"失业"的状态。

且喜此时，黄宗洪们幸遇"贵人"。1991年初，湖北省农科院的水稻专家卢兴桂研究员专程来到贵州农科院寻求合作。卢兴桂老师当年也是国家863计划在湖北省生物科学研究方面的负责人。他在南方一些省份建有若干水稻科研点，手中掌握着相关的科研经费，此时他迫切想要在贵州建一个点。经与黄宗洪们协商，达成合作研究意向，卢兴桂给步履蹒跚的贵州水稻研究所每年支援了5万元研究经费。当时的5万元实是一笔可观的数字，可以做不少正事，这对于无法展开项目的黄宗洪们真是久旱甘霖，令黄宗洪非常振奋。他们承担了协作研究中的"两系不育系育性的生态鉴定"。黄宗洪一头埋进了科学研究，起早贪黑地工作，与所里的同事一起努力，在接下来的两三年中，以自己大量的心血，顺利地完成了所担负的两系不育系育性鉴定的科研任务，取得了可喜的成绩。

黄宗洪在水稻生长的探索上一发而不可收。他长时间泡在实验室里，对试验样品做检测、育秧、进行田间观察，常常顾不上吃饭。除了在本院的试验田里作业外，他还常常奔波千里，到黔南、黔北、黔东南、黔西南、海南省等本所的生产试验基地进行研究试验工作。贵州省农业科研部门在海南三亚建有水稻试验的南繁基地，每年冬天，黄宗洪都要远离家乡，到南繁基地进行田间的试验、观察、记录、检测、取样。

在20世纪80—90年代，从贵阳到海南岛是一段辛苦的旅程。他们要赶在11月10日（水稻播种）前把试验种植的一切准备工作做好。然后乘贵阳至广东湛江的慢火车。由于不能直达，他们先要从贵阳坐到广西柳州，再从柳州转火车到广东的湛江；住一宿后从湛江坐客车经雷州、徐闻到海安，然后乘船渡过琼州海峡到海口；在海口过一宿后再乘长途汽车奔到三亚。有时若遇上台风，那就无法过海，故旅途即便一路顺利，也需要4天才能到达。若途中交通、气候等不顺，则到达三亚的时间就会更长。

黄宗洪和他的团队一行常常在赶到三亚后，马不停蹄，刚放下行囊便要立即投入工作。灌水、打田、拉线划区域，尔后要赶做浸种、催芽、育秧等工作。

黄宗洪对工作极其严谨认真。他对秧田的打整要求非常严格，往往对平整出来的试验田感到满意。他常常反复下到田中，亲自操作犁耙，直至田泥细腻如浆、平整如镜。

团队在试验基地一待就差不多要半年。稻种出秧了，他们要去查看长势长相，移栽至本田后要薅秧除草、防病、防虫、驱鸟，做很多田间管理工作。水稻扬花的时节，他们要迎着晨露，踩着滑湿的田垄下到水田，观测、记录成百对亲本材料的生长情况。杂交稻的观测试验，由于样本量大，时间须得抓紧，黄宗洪和团队的同事常常顾不得吃饭休息，他们顶着烈日，常常七八个小时泡在田里，要赶在父、母本植株的盛花期内完成对试验稻的授粉。作为学科的带头人，黄宗洪每天都在30多度的高温下，头顶骄阳，挥汗如雨，踩在水田深处，挥动竹竿，或拉牵绳索"赶花"，对稻株进行辅助授粉。

很多年来，黄宗洪伴着这些艰苦的劳作，也伴着失败、挫折、成功，无怨无悔。

1986年3月，黄宗洪参与选育的优质水稻品种"金麻钻"顺利通过省级审定。这对他是极大的鼓舞。

谈到田间科研的辛苦，黄宗洪说："这些工作很艰苦，有时请农民工人家都不愿意干。"那就只有自己来！黄宗洪说：在实验过程中，有时每天须面对上千份的材料，必须观察它们细微的变化。这些工作，难免很枯燥，任务又十分繁重。但既然走上了水稻科研的道路，开弓就没有回头箭了，只能一路往前。

寒来暑往、风来雨去，经历了多少磨难，1998年7月，黄宗洪终于收获了成功的喜悦。他参与选育的水稻新品种"I优4761"顺利通过了贵州省省级审定，此为贵州省育成的第一个迟熟型三系法杂交水稻新品种，具有很强的抗寒性。后来在贵州天柱县隆寨村种植这个品种，单产在800公斤以上；在贵阳市乌当区东风镇头堡村连续几年种植，经组织专家测产验收，亩产都在900公斤以上。

1999年，已成为贵州农科院水稻研究顶梁柱的黄宗洪被任命为贵州水稻研究所的所长。与过去有所不同的是，他觉得肩上的担子一下加重了，更具挑战性的是，他的手上已经有了一支农业专家组成的团队。如何把同事们组织好、团结好，更加科学、高效地搞好科研工作，完成好科研任务，是他必须时时劳心的问题。

但这时节，正是水稻研究所又一次陷入困境的时期。当时的水稻所，有80多名员工，大家工资本不高，一年到头也根本没什么奖金；而科研、生产也十分缺乏经费，有时连抽水打田的电费都拿不出来，每年都欠着供电部门的钱。院后勤处供电部门屡因农科院水稻所的欠费而头痛，有时干脆就断电了。一旦供电局停电，水稻所的试验田就无法耕种。而最难处理的，是当时所里的职工不断地闹着要收回（农科院征用）他们的土地。由于当时经济不太景气，所里职工子女就业困难，多数是无业可就，主要靠啃老度日，因此许多职工要求还回土地，否则，就要求院里安排其子女就业、解决他们的生活困难问题。

这一系列的困难问题深深地困扰着刚刚上任的黄宗洪，水稻所的职工在这种情况下，对前途也颇感渺茫。科研经费的缺乏，项目课题的难于展开，"清水衙门"发不出奖金，是水稻研究所一直存在着的根本性的困难。"军心"因此而不稳。面对这样的情况，如何把工作开展起来，黄宗洪夜不能寐，苦苦思索。他觉得有些问题是自己无法解决的，如土地的纠纷与解决职工子女工作的问题等，因为这些都不在自己的权限和能力范围之内。当然，有些工作，则可以通过自己加倍的努力来争取改善或达成。在这困难的日子中，黄宗洪放弃了自己的许多利益，节假日他很少休假，顾不上家庭、孩子，一门心思放在如何打开工作局面上。以致他的女儿小时候形成了这样的印象——"爸爸很少带我出去玩。连过节放假也看不到他，他不是在单位办公室就是在田里，爸爸对我的爱，不及他对工作和水稻的爱。"在科研工作中，他整饬团队，以身作则，带头加班加点，艰苦奋斗，吃苦在前，不计报酬，用榜样的力量把同事们的心凝聚起来。

时任水稻研究所党委书记的周维佳（现任贵州省农业科学院院长），对黄宗洪的工作非常支持，对他的工作精神也非常赞赏。他常说："老黄这人工作特苦，又淡泊名利。"黄宗洪与周书记紧密合作，周维佳抓管理及思想教育工作，黄宗洪则紧紧地抓住科研业务；建立健全规章制度，同时向领导部门和各方面积极争取资金，申请项目，"找米下锅"。终于克服了重重困难，使水稻所科研工作走上健康发展的轨道。

2002年，民主党派九三学社贵州省委换届选拔干部，黄宗洪因农业科研上的业绩被推荐为九三学社贵州省委员会兼职副主委的人选。贵州省委统战部和九三学社相关部门对黄宗洪进行了考察。一开始，因为人际关系等方面问题，黄宗洪被"一票否决"，未能通过考察，选拔之事搁浅。人生道路上的这一个关卡，虽然对于一个一心从事农业科研的人来说，并不是什么大事；但另一方面，考察的结果，对于一个在各方面都追求上进的人来说，毕竟还是有一种受挫的感觉。黄宗洪最初多少有些郁闷、压抑的情绪，但他立即意识到科研的任务还在敦促着他，自己的团队还在等待着他。他很快调整好自己的状态，放下一切不愉快的事情，全身心投入到工作当中。

然而，就在同年，农科院换了新的主要领导。新来的书记原先对踏实工作、于科研做出了很大贡献的黄宗洪就有所了解，当了解到九三学社的推荐和对他考察的情况后，书记立即在全院对黄宗洪做进一步的了解。这第二番考察结果出来，证明农科院绝大多数领导和员工师生，对黄宗洪有着积极的、很高的评价。

6月份换届，黄宗洪顺利担任了九三学社第六届贵州省委员会的兼职副主委。这一时期，水稻研究所的行管工作、民主党派参政的许多事务，着实牵扯了他的精力。政务上的许多事，他须参与、建言、组织、策划等，他都要认真地去想、去做，需要付出大量的心血。

但在繁忙的行政管理工作与其他社会活动事务中，黄宗洪始终没有懈怠于杂交水稻的科研。分身无术，唯有的就是牺牲自己的休息时间。

艰苦的拼搏，终迎来了成功的喜悦。

2000年11月，由黄宗洪团队选育的两系法杂交水稻新品种"两优363"通过了贵州省省级审定（后又于2003年11月通过了国家级审定）。这是西南地区第一个通过国家级审定的两系法杂交水稻新品种。这个品种品质特优，袁隆平院士等专家对米饭进行食味品评后评价道："口感好、清香、柔软、可口，外观美、细长粒、半透明、垩白率低，可列为高档优质米。"

2005年9月，鉴于他工作的业绩，经组织多方考察，黄宗洪担任了贵州农业科学院的副院长，不得已离开了他视为自己一生所托的水稻研究所。成为院的领导，担负起农科院繁重的业务与行政管理工作，但黄宗洪内心的那个目标也即"初心"——"促进粮食增产，让天下人都能吃饱肚子"，更加明晰、更加炽热强烈了。他对领导提出的唯一要求，就是在水稻研究所保留他的办公室。他计划着，一有时间，他还要到水稻所来，在这里继续他的研究。

贵州农科院的领导与师生们都知道，在节假日，要想找黄宗洪，去两个地方一定能找到他。一个是试验田，另一个就是他的水稻研究所办公室。黄宗洪说："水稻育种研究是我的专业，是我甘愿奉献一生的事业。现在虽然取得了一些成绩，也担任了一定的行政领导职务，但科研攀登是永无止境的，能够合理利用时间继续在专业领域探索，不断有所发现、寻求突破，虽然辛苦却感到非常快乐。"

2007年，黄宗洪与他的团队在袁隆平老师的杂交水稻的技术体系与研究方向的指导下，在贵州本土，在水稻的新品种领域不断取得成功与突破，试验硕果累累。他们选育的杂交稻品种累计在省内外推广应用的面积达1000万余亩，增产粮食5亿多公斤，新增效益7亿多元人民币。

这一年，黄宗洪与团队将科研成果申报到省农业科学部门，经严格评选，他们的成果荣获了当次全省科研成果一等奖。在这个一等奖的科研人员排名中，黄宗洪荣冠第一。而这次成果，也引起了袁隆平院士团队的高度重视，被纳入袁隆平团队两系法杂交水稻科技与应用的成果，袁先生亲邀黄宗洪团队进一步参与杂交水稻的相关研究。这种合作，也成就了2014年黄宗洪团队（参与袁隆平领衔主持的"两系法杂交水稻技术研究与应用"）荣获国家科学技术进步特等奖。

我们搞农业的，就是要耐得住寂寞

黄宗洪认为，搞农业科研，有时就是一件很寂寞的事。科研的成就，远不是三朝两夕、一蹴而就的事。搞研究，要咽得下苦，耐得住寂寞，心无旁骛，全身心地投入，才可能有所发现，有所创新，做出成果。

农业科研工作者辛辛苦苦培育出的水稻，初期并不能称为"品种"，而只能认作或称之为一种"材料"。"品种"，是在父、母本稻种经人工杂交，后经过若干代分离、性状重组，再经多代精心定向选育——例如择其挺拔抗倒伏、穗大米粒多且饱满、抗稻瘟病、抗稻螟蛉等害虫等等，直到水稻的优良性状稳定下来，再申请农业管理部门进行性状测试鉴定。这一般还需进行两年的多点区域试验鉴定和两年的生产试验鉴定，符合审定标准才能通过审定，发放证书加以命名。然后才可以大规模应用于农业生产并进行推广。

然而这一过程，至少需要六年多时间。科研工作者要在六年多时间里的每一年轮的生长过程中，对每一个目标性状进行精心观测记载和实验测试。六年，何其漫长的日月？这谷种之中，又浸润了多少科学家的血汗？

也正因为如此，没有深沉岁月的沉淀、磨炼、砥砺，在水稻科研中要想取得成果，实在是不易的。

黄宗洪与他的团队到海南搞育种试验，有一个相当大的因素是——按他们的行话说就是要缩短水稻育种周期。利用海南气温高，水稻可以两熟、三熟的条件，加快水稻世代稳定进程，把需要两年才能完成的育种进程变成一年，把六年的选育缩短至三年。这就大大提高了工作效率，缩短了成果的审定、推广、应用的周期。

出成果如此不易，许多原本兢兢业业、埋头苦干的科研人员长期难见成果，难免产生一些想法，甚至萌生退意也就不足为奇了。

有一次在三亚基地育种，同事陈文强（现贵州农科院水稻研究所副所长）与黄宗洪在一起工作。陈文强也是从事水稻科研工作多年，工作中困难挫折不少，有许多感慨。他认为自己年岁不小了，但在事业上还看不到大点的成绩，觉得没什么指望了。

那天晚上，皎洁的月光洒满了实验稻田。黄宗洪与陈文强坐在基地住地的石条凳上，两人拉起了家常，从工作到家庭，话题逐渐转到工作与成果上来。黄宗洪对陈文强表示非常理解，因为搞科研的人无例外地都视研究的成果为自己的子嗣。但是黄宗洪非常恳切地对他说："你所顾虑的我非常理解，我何尝没有这样的焦虑？但是，科研是从未知到已知，挫折、无果、走弯路常常会伴随我们一辈子。再则，我年龄比你要大，目前也没有做出什么成绩。不过，我相信我们的研究是有价值的！我们的方向没有错。第二，我们搞农业的，就是要耐得住寂寞，看准了一条路就要锲而不舍地走下去！"

一番话让陈文强深为感动。

黄宗洪性格耿直，生活中喜欢直言快语，在工作中要求自己率先垂范。在育种生产基地的生活工作都是比较艰苦的。在海南三亚，由于种种原因，黄宗洪的水稻研究所有时不得不在三亚临时租田进行科研工作。由于属地与外来的关系，他们有时会遭到当地某些农民的误解和干扰。三亚基地附近的农户，对猪、牛羊等牲畜有放养的习惯，到夜间，这些牲畜会不断地跑到试验田中吃秧苗、植株或谷子。在当地，囿于乡民们过于计较自身利益，这是比较难以协调的问题。往往辛苦培育和种下的实验品就被糟蹋一空了。黄宗洪与团队向关伦、陈文强等同事商量，在试验田头搭上简易的窝棚，自己带头去守夜。凡见有老乡的牲畜到田边，就前去驱赶。有时在田边赶了一大圈，刚回棚子，又有牛羊来了，就这样直到天亮不得安眠。团队的领头人以身作则，激励了大家，团队成员们自觉克服白日辛劳的困倦，每日轮流值守。几个月下来，人是吃了更多苦头，但试验田的植株得以完整地保护下来，保证了科研任务的顺利完成。

有一年黄宗洪与同事们在海南试验基地搞育种，因为任务繁重，工作量大，他们干脆就住在农田附近原部队已废弃的营房。因为没有专人做饭，自己又忙于田中试验没有时间做饭，他们就光煮点面条，缺油少盐，没有其他佐料，一日两餐，连续吃了一个多星期。那一段时间，许多同事一看见面条就反胃，但看见黄宗洪不声不响，只是努力下咽，也就学着他不声不响，低头闷吞了。

黄宗洪在担任农科院副院长期间，非常重视人才的培养和团队精神的培养。有一年，水稻所得到一个大的科研项目，负责项目子攻关课题的，大多是所里的年轻人。一些老同志对此有些想法。黄宗洪就找到老同事陈文强和一些有想法的同事，多次与他们恳切谈心，交流想法，请老同志多理解、多支持、多为年轻人提供锻炼与实践的机会。

黄宗洪执着地认为："只要你专注于这片土地，你就会有许多收获。"

2011年，由黄宗洪主持研究的两系杂稻"金优785"获得大丰收。有关部门在贵州兴义市下午屯召开了"'种三产四'丰产工程目测验收会"。那时的下午屯，秋阳高照，天空碧蓝如洗，一望无际的稻田中，金灿灿、沉甸甸的稻谷在收成的喜悦中散发着浓郁的谷香。是日，"中国杂交水稻之父"、德高望重的中国工程院院士袁隆平先生亲到现场。他与黄宗洪们一起健步田间，品评着稻谷的优势，高兴得不住夸赞。袁隆平高度评价金优785，认为它饱含贵州水稻所科研工作者的心血与智慧，沉实饱满，具有许多优质杂交稻的优良性状，不愧为优良的超级稻品种。

经测定，金优785单产达967.3公斤。2012年，国家农业农村部认定金优785为超级稻品种，是当年农业农村部认定的全国13个超级稻品种之一。

黄宗洪与他的团队所创造出的上述优质品种，以及作为袁隆平杂交水稻协作团队多年来在本土辛勤耕耘所创造的一系列优异成果，都是"两系法杂交水稻技术研究与应用"成功的组成部分。

2011年7月，黄宗洪被组织调派派往上海市农委，挂职上海市农委副主任。这一年时间，黄宗洪认真地了解、学习上海在农业管理方面的做法、经验。其间，他对华东地区杂交水稻的科研与进展也做了不少调查了解。人在上海机关，他的脑子里还时时不断地想着贵州杂交水稻的事。其间偶有机会回贵阳，他也要回到水稻所问一问，看一看。

2012年6月，黄宗洪被选为九三学社第七届贵州省委的主委。这时候，他在政治与社会活动上的身份更高了，社会性事务也更多了。但他的初心始终如一，为了他的理想不倦地奋斗着。

2014年初，黄宗洪迎来了他水稻科研人生中一个重要时刻。他参与的"两系法杂交水稻技术研究与应用"项目，在国家科学技术表彰大会上，荣获国家科学技术进步特等奖。由袁隆平院士领衔主持的这个获奖的项目，是全国水稻科研工作者团结合作奋战的成果。全国共表彰18家科研单位和50名科研及推广人员。黄宗洪位列表彰人员名单的第29名，贵州农科院水稻研究所列表彰单位的第16位。

"两系法杂交水稻技术研究与应用"获奖的，并不是一个或几个具体的冠了名的品种，也不是一年两年获得的单项成果，而是一个科学的系统工程，是两系法杂交研究启动以来一系列的科研实践、发现、方法，理论上的建树、创新，研究生产出的具有优良性状的作物品种，品种的推介、大面积种植、产量、品质、经济效益与市场的认可等种种要素。要达成这些条件进而获奖，其难度，其在这过程中付出了多少心力与血汗可想而知。

黄宗洪参与在这一科研项目中，历时十余年，风里雨里，踩着泥巴浆，顶着烈日烤，披着稻花粉，戴着月亮归，宵衣旰食，有家难顾。他率领自己的团队，立足贵州本土，挥汗于田土，培育出10多项高产优质的大米品种，创造了杂稻亩产988公斤的历史高纪录，他的荣誉是当之无愧的。黄宗洪说："这是继三系法杂交水稻之后的又一重大技术突破，它将水稻亩产量由700公斤提高到988公斤，可以说为我国粮食安全做出了重大贡献。"

科研攀登没有止境

黄宗洪获国家科学进步特等奖后，受到学界与政府相关单位的高度赞扬。面对众多媒体的采访，黄宗洪总是微笑着平静地回答："没什么好说的。科研攀登没有止境，荣誉也只能代表过去。"并且强调："成绩和奖项是属于大家的！是整个科研团队的力量和集体的智慧。"

2000年，也即黄宗洪接任水稻研究所所长的第二年，"贵州省水稻工程技术研究中心"面向全省招聘中心主任。黄宗洪应聘，经考核，成为中心主任。水稻工程技术中心的工资制度是实行年薪制，按照规定，主任年终可得3元人民币奖金，可黄宗洪推辞不要，后在时任书记周维佳的劝说下领取了，但他坚决不肯再要水稻研究所的年终奖，他说自己得到的已经够多了。

黄宗洪时时警醒自己，在生活中，他看到了不少纠结于名利的人，在"功成"之后，往往会自命不凡，故步自封，进而不思进取，最终无所建树。

而他的科研，笃定只能为一个实实在在的、纯正而朴实的目标而努力。这种努力一刻也不能停止。

黄宗洪认为，稻作的研究，是一个持续不断的过程，现在培育的品种成功之后，还要继续培育新的品种，以保持杂交水稻的优势，保证粮食在稳产、高产的安全道路上前行。因此，科研工作者只有不断在总结经验的基础之上努力推进科研活动。

在"两系法杂交水稻技术研究与应用"项目获得特等奖之后，黄宗洪与他的团队在干什么？有一组自那延续至今的科研成果或可以说明这个问题。

2014年6月，"两优6785""民优93"两个水稻新品种获贵州省省级审定。

2015年1月，"全优785"品种通过国家级审定。

同年6月，有"黔优790""六优385""黔优785""贵丰优785"四个品种通过贵州省省级审定。

2016年，有"黔糯优11"获贵州省省级审定。

2017年，有"冈8优785"获贵州省省级审定。

2020年，有"优18号"通过云南省省级审定。

2020年，有"香两优619"获贵州省省级审定。

直至2021年，还有"贵丰优393"获贵州省省级审定。

这组数据，表明了黄宗洪及其团队一直在不懈地努力。

黄宗洪说："我觉得水稻就像自己的孩子。为它付出再多我也愿意。"

无怪乎，黄宗洪的爱女、现在贵州农科院工作的黄婧说："爸爸爱水稻，比爱我还多。"

黄宗洪所心系的、所全身心投入的，是水稻，更是那个要在粮食问题上为人民做出贡献的宏大理想。

参政人物的科学情怀

在科学家身份之外，黄宗洪有着不少社会政治层面的头衔。

自2002年起，黄宗洪被选为九三学社贵州省委兼职副主委；2012年6月任职九三学社第七届贵州省委主委；至2021年，仍继续任九三学社贵州省委主委。在民主党派省级兼职领导岗位任职的时间前后长达近19年。同时他还是第十二、十三届全国政协委员、常委，九三学社第十一、十二届委员，九三学社第十三、十四届中央委员、常委，政协贵州省九、十、十一和十二届委员、常委。

这些头衔是一个个光环，但黄宗洪始终把自己看作是一位科研工作者，一个在实验室和泥巴田里滚打的农民。

作为参政议政的民主党派人士，参与政务，可以泛泛务虚，但有一些人却离不开务实。在黄宗洪这样一些劳动者的心中，在他们的肩头上，压得有重担，还有理想和道义，这些东西都直接关系着国计民生。无怪乎在黄宗洪担任省民主党派领导人期间，在担任多届省政协常务委员期间，他在积极参与国是、建言献策的同时，在水稻科研的前沿也持续不断地有新品种推出，有新的科研论文发表。

而在议政中，黄宗洪每在全国政协及省政协的常委会上，都要悉心思考，做出农业科研、健全农业科研机构和人才培养的建言。

2022年3月25日，《人民政协报》刊载了全国政协常委、九三学社中央常委、九三学社贵州省委原主委，贵州省农业科学院原副院长黄宗洪在全国政协双周协商座谈会上关于种业政策的发言。

这个发言的主旨与题目是：《加强作物种质资源保护利用政策体系建设》。

发言直言指出：种质资源是种业的"芯片"，须开展关键核心技术的攻关。建议要强化农业种质资源保护的基础性、公益性定位，坚持保护优先、高效利用、政府主导、多元参与的原则，加强学科与人才团队的建设，国家支持和鼓励科研院所、高等院校建设农业种质资源相关学科，加强人才培养；加强中央和地方两级作物种质资源专业人才队伍与研究团队建设等等。

许多年来，这样的建议与发言，在黄宗洪参与议政的会议上，不断地被提出来，成为国家以及本省、市在农业科学发展上的金玉良言，有的直接被采纳成为农业各方面施政的方针。

2021年，黄宗洪在九三学社贵州省委主委的位置上已经干了8年多，距他的任期结束还有近两年时间。黄宗洪为了忠实、准确地执行九三学社中央和贵州省委的工作部署，为认真落实、推动学社贵州省委换届的工作，保证在换届的人事更替中正确的政治方向和优良传统，为新的社省委领导人顺利接班创造好的条件，黄宗洪主动请求辞去省主委的职务。并努力推动交接班人事的届中调整，在他的积极建议和推动下，九三学社贵州省委领导班子得以于2021年1月顺利调整，他与新任的主委顺利地进行了工作交接。

现在，他卸掉了民主党派的工作事务，又以一位科学工作者、一位水稻育种专家的精气神，心无旁骛地投入到水稻的科学研究中来。

初心永执着 玉米梦辉煌

——记玉米专家陈泽辉

◆ 刘彻东

陈泽辉 （1962.8.27—）男，出生于贵州瓮安，2015年获贵州省科技进步一等奖。1984年毕业于贵州农学院农学专业，分配到贵州农科院旱粮所，1991年选赴墨西哥国际玉米小麦改良中心（CIMMYT）进修玉米种质改良，1994年赴菲律宾大学攻读植物育种专业，4年时间斩获硕士和博士学位后回国。长期从事玉米遗传育种及玉米抗旱性和耐瘠性研究，主持省和国家各类科研项目20个，育成并通过审定的高产、优质、广适玉米杂交品种20余种。先后在国内外期刊以中英文发表学术论文100余篇，个人单独或领衔著译出版专著7部260万字。获省科技进步一等奖并先后被省或中央、国务院以及国际有关部门授予近10个名誉奖项。2003年获得留学人员成就奖，受到党和国家领导人胡锦涛等的接见。2009年应邀出席中华人民共和国成立60周年大庆，登上天安门观礼台。现为贵州省农业科学院副院长。享受国务院政府特殊津贴，二级研究员，中国作物学会玉米专业委员会副主任，中华人民共和国农业部玉米专家组成员，贵州省玉米研究首席专家，誉称"玉米王"。

摘掉穷帽，压舱石坚

中华人民共和国成立60周年庆典仪式上，贵州省农业科学院（以下简称农科院）副院长陈泽辉受邀参加观礼，山呼海啸般的队伍经过天安门广场，接受党和人民的检阅，作为检阅者中一员的陈泽辉，眼里溢出泪水。他的思绪不时地浮现出幼时生活过的瓮安县金星公社通水大队龙家寨生产队，他牵着妈妈的衣角，很多时间在山里刨食，却总是感到饥肠辘辘，他总在想，什么时候才能吃上饱饱的苞谷饭？他立志要让大家都能吃上饱饭！当他成为玉米专家做出成绩后，2003年受到中共中央总书记、国家主席胡锦涛接见，他下定决心要为贵州摘掉千年贫困的帽子，在田间地头做出毕生奉献。

陈泽辉在接受中共贵州省委机关刊物《当代贵州》的记者采访时，深有所感地说："苦难是一笔财富，是实现自我突破的催化剂。童年的经历让我明白，吃不得苦，就抓不住机遇，干不成大事。"在2004年中共贵州省委"七一"座谈会上，陈泽辉说："农村艰苦的环境中，一方面培养了我对农村、对土地、对农作物的感情，另一方面培养了我执着钻研的性格。从某种角度来说，这也是我从事农业科研的原动力。"苦难是成功的造就所，也正是苦难的磨砺，使陈泽辉更加发奋图强，成为国内首屈一指的玉米专家。

截至2014年，近2000万字的《贵州省农业科学院志》，展现了贵州省农科院众多非同寻常的科学明星的科研成果，令人惊叹，感慨不已。贵州玉米专家陈泽辉，在全国玉米种质研究和优质种子推广应用方面，就是一位名副其实的"王者"。

陈泽辉到省农科院工作近40年来，从事玉米遗传育种及玉米抗旱性和耐瘠性研究与数量遗传学教学，丰富了杂种优势理论，提出了解决玉米优质、多抗、稳产与高产相统一的技术路线，完善了西南玉米生态区的分区，合成了携带温带/热带血缘的墨瑞和苏兰群体，并形成相应的杂种优势模式；主持各类科研项目20余项，其中包括国家863重点研发计划、国家农业科技成果转化资金、贵州省玉米"十五""十一五"重大科技攻关等项目。

天道酬勤，陈泽辉与玉米有关的科研奖誉，如皇冠珠玉闪亮耀目：2001年被贵州省人民政府评为农业科技先进个人；2002年团中央、全国青联、中国青年科协授予第五届"中国青年科技创新奖"；2002年被评为贵州省"优秀青年科技人才"；2003年被中央组织部、人事部、宣传部、教育部、统战部、科技部授予"全国留学归国人员成就奖"；2004年被国家人事部、科技部、教育部、财政部、发改委、国家自然科学基金委、中国科协评为首批国家级"新世纪百千万人才工程"第一、二层次人才；2005年，优质蛋白玉米研究获"贵州省科技进步奖"一等奖；2007年评为省管专家和省核心专家；2008年享受国务院政府特殊津贴；2010年获得二级研究员岗位；2014年获"国际玉米小麦改良中心杰出校友奖"；2018年被评为贵州省创新创业"十层次"人才……概而言之，贵州首席"玉米王"，非其莫属！

如果要深入探究陈泽辉这些辉煌成就取得的根本缘由，2017年3月31日在贵州大学农学院给研究生和部分教师的一次授课中，他用自己30多年玉米科研的"几点体会"，对此做出了甚为精准的表达。他在讲解自己的玉米科研体会前，在课件视频上宣示了习近平总书记2016年5月30日在全国科技创新大会上有关的经典讲话。正是在习近平总书记的讲话的指引下，他的玉米科研"几点体会"才有了更加精准的表述：一是作为科技人员，要长期坚持学习，多学习本专业的新知识、新技术。二是选定一个研究方向，长期坚持，不要经常变换研究方向。若是以应用研究为主，选题一定要紧扣生产实际。三是一定要经常到本专业做得最好的单位学习，就是要与"高手过招"。四是同人才培养和品种培育一样，成果也是需要培育的。五是一个科技人员是否成功，要看贡献、成就和影响三个方面。六是既要重视文章的写作与发表，也要重视专著（编著）的编写与出版；七是如果是育种，一方面要有好的材料，另一方面要有好的思路，要有实（试）验平台和能一起干事的团队。八是作为科技人员，要有近期、中期和远期目标，经过努力，逐步实现。

陈泽辉导师在学生面前的这番心得讲话，是他科研取得成功的核心经验，实践性和可操作性强。他的研究成果影响跨越黔境，远播三湘，2017年6月，陈泽辉被湖南农业大学聘为作物遗传育种专业博士研究生校外兼职导师。

根源大山，"王气"初显

陈泽辉1962年出生在贵州省黔南布依族苗族自治州瓮安县。其时，中国并没有完全走出被称为"三年困难时期"的苦难阴影，其所导致的全国性的粮食和副食品短缺危机尚在，老百姓饥饿的阴影挥之不去。而令陈泽辉小家庭特别难受的是，因国家经济困难，工矿企业大量裁员，就在陈泽辉还不满3岁时，原在煤矿医务室工作的母亲被下放到农村——瓮安县草塘区金星公社通水大队龙家寨生产队，自谋生路。他和一个弟弟随母亲来到农村，过着比一般农家还要艰难的生活。所幸的是，因为大队小学缺上课老师，有一定文化水平的母亲得以一边在小学代课，一边兼顾着务农。陈泽辉是兄弟中的老大，老三是母亲下放到农村两年后出生的，他既要帮母亲做家务、打猪草，还要带弟弟。陈泽辉1970年上小学，因为小弟太小，母亲忙不过来，小学二年级时他不得不休学一年，直到13岁才上金星小学读"戴帽中学"（所谓"戴帽中学"，是在小学的基础上增设初中甚至高中，有点类似给人戴了个帽子，它是"文革"时期中国教育特有的现象）。陈泽辉亲身感受到读书的不容易，特别是在母亲的影响下，读书特别刻苦用功，学习成绩在班级一直冒尖。"文革"结束后的第三年，他初三时草塘全区9个"戴帽中学"举行数学竞赛，近1000名学生，他夺得第三名，陈泽辉的大名登上了大红榜，上台领奖胸前戴上了大红花，心中的那种自豪感幸福感，难以言表。父亲母亲的由衷赞赏，还有近邻的夸奖，使陈泽辉学习更加发奋向上。功夫不负有心人，1978年初中毕业，中考成绩优异，陈泽辉被瓮安县第二中学——草塘中学录取。

1980年陈泽辉高中毕业，可以说是进入人生的一个关键的新起点。那一年高考的录取率只有3%左右，确实不容易，草塘中学高三3个毕业班160人，达到本科录取分数线的只有4人，陈泽辉毫无悬念地名列其中。仅凭高考的成绩分，陈泽辉完全可以填报在一般人的眼中热门的非农学校及专业，但是从小与"三农"结下的深厚情结，使其义无反顾地填报了贵州农学院的农学专业。说起贵州农学院当时办学条件的艰难落后，40多年后，他仍记忆犹新。他们这一批新生入校报到，学校吃住的地方十分简陋，用餐临时安排在学校教工食堂，没地方住，也是先把一部分教师宿舍腾出来让他们暂住……

没经过寒冬的人怎知道春天的温暖，没遭遇过黑暗的人怎懂得光明？对此认识透彻的陈泽辉用自己的实际行动做了诠释：大学期间，由于学习刻苦，成绩突出，入校第一个学期结束，他在普通化学科中延续了中学学科特色优势，位居同年级两个班94人中的第一名。一位老师赞赏而亲昵地说："陈泽辉，你小子第一个学期考得最好，得了最高分！"在后来，连续四年，陈泽辉总评分一如既往稳居全班第一，并多次被评为全学院的三好生和优秀三好生。对此，陈泽辉十分感慨：在学校老师的引导和培养下，在四年的大学生涯中，我不但学到了丰富的农学专业知识，更加深了对农业的感情。生产更多的粮食，让老百姓都能吃饱饭，成为他这个草泽之子心底的执念。

农学追梦，"黔"字生辉

陈泽辉1984年7月从贵州农学院毕业，被分配到贵州省农科院工作。在大学期间，根据老师的安排，陈泽辉主要学习水稻栽培，他原以为到农科院会安排他做水稻方面的工作。也许是因为学校毕业分配时间较晚，农科院水稻所已经满员，于是他被安排到旱粮研究所。当时旱粮所里也没有安排他去小麦课题组，而是分派他参加玉米育种课题组，主要是进行玉米的群体改良。由此，陈泽辉就与玉米群体结缘，到现在快40年了。

其研究过程历经了从玉米常规育种研究到杂交育种研究的大转折，尤其是参加工作的最初几年，贵州省的玉米杂交研究工作才刚刚起步，需要做大量的资料收集整理和育种材料的筛选。这一块工作与陈泽辉的玉米科研事业，是到南繁育种基地同步开始的。

陈泽辉到旱粮所刚刚3个月，1984年10月就首次到刚刚建成的贵州省农科院南繁基地进行玉米育种工作。当年农科院南繁基地位于三亚的师部农场，是参与过20世纪70年代西沙海战的中国人民解放军53612部队所在地。也因如此，全国参与南繁的科研人员，除了在作物育种科学方面的收益成果外，无形中增添了一份爱国主义情感，对于年轻的爱国学子陈泽辉来说，更是感同身受。此后，每年从10月到次年4月，赴南繁基地做玉米繁育是他必做的工作。同属三亚的崖城镇（2015年1月撤销崖城镇，设立崖州区）的土地和气候更适合南繁，1999年10月，省农科院南繁基地转移到崖城镇城西村。这里条件是异常艰苦的，包括前些年，吃住都在农民家里。但艰苦就是磨砺，使人得到了锻炼，特别是在独立工作能力方面。2000年，当时分管科技工作的副省长马文骏到南繁基地看望慰问农科院人员，让陈泽辉和大家都很感动，更增添了工作的动力。

通过南繁育种，陈泽辉学会了玉米育种方法，特别是熟练掌握了玉米群体改良方法。玉米育种所用数量遗传学专业方面的知识比较多，在当时可算是研究热点。

他开始自学数量遗传学知识，理论著作方面，特别认真研读四川农大高之仁教授的《数量遗传学》和南京农大马育华教授的《植物育种的数量遗传学基础》。这两本书，30多年来一直陪伴在他身边。

一分耕耘一分收获，陈泽辉学习数量遗传学初尝成果，是1988年在《贵州农业科学》发表了农科研究第一篇论文《玉米杂交种的稳定性分析及互作效应值估计》。通过数量遗传分析，得出"交三单交"和"黔单7号"等8个杂交组合的稳定性参数和最适宜区域。

同年，年轻的陈泽辉除了发表首篇有内涵质量的科研论文外，还有一件人生大喜事，就是他与同在农科院工作的唐丽结为连理。1988年8月，新婚蜜月刚过不久，陈泽辉被农科院派赴南京国家农业部为科研人员在江苏农科院国家农业部英语培训中心举办的第十期英语培训班学习。新婚宴尔即离别的情感，陈泽辉因学习而离别的心境，恰如宋代秦观的诗意表达："两情若是久长时，又岂在朝朝暮暮？"这次学习，历时9个月（1988年9月—1989年5月），使陈泽辉的英语，特别是植物育种专业方面的英语应用，可谓大大地长进，以致后来读英语专业书籍，用英语写作专业论文，都是手到擒来，运用自如。如2019年科学出版社出版的74万余字的美国A.R.哈劳尔、M.J.卡雷纳、J.B.米兰达菲尔赫三位大家合著的《玉米育种的数量遗传学》，就是他领头翻译的。

1993年7月，第五届亚洲玉米会议在越南河内市召开，代表我国出席会议的有中国农科院彭泽斌、贵州省农科院陈泽辉、云南省农科院陈炳相三人。会议安排第一个作学术主题报告的是中国农科院彭泽斌，他的报告论题是《中国玉米杂交种的选育和利用》。出人意料的是，彭泽斌觉得自己的英语（会议要求所有的论文交流一律用英语）口头表达远逊于陈泽辉，担心难以达意，他诚恳地请陈泽辉代他上台作主题报告。陈泽辉感佩彭泽斌的真挚信任，无法推却，在大会上用流利的英语宣讲了彭泽斌的报告，赢得了与会各国专家热烈的掌声。

国际玉米小麦改良中心（CIMMYT）成立于1966年，总部设在墨西哥，是一个非营利的国际农业研究和培训机构。中心的主要业务活动包括：培育抗病虫和抗其他逆境的玉米、小麦新品种，研究使玉米、小麦生产体系持续发展的新方法，提供新的科研信息和初、中、高级专业培训，为合作伙伴提供技术咨询等。该中心曾获得2016年度"中华人民共和国国际科学技术合作奖"（简称：国际科技合作奖）。该奖项是中华人民共和国国务院1994年设立的国家级科技奖励，授予在双边或者多边国际科技合作中对中国科学技术事业做出重要贡献的外国科学家、工程技术人员、科技管理人员和科学技术研究、开发、管理等组织。该中心能获此奖项，说明对我国玉米、小麦专家科研技术培训方面卓有成效，从陈泽辉研究玉米种植的历程来看，贵州农科院和贵州省成为较早且较大的受益者。

1987年8月，国际玉米小麦改良中心亚洲分部负责人R.N.威德邦和列昂两位专家到访省农科院，考察由该中心提供的玉米试验品种在院田间生育状况，最后决定从1988年开始进行CIMMYT的EVT和ELVT试验，即关于玉米优良品种的试验，贵州农科院是此项目的参与合作单位。院里安排由陈泽辉领头具体承担此项工作。这对才工作4年的年轻人来说，是一次难得的向国际专家学习交流的机会。国际玉米小麦改良中心亚洲分部把将在中国试验的新品种寄到广州，陈泽辉第一次坐飞机到广州取回试验品种，立即开始试种试验。试种工程开始的几年，国际玉米小麦改良中心每年都派专家来院指导、交流试验工作。农科院具体开展的4组试验的品种名称、记载文本、记载标准全是英文，负责这些工作的陈泽辉首先自己弄懂弄透，完成记载，然后把记载表格等交流资料寄回墨西哥，并从试验中选出优良材料，供进一步利用。

鉴于陈泽辉的工作认真、细致、严密，获得国际玉米小麦改良中心专家的认可和赞许，1991年2月—8月，在农科院和省科技厅等有关部门的支持和国际玉米小麦改良中心的资助下，陈泽辉得到赴墨西哥国际玉米小麦改良中心学习深造的机会。该中心此次办的研修班，主要是为发展中国家培养人才，重点是玉米种质改良的理论与实践，进班人员既要上课学习，也要参加做试验。陈泽辉这次参加研修收获学习的教材有 *Quantitative Genetics in Maize Breeding*、*Crop Breeding*、*Introduction to Quantitative Genetics* 等玉米科研方面的珍品。在该中心研修期间，根据中心的安排，陈泽辉主要做了两个试验，由此收获一篇心得文章《玉米Tuxpeno种族的配合力研究》。其丰富的学习体会贯穿于数个方面：学习了最前沿的玉米育种理论与技术，以及一些先进的研究方法；与高水平的老师交流，一些疑难问题得到解答，同时增强了感情交流；对玉米育种目标和育种材料有了进一步的认识，更加坚定了今后的研究方向；用英语上课、交流、作报告，加强了与国际玉米小麦改良中心的合作与交流。

正是由于在墨西哥的这次难得的研修机会提供的学习交流条件，陈泽辉特别珍惜，运用这次机会和条件，在与国际玉米小麦改良中心的合作与交流方面放开手脚，构建平台，1992年—1994年间得以三次赴泰国、越南等东南亚国家和地区出席玉米方面的国际会议。陈泽辉很重视参与玉米方面的国际会议的机会，重视与国际玉米专家的交流学习，从中获益。1992年12月，陈泽辉出席在泰国亚洲理工学院（AIT）召开的第一届东南亚玉米会议，提交了交流材料《贵州的玉米地膜覆盖和育苗移栽》，并作大会发言，让贵州玉米和玉米研究青年专家亮相国际舞台。1994年，陈泽辉获国际玉米小麦改良中心奖学金，到菲律宾大学攻读植物育种专业硕士学位，1996年11月又获其奖学金资助攻读博士学位。陈泽辉仅用不到4年时间就学完了硕士和博士全部课程，并顺利通过了硕士和博士学位论文答辩。2000年—2002年，也因国际玉米交流中心搭建的平台，陈泽辉数次到世界玉米研究水平较高的克罗地亚、美国和墨西哥等国家进行考察、学习和学术交流。

1998年从菲律宾大学博士毕业回国后，陈泽辉继续到省农科院旱粮所从事杂交玉米育种研究，并把在国外的研究成果应用到研究实践中。1998年—2004年先后主持省级重大和重点项目10个，从国外引进了上千份育种材料，结合贵州地方玉米种质资源，主持育成了"黔玉1号""黔单13号""黔单15号""黔单16号""黔单18号""黔单19号"等适合贵州山区的高产、优质、多抗的杂交玉米新品种，黔字系列熠熠生光。通过省级审定的这些品种已在全省范围内得到推广运用，并产生了显著的经济效益和社会效益。更值得一提的是，陈泽辉主持的贵州"十五"重大攻关项目"高产优质玉米杂交种的选育及杂交种种子产业化技术研究"中的"超高产玉米杂交种选育"专题中，在贵州光照少、病虫害严重、土地瘠薄和旱灾严重的情况下，经省权威专家组在遵义现场测产验收，我省自育玉米杂交种亩产达到855千克的超高产水平。"让老百姓吃上饱饭"的誓言正一步步实现，这是贵州在杂交玉米自育品种上的历史性突破，同时也为下一步的超高产育种利用构筑了坚实的平台。

在陈泽辉博士从菲律宾留学回农科院的当年12月，36岁的陈泽辉出任贵州省农科院旱粮所副所长并主持工作。此前，面对全省尤其是农科院农业科研成果的取得与转化严重脱节的现象，陈泽辉曾考虑农业科研成果转化应用的方式方法，并做了一些尝试，现在有了一个稳健的平台，是到大展拳脚的时候了。除了抓好科研工作，面对研究所内开发工作人心散、问题多、矛盾大的情况，陈泽辉尽力组织科研开发骨干，成立以研究所为主体的科技开发企业——贵州省农科院农业发展中心，摸索育种、生产、推广一体化的道路。通过努力，初步取得了一些积极的经验，创造了一定的社会效益、经济效益，并为全院的农作物种子开发做了有益的探索。

2000年底，为了充分利用和整合我省杂交玉米研究优势，在省科技厅、财政厅和省计委支持下，以贵州省农科院为主成立了省重点中试基地"贵州省玉米工程技术研究中心"，在全省公开招聘中心首席研究人员和负责人。经层层推荐选拔，陈泽辉被聘任为该工程中心主任。从运行3年的情况看，各界对玉米工程中心的运行情况给予了高度的肯定，经全省公开招标，玉米工程中心成为贵州省玉米"十五"重大攻关项目主持单位。

为了推动种子产业化发展，把自育品种尽快地转化应用于生产经营中，2000年7月，省农科院依据黔府办发〔2000〕7号文《省人民政府办公厅转发省科委等部门关于省自然科学研究机构体制改革实施意见的通知》和2000年7月8日第九届全国人大常委会第十六次会议通过颁布的《中华人民共和国种子法》精神，注册成立贵州金农科技有限责任公司，注册资本430万元。公司实行董事会领导下的总经理负责制，总经理具体负责公司的经营管理等日常事务。当时，谁都不看好这个责任深重的总经理位置，公司成立一年零几个月就换了两次总经理。但就在这关键时刻，在公司成立第二年的4月，时任院旱粮所所长的陈泽辉被农科院任命为金农公司总经理。用时任副总经理、现任代总经理李文耀的话说，陈泽辉当时是"临危受命"。陈泽辉在这个位置干了七八年，而他的董事会成员身份，历经公司董事会第一届到第十届。

农科院组建公司的起因，除了前面所述的省政府和全国人大两个文件外，用陈泽辉2004年在省委"七一"座谈会上的发言来表述更为准确："为了推动种子产业化发展，把自育品种尽快地转化应用于生产中，省农科院针对各研究所分散经营中存在的弊端，将分散经营的5家研究所所办企业按股份制的方式重新组织起来，组建成以种子经营为主体的有限责任公司。"

陈泽辉就是推动各研究所所办企业融合重组的带头人。金农公司是省农科院主要的科技成果转化平台，其经营方针是"诚信创品牌，发展共赢"；发展目标是以种子产业为主导，走"产、学、研"相结合的道路；以科技创新、服务三农，把科学技术转化为生产力。陈泽辉任公司总经理后，进一步加大了公司与院内外各部门各地的合作，建立种子生产基地，扩大市场营销网络，推动公司业务跨越性创新发展，仅2001年—2003年，就生产销售达500万千克农作物杂交种，产值累计达5000多万元，产值和利润位于全省近百家种业公司的前列。在其任职期间，金农公司因卓越的成绩而获得多项荣誉：2004年公司被评为"贵州省高新技术企业"，2005年被评为"贵州省农业产业化经营重点龙头企业"，2007年被评为"贵阳市扶贫龙头企业"。2009年公司被再次评为"贵州省高新技术企业"，2010年被评为"贵阳市农业产业化经营重点龙头企业"。2011年9月11日，中国著名农业科学家、杂交水稻之父袁隆平亲临公司指导工作，为公司题名，该题名至今挂在农科院公司办公楼正面，雕塑型黄底红字"贵州金农科技有限责任公司"分外醒目。

也正是原来的优惠基础平台和后来的承续创新发展，金农公司2012年被中国种子协会评为AA级信用企业，2014年9月经贵州省科学技术厅重新认定，被评为"贵州省高新技术企业"。2014年10月被评为"贵州省省级创新型企业"。

由于种业科研的显著成绩和令人钦敬的家国情怀，2003年4月陈泽辉被任命为省农科院副院长，分管项目开发和农科院内部处所（包括所属经营性单位）建设管理。也许与其副院长分管工作有关，在他任职的第二年，他又被正式成立不久的贵州金农辐照科技有限责任公司（以下简称金农辐照公司）董事会推荐为公司第一任董事长，直至2010年4月主动卸任。如果说陈泽辉2001年被农科院任命为金农公司总经理是"临危受命"，那么这一次任职金农辐照公司就是"顺理成章"吧，因为他已有多年任职金农公司经理相关的企业经营管理经历经验。

金农辐照公司于2004年1月正式成立，第一届董事会推选陈泽辉任董事长，聘任林平任公司总经理。公司是全省唯一一家利用核辐射技术开展辐照加工技术服务的企业，主要功能是为省内相关研究机构和农科院内各研究所诱变育种辐照服务工作。因省农科院是省直公益性农业科学研究机构，涵盖较为广泛的农业各专业研究领域，利用辐射诱变农作物种子、枝条等，培育优良农作物新品种，是农业科研的一种重要育种方法和工作。公司建造的钴源辐照装置，能够更好地为各类农作物种子的辐射诱变，提供良好的研究平台和服务。钴源辐照装置建成后，为院属各研究所及省内其他科研机构农作物种子、枝条等开展辐照诱变育种服务，相继育成一系列优质、高产的农作物新品种，为农业科研工作提供较好的平台，并取得明显的成效，每年为全省各相关研究机构提供农业育种研究辐照服务100份左右。除以上主要服务项目外，还为贵州省内（少量省外）相关医药企业开展中成药和医疗器械及用品的辐照灭菌服务，为相关食品企业的产品开展储藏保鲜辐照灭菌杀虫服务，少量开展冰洲石及有关宝石辐照着色服务。据农科院志载，至2014年，累计辐照灭菌加工产品5305吨，辐照种子和枝条约700份，累计完成产值2739.88万元，实现税后利润1027.75万元，上缴国家税收533.12万元。

多年在国内外的工作和学习，亲眼目睹西方国家存在的问题，看到国内发生的变化，看到我国用占全世界7%的耕地解决世界四分之一人口的吃饭问题，看到改革开放以来我国在政治、经济、文化等方面取得的巨大成就，看到政通人和、人心思进的社会环境，看到共产党员在各方面起到的先锋模范作用，陈泽辉发自内心感到中国共产党的伟大，渴望加入党组织。因此，陈泽辉自1998年回国后立即向党组织写了入党申请书，并经组织考察于2000年光荣加入中国共产党，有了人生更高的追求和奋斗目标。

玉米报国，天道酬德

陈泽辉学农、爱农、喜农的高尚情怀，令现在的年轻人，包括90后学农的都难以企及。"为什么我的眼里常含泪水，因为我对这土地爱得深沉。"陈泽辉几十年对农业科研的执着奉献情怀，就是他对生于斯长于斯的土地无限感恩。2018年，他的"徒弟"郭向阳有感而发，写的一首诗《玉米人》，应是陈泽辉副院长的真情写照吧："玉，富之贡品/米，百姓之口粮/玉米，粮饲之首/凭风吹日晒，年华流逝/南繁育种者，跟随太阳迁徙/带着浓厚的玉米情怀/坚守执着的玉米信念/用平凡行动和伟大举动/放飞出一个个年轻的玉米梦想/育种，善者与修行/历尽磨难/克服困难/砥砺前行……"

说起陈泽辉对玉米育种的忘我奉献情怀，有一个舍小家追求事业的故事。1994年陈泽辉到菲律宾留学读研的时候，他的独生儿子陈楠才5岁。不知是因为早产的原因还是母体的原因，陈楠刚生下来时体重才2千克多一点，在母体内发育不良，所以自小就体弱多病。更令人痛心的是从小就被哮喘病魔纠缠上身，小陈楠经常因夜晚哮喘发高烧而不得不送贵阳城中心的医院急诊。因他常赴海南参与南繁等工作，只有靠妻子照顾儿子而"险情不断"。陈楠上学以前，基本上每个月都要住一两次医院。从人之常情来说，儿子的事似乎比出国读研更要紧，陈楠又是独生子，而出国读研一去就是好几年时间啊。但他两厢权衡，仍没有更多犹豫而选择了后者，因为那是他农科事业提升发展难得的机会，事关国家利益。

他走后不久，发生的一件事令妻子唐丽回忆起来仍心有余悸。那是一个孟秋的深夜，小陈楠突发哮喘引起高烧，必须马上送市里医院就诊。唐丽急忙背起陈楠从农科院家属区，穿林越坡到公路边去拦车进城。而恰恰此时，附近有警察在追捕犯人。当唐丽背着陈楠经过此地时，警察以为那匆忙的身影就是他们要抓的逃犯，大喊"站住！站住！"甚至鸣枪示警。当时唐丽恐慌不已，只好等警察来到他们母子俩跟前，诉说半夜出行的原委。当警察听完唐丽的含泪诉说，马上表示歉意并用警车送他们母子到医院……

小时候不太知情的果果（陈楠的小名），对父亲为何经常离家不理解，心里不痛快。但渐渐长大懂事后，陈楠不仅理解，而且受到父亲潜移默化的影响，他时常到父亲在农科院的试验室帮助洗试管，做简单试验，考大学也报考了生物学科，后又读硕主修植物学，研究果树，毕业时考到父亲所在的农科院，专门从事火龙果研究。

自20世纪80年代末以来，陈泽辉有多次在国外谋职的机会，特别是1998年在菲律宾大学获得农学博士学位以后，多家国外的农科机构和农科公司盛情邀请他入职，都被他拒绝了，他坚持回国为农科事业奉献自己的所学。

泰国正大集团1995年开始与湖北省襄樊市襄阳区合建襄樊正大有限公司，而生态农业示范村是泰国正大集团与襄阳区合作的一个以公司制农业为重要特色的农业产业化项目，由襄樊正大有限公司牵头，襄阳区张湾镇、双沟镇密切配合，2001年11月开始建设，2002年4月上旬开始大规模建设，2003年3月全部建成投入使用。当时，正大公司急缺农业农作物专业人才，他们通过猎头公司招募境内外高级管理人员，搜寻到陈泽辉的相关信息，因而想方设法"挖他"到其公司工作，待遇其为可观。招募信息透露出来，引起院领导和省里有关部门的关注。陈泽辉是贵州省第一批在国外获得博士学位而毅然回国的难得的爱国农学专家。2002年12月，时任中共贵州省委常务、省委组织部部长刘也强专门到省农科院看望鼓励陈泽辉。

刘也强部长在交谈时提到有猎头公司找过陈泽辉，但他并没有为高薪酬所动，他的爱国爱家乡的情怀是值得肯定的。陈泽辉在2004年接受《当代贵州》杂志的记者采访时，就坦诚地说："天地何气势，我辈何所为？土地瘠薄的贵州把玉米当作主粮之一，需要适应力强的优质高产玉米品种，而相对平坦的东部有条件推行饲料玉米。我的研究正好在地域上对应了贵州东西部的不同需求。同时，频繁地出国，反而让我有了更清醒的认识，通过比较，我越来越深地感到我们党的伟大，是能干大事的党。所以，我在菲律宾读完博士就马上回来了。"

至于陈泽辉坚贞高尚的农科情怀，和陈泽辉在旱粮所共事过几年的魏筑英书记深有感触。1999年秋，魏筑英拟被院里调旱粮所任书记。魏筑英当时还不太了解陈泽辉的为人处世，心存疑虑。时任农科院副院长的李桂莲告诉魏筑英：她和陈泽辉接触几年，感觉陈泽辉是个很好相处的人，胸襟宽阔、平和，没有任何洋博士的傲气。魏筑英第一次听到李桂莲副院长这么夸赞一个人，很快接受了院里的安排。当时，陈泽辉还是旱粮所主持工作的副所长，在同陈泽辉的工作相处中，魏筑英亲身感受到李桂莲的评价十分中肯。陈泽辉朴实、谦和、坦诚，人品好，很尊重人关心人，很好合作，不争名逐利，很能吃苦，作为所长、科研团队带头人，身体力行扎扎实实到第一线做科研工作。

有一件令魏筑英很感动的事，她至今记忆犹新。那是她到旱粮所第二年的秋天，魏筑英想在技术职称上申请副高，但英语较难过关。当年，农科院为申请高级职称人员着想，办了一个英语培训班，个人要出参训经费2000元。而当时院所经济效益都较差，此前年底一人才发300元福利，想参训的魏筑英有点犹豫。陈泽辉得知其想法后，鼓励魏筑英说："你去学，钱我想办法给你出。"她当时很感动，申请副高可以说是万事俱备只欠外语，陈泽辉那么支持她，自己怎能放弃？于是毅然参加了英语培训班。她是班上年纪最大的，虽然学得苦，一个星期双休日都要学两个半天，但她依然十分努力。经过刻苦学习，第二年职称外语考试她顺利过关，并获评副高职称。

魏筑英还讲了一个陈泽辉虚怀若谷、礼让同事的感人故事。那是2003年的夏天，省里给农科院一个申报全国科研人员奖的名额。农科院根据院内各所、处科研成果情况，把这个名额落实到旱粮所。院里把这个名额给旱粮所，虽然没有明说就是让陈泽辉申报，但近几年陈泽辉的科研成果、荣誉基础来看，远远超过农科院其他同志，大家应是心知肚明。在旱粮所班子讨论此事时，魏筑英建议推荐陈泽辉，可他本人谦虚不同意，主动放弃。他推荐所里三个科研团队中一个团队的核心成员，说该同志业务能力很强，获得过全国区域试验品质成果，很不容易，这次申报，对该同志来说机会难得。在申报全国性荣誉面前，这么谦虚让贤，令人敬佩不已。但魏筑英担心推荐该同志去全国竞争申报成功的可能性较小，如因此所里、院里直至省里最终失去这个荣誉名额，那就太遗憾了！所以，她坚持推荐陈泽辉，并说服大家。最终，陈泽辉不负众望，申报成果在省里和全国都顺利通过。

2021年12月22日，省农科院退休干部处处长缪建琼，成果转化处处长、金农公司原代总经理李文耀，旱粮所原任所长、书记郑常祥，辐照公司总经理林平，谈到陈泽辉同志的领导能力、科研事业、为人处世等方面的情况，异口同声地认为：陈泽辉作为所、院领导，可谓高风亮节，行事低调，埋头科研事业，不计个人得失，为了所、院工作需要，甚至不惜亏欠家庭；和同事尤其是和玉米科研团队成员相处非常融洽，关心职工，帮助解决住房、子女入学等难题，费尽心力，令人感佩；南繁期间搞田间制种，含辛茹苦，勤劳奉献……

陈泽辉同志的奉献精神令人敬佩。当年省农科院建立金农公司初期资金非常困难，他临危受命，勇于担当，无私奉献。他到金农公司任职，当董事长也好，当总经理也好，并未多得一分报酬，兼职不兼薪。

后来农科院组建新的金农辐照公司，又需要他这样的科技管理人才上阵。院里经过董事会推选，又让他当董事长，负责这块工作。他当了5年董事长，也是兼职不兼薪，而且每年都向组织部门写相关文字说明。

有句成语叫"天道酬勤"，说的是上天会厚报勤奋的人。从陈泽辉副院长的农科情怀成就中，"天道"不仅仅酬"勤"，同时也酬"德"，不勤奋固然难以成功，但仅靠勤奋也难以成功。比勤奋更重要的是才智，而比才智更重要的是德行。

师德魅力，团队雄起

韩愈说："师者，所以传道授业解惑也。"对于陈泽辉来说，在农村学校当代课老师的母亲。后来的中学、大学，国外留学，潜移默化地对他的师德影响更加深远，以至他任旱粮所领导以后在科研团队的师表典范让他的团队成员难以忘怀。

陈泽辉科研团队的重要成员，旱粮所副所长、博士后吴迅，谈到陈泽辉对下属、科研人员，特别是团队成员的关心关怀，深有感触地说："陈泽辉副院长作为领导，严格要求每一个科研人员严格履职尽责，让他们更是努力引进人才、关心人才，为人才营造良好的工作环境和自由的科研平台，让他们更好地展现才干……"他用自己到农科院几年的经历做了生动有力的阐述。

吴迅是2016年作为高层次人才被引进到省旱粮所工作的，当时他面临自己建立团队或融入别的团队的两种选择。因为刚来，与分管旱粮所的陈泽辉副院长不熟悉，也没敢给领导提要求。一次偶然的机会，他和陈泽辉副院长一起讨论玉米产业发展科学研究中所面临的困难和机遇时，做了坦率的思想交流，陈泽辉副院长给予了他很多科研的思路和指点，尤其是针对Suwan（Suwan，即泰国苏湾农场，1965年泰国农业部、肯色萨大学与洛克菲勒基金会合作组建的玉米和高粱研究中心，在玉米、高粱种质选育改良方面颇具国际影响）玉米种质的优点、缺陷和应用前景等，谈起来毫无保留，滔滔不绝，特别是对杂种优势理论的理解和对玉米育种应用中的指导，更是贴近实际，鞭辟入里。末了，陈泽辉副院长问他是否把住宿的地方安顿好了，他只是如实地回答了两个字：没有。第二天，陈泽辉就给吴迅来电话，让去办公室找他。令吴迅万万没想到的是，陈泽辉副院长给了他一套房子的钥匙，说是自己租的，让他先过渡一下，并殷切叮嘱："如果在玉米研究上有什么需要我陈泽辉支持的，尽管说，我会尽力的。"陈泽辉副院长这样的细致关心改变了吴迅科研道路的选择，最终放弃了自己另行建立科研团队的想法，融入了陈泽辉副院长的团队。在陈泽辉副院长的支持和指导下，吴迅充分发挥科研优势，尤其是在基础研究方面的优势，构建关联群体和双亲分离群体，利用全基因组关联分析策略和连锁分析策略，结合陈泽辉副院长近40年来创制的优势玉米种质材料，深度揭示了热带玉米种质光周期强、籽粒脱水慢等遗传机制，为深度进行热带玉米种质研究和创新利用奠定很好的基础。

在团队成员的科研业务成长历程中，陈泽辉副院长不断给予大家指导点拨，甚至为每个人进行宏观规划，找准方向，真可谓传道授业解惑的最优表述。尤其可贵的是，陈泽辉副院长每次到国内外参加学术交流回来，都要毫无保留地把自己新的感受心得等传授给大家。稍微细心的外来人员会发现，陈泽辉副院长带领的团队每一个办公室都有一块特别的白板，那是他用来方便给大家传授知识所用，也方便与团队的每一位成员实时交流。

对此，吴迅十分感慨地说："是陈泽辉副院长一步一级搭好攀登阶梯，让我们团队成员朝着前方目标稳稳前行。而在成果利益面前，他也总是优先考虑年轻人的成长和发展。我们团队成员经常感念，能当陈泽辉副院长的助手或者是学生，我们每个成员都倍感幸运幸福，是他让我们的心田绿草如茵，让我们的生活充满阳光。"

从加入陈泽辉副院长带领的研究团队至今，虽然还只有不太长的5年时间，但吴迅切身感受到，陈泽辉副院长不仅是博士、知名专家，更是良师益友，是一位对生活充满阳光、对工作充满热情、对属下关爱备至的好老师。古人所崇敬的"为人师表"，在陈泽辉副院长的言行中，得到了最好的彰显。

在工作中，陈泽辉帮助大家寻找方向和目标；在生活中，他常为大家点燃新的希望，这体现在工作的分分秒秒中和生活的点点滴滴里。吴迅清楚地记得，在他和爱人刚结婚那年，陈泽辉副院长知道吴迅老家的风俗习惯，结婚第一年姑娘姑爷必须双双回娘家拜新年。就为这尊亲敬老的风俗，陈泽辉副院长重新安排人员到海南接替正在基地做南繁工作的吴迅的后续工作。2001年吴迅孩子刚出生的时候，陈泽辉副院长像一个慈祥的父辈关心地对他说："吴迅，你们孩子太小，家里得随时准备点钱，孩子得个感冒发烧的，有时得住院应急哦。"2018年贵州发生长达近一个月的凝冻，陈泽辉副院长那时正在海南崖城授粉，田间地头的活都忙不过来，可他还亲自抽时间打电话关心吴迅家人的冷暖："孩子怎么样？老人怎么样？停水停电都怎么过？都要注意保暖……"

陈泽辉副院长的人格、科研方面的魅力，旱粮所玉米研究室主任王安贵通过15年的亲身经历，感受深切。他写了一篇精悍短文《跟随恩师的15年》，讲述他在陈泽辉副院长科研团队中的经历感受：

"作物遗传育种"专业有一门既难学又必学的"工具课"是"群体与数量遗传学"，这门课在全国只有为数不多的老师教授，而贵州省农业科学院陈泽辉老师留学回来后，从2004年开始教授这门课，是贵州唯一教数量遗传学的老师。2006年刚考上贵州大学作物遗传育种专业硕士研究生的我面临导师的选择，在学校老师和师兄师姐们的介绍下，我联系上了学生眼里的好老师陈泽辉副院长。第一次与他见面是6月份在贵州省农业科学院，相互介绍个人经历后，他带我去地里看他选育的黔单16、金单999等系列玉米新品种，通过他介绍品种的来源和观察长势，当时我感到非常震撼！我向他汇报与我老家种的玉米品种比较，从品质、抗性等性状上看优势明显。从那时起我便成了他的"大弟子"，他马上给我安排住宿，当年假期就住在农科院，随时关心生活上的事情，并亲自带我到地里认材料，教会我操作的所有程序，还没开学就开始设计我的毕业论文，并教我怎么查阅文献，尤其是还将一些新的文献和经典书籍亲自复印出来给我学习，在辅导我硕研课题的研习过程中，他还经常关注学习进展并根据我自身情况给我补充"能量"。开学后他教我如何把书本上的知识运用到育种上，就这样我对育种越来越感兴趣，2009年毕业后就考入了省农科院旱粮研究所，留在他的课题组成为他的团队成员。

"进入单位后，陈泽辉老师在生活上随时关心我。尤其是2011年单位要集资建房，当时需要交2万元的订金，而我只有5000元的存款，他为了鼓励我买房，便借给我定金和首付款，于是解决了我人生的安居大事；在工作上，他根据我的情况给我确立了研究方向，亲力亲为地指导我怎么选育品种、申请项目、写作论文、申报成果等。平时，他看到的学术热点和方向，第一时间不分办公室和田间地头给我们讲授，并不断优化和拓展团队的研究方向。正是在他的悉心指导下，我感觉到在工作、学习、生活中大脑里会随时呈现他的谆谆教导，让我工作上更有信心，更大胆地去探究。而今我已评上研究员，他对我的关怀和培养就像对自己儿子一样，作为学生的我只能更加努力工作，创造出更多的成果应用在生产上。他经常教导我的是'做事先做人'，他的理论、经验和育人的品质在不断地激励、感染着我，我立志不仅要在业务工作方面不断努力，更要在'育人'方面努力，发挥传帮带的作用，以此回报他对我的期望！"

和王安贵同属陈泽辉科研团队的重要成员、旱粮所玉米研究室副主任郭向阳博士，也谈到师从陈泽辉副院长13年的经历：

"从硕士研究生读书期间起就师从陈泽辉副院长，经常听到朋友和同行专家说陈泽辉老师是他们人生道路上的贵人，是陈泽辉老师将他们带进了玉米育种的大门。伟人、名人为我所崇拜，可我更急切地要把我的敬意与赞美献给陈老师，他治学严谨、学识渊博、思想深邃、视野雄阔，为我营造了一种良好的精神氛围。我置身其间，耳濡目染，潜移默化，使我接受了全新的思想观念，树立了宏伟的学术目标，领会了基本的思考方式。当我在学习过程中遇到困难时，他及时伸以援手，用他丰富的教学经验和人生经验给予我教导启发，是我人生路上的引路人。

"陈老师做人做科研给我们年轻科技人员和学生的印象是，他做人格局大、心胸开阔，做玉米育种长期坚持不懈。陈老师经常说，做玉米育种首先是要做人，要广结善缘，登高才能望远。

他还不时教导我们，做玉米育种是一辈子的事情，'思路清晰远比卖力苦干重要，心态正确远比现实表现重要，选对方向远比努力做事重要，做对的事情远比把事情做对重要。'

每到玉米收获的季节，陈老师亲自下地挑选玉米材料，他经常给我们讲授如何选择玉米小材料，如何组配玉米组合等等育种流程，让我感受到育种大师对待育种科研的执着之心，让我感受到经常到田间下地的重要性。"

郭向阳在应笔者的采访要求提供关于陈泽辉副院长有关材料时，通过梳理他从陈泽辉副院长身上学习感悟到的东西，深有感触地写道："历史的记忆，已融入我们的血脉。作为新时代的农科人，必须像陈泽辉副院长倡导的那样，培养浓厚的农业情怀，如果对农业没有多大的兴趣，注定也走不远；团队意识和做人格局要大，凡事不要斤斤计较，凡事都去计较，导致最后变成被孤立者；科研政治敏锐性要强，对国家政策、行业动态、发展形势、同行发展水平等现代化信息，要实时掌握，做到知己知彼；培育出适应市场推广的绿色安全的玉米新品种是我们的使命，扛起国家粮食安全的重担是我们这代农业人的责任，要为实现中国农业现代化贡献青春。"

陈泽辉研究团队辅助工杨明伦，因为和陈泽辉的一次偶然相遇，于是跟他一干就是20多年。说起陈泽辉的师恩，他更是万分感念，没齿难忘。

2001年冬季，在海南南繁季节，当时杨明伦在一家种子公司打工搞种子生产，正好遇到了陈泽辉，那时他的团队玉米科研育种研究工作量较大，急需物色一个能吃苦耐劳的助手负责田间管理工作。当时，杨明伦也在南繁基地给人打工，平时他们有些接触，陈泽辉感觉杨明伦比较合适，他对杨明伦说："老五（杨明伦俗名），你以后跟我做育种科研可以吗？"经过半天的思考和家人商量，杨明伦最终答应跟陈泽辉老师做玉米育种工作，这一干就是20多年。

陈泽辉平时对杨明伦生活和家庭等方面考虑非常周全，最让杨明伦难以忘怀的是，2004年春节后，杨明伦全家在海南过春节，年后小孩子要返回贵阳读书，陈泽辉提前在农科院帮他们家把房子租好，解决了临时住处。接着陈泽辉催促杨明伦在农科院买套房子，叮嘱他："有个自己的窝，心才能安定。"杨明伦嘴上答应，但一直没有实施行动。他看出了杨明伦的心思，亲自帮其找房源，让课题组的老师借钱给杨明伦解决了后顾之忧，让杨明伦在农科院有了家。

家安定了，但儿子杨飞读书，成了一道大难题，因为小孩户口未迁到农科院住地，而没有户口是没法入读农科院附属中小学的。但陈泽辉最终解决了杨明伦儿子杨飞在农科院附属中小学上学问题，其中陈泽辉给多少人做了多少工作、如何做通工作，其难度和复杂程度是可想而知的。

懂事的杨飞在父亲的影响下，铭记陈泽辉副院长的恩情，读书用功了，农科院初中毕业后顺利考取花溪民族中学，高考考取遵义师范学院，毕业后在遵义市当上了一名中学教师，令杨明伦的乡邻乡亲很是称赞和羡慕。

杨明伦感慨不已地对笔者说："陈泽辉老师做人格局大，十分关心体贴下属，心胸开阔。20多年来，是我跟随的好领导、好老师。"

2007年8月的一天，杨明伦跟随陈泽辉玉米科研团队在思南县塘头镇收获玉米组合，当时温度很高，天气闷热，那天一大早他们就下玉米地开始田间收获和测产，到10点多时候，所有人的衣服都汗湿透了，但大家依然坚持着劳作。期间，陈泽辉副院长关心地喊杨明伦喝点冷开水。杨明伦当时感觉自己年轻，一口气喝了一瓶冰冻矿泉水，但没过几分钟感觉浑身发冷无力，要出毛病了！陈泽辉副院长见状，从身边的包里掏出一包解暑药让杨明伦把它吃了，立即缓解了很多。陈泽辉副院长对杨明伦的关心爱护，使他顿时内心很是感动，眼角都湿润了。通过这个看似平凡的小细节，杨明伦更加感受到陈泽辉老师对身边人的生活工作关怀无比细致。收获结束，陈泽辉副院长和几个同事临时单位有急事，先开车走了。杨明伦坐的拉玉米的皮卡车，从塘头镇出发，走了1个多小时，陈泽辉给他打来电话，叮嘱他们开车一定要注意安全，慢点开，杨明伦回答"好的，好的"，但并没有在意他叮嘱这话的意思。又过了10多分钟，课题组的一个老师打来电话，说他们的车子被撞，好在人没大碍。顿时间，杨明伦才理解了陈泽辉副院长刚才电话叮嘱的意思了，出门一定注意安全……

团队成员的这些深情的表述，再次印证了天道酬勤亦报德。从陈泽辉留学回国后到2014年末共25年，据农科院志统计，旱粮所署名的科研成果共87个，第一署名人16个，平均每人5.5个，而陈泽辉一人20个，占总数的23%。玉米耐瘠性研究团队已培养出博士4名，硕士12名；有5人晋升为研究员（或教授），4人晋升为副研究员；1人被评为核心专家，2人被评为省管专家……

对于陈泽辉所带领的科研团队来说，"雄起"可谓名副其实。

著译丰厚，玉米墨香

陈泽辉从1988年在《贵州农业科学》刊发第一篇论文《玉米杂交种的稳定性分析及互作效应值估计》，到2022年共发表农科论文110余篇，数十万字，独立和领头著译专著7部，共计260余万字。如用古代的布帛、简纸以墨笔书写，其著作丰厚远超"等身"，而更值得赞许学习的应是其著作的科学蕴涵和价值，其玉米科研的奉献情怀，包括田间地头育种的心血、汗水，也都浸润于这些卷帙浩繁的著作中。以下简要概述其著译作品的精义，供农学有心人领悟。

《群体与数量遗传学》（2019年第2版，陈泽辉　吴迅）：遗传学主要是研究基因的传递和表达，群体遗传学是以个体集中的某一群体为研究对象，群体中各个基因按孟德尔规律进行遗传，研究群体中遗传组成及其变化。群体遗传学的研究历程可以追溯到达尔文的自然选择学说、孟德尔遗传规律的发现和20世纪初的纯系学说及突变学说。Hardy-Weinberg定律的发现，奠定了群体遗传学的基础，随后通过对果蝇的研究使群体遗传学得到较快的发展。虽然群体遗传学的研究内容丰富，但其研究核心是基因频率的变化。随着分子遗传学的发展，对群体中的遗传变异研究，逐渐进行到蛋白质和DNA水平，并得出了群体中有惊人程度的遗传变异现象，发现了遗传多态现象及其保持机制和分子进化机制，提出了基于遗传漂变理论的中性基因的分子进化学说，从而推动了群体遗传学的发展。传统的数量遗传学是建立在群体基因的效应和基因频率基础之上的基因型方差的研究，是建立在一定假设前提下的遗传模型、遗传方差、遗传协方差、遗传力、主基因多基因分析、配合力选择响应和杂种优势等的研究，为育种应用提供了理论基础和方法手段，并成功应用于动植物的育种实践。分子标记等生物技术的发展，对传统的数量遗传研究形成很大的冲击，同时也使数量性状的遗传研究进入了现代数量遗传学研究时代。现代数量遗传学继承了传统数量遗传学的核心内容，并使其得到新的发展，使数量性状的表现观测与分子标记技术相结合，并能对数量性状进行基因定位、克隆和转育。这些新的发展，将会大幅度提高动植物育种效益。

译著《玉米育种的数量遗传学》（科学出版社，2019年3月）：玉米育种中重要数量性状遗传的相关知识，在种质资源改良和选育自交系及杂交种的有效计划和实际策略中是至关重要的。在玉米育种上考虑的大多数性状是按数量性状进行遗传的。因此，玉米育种者了解影响数量遗传性状的遗传学概念是非常重要的。过去的30年间，在对数量性状的研究和选择上已经发生了显著的变化。起初，从重复试验中得到的表型数据是确定数量性状遗传的最主要信息来源。分子遗传学及手段（如无人操作）的快速发展，已经拓展了表型研究方法。分子实验室和田间的表型资料的信息集成，已经成为育种计划的一般做法。然而，目标性状和最有效的育种方法的数据，正挑战着今天的育种者。针对难以测定并且受环境影响大的数量性状，发展新育种方法是必不可少的。此外，收集有用的和特定需要的数据与无人操作收集所有的数据是关键。《玉米育种的数量遗传学》提供了两类信息：①作为数量性状的遗传及其选择响应的理论基础；②在研究中估计遗传效应和方差相对重要的经验数据总结。需要强调的是，遗传效应和方差的估计，以及选择响应在群体研究上是唯一的。然而，值得注意的是，某些表型选择方法（如对早开花性的分层混合选择）对所有的群体都是成功的。从一些特殊的群体得到了试验数据，但跨群体数据总结将会提供预期的一般性趋势。对特定群体的估计值是唯一的，因为已经研究的性状的基因频率在群体间是变化的，特别是在遗传比较复杂的情况下。本书不仅是玉米育种策略的一本手册，它在特定目标性状上也展示出了几个成功的策略，为数量性状遗传提供了基础理论，总结的研究结果为检验理论的正确性提供经验数据，也为玉米育种的大多数方面提供信息，包括适应挑战性的环境的遗传多样性、群体内和群体间改良计划用于改良广基群体、近交效应、杂种优势、测验种和配合力的重要性。

《优质蛋白玉米》（贵州科技出版社，2001年11月）：玉米是我国的重要粮食和饲料作物，但普通玉米蛋白的营养价值较低，主要原因是籽粒蛋白中醇溶蛋白占50%~60%，醇溶蛋白几乎不含赖氨酸和色氨酸，而赖氨酸和色氨酸是人和单胃动物最重要的必需氨基酸。1964年美国普渡大学的Metz等人在《科学》杂志上发表了题为"突变基因改变玉米胚乳蛋白质组成和增加赖氨酸含量"的著名论文，他们发现的高赖氨酸玉米突变体奥帕克-2，其籽粒中缺乏赖氨酸的醇溶蛋白显著减少，而富含赖氨酸和色氨酸的非醇溶蛋白比例上升，使全籽粒赖氨酸含量增加1倍。这一重要发现开辟了玉米品质育种的新纪元，世界范围内大量开展高赖氨酸玉米选育，育出一批含奥帕克-2基因的软质玉米杂交种和群体。由于奥帕克-2高赖氨酸玉米籽粒胚乳为粉质型，抗病虫能力弱，自20世纪70年代中期开始，世界各国对高赖氨酸玉米的兴趣降低，只剩下少数国家的几个育种机构仍继续进行选育工作。为了克服粉质奥帕克-2玉米的缺陷，国际玉米小麦改良中心（CIMMYT）利用修饰基因种源，采用轮回选择选育硬质胚乳材料，育成修饰型奥帕克-2玉米群体，即优质蛋白玉米（Quality Protein Maize，简称QPM）。其籽粒硬度、抗病性和产量已达到普通玉米的水平，同时又保持了较高的赖氨酸和色氨酸含量，为此，CIMMYT获得了2000年世界粮食奖。我国从1973年起就开始了高赖氨酸玉米的选育工作，贵州从20世纪90年代初开始QPM育种，最近几年进展较快，已审定1个优质蛋白玉米杂交种黔单11号，一部分表现优良的优质蛋白玉米新组合进入试验示范阶段。随着种植业结构调整，优质蛋白玉米的发展显得越来越重要。为了全面介绍优质蛋白玉米，特别是从软质胚乳的高赖氨酸玉米发展到硬质胚乳的优质蛋白玉米，本书重点介绍国内外对优质蛋白玉米的研究情况，如高赖氨酸玉米的发现及营养价值、高赖氨酸玉米的生物化学及分子基础、优质蛋白玉米的遗传及育种、高赖氨酸玉米的栽培技术、优质蛋白玉米的营养价值及饲养效果、主要的优质蛋白玉米自交系及杂交种，可供农业大专院校师生及农业科研和生产部门技术人员参考。

《贵州玉米育种》（贵州科技出版社，2011年2月）：玉米是重要的粮食作物、饲料作物、工业原料作物，最近又上升为能源作物。玉米担负着山区巨大人口压力下主要食物和饲料来源的重任。贵州的玉米单产水平低，主要是玉米种植区生态条件复杂多样，土壤条件差，适宜的好品种不多等原因造成的。直接引进玉米种植水平较高地区的品种，又很难适宜贵州玉米种植区的气候、土壤等条件，因此生产上所用品种以自育为主。贵州的玉米育种工作经历过引进和筛选地方良种、省外良种和国外群体改良种，到选育自交系组配杂交种的过程。筛选和推广了大批杂交种，在杂交种的类型上，有普通玉米、优质蛋白玉米、糯玉米、甜玉米、高油玉米和青饲玉米等，这些品种的育成，对贵州玉米生产水平的提高起了重要的作用。在玉米育种方法的使用上，进入21世纪后，分子遗传学技术逐渐在玉米育种中应用，包括对育种材料的遗传多样性研究、杂种优势类群划分、分子标记辅助选择和转基因育种的一些前期研究等。在50多年的玉米育种历程中，贵州的玉米育种工作者在极其艰苦的条件下，除了育出一批优良杂交种外，在育种材料的选择、自交系的选育及杂交种组配等方面也总结出了不少的育种经验与做法。本书即是对这些经验做简要总结与介绍，以便为今后的玉米育种提供参考。全书介绍贵州玉米种植区的生态条件和生产现状、贵州玉米地方品种及利用、几种玉米育种方法，介绍了贵州特用玉米育种、育成杂交种，引入贵州大面积使用的主要杂交种，以及贵州玉米杂交种的种子生产。回顾20世纪80年代以前的贵州玉米育种，贵州所用热带玉米的特点、引进及利用，详细叙述20世纪80年代、90年代和进入21世纪后的贵州玉米杂交种育成过程及特点。

《西南玉米品种生态》（中国农业出版社，2020年12月）：玉米是西南地区重要的粮食作物、饲料作物和工业原料作物，西南玉米区是全国玉米的主产区之一，玉米播种面积占全国的15%~20%。包括四川省、重庆市、云南省、贵州省和广西壮族自治区的全境，以及湖南省西部、湖北省西部、陕西省的秦岭以南和甘肃省的陇南市。由于西南地区气候复杂多样，加上土壤类型和耕作制度等方面的差异，形成了多个玉米生态类型的种植区。为了对玉米生产起到更好的指导作用，有必要对西南玉米区进行生态类型的划分。在20世纪80年代初，各地已经做了玉米区域划分，在国家层面也进行了玉米区域划分。随着玉米育种技术的发展、栽培技术的改进，以及西南地区气候条件、病虫害种类及危害程度、耕作制度等变化，有必要进一步完善玉米生态区域划分。2014年5月，农业部全国农技中心区试处在长沙市召开南方片区玉米区域试验培训会，首席作者应邀作了"西南玉米生态区域划分及品种需求"的培训报告。此后，多次到西南玉米区各地收集有关资料，包括水热资源、土壤条件、气候条件、病虫害发生、耕作制度、栽培管理、地方品种类型、玉米育种种质资源及育种方法等，并进行综合分析。经4年时间，逐渐形成了把西南玉米区细分成4个生态区的想法，按此想法给国家的西南玉米区域试验分组提出建议，并被部分采纳。本书以玉米与西南玉米区生态关系为主线，分别介绍玉米品种生态的理论基础，为西南玉米区的区域划分与利用提供理论支撑；介绍气候、地理、土壤和生物对玉米生长发育和玉米生产的影响；根据气候类型的划分，结合西南玉米的特点，在前人玉米区划成果的基础上，进一步完善玉米生态区域划分；在玉米生态区域划分的基础上，对各区域的玉米地方品种特征特性进行比较分析，得出各玉米生态区的玉米主要特征特性；针对各玉米生态区的特点提出玉米育种策略，并对育成品种进行选育分析；针对西南玉米区的品种特点探讨其亲本繁殖和杂交制种的适宜区域与技术。

《玉米耐瘠性的遗传与育种》（贵州科技出版社，2014年9月）：土壤中营养元素含量较低，加上施肥不足，会导致玉米产量的降低。在自然条件复杂多样、经济条件落后的地区尤其明显，如我国的西南山区，中低产旱地面积大，土壤瘠薄、肥料投入不足是限制玉米产量提高的重要原因。在经济比较发达的地区，化肥施用量的增加，提高了玉米的产量。但是，大量的化肥投入又会引起严重的环境问题。此外，化肥与玉米的比价也是偏高的。这就需要找到一个不增加化肥投入又能解决因营养元素不足引起的减产问题的方法，那就是提高化肥的利用率。大量的研究证明，玉米不同的基因型间在营养元素的吸收、运输、转化及利用等方面存在显著的遗传差异，这就为利用育种手段来解决营养元素不足的问题提供了良好契机，即耐瘠玉米品种的选育。第一作者陈泽辉曾在国际玉米小麦改良中心（CIMMYT）学习，回国后又参与了那里Genetic of Tolerance to Low Nitrogen in Tropical Maize and Construction of a Selection Index for Simultaneous Selection with Associated Traits的耐低氮品种的鉴定和筛选。在攻读博士期间，博士论文研究所用的材料也来自CIMMYT，且研究内容与所得结果均用于后面的玉米育种工作中。土壤瘠薄和肥料投入不足是限制山区玉米产量提高的重要原因，但大量的化肥投入又会引起严重的环境问题，还会增加生产的成本。因此，玉米的耐瘠性以及提高肥料利用率的研究越来越受到重视。目前，较好的解决办法是通过育种手段来对其实现品种的需求。全书分章介绍玉米对主要营养元素的需求的相关知识；在讨论作物耐瘠性概念的基础上，着重介绍作物耐瘠性机理方面的研究进展；总结前人研究方法，为玉米耐瘠性的遗传育种研究提供鉴定方法；介绍各地对玉米耐瘠性营养基因型的筛选和鉴定情况，以及对贵州玉米主要自交系的耐瘠性鉴定结果；总结与玉米耐瘠性相关性状的遗传研究概况，以及CIMMYT、贵州及其他玉米耐瘠品种的选育情况。

《杂种优势与玉米育种》（中国农业出版社，2022年5月）：杂种优势是生物两种遗传基础不同的植物或动物进行杂交。不同品系，不同品种，甚至不同种属间进行杂交所得到的杂种一代，往往比它们的双亲表现出更为强大的生长速率和代谢功能，从而使得器官发达、体型增大、产量提高，或者表现在抗病、抗虫、抗逆力、生活力、繁殖力等方面的提高，这是生物界普遍存在的现象。杂种优势现象已经广泛应用在农业生产上，其中在玉米上运用得最为成功。此外，在油菜、水稻、高粱、家蚕、家畜、家禽、牧草和林木等方面也得到很好的利用。杂种优势的利用产生了巨大的社会效益和经济效益。然而，对杂种优势形成的遗传原因，有许多理论假说，至今仍有很大的争论，还未形成比较公认的统一理论。早期提出的显性假说、超显性假说和上位性学说，分别都有分子数据和田间试验结果支持。可能因种质材料遗传背景不同，基因位点不同，所得的结果也不尽相同。在转录组学研究、代谢组学研究、蛋白组学研究方面，也未能形成共识。随着研究的深入，研究结果越来越丰富，为最终揭开杂种优势的遗传机制打下基础。按基因型尺度模型，把不同的基因型效应用加性效应和显性效应表示。从数量遗传角度，对杂种优势的数学表达式进行了推导。20世纪50年代，英国学者推导出了中亲优势为 $MPHF1 = \Sigma d y^2$，也就是在无上位性条件下，中亲优势等于显性效应与双亲基因频率之差的平方的乘积。近年来，本书作者推导出超亲优势等于 $HPHF1 \approx \Sigma y(d-a)$，即，在单个位点时，超亲优势来自于超显性，等于超显性部分效应与双亲基因频率之差的乘积。对多个位点共同控制的目标性状，超亲优势与双亲基因频率之差、显性效应、超显性效应和上位性效应均有一定的关系。从大量的玉米育种实践也证实了中亲优势和超亲优势数学表达式的正确性。反过来，从两个数学表达式也证明了我们的一些育种方法的正确性。例如，要达到杂种优势强，杂交种组配时的亲本选配，双亲遗传差异必须大且互补。相互轮回选择能增加双亲基因频率差异，从而提高双亲杂交组合的杂种优势等等。为此，本书作者在多年的数量遗传学教学和玉米育种实践的基础上，提出了两群双向选择和群间选系组配的玉米育种模式，以及提高一般配合力和特殊配合力的育种策略，用于指导玉米群体改良、自交系选育和杂交组合的组配……

这些凝聚着贵州首席"玉米王"、中国玉米高端专家陈泽辉心血奉献和智慧精义的著作，必将在中国甚或世界玉米科研史册中永留墨香。

金黄果实，惠泽国人

陈泽辉在省农科院工作期间，且不说其玉米科研理论成果的深远价值意义，仅培育出的实实在在的优质玉米种子，就十分令人惊叹：育成并通过审定的高产、优质、广适玉米杂交品种有自交系QB506、黔玉1号（贵州、四川审定）、黔单13（贵州、湖北、云南审定）、黔单15（贵州、重庆审定）、黔单16（贵州、广西审定）、黔单18（贵州、湖南审定）、黔单22、金单999（贵州、湖北审定，广西认定）、金玉818（贵州、云南审定）、金玉118（湖北审定）、金玉506（国家审定）等，均已在各地大面积推广。其中黔单16在丰产性和稳产性上表现尤其突出，成为贵州省玉米区域试验、生产试验和引种试验的对照种。育成品种推广面积800多万亩，经济效益达1.6亿元。仅据截至2014年省农科院志的记载，旱粮所以陈泽辉为实际领头人（第一责任人）的团队具体科研成果计20余项，由于篇幅所限，这里仅选录其中最突出的几项，算是对其科研成果的管中窥豹吧：

2004年，从14年前在院试验地采用杂交、回交、轮回选择和分子辅助选择等手段，经过多年选育，育成抗病性强、品质好、配合力高的优质蛋白玉米自交系CML171；并以CML171为基础材料育成集高产、稳产、优质和抗病为一体的省品种审定的优质蛋白玉米杂交种黔单11、黔单16、黔单22等3个新品种，至2004年，3个优质蛋白玉米杂交种在贵州累计推广283万亩，通过种植和养殖结合，产生经济效益1.5亿元。

2005年，进行"玉米种质资源创新和超级品种选育"研究，选育并通过审定的玉米品种有39个，其中亩产超850千克的超高产品种6个，优质、多抗、稳产型玉米杂交种22个，专用型玉米杂交种11个；选育出新自交系29个；自育品种覆盖率达80.11%。研究成果"优质蛋白玉米自交杂交种子选育及畜牧饲养研究与示范"获贵州省科技进步一等奖。

2006年11月，开展"加速优良玉米组合繁殖试验进程研究"项目，对2006年—2007年玉米工程中心选育并通过贵州省玉米预备试验的6个优良组合进行加速繁殖及试验；审定玉米杂交种10个，黔单10号、黔单13、黔糯768、黔单18、黔单19、金玉306、黔玉3号、自交系QB48获国家植物新品种权证书。

2009年，进行"强优势玉米杂交种的创制与应用"研究，育成强优势杂交品种金玉818，2年区试比对照增产10%；推广玉米杂交种金单999比当地主推杂交种增产10.3%，最高亩产725.9千克；育成新自交系4个：QB602、QB912、QB926、QB932。研究成果"抗旱耐瘠玉米自交系杂交种的选育与推广"获贵州省科技进步一等奖。

2012年，进行"优质高产玉米杂交种金玉818的示范推广"研究，审定2个玉米杂交种义农玉1号和金玉819；建立制种基地2个、示范基地6个，核心示范5100

亩，平均亩产700千克以上，高产示范100亩，平均亩产835.3千克；筛选出了利用SSR标记鉴定金玉818杂交种纯度的技术。

1992年—2014年，延续融合23年，作为第一领头人带领团队完成特大课堂研究与实践"玉米耐瘠种质创制及杂交种的选育与应用"。

针对我国西南玉米主产区土壤特性，将提高杂交玉米耐瘠抗逆性作为目标，在国家和省多个科研项目的支持下，历经20余年，开展了耐瘠玉米种质创制及杂交种选育研究，得到如下研究成果：

1. 构建了杂交玉米耐瘠育种的技术体系，包括多种养分的逆境处理技术、栽培方法和评价指标。提出用遗传力相对较高、与缺素症状和产量高度相关的选择指标组成选择指数，将耐瘠系数和隶属系数相结合进行基因型选择。

2. 鉴定出耐瘠性较强的Suwan1等群体和杂交种，鉴定出11个耐瘠性强的自交系，育出对低氮低磷低钾均较强的自交系10个。

3. 对玉米耐低氮相关性状的加性、显性、上位性、狭义遗传力和加性遗传相关分析，选出最重要的选择性状指标，建立了最佳选择指数，选择效率达148.6%。

4. 通过热带材料与温带材料融合，育成了耐瘠性强的墨白与瑞德种质融合的墨瑞1号、2号、3号和苏湾种质与兰卡斯特种质融合的苏兰1号、2号、3号等6个轮回改良群体；首次提出了西南山区玉米育种的新杂种优势模式，即"墨瑞×苏兰"。

5. 育出经省级审定的耐瘠玉米杂交种金单999、宝玉999、金玉5号、金玉98、金白单3号、金玉819、煌单008。同时研究了杂交种的配套栽培技术，以及筛选出特异SSR分子标记，可以对杂交种进行快速纯度鉴定。

6. 耐瘠玉米杂交种总的推广保收面积为1306万亩，经缩值新增玉米4.6亿千克，新增产值11亿元。

7. 发表论文37篇，其中核心期刊35篇，权威期刊2篇，被引326次，下载次数达3752次。

8. 出版专著3部：《群体与数量遗传学》（30万字）、《贵州玉米育种》（36万字）、《玉米耐瘠性的遗传与育种》（18万字），均由贵州科技出版社出版。

9. 耐瘠玉米自交系QB48和杂交种金单999获得国家植物新品种权保护。

除了省农科院志载上述第一责任人的成果外，作为第二责任人的较有影响的科研成果也有3项，其中2003年11月，在贵阳试验地进行"美国优良玉米群体Lancaster选系Mo17的改良及应用"研究。研究结果：利用Suwan1群体种质和来源于Suwan1群体的自交系QB44、QB48、S37、S611导入Mo17进行自交回交改良，育成QB401、QB408、QB446、QB475等优良自交系。

2017年陈泽辉主持完成"我国喀斯特贫瘠山区玉米种质创制与杂交种选育及应用"，经中国农学会组织的以戴锦瑞院士、刘旭院士等专家组成的专家组进行成果评审，结论定为：育成了不同类型的优良玉米自交系和杂交种，育成杂交种在黔、滇、川、渝、鄂、湘、桂等喀斯特贫瘠山区累积推广1.7亿亩，产生显著的社会效益和经济效益，为喀斯特贫瘠山区少数民族解决温饱问题和脱贫发挥重要作用。成果总体达国际先进水平，其中，在优质蛋白玉米基因的遗传机制和多个基因聚合应用上为国际首创。

还须特别一提的是，近几年陈泽辉领衔的团队在玉米育种方面，屡有创新突破的新优品种：一是育出更多优秀品种走出贵州，走向西南。如黔单88：大穗型，国家审定，可在西南各省推广，生产经营权转让给云南大理种业公司；黔玉1808：大穗型，国家审定，可在西南各省推广，生产经营权转让给四川高地种业公司；黔玉9618：抗白斑病，国家审定，可在西南的热带和南亚热带区推广，生产经营权转让给湖北康农种业公司；北玉1264：大穗型，云南和贵州审定，生产经营权转让给云南北玉种业公司；北玉1507：耐密型，云南和贵州审定，生产经营权转让给云南北玉种业公司。

二是育出早熟、耐密、抗病的高产品种，走出西南，走进玉米主产区的黄淮海区域。如康农玉809：早熟、耐密、抗病品种，区域为黄淮海，含河南、山东、安徽、湖北、江苏等省，生产经营权转让给湖北康农种业公司；黄金棒819：早熟、耐密、抗病品种，区域为黄淮海，含河南、山东、安徽、湖北、江苏等省，生产经营权转让给河南宝景种业公司。

三是育出青贮玉米品种，全株青贮，用于牛羊养殖。如金玉818：2019年作为青贮玉米在贵州审定，一般亩产青贮5吨，最高达6.3吨，2000年作为籽粒玉米在贵州审定，云南、湖北、重庆等地认定；黔青446：2019年作为青贮玉米在贵州审定。

陈泽辉当初让百姓"吃得饱"的梦想已经成真，他正朝着让国人"吃得好"的目标大步迈进……

听，玉米在秋风中绽放出金色的笑声：飒飒、飒飒。

看似平常最奇崛

——记油菜研究专家张瑞茂

◆ 喻莉娟

张瑞茂 （1963—）男，贵州思南人，土家族，中共党员，研究员，曾任贵州省农业科学院油菜研究所副所长、党委委员。贵州省"五一"劳动奖章获得者，中华人民共和国70周年纪念章获得者，享受国务院特殊津贴的贵州省省管专家，中共贵州省十届党代会代表。

共获各级科技成果16项，其中国家科技进步二等奖1项，省科技进步一等奖2项，二等奖3项，三等奖3项，四等奖1项，省丰收计划一等奖2项。先后主持或参与实施完成国家和省重大或重点科研项目22项。其中作为主持人或首席专家主持完成国家和省重大或重点科技攻关项目14项。

共育成杂交油菜新品种17个，作为总主持人、首席专家主持贵州省"十五""十一五"油菜育种科技攻关，育成11个优质高油高产杂交油菜新品种。这17个品种现已在我国长江流域各省区累计推广面积达3亿亩以上，创经济效益达100亿元以上。

特别是其中的翔油1号、油科1号、油研2013、油研585是在我省率先育成的4个隐性核不育三系优质杂交油菜新品种，取得了我省油菜杂种优势利用研究由隐性核不育两系向隐性核不育三系利用研究的根本性突破。

金矮油2号是我国育成的第一个经国家备案登记的适合机械化种收的矮杆杂交油菜新品种。创新性地发现并育成具有重要利用价值的甘蓝型油菜矮杆材料，专家评价"国内外首创"。

总理来到油研所

张瑞茂永远不会忘记这个日子，2002年12月20日。

那是在黔东，思南县的一个乡镇——塘头，贵州省油菜研究所试验基地就坐落在这个美丽的山镇。西南地区的12月绝不寂寞，小山脚下，残雪未消，腊梅的幽香在竹林间散溢飘流，清新的空气使人格外神清气爽。油研所试验基地，一眼望不到头的油菜试验田已经枝叶茂盛、青翠欲滴，菜叶上残留的雪凝，更加衬托出杂交油菜苗旺盛的生命力。

从昨天起，张瑞茂和所里的同事们就开始激动不已了。因为他们接到通知，有中央领导要来参观油菜试验基地。

今天，张瑞茂穿上了平时难得一穿的蓝色西装，白衬衣还打上了领带。略显清瘦的脸庞，格外地容光焕发。

平日里总蹲在田里做观察笔记的张瑞茂，哪里能够穿上如此隆重的礼服，宽松的衣服外套白大褂，是他们科研人员的标配。宽松，是方便做事；白大褂则代表严谨，是一种对待科学的态度。

张瑞茂在所里巡视了一遍，反复检查准备的情况，方才落下心来。作为贵州省"十五"攻关油菜项目的总主持人，上个月，他刚被提升为油研所的副所长，进入党委班子，无论是对于科研工作，还是日常专业行政工作，他都不敢有半分懈怠。

从2000年以来，张瑞茂主持省里油菜研究"十五"攻关项目已经2年，他们培育的优质杂交油菜品种推广面积达到1000万亩以上。

天公作美，这一日，天上是薄薄的云层，偶尔还会透出些微不可察的阳光，这是冬雪之后的和煦。

一队越野车和中巴车来到油研所的院坝当中，打开车门，首先映入眼帘的，是省委书记钱运录，待钱运录书记下车站定后，一位中年人扶着一位老人走出了车门。

啊！张瑞茂顿时惊喜地瞪大了双眼。

他有些不敢相信自己的眼睛，走过来的，竟然是温家宝总理！

国家总理亲自来到塘头，来到位于偏远乡镇的油菜研究所！

温总理来到了油研所油菜试验基地，毫不犹豫地踏着残雪走向田间地头，他的脸上写满了中国百姓都十分熟悉的慈祥微笑，平易近人，温暖人心。

他行走在试验田的油菜丛间，认真地观看试验油菜长势，悠悠、绿油油、厚敦敦，残雪遮不住它蓬勃的长势，温总理看得十分高兴。站在油菜田间，他认真地翻看着张瑞茂们的研究记录——成千上万份油菜基础材料及组合的植株高度、茎杆粗壮度、生长过程细节、结籽量和产油率、油品质量、DNA实验记录……

总理一丝不苟地查看着，不时地问一些问题。张瑞茂从内心感到钦佩，一个国家的"大总管"，管的是国家方方面面的大事，而对于油菜种植研究的提问，却总是问在关键处和重点上。

幸好，张瑞茂这个"十五"油菜攻关项目总主持和首席科学家，是从最基层的技术员在实践中一点一滴地干出来的，对于总理的提问，他内心虽然紧张，应答却从容不迫，关于油菜种植和创新的方方面面，他早已稔熟于心。他恭敬而大方地回答着总理的问话，总理一边翻看着研究记录，一边不时欣慰地点点头。

在张瑞茂家里的墙上，挂着一个精致的相框，相框里的照片，就是温总理考察贵州油研所油菜试验基地的田间留影，照片的中心是温家宝总理，站在他两边的是钱运录书记和张瑞茂。温总理正在聚精会神地翻看着他的科研田间记载本，张瑞茂看着温总理，显然是在回答着温总理的提问。

这张珍贵的照片，若要用一个词来形容，那就是——微笑！

DW871矮杆，国内外首创

2018年12月25日，贵阳。

中国作物学会油料作物专业委员会组织有关专家，在贵阳对贵州省农业科学院油菜研究所张瑞茂团队育成的甘蓝型油菜矮杆材料DW871进行鉴评。

这一次参加鉴评的专家组可谓阵容强大——院士4人；二级教授2人；二级研究员5人。

据《甘蓝型油菜矮杆材料DW871专家鉴评意见》显示：

1. DW871来源于甘蓝型油菜与埃塞俄比亚芥远缘杂交的复交后代ZH117，与甘蓝型油菜隐性核不育系杂交，F2代中发现了矮杆突变株，系选获得矮杆油菜

DW871，株高约140厘米，矮杆及性状不同于国内外已报道材料。

2．ＤＷ８７１花蕾段显著伸长、花蕾散生类似甘蓝的花序特征；分枝紧凑（＜25°）、着果密（1.86个/厘米）、结荚层相对较厚；茎杆木质化程度高、茎枝挺直不串枝、高抗倒伏；苗期生长正常，长势旺盛，收获指数高（0.37）。

3．初步研究显示，DW871的株高主要受1对显性主基因控制，初步定位于A10连锁群；正交与反交植株均表现为矮杆，无细胞质效应；DW871配制的杂交组合在多点试验中表现出较强的杂种优势。

专家组一致认为，DW871聚合了多个优异性状，是培育适宜机械化油菜品种的新种质，具有重要实用价值。建议加速新品种产业化进程，尽快在油菜生产中应用。

中国农业的发展，必然更加走向现代化。越来越广泛实行大型机械化生产是必然趋势。专家组对DW871做出鉴评后，全国要求合作的科研单位纷至沓来。

2020年7月27日，DW871获得了国家农业农村部"植物新品种权证书"（证书号20200014969）。

作为贵州省"十五""十一五"油菜育种科技攻关总主持人和首席专家，张瑞茂带领他的团队育成油研50、油研52、金农油1号、亮油9号、浔油8号、裕油6号、翔油1号、益油1号、油科1号、油研2013、金矮油2号等11个通过国家和省级13次审定或国家备案登记的优质高油高产杂交油菜新品种。这样的成就，在贵州油研界，是颇为突出的。

但张瑞茂说："其实，我最感到高兴的，就是在培育这些品种的时候，发现了DW871。"

中国工会网新闻报道："DW871作为张瑞茂历经19年创制的甘蓝型油菜特异中矮杆直立紧凑株型新种质，集中解决了油菜育种长期以来植株过高、花序（果枝）软、易弯曲、易串枝、易倒伏、株型散乱差等诸多不利于机械化收割性状问题。2018年，由中国作物学会油料专业委员会组织院士、知名专家组成鉴评会，张瑞茂详细汇报了矮杆材料DW871的选育过程、特征特性，与会的专家一致认为DW871兼具多个优异性状，并认为DW871这一新种质属国内外首创，具有重要实用价值。"

值得一提的是，11位专家，包括4位院士，齐聚贵阳，为DW871做鉴评，并不是张瑞茂或者贵州油研所主动邀请的，而是中国作物学会直接组织的一次观摩指导活动。

出席中国作物学会学术年会的科学家们不会忘记，那个憨厚老实、谦虚有礼、貌不惊人的贵州汉子，当他在大家礼貌性的目光下走上发言席，用浓郁的贵普话开始他的学术交流时，却一鸣惊人，他介绍的被称为"DW871"的杂交油菜新材料，其材料特性一下就抓住了与会专家们的心。在座的都是行家里手，哪里会不知道，台上这位朴素无华的贵州科学家介绍的这款新材料，给中国油菜生产的发展，展示了多么美好的前景。

张瑞茂说："我们搞成的这种新材料在不久的将来育成该类型的杂交品种，在生产中适合于大型机械化，比如成都平原、江汉平原、长江中下游平原、洞庭湖平原等，我们这种类型的品种株高合适，杆硬不倒，适合机械化收割。"

你可以想象，广袤无垠的平原上，一望无际的油菜田，植株挺立，整整齐齐，籽荚厚实饱满，缀满枝头，大型收割机轰隆隆开进油菜田，不需强行扯开牵连枝荚，植株不高不矮，枝干不倒不蔓，正适合机械的操作维度。丰收的油菜，没有出现以往的撒漏，增加了丰收的满足感，减少了抛洒的心疼感。

说到这里，张瑞茂又从另一个角度补充说："在我们贵州山区，难以实现大型机械化生产，但以DW871为基础材料育成的同类型杂交油菜新品种也仍然具有推广优势。该类型品种不倒伏，枝干不牵连，同样便于人工收割。一般油菜，枝干互相纠缠，收割的时候要碰落多少菜荚，减少多少收成，做过农活的人，都会有深切的感受。"

这是专家们都能够预见的前景啊！

可以说，张瑞茂的发言惊艳了本次学术交流会，惊动了众多的油菜科研专家。于是，为了中国油菜生产的发展，中国作物学会会同油菜专业委员会，在贵阳组织了对DW871的鉴评会。

根据中国工会网报道："截止到2022年3月，张瑞茂主动以DW871特异种质为研究材料，与全国15个省（市）的高校、科研院所的21个知名专家团队开展了联合攻关，旨在加快新品种的选育步伐，中国农业科学院油料研究所、国家油菜工程技术研究中心、华中农大等以团队创制的DW871特异种质为基础，在优势特色油菜品种选育、抗根肿病育种、化学杀雄、黄籽高油分油菜品种选育等方面取得重要进展。"

"从发现矮杆种质DW871到现在，张瑞茂带领团队以DW871种质资源为基础，经过近20代的鉴选，最终筛选出抗性、产量、配合力较高的优异油菜常规品系16份、雄性不育系2套及恢复系4份，并率先在我国育成适宜机械化收获的中矮杆直立株型杂交油菜新品种金矮油2号,获国家植物新品种权登记,截止到2022年,在全国已累计示范推广应用超过10万亩。"

金矮油2号是我国育成的第一个经国家备案登记的适合机械化种收的矮秆杂交油菜新品种。金矮油2号杂交油菜新品种的成功,是对DW871重大价值的肯定和证明。同时,也说明张瑞茂和他的团队既是DW871的创造人,也是DW871研究的先行者。

张瑞茂说:"DW871的发现,是偶然的。这里面,有很多机会。这就需要经验,而经验来自于积累,来自于毅力和耐心,来自于长期的坚持。没有经验,机会来了,但你却意识不到其重要应用价值,它可能就从你的眼皮子下面溜走了!"

"农业科研人员,就得有袁隆平精神!就得有袁隆平先生发现'野败'的精神,要有目标、有决心、有毅力,要耐得住寂寞,坐得了冷板凳,受得了挫折。没有袁隆平精神,一个乡镇农校的老师,就不会成为国际一流大师。袁隆平精神,永远是我们农业科研人员追求的目标和旗帜!"

可以说,袁隆平精神,正是这位思南乡下农校出身的科学家,不断走向成功的灵魂支柱!

日复一日的蹲守

"看似寻常最奇崛,成如容易却艰辛。"袁隆平有一句著名的论断:"知识、汗水、灵感、机遇,四个因素是实现梦想的秘诀,缺一不可。"——我们不妨称之为"袁隆平梦想四因素"——是对张瑞茂科研生涯的最好诠释。

在中央纪委监察部网《"聆听大家"系列访谈》栏目中,袁隆平对他的"梦想四因素"做了具体的阐述:"搞科学研究跟搞艺术创作一样,灵感很重要的,并且是来去无踪的。还有机遇,法国著名微生物学家巴斯德有一句名言叫作'机会宠爱有心人'。我们中国有一句名言,就是韩愈的《马说》:'世有伯乐,然后有千里马。'它后面一句话:'千里马常有,而伯乐不常有。'世界上宝贝很多,没有伯乐你便不知道它是宝贝,宝贝在你面前你识别不出来。知识是基础,你是文盲,搞发明创造就很难。再一个,汗水。我们是应用科学,水稻田是要实干的、要下田的、要流汗的。四个因素是实现梦想的秘诀,缺一不可。成才,还有一个要素,也是最基本的要素，是身体要好。身体不健康，心有余而力不足，无论你搞什么研究都支撑不下来。我现在还在第一线，经常都要下田的。身体不好怎么行！"

如果说"野败"是千里马一样的宝贝，袁隆平就具有伯乐一样的慧眼；如果说"DW871"是千里马一样的宝贝，张瑞茂就具有伯乐一样的慧眼。

在开始本节文字之前，我们有必要了解一下植物杂交育种的一个基本知识，这就是"植物三系"——"不育系、保持系、恢复系"。这"三系"，完整的称呼是"雄性不育系、雄性不育保持系、雄性不育恢复系"。

大自然界的植物，一般都是雌雄同蕊，可以自花传粉，从而结籽进行繁衍。而所谓"不育系"，就是不育系植物的花器，雄性器官退化或发育不完善，不能产生花粉，而雌性器官却发育正常，可以接受外来花粉授精，从而结籽（实际上就是杂交了）。在植物优质品种的培养中，作为不育系的母本一定是经过无数次的发现筛选转育，创制的具有特殊用途的优质植物。

所谓"恢复系"，就是"不育系"外的其他品种，花器正常，可以产生花粉，把"恢复系"品种的花粉对不育系进行授粉，就产生一个新的杂交品种，而且这个杂交品种还恢复了花器的完整功能，是可以正常进行生殖、繁育、结籽、收获的一个植株群体的总称。

所谓"保持系"，就是花器正常，能够产生正常花粉并可与相对应的雄性不育系授粉，能正常结实，其当代种子种植后长成的植株能继续保持其原雄性不育系的所有特征特性，特别是雄性不育性的同一植物品系植株群体的总称。这样，作为杂交植物母本的"不育系"，才能拥有足够的数量，与恢复系进行杂交，生产大量的植物杂交种种子。当然，这种杂交品种经过选育培养，必须并肯定具有各种品系优势。这个杂交品种，就是推广给农户和农场栽种的优质高产油菜品种了。

袁隆平老先生培育出来的高产杂交水稻，就是通过这种"三系法"而产生的新品种。说到这里，我们就可以明白，这个"三系法"的过程，绝对不是一个简单的过程，袁隆平老先生之所以成为"杂交水稻"之父，就是因为"三系法"的培育，正是袁隆平老先生"知识、汗水、灵感、机遇"四个实现梦想因素融合的结果。也正如张瑞茂所说"有目标，有决心，有毅力，耐得住寂寞，坐得了冷板凳，受得了挫折。"才能在漫长的时间里，通过"三系法"培育出优质杂交品种。

这就是张瑞茂主持"十五""十一五"攻关项目期间，培育出了那么多优质油菜新品种，发现了DW871，培育出我国育成的第一个经国家备案登记的适合机械化种收的矮秆杂交油菜新品种金矮油2号的原因。

主持"十五"攻关项目期间，张瑞茂并没有急于培育新品种，因为在之前，其新组建的团队"不育系"材料基础基本是空白，可以说一点基础也没有，所以整个"十五"期间，张瑞茂和他的团队一方面努力完成了所有规定的任务，一方面为"十一五"的创新打下了全面的、坚实的基础。进入"十一五"不过2年时间，张瑞茂和他的团队就培育出了5个新品种，其中3个通过国家农业部审定，2个通过省级品种审定委员会审定。

农业科研人员，要获得成功，时间是非常漫长的，从播种到收成，一个实验周期就是一年。但是，在一个纷繁复杂的未知生命天地中找寻通向一个新生命的途径，谁也不知道需要多少个周期，才能碰上机遇，才能有所发现，才能在反复实验中最终找到优质杂交品种的成功方法。

"十五"至"十一五"攻关期间，张瑞茂和他的团队，培育出9个优质油菜新品种，用了整整10年时间；而至中国作物学会专家组对DW871做出鉴评，已是18年时光；到国家农业部审定DW871和金矮油2号，已是20年过去。张瑞茂从一个中青年科学家，历经沧桑，岁月煎熬，已是两鬓斑白了。

何为"历经沧桑，岁月煎熬？"

让我们穿越时空，来到张瑞茂的实验基地。

张瑞茂的实验田看上去，油菜苗一行一行，排列整齐，在我们看来，那就是油菜苗，长大了就是油菜，开花结籽，收获榨油，何其自然。但是，只要你多少了解了一些油菜科研的情况就知道，实际上这些植株是两两成行进行栽种的，一行是不育系，一行是恢复系，用张瑞茂们的专业术语来说，"一行一个材料"进行"组合"。为什么叫"材料"，因为在这些科研人员看来，那只是他们培育优质杂交新品种的实验植物，只是培育新品种的材料，还不是新品种（新品种必须经国家农业部或者省级审定委员会审定，才可以正式成为"新品种"，才可以推广）。

这样的组合，小规模，至少上百个，但往往是上千，甚至是成千上万个组合。

张瑞茂和他团队的伙伴们，自从"材料"种下地，一天一天看着它们出土、成苗、长高、开花、授粉、结籽、成熟。

在一般的农业生产中，每一个阶段，间苗、栽植、除草、施肥，防治病虫害，成熟了收割，打下籽来，晒干，送到油厂榨油，就是一个完整的生产过程。

但这是"生产"，不是"科研"。

这种一般的生产流程，张瑞茂们当然做得溜溜熟，但那不是他们的主要职责，那样的流程，谁都能够做。对于张瑞茂们来说，他们的职责和任务，是观察、记录、分析、发现。

张瑞茂说："成千上万个材料及组合，你不要只看一片油菜，在一般人看来，一片翠绿金黄，整整齐齐，实际上这里面差别很大。你不下到田里，不去观察，尤其是关键环节，不天天去观察，你就没有新的发现。"

"哪怕是刮风下雨，也必须下去，不能错过材料生长过程中的每一个变化，尤其是异常情况。"

"观察、记录，漫长的生长过程，很多是数字化的东西，成千上万个组合，到底哪些组合长得好，茎秆粗细度，叶型，株型，菜荚的数量，结籽的饱满度，直至最后的出油率，油质的品位，不详细记录下来，你怎么可能记得住，没有记录，科学分析就失去了依据。没有这些记录，你怎么能从这些'材料'中，选出最佳的品种材料，从而大量培育，大量推广！"

听了张瑞茂对油菜品种培育过程的描述，简直可以说令人听而惊心，听而生畏，这样的过程，可以用一个警察术语来形容，那就是"蹲守"！

"蹲守"，就是对着一个目标，长时间地进行观察，不能分心，不能有丝毫的走神，这是警察生涯中最艰苦的行动之一。而警察的"蹲守"，时间再长也是临时短暂的；而张瑞茂们的"蹲守"，却是日复一日、年复一年的！

这样的过程，不是一个流程（也就是一年）就能完成，要经过若干次，也就是若干个春秋，才能确定材料是否高产优质，最后还要经过省里和农业部专家的鉴定、备案、授权认定，才可以推广！

不用说我们的亲眼见证，仅仅听取张瑞茂的介绍，你就不能不感到其令人难以想象的艰难辛苦，不能不肃然起敬！

张瑞茂所描述的过程和场景，在对袁隆平的报道和电视剧描写中，都有细致生动的展示，与张瑞茂们的科研过程，毫无二致。

张瑞茂已经在他的实验田里"蹲守""巡查"了好多时日了。

塘头，春天的气息很浓了！人们盼望着的"金海雪山"，即李花满山胜雪、菜花遍地如海的时节已经逼近了。

金海雪山，是一个普罗大众眼中美丽的宏观世界。但对于张瑞茂他们来说，金海雪山美景只是他们的劳动顺带产生的福利而已，他们关注和探寻的是每一个微不可查的微观世界——每一株油菜的生长过程中，一枝一叶的细微表现，包括DNA的定位。

油菜开花在即，所有的植株都长势良好。张瑞茂不敢有丝毫的懈怠，天天都在田里"巡查"，仔细观察，不顾"蹲守"的艰难与辛苦。我们虽然把张瑞茂巡视查看称为"巡查"，只是指他需要把地里的植株全观察一遍，"如巡查一般"。但他绝不是一般意义上的"巡查"，用他的话来说，"上千个组合"甚至是"成千上万份材料及组合"他全都要认真观察，高度都量过了，所有的植株都长得一般高壮。他一边看，一边记录，每一个组合方阵的长势情况、花蕾的数量、坚不坚实，具体数据，他都一一地在观察记录本上记录清楚，还包括日期、方位、行数。

有时，张瑞茂还要翻翻前面的记录，看看"材料"前面的生长情况，以做对比。然后，他继续往前走，小心翼翼，避免碰着油菜植株，尤其是即将彩绘大地春色的花蕾，如果碰掉了，就失去了植株本来生长的真实情况。

有时，春雨淅沥，张瑞茂需要披上雨衣，还要戴上斗笠。泥泞淤脚可以无所谓，沾衣欲湿也可以无所谓，但笔记本不能打湿。

忽然，张瑞茂停下了脚步。在一片油菜的海洋中，在成千上万份材料及组合中，张瑞茂忽然发现了三株油菜植株有些"与众不同！"比起周围无数的植株，它们是那么地"可怜"，因为所有的植株都比它们兄弟仨长得高。科学家敏锐的直感，让张瑞茂隐隐觉得，这三株油菜的"与众不同"恐怕是有点"不同寻常"。

完全可以想象，如果不是张瑞茂年复一年的巡查蹲守、观察记录、分析研究，一次次地培育实验，他怎么可能在成千上万株油菜植株中发现这三株植株，并感觉到它们的"不同寻常"呢！如果不是张瑞茂在年复一年如此用心竭力地去发现、研究、分析、总结，练就了一双科学的慧眼，他怎么可能用"伯乐"的眼光来看待这三株油菜！

这就是张瑞茂说的"没有经验，机会来了，你发现了却意识不到它的重要应用价值，它就从你的眼皮子下面溜走了"。这就是袁隆平说的"机会宠爱有心人"。

尽管由于这三株油菜植株矮小，被其他植株遮挡了一部分阳光，它们吸收阳光不足，看上去长得不是很好，但它们的茎秆却仍然有些粗壮的感觉。张瑞茂没有放弃，那种"不同寻常"的直感总是在他心里萦绕。到了油菜收割的季节，张瑞茂小心翼翼地将三株油菜的菜籽单独收了起来，到了第二年的播种季节，张瑞茂将这三株油菜的菜籽专门种了两分地。在他的照料下，这两分地的油菜长势良好，可喜的是大部分都植株矮壮，但仍然有部分长得高的植株。对于培育一个合格的新品种材料，哪怕其中就是只出了一株不同的表现，都不是成功的。张瑞茂并没有失去信心，去掉了那些高杆的植株，留下了矮杆的种子。第三年，再把它们种下去，再选择矮壮的保留下来；再种下去……

这样的栽种、选择，年复一年，经过几年的反复，最后终于达到稳定，全部植株都达到矮壮标准，再种下去，长出来的仍然是全部矮杆，说明它们是已经受到基因控制，可以进行更深一步的实验了。

这时候进一步的实验，就是通过科学的手段，使这些油菜变成"不育系"。只有让选定的品系退化掉它们的雄性生殖功能，转化为"不育系"，才是科学意义上的稳定。

一个科研，这是需要多么漫长的岁月时光啊！怪不得张瑞茂在说到"耐得住寂寞，坐得住冷板凳，受得了挫折"时，那种来自内心的情绪，那种虽然微笑却泪光隐涵的神情，是那么地刺痛人心！

这三株油菜，经历十年培育，成功创制出一类与众不同的具有特殊价值的新材料，就是DW871！

这一个过程，经过了十年以上的漫长时光，终于，在中国作物学会的年会上，张瑞茂关于DW871的学术报告，一鸣惊人，引起了与会专家们的高度关注。

十年磨一剑！这里的十年，只是为了这句名言而用的概数，实际上，是耗费了十多年的时光，就算是养育一个孩子，从出生到此，也差不多该进大学了！

不是谁都能够经受得住这种年复一年单调重复的岁月煎熬！也不是谁都能耐得住这种寂寞、坐得住这种冷板凳啊！

当我们坐在餐桌前，享受着食品的美味，享受着白面雪米的清香，享受着煎炒炸煮色香俱全菜肴的鲜美，中国虽然拥有14亿的庞大人口，但却远离了饥饿和营养不良，我们可知道，这后面有多少个如袁隆平这样的大师、如张瑞茂这样卓越的优秀科学家，用他们毕生的智慧、汗水、心血甚至于青春、生命才造就了今天这样的美好时代、幸福生活！

背着种子闯市场

为了推广自己培育的新品种成果，张瑞茂们曾经背着种子，风尘仆仆，去外乡外地、外省外市进行推广，将他们的新品种、新成果推向大江南北。

现在的推广，可以通过计算机网络进行第一步的联系，确定了合作初步意向，或者直接在网上达成协议，或者可以约定在某地见面，经过面谈，签订合作协议。

至于物流，现在早已是畅通无阻，随时出动。

但在网络尚不发达的20世纪90年代，张瑞茂却需要自己背着种子，上门推销。张瑞茂笑着说："那时，我们既是一名科技人员，也像个卖狗皮膏药的商人，上门去推销，哪怕远在千里之外，也要将我们的科技成果推广出去，进入生产实际应用，为社会创造真正的效益。"为了农业科研事业的成功，张瑞茂毫不犹豫地既当专家又当推销员。

1998年，张瑞茂与他的同事程尚明一起背着油菜种子，坐上了开往四川平原的绿皮火车。

他们来到了简阳。

简阳，可以说是成都的门户，2018年，它被成都市代管。它位于川西平原龙泉山东麓、沱江中游，素有"蜀都东大门"之称。张瑞茂一下就看中了这里，如果他们的油菜能在这川西平原落脚，无疑对于他们的推广是十分有利的。

张瑞茂与同事程尚明一起背着一个大大的牛仔双肩包——20世纪90年代，曾经很流行这种实用而结实的大容量背包——来到了简阳种子公司。那时，种子公司是国有公司，凡是外来的优质品种——当然，也许也有不优质的——都要经过种子公司认可采购，推广给农户。

副研究员张瑞茂，恭恭敬敬地站在简阳种子公司经理的办公桌前，一边介绍着他背去的油菜种，一边从背包里拿出一小包示范种。

经理斜了一眼张瑞茂放在办公桌上的油菜种，慢条斯理地喝了一口茶，然后说："哦！"

没有了下文。

张瑞茂试探地问："经理，我们免费提供1公斤示范种，你看能否安排落实一下……"

经理面无表情地说："目前我们还无力安排落实，你们还是把示范种带走吧！"

自始至终，没有招呼大家坐，也没有奉上一杯礼节茶。

张瑞茂与同事只得起身告别，他客气地说："经理，我们以后有机会再联系哈，谢谢啰……"接着慢慢地背起背包，走出了经理办公室，走出了简阳种子公司的大门。

经理自始至终没有任何回应。

但张瑞茂没有气馁，他与同事转身去了汽车站，坐上了去资阳的客车。

资阳是个地级行政地区，后改为市。资阳是一个历史文化传承悠久的地方，古代文豪苌弘、董钧、王褒并称"资阳三贤"，资阳下辖的乐至县是开国元勋陈毅元帅的家乡。

那时，简阳属于资阳代管。

简阳碰壁，到资阳试试？

张瑞茂的遭遇来了个180度的大反转！

不愧是孔子老师的家乡，不愧是儒帅陈毅的故土，那种传承的修养，那种传承的胸怀，那种传承的文化气度，哪怕只是管理种子推广的部门和负责人，也是一接触就知道受到了这种优秀文化传统的熏陶。

资阳市资中县农业技术推广站站长一听是贵州科研所的专家，来介绍和推广他们研究出来的优质油菜品种，立刻请张瑞茂在沙发上坐下，先奉上一杯热茶。然后站长说："张教授哈，不晓得你们油菜品种比起我们现在栽种的油菜，有些哪样子不同呢？"只要是说到专业，那张瑞茂自然是信手拈来，头头是道，张瑞茂说："我们这个油菜种子，是经过千挑万选，培育出来的油菜品种，种子出苗率、成活率高，长势良好，优势，荚果多，结籽饱满，产量高，出油率高，品质优……"张瑞茂侃侃而谈，自然是知无不言，言无不尽。站长也是内行，一听介绍，就晓得张瑞茂所言不虚，他推荐的油菜品种，种下去，一定会取得增产丰收。宾主相谈甚欢，爽快签下了种子示范推广合作协议。

于是，在站长的安排下，张瑞茂与同事一起很快就下到乡里选址，建立优质油菜种植基地，引进高新技术，认真给农民示范，亲自给农民传授种植技术。在油菜生长过程期间，每到关键环节，张瑞茂就带领他的同事不辞辛劳从思南赶到贵阳，再从贵阳赶到资阳，为种植户排忧解难，直至亲自下地与农民一起劳动操作，现场解决问题。

第二年的5月，百花盛开的大好季节，在资阳的推广油菜已经成熟，长势良好，菜荚饱满。与资阳合作的油菜种植，终于大放异彩，当地农户和农业部门都十分高兴。于是，与资阳农业部门领导商议，决定在资阳资中示范现场的成熟期和脱粒期召开两次油菜丰收现场会，双方想法不谋而合。

这天，阳光明媚，正是收割的好天气。千亩油菜田边的公路上，拉起了红色的宣传横幅大标语，四县八乡、兄弟市县的种子公司负责人、农资公司负责人、农推站的负责人都来到了现场。

简阳县种子公司的经理也来参加了现场会。

经两次现场会参会领导专家现场测产与脱粒实测。亩产300多斤。

当时一般油菜亩产量是100~200斤。

现场沸腾了。种子公司的负责人们纷纷上前咨询，与张瑞茂签下推广合作协议。

简阳种子公司的经理也来见张瑞茂了。他满脸笑容，好像换了一个人，也好像忘记了当初他是怎么接待张瑞茂与同事的。只见他笑弯了嘴角，热情洋溢，对张瑞茂的油菜称赞不已。张瑞茂呢，也只有选择性失忆，若无其事，热情接待简阳种子公司经理。

这位曾经高傲的经理，代表简阳种子公司，一下就跟张瑞茂签了八九万斤的油菜种子购买合同和推广合作协议。

后来，张瑞茂宽容地说："其实当初也不怪他，他也是为县里着想，有些人是有这种习惯，不见兔子不撒鹰，他非要亲眼见了结果才相信。"

张瑞茂说："这样的经历，做成果转化与推广，碰到是常有的事。人家不理你，你不要灰心，你要找到一个点，只要有信心有恒心，放得下面子，这个点总能找到。找到这个点后，认真把技术传授得实施到位，把示范现场做好，就能实现突破，一旦突破，就打开了局面。"

说起研究员变身推销员的故事，张瑞茂笑着说："其实，要做成功一件事，你必须得扮演多个角色，无论是科学家也好，商人也好，农人也好，这些角色你都得扮演好，总之一句话，农业科研绝不单纯，只要为了科研成功，能够推动农业生产，推动国家经济发展，造福人类，都要放得下身段，要有决心、有担当、有坚持。一个成功的科学家，不但要有技术，还需要有精神。这个精神就是我前面说的袁隆平精神！"

让祖国大地开满美丽油菜花

2001年，第十个五年计划开始了。

而这时，张瑞茂的恩师，科研所老所长已59岁，根据相关政策规定，不能再主持五年计划科研攻关。因此，贵州省"十五"计划油菜科研攻关项目，亟需一个年轻一辈科学家中的佼佼者和成熟者来主持。这个主持人，得有过硬技术、有理论知识、有实践经验、有责任担当、有创新精神。

根据规定标准，按照条件，贵州油研所经过筛选，推荐张瑞茂为候选人。

推选张瑞茂为候选人，既体现了遵守规定，严格按照标准进行选拔的原则，也体现了科学灵活、不拘一格的人才选拔意识。

如果组织上非要死搬硬套所有的条条框框，张瑞茂的学历条件略"软"一些，因为进入油研所工作时，他的学历只是中专。后来他参加了贵州农学院农学大专班的学习，取得了农学专科文凭。1996年，他以在职身份进入西南农业大学作物遗传与育种研究生班学习深造，可惜那时在职学习的研究生，还没有赶上在职读研只要综合考试和外语考试合格，论文和答辩过关，就可以拿取学位证的时代，因此他并未获得硕士学位证书。

也就是说，虽然张瑞茂的受教育水平是研究生，但他的原始"学历"只是中专，最终学历也只是个专科文凭。但是，根据张瑞茂的实际情况，尤其是他突出的科研成果和业绩，专家组一致认为，将张瑞茂作为本科以上学历水平来对待，完全合乎情理。因此，领导和专家组都一致同意张瑞茂为候选人。

所有候选科学家的资料都送到组委会专家们的手里，包括贵州大学等高校的科学家和其他科研院所的科学家。

而此时，在年轻一辈的农业科学家中，张瑞茂已获得国务院特殊津贴、贵州省青年科技奖、全省农业系统先进工作者等荣誉；并以第一主持人身份获得全省科技进步三等奖1项，以第二主持人身份获得全省科技进步二等奖2项、三等奖2项。

根据专家们的打分，最终结果出来，张瑞茂以最高分胜出，成为贵州省"十五"油菜攻关项目总主持人和首席科学家。其实，这也在大家的预料中。

话又说回来，这也可以说是贵州油研界的幸运，后来的事实证明，在张瑞茂的带领下，攻关团队取得了辉煌的业绩，他们以系列的创新成果，为贵州油研界开辟了一片崭新的天地。

《贵州日报》2021年4月29日对张瑞茂的新闻报道中有一段话：

作为主研人之一，张瑞茂参加国家和省"六五"至"八五"油菜育种攻关，育成油研3号、油研5号、油研7号、油研8号、油研9号等5个杂交油菜品种；作为总主持人、首席专家主持贵州省"十五"和"十一五"油菜育种科技攻关，育成油研50、油研52、金农油1号、亮油9号、浔油8号、裕油6号、翔油1号、益油1号、油科1号、油研2013、油研585、金矮油2号等12个通过国家和省级审定推广的优质高油高产杂交油菜新品种。其中，翔油1号、油科1号、油研2013是在贵州省率先育成的3个隐性核不育三系优质杂交油菜新品种，取得了贵州省油菜杂种优势利用研究由隐性核不育两系向隐性核不育三系研究利用的根本性突破；以自主创新的甘蓝型油菜矮秆新种质DW871为基础育成的矮秆直立株型杂交油菜新品种金矮油2号是我国率先育成的第一个适宜机械化种植的矮植直立株型的新型高效杂交油菜新品种。这些品种已经在我国长江流域多个省区累计推广面积达3亿多亩，创经济效益达300亿元以上。

因此，说张瑞茂主持"十五"和"十一五"油菜攻关项目期间，为贵州油研界开辟了一片崭新的天地，完全是实事求是，实至名归。

张瑞茂刚接下主持"十五"攻关项目的任务时，便感受到了什么叫"艰难"！

"第十个五年计划科研攻关项目"，毋容置疑，这个任务何其重大！

张瑞茂感到肩上的重担沉甸甸。"六五"起步，"七五"打基础，"八五"见成效，老一辈育种家已取得了较为丰厚的成果，给我们树立了光辉的榜样，也给后来者打好了一定的基础。但科学是无止境的，还有很多科学难题需要年轻一代去探索解决，去创新。张瑞茂的前辈也笑着对他说："小张啊，科学研究，一切靠自己，我们这点资源，自己收藏做个纪念还可以，对你来说，意义就不大了。"

响鼓不用重锤，张瑞茂知道，前辈们希望他能够不受条条框框束缚，自力更生，大胆创新，在自己主持"十五"攻关项目期间，开辟贵州油研新局面。

鉴于此，张瑞茂制定了周密的计划，第一，保质保量完成"十五计划"国家规定的任务；第二，积累经验，打牢基础，为后续创新做好充分准备。

张瑞茂和他的团队，下定了决心，树立了信心，铆足劲头，踏踏实实，一切从头干起。

张瑞茂欣慰地说："同仁们都很支持我的工作，大家齐心协力，一切按照我们的计划，圆满完成。就是说，我们完成了所有'十五计划的'规定任务，并且积累了大量的资源材料，实验记录、分类档案、育成的种子、DNA分析资料照片和记录，大田栽种过程观察记录及分析档案……总之，只要进入下一阶段，我们有信心培育出优质不育系，有信心发现优质恢复系，油菜新品种创新，只待东风！"

在此期间，2002年张瑞茂升任副所长和党委委员；2003年他晋升研究员。这可以认为是从另一个角度，说明他在"十五"期间取得的优异成绩。

2006年，"十一五"，张瑞茂再次出任总主持人和首席科学家。

2007年，由于"十五"期间打下的良好基础，不过一年时间，张瑞茂便主持育成了油研50、金农油1号、油研52、裕油6号、浔油8号共5个杂交油菜新品种，并通过了国家和省级品种审定委员会的审定。其中油研50、金农油1号、油研52三个品种于2017、2018、2019年先后进入"全国产品样本数据库（GPD）"。

2008年，育成杂交油菜新品种亮油9号，并通过省级审定委员会审定，并于2018年进入"全国产品样本数据库（GPD）"。

2009年，育成翔油1号、益油1号，并通过国家和省级审定委员会审定，并于2018年双双进入"全国产品样本数据库（GPD）"。

2010年，育成杂交油菜新品种油科1号，并通过省级审定委员会审定，于2018年进入"全国产品样本数据库（GPD）"。

在此基础上，张瑞茂再接再厉，于2013年育成杂交油菜新品种油研2013，并通过省级审定委员会审定。

2019年、2020年育成油研585、金矮油2号，并通过国家农业部植物新品种备案登记，进入"全国产品样本数据库（GPD）"。

也就是在这期间，张瑞茂发现了DW871。

正如《贵州日报》记者在《致敬最美劳动者！贵州省"五一劳动奖章"获得者张瑞茂：油菜花开幸福来》这篇报道中所说："张瑞茂和他的同事们常年奔走在油菜田里，只为一个目标：研究出适合在我国长江流域广大地区种植的'杂交油菜新品种'，让祖国的大地开满美丽的油菜花！"

给自己套上"破格"紧箍咒

张瑞茂就是个"破格"命。

谁叫他以一个中专学历进入科学研究机构呢！

如前所述，选拔"十五""十一五"计划油菜科研攻关项目总主持人和首席专家，其实张瑞茂的文凭稍"软"，但因其成果和业绩突出，仍然被推选为候选人，最后在专家打分中胜出。

破格，一般都是因为有不同寻常的表现。

1984年，张瑞茂铜仁农校毕业，此前，他在贵州省油菜研究所进行毕业实习。

张瑞茂和他的同学有幸在这里实习，其实，是因为本应"高大上"的研究所，却坐落在偏远的东部山区铜仁地区思南县的一个乡镇——塘头。思南县是乌江边上一个重要的水码头，其县城地貌是陡上陡下，找不到一块平整的坝子。但它的许多乡镇，坝子却宽阔广平，土地肥沃厚实，再加上气候湿热，居住虽然入夏难耐，却适宜于植物生长。塘头，就是这样一个地方。

张瑞茂是幸运的，他和另外两个同学，因在实习期间的优秀表现被油研所看中，留在了所里。

张瑞茂是真有幸，因为贵州油菜研究所的前身是1936年就始建于贵阳长坡岭的棉业试验场，是一个老牌科研机构了，有着长期积累的科研底蕴。1955年，研究所迁到铜仁地区思南县塘头镇。给了就读于铜仁农校的张瑞茂意想不到的机会，得以就近到研究所实习，又因为表现优秀被留在了所里。

张瑞茂说："当时，省级研究所的职工和研究人员，一般都是本科学历以上。但当时的老书记说，所里有很多实际操作的工作，这些工作是为科研做准备，为科研提供物质基础，创造前提条件，为科研提供帮助，或者说，为科研服务。这些活路，本科生不积极，所以研究所需要一些肯干、不讲价钱、吃得苦的人，这三个实习生，做得很好，我们需要这样的既懂技术又肯做力气活的人。至于今后能有多大的发展，得看他们自己的努力。

张瑞茂至今还感谢这位姓陈的老书记，并记住了他的话——今后的发展，得看自己的努力。

所以，他努力跟老所长学业务，尽力参加老所长的科研项目，并勤奋做事。老所长姓侯，是老一辈研究员，从理论到实际研究都有很高的造诣，张瑞茂称他为侯老师。张瑞茂从他身上学到了在中专学不到的知识，后来成为老所长的得力助手，一起开展了很多科研，获得了不菲的成果。

从此，在张瑞茂的职业生涯前方，便展开了一个广阔无比的天地。

也许，思南乡下小子张瑞茂，初入职时只是为了找份工作。但机会自然会"宠爱"像张瑞茂这样踏实憨厚、勤奋刻苦的"有心人"。

张瑞茂毕业于铜仁农校，只有中专学历。如果参评职称，他只能走技术推广系列，比如农艺师、高级农艺师等。但张瑞茂参加工作后，却竭力争取做技术员的工作，技术员是研究系列的准级别，做技术员，所里决定就行。

张瑞茂在技术员的岗位上干得很好。

1989年，张瑞茂到了晋升职称的时间，这时，他以一个中专学历的技术员，大胆地决定，他就要走研究系列。张瑞茂说："我既然进入研究所工作，在外人看来，我就是个科研工作者，如果我不在科学研究领域真正取得成果，我这个'研究所'的人就是名不副实。如果说要为国效力，我能够效的力就实在有限得很。但是，如果要真正从事科学研究，只有走研究系列，才能不断鞭策自己去提高，追求进步，因为我知道，以后的每一次晋升，要求将越来越高，门槛将越来越难跨，逆水行舟，不进则退。只有走研究系列，我才能融入这个世界，才能从其他专家学者身上学到更多理论知识和研究方法。虽然这说不上背水一战，但我决心对自己釜底抽薪！"

之所以说这是一个"大胆的决定"，因为，第一，走研究系列，比走技术推广系列的要求和难度都要高得多，必须有项目成果、课题、论文、著作等；第二，以中专学历，走研究系列，只能走"破格"途径，实际上，要求更高。

张瑞茂，自己给自己套上了沉甸甸的"紧箍咒"！

好在这一次张瑞茂准备晋升的职称，只是研究实习员，属于低级职称，门槛不高，但必须有相应成果，够得上"破格"。

如果只以工资为终极目的，上班签到，完成规定工作，下班回家休息或者聚餐喝酒打麻将，等着年头，按部就班，熬到退休，好歹也能晋升几级职务，运气好搞个科级副处，就算有所作为的了。

但张瑞茂不甘心于此。年轻的中专毕业生张瑞茂，在几年的工作中，已经悄悄地开始了他科研人生的积累，尝试着走上科研人生的道路，开启了科研人生的自觉性。他已经参加了几个科研项目的研究，1987年，他参加的"低芥酸油菜繁育和生产中芥酸的变化及保纯技术研究"项目，获得全省科技进步四等奖，他作为一个中专学历的新人，在团队中排名第四。而1988年，他以其突出的表现，被评为全省农业系统先进工作者。

1993年，张瑞茂到了晋升助理研究员的时间。虽然这只是个中级职称，要求也不是很高，但张瑞茂早已把自己的整个身心融入了油菜的研究和实验，他是为科研而生，并非为职称而行。从1989年被聘任为研究实习员以来，1990年，他主持了"甘蓝型隐性核不育优质杂交油菜亲本繁殖技术研究"项目，通过了贵州省农业厅验收。1992年，他参与的科研项目，获得贵州省农业厅科技进步一等奖；1992年，他参与的科研项目获得全省科技进步三等奖；同年，他参与的科研项目，又获得全省科技进步二等奖；还是这一年，他参与的科研项目，又获得全省科技进步一等奖。

袁隆平老先生那句话"机会宠爱有心人"，全身心投入科研的张瑞茂，当该他晋升职称的时间到来时，他的成绩早已够"破格"，成功晋升为助理研究员。

他的脚步从不曾停下，1993年成功晋升为助理研究员后，1994年，他考入贵州农学院农学大专班继续学习，1996顺利毕业。毕业后，他又于当年进入西南农业大学作物遗传与育种研究生班学习深造，很遗憾，外语国考过不了未能获得硕士学位。

而这时，他的科研项目质量也在不断提高。1995年，张瑞茂以第二的排名（项目组7人）参与的科研项目，获得全省科技进步二等奖；1996年3月1日，他主持的国家科技部"九五"攻关项目"优质油菜种子产业化技术的研究与应用"成功通过验收；同年，他以第二排名（项目参与人数89人）参与的贵州省科技厅"九五"攻关项目"贵州省百万亩油菜优质高产综合配套技术的研究与应用"通过验收，并获省科技进步二等奖。

就在张瑞茂不断取得越来越令人瞩目的科研成果时，1996年他再次破格，提前晋升为副研究员，进入高级职称行列。同年，他被提拔为研究室主任。

1997年，也就在晋升为副研究员的第二年，张瑞茂主持的科研项目获得全省科技进步三等奖。

这一年，张瑞茂获得国务院特殊津贴，同时还获得了贵州省青年科技奖。

但张瑞茂并没有停下科研的脚步，1998年，他主持的科研项目在获得省农业厅科技进步一等奖的同时，还获得了全省科技进步三等奖。

2000年，时年37岁的张瑞茂被推选为贵州省油菜"十五"攻关项目总主持人和首席科学家。如前所说，"十五计划"，他们以完成省规定任务为主题，并为"十一五"创新全面打好基础。

2001年，他主持的贵州省科技厅"十五"重大科技攻关项目"高产优质杂交油菜新品种（组合）选育及产业化技术研究"，成功通过立项验收。

2002年，他以排名第二（项目组7人）参与的项目"油菜隐性核不育材料及双低杂交品种油研7号的选育研究与推广应用"获国家科技进步二等奖。也许张瑞茂一生中，最令他深刻难忘的年份，就是2002年了，这一年11月，他被提拔为贵州省油菜研究所党委委员、副所长；12月，温家宝总理考察油研所，张瑞茂在试验田间向温家宝总理汇报工作，省委书记钱运录在旁满脸欣慰，温馨一幕，令人难忘。

2003年4月，他主持的贵州省科技厅贵州省省长基金科研项目"甘蓝型无花瓣油菜的选育及杂种优势利用研究"，成功通过验收。这是张瑞茂主持"十五"科研攻关项目的第三年。12月，张瑞茂破格晋升为研究员。

2004年，他主持的科研项目获得贵州省农业厅科技进步一等奖。2005年，他被评为贵州省省管专家。

2006年，继"十五"之后，张瑞茂再次被推选为油菜"十一五"项目总主持人和首席科学家。

2019年张瑞茂主持完成的"油菜种质创制与油研50的选育与应用"获贵州省科学技术进步一等奖和中国作物科技奖。

2020年张瑞茂被贵州大学生命科学学院聘为硕士生导师。

一路花开结果，一路耕耘浇灌，一路砥砺前行，一路艰辛奋斗——当他站在起跑线上的时候，他的赛道起点远比别人落后，因此他前进的每一步都可以说沉重而坚毅。至此二十年的光阴，他基本是在为科研事业的奋斗拼搏当中度过。这位铜仁农校走出来的青年，他的一路成长，轨迹分明，以自己的百倍努力，克服一切困难，直奔人生目标而去。

"问渠那得清如许，为有源头活水来。"张瑞茂，以一个中专毕业生的原始文凭，毫不犹豫地选择走研究系列的道路，给自己套上了"破格"的紧箍咒，但他在"取经"路上，砥砺前行，一路披星戴月，克服困难，终于取得辉煌的成就。

志存千里外

油菜花又黄了！

站在塘头基地的田垄上，张瑞茂已是两鬓花白。

这就是国家总理视察过的土地！这就是省委、省政府领导视察过的土地！这里虽然远在偏僻的乡镇，却是我们油菜科研人员的圣地啊！

张瑞茂心里默默地念着：我知道我做得还不够，但我也知道我从没有懈怠，我知道我的成绩不值一提，但我也知道我在尽心尽力，农业科研成果里，也有我微薄的贡献。放心吧，我不会辜负组织、领导和同事们的信任和支持，虽然我即将退休，但我仍然不会停止我科学研究的脚步，为推动贵州农业发展、推动贵州经济发展继续努力下去！

张瑞茂虽然家在贵阳——因为农科院的本部是在省城——但每年的大部分时间，他还是坚守在塘头。他想起朋友告诉他的，南京土壤研究院本部在南京，但他们的一个试验基地却远在河南封丘县的一个乡镇，南京的科学家们，远离家乡，千里之外，一坚守，便是三十余年。

这是一个农业科学家的使命，也是一个农业科学家命定的职责！

家在长沙的袁隆平老先生，九十高龄了，却因远在海南的实习基地忙碌而摔倒，从而永远与爱戴他的人们分别。这是我们农业科学家的艰辛，也是我们农业科学家的伟大！

漫步在塘头基地的田间道路上，双鬓染霜，即将退休的张瑞茂心心念念地计划着他下一步的打算。

张瑞茂说："我个人是要退休了，但研究所却不会退休，我们总得总结总结过去的工作，留下系统的材料，也是一种参考吧。"

"大概我就是这样的命吧，或者说是性格使然，总停不下来，总喜欢给自己找点麻烦。人家周末喜欢休息娱乐一下，但我自知自己的不足，这些时间，人家可以休息玩耍，我不行，总觉得把时间浪费了。有空，可以充充电、学学英语，查查资料。"

他有些小自豪地说："我毕业于地区的中专，外语基本是个空白。本来我的职称是破格参评，用不着考外语，但我还是通过自学，参加了职称外语考试，嘿嘿，我的外语其实是自己考的证书。我的论文，外语翻译，没有找人，都是我自己翻译！"

看他的神情，似乎比获得国务院津贴和省管专家身份还要兴奋。的确，自学英语，通过职称外语考试，看似小事，但一个地区中专的毕业生，却靠自学通过了高级职称的外语考试，却又的确值得浮一大白。

张瑞茂的下一步打算，听他说得简单，实际是一个浩大的工程。

张瑞茂的打算：第一，做好新种质材料（如DW871）的基因定位，做好标记，才便于申请基因专利；第二，还要搞几个具有竞争力的品种，在生产上能打开新局面，推广个上千万亩；第三，从材料的发现，到基因的遗传规律，再到基因的定义、克隆、标记等，进行归纳总结，搞出一个系统，编著一本专著，特别是甘蓝型矮杆油菜的研究与应用。

春风徐徐掠过塘头千亩实验基地，一眼望不到头的油菜花摇曳如黄金海浪，引来蜜蜂飞舞，彩蝶流连。阳光多么温暖啊！

张瑞茂忍不住又在平板电脑上翻出那张珍贵的照片，他轻轻地拂了拂其实并不存在的灰尘，长出了一口气说："我，张瑞茂，一个地区农校出来的乡下小子，今天能够走到这一步，我心里跟雪一般透亮，没有油研所这个干事创业的好平台，没有党组织和领导及同事家人对我的信任、支持、帮助与关心，我怎么能够发展到今天，取得这些小小的成绩？我想起中国作物学会的专家大师们，想起油料专业委员会的同行们，尤其是想起温总理的鼓励，我总是心意难平！我想起了奥斯特洛夫斯基曾经说过的一句话，'人的巨大力量就在这里——觉得自己是在友好的集体里面'，对此我深有体会！三生有幸，我加入了贵州省油菜研究所，加入了贵州省农科院，加入了中国作物学会和油料专业委员会！三生有幸，我遇上了一个好的时代！"

"袁隆平老先生在农业科研事业上，可以说是鞠躬尽瘁死而后已，我愿意以袁隆平老先生为榜样，为贵州油菜研究事业，鞠躬尽瘁死而后已！"

张瑞茂此时的精神状态，可以诗为证：

塘头春意浓，油菜遍地金。

志存千里外，六十意难平。

塘头的夕阳照在张瑞茂的脸上，油菜花的花香，飘曳在原野⋯⋯

永志吾土吾民的铁肩担当

——记马铃薯专家雷尊国

◆ 张祖明

雷尊国 （1963.9—）男，布依族，贵州省长顺县人。中共党员。三级研究员，国务院特殊津贴专家，贵州省省管专家，贵州省第四批核心专家。

曾任贵州省农业科学院生物技术研究所所长、马铃薯研究所所长，贵州省农业科学院贵州省马铃薯协会会长。贵州省首席科技特派员。中国食品工业协会马铃薯食品专业委员会副会长。国家马铃薯工程技术研究中心学术委员会副主任委员。

2010年11月17日，以第一人身份主持完成的科研成果"马铃薯新品种选育及产业化技术研究与应用"获贵州省科学技术进步一等奖。2017年，入选贵州省委宣传部评定的贵州脱贫攻坚群英谱。

21世纪初开始，雷尊国从"脱毒马铃薯种薯温饱工程"起步，率领团队探索现代山地特色高效农业的发展道路，实现了贵州马铃薯生产脱胎换骨的四大改变：改变了不能生产脱毒马铃薯种薯的落后状况，在威宁县建立起国家级马铃薯脱毒种薯基地；改变了大量冬田撂荒的资源浪费，创造了全国唯一的马铃薯周年丰产模式；改变了马铃薯生产与市场脱节的被动现象，创办起实行订单农业服务的马铃薯合作社；改变了马铃薯单一辅食的市场局限，探索出让马铃薯走向主食化的途径。在雷尊国团队的努力下，贵州马铃薯种植业由传统农业迅猛发展为具备现代农业元素的有规模效应的马铃薯产业，成为新的可持续发展的经济增长点，为贵州农村脱贫攻坚事业做出了重大贡献。

2017年12月31日，贵州脱贫攻坚群英谱发布仪式在贵阳隆重举行。104名被誉为时代楷模贵州榜样的决战脱贫攻坚先进人物身披大红绶带，在现场辉煌的灯光照耀下，在热烈的掌声中，登上主席台，从省委、省政府领导手中接过奖状。

农业科学专家、人称"马铃薯男神"的雷尊国就在这104人的行列中。

面对记者频闪的镜头，雷尊国清秀俊朗的脸庞显着几分羞涩。他看上去还真不是那种身材高大强壮有力的英雄形象。可是当你走近他，了解他，你就会知道，就是那并不高大的身躯和并不宽阔的肩膀，担起了脱贫攻坚的重任，把千百万农民带上了致富之路。他充盈着智慧的模样正是我们这个时代的英雄的模样。

青春年华不虚度　绽放能量有招式

1963年出生于贵州长顺县的雷尊国，在36岁前从来没想到自己会和马铃薯牵上什么关系。

他自幼性格沉稳，聪明好学，善于思考，是个在学校不调皮捣蛋、在家十分听话的好孩子。

1981从长顺师范学校毕业后，雷尊国被分配到长顺县思京村中学当化学教师。虽然只是一名中专毕业生，但是他在三尺讲台前展露风采不怯场，教学效果受到一致好评。三年后，他被调入长顺县二中任教，教的仍然是化学。

很快，他就在长顺县打出了知名度，"二中的雷老师化学教得好！"远近闻名，有的学生甚至专门转学到二中，就是为了能听雷老师的化学课。雷尊国当上了尖子班的班主任，尖子班的升学率达到100％，这在当时的县级中学真是个有轰动效应的记录。

1985年是我国第一个教师节，长顺县表彰了100名优秀教师，雷尊国榜上有名。

为了提高自己的教学水平，成为一名更优秀的教师，1985年，他考入黔南师范学院脱产深造，被录取在数学系。

1988年毕业后，雷尊国回到二中。当时二中不缺数学老师，缺的是化学老师，于是，这个数学系的毕业生又当上了化学老师。从师范学院毕业的当年，他就被提拔为学校德育处主任，并且兼任了校团委书记。

无论把雷尊国放在什么岗位，他都会发散新思维，做出新创举。担任德育处主任和校团委书记时，他提出应该培养学生的动手能力，提高学生的综合素质，组织学生去县乡镇企业五金厂、水泥厂勤工俭学，还带领学生在学校附近开垦了农业小基地，试着让学生亲手种植水稻、小麦、蔬菜和中药材。

　　1990年，团中央表彰全国先进社会实践单位，雷尊国担任校团委书记的长顺县二中受到了表彰。

　　1991年，雷尊国被调任共青团长顺县委副书记。上任后，他走出办公室，张罗着办起了一个歌舞厅。当时歌舞厅在县城绝对是个新鲜事物，所以雷尊国受到的非议声浪几乎把他淹没，有的说团县委不靠谱，风气不正，有的甚至指责雷尊国在把青年人拉向危险的资本主义道路。可是这样的反对声很快就自动平息，因为雷尊国办的舞厅管理正规操作文明，为年轻人提供了一个业余时间最合适的活动和聚会场所，年轻人去舞厅跳舞既丰富了精神生活又拓宽了交友圈，有益于健康成长，对社会没有一点危害，反而还降低了县城的犯罪率，所以家长们也由反对变为支持，夸赞团县委办了一件大好事。

　　1992年，雷尊国升任长顺团县委书记。他仍然发扬不甘平庸的风格，又想出了好多适合当地经济发展又具有共青团特点的好点子，带领青年兴办林场和经济果木基地，在白云山镇中院村建起1000亩板栗基地，在摆所镇五星村建起花椒基地，在威远镇长坡村建起直杆桉树基地……

　　在团县委书记任上，雷尊国曾被派去威远镇永增村开展农村社会主义教育活动。短短的8个月时间，他就让永增村改变了闭塞落后的面貌。一到村里，他先通过村团支书韦江智把青年人都团结到周围，形成一股青春的力量去带动全村。然后办起一所农民技术夜校，邀请县里的农技专家来讲课，让农民开拓眼界，接触到外面世界的农业新技术。农民学习后有了改变现状的要求，雷尊国又组织他们根据自家的情况分别种植早熟蔬菜、鲜食糯米、名贵中药材、优质稻等经济效益较高的作物。

　　时隔30年的今天，永增村当时的年轻人已经成了中老年人，但他们中有许多仍在种植30年前雷尊国带领着栽种的那些致富作物，其中名贵药用菌桑黄菌，现在每斤的价格达到2000元，妥妥地鼓起了种植户的钱包。

　　永增村位于严重石漠化地区，30年前是个极贫村。雷尊国进村开展社教时，不仅组织村民学习党的方针政策，还直接带领村民集资投劳，修断头路，筑拦河坝，挖灌溉渠，掘饮水井，想从根本上帮助农民摆脱贫困。

筑拦河坝前，先要让河水分流，这就必须在河道里挖分流渠道。开工那天正是冬至，天上飘着雪花，落到地面就结成了冰。水泥黄沙都运来堆在一边了，村民们手里拿着工具面面相觑，都畏惧那透凉彻骨的河水。社教队员雷尊国走到河边，脱下鞋袜，脱下毛裤，一下子跳进水中，举起锄头就开挖。他无声的行动是最响亮的动员令，城里来的雷书记都下河了，我们还站着看什么？一个个脱下棉衣棉裤都跟着跳进河里。

自那以后，村民都心服口服跟着雷尊国干，永增村建设公益基础设施一派热火朝天。

像这样关于社教队员雷尊国的动人佳话还有许多，都铭刻在村民心里，传颂至今。

1993年5月4日，贵州团省委表彰一批优秀共青团干部，雷尊国榜上有名。

1993年7月，黔南州评选优秀社教工作队员，雷尊国光荣当选。

1994年4月，雷尊国获得贵州省青少年发展基金会颁发的"贵州省希望工程建设奖"。

在担任共青团长顺县委书记的3年里，雷尊国还忙里偷闲在贵州省委党校经济管理专业攻读了函授本科学位。

年轻的雷尊国在正确的时间做正确的事情，努力为自己赋能加分，他一步一步走出的那些深深的脚印成为一生的滋养，助推他在时代的湍流中锤炼成型。

学农基地开新局　心有所属马铃薯

人生就是一列滚滚向前的火车。32岁那年，雷尊国的人生列车被扳了道岔，改变了前行的方向——1995年8月，一纸调令把他从长顺团县委调进贵州省农业科学院人事处。

进入科研部门做行政管理工作，雷尊国感到自己的知识结构跟不上专业需要了。他于1996年12月至1998年12月在西南师范大学中国现当代文学专业在职攻读了现当代文学硕士研究生学位。

学习期未满，1998年3月，他又被调任农科院党政办副主任。同年4月，被选派到德江县挂职县委副书记、党建工作队队长。挂职期满后，他被贵州省委组织部评为优秀党建工作队员，他所带领的工作队被评为优秀党建工作队。

1999年6月，雷尊国被任命担任农科院下属的生物技术研究所党委副书记兼副所长。

生物技术研究所是省财政厅直接拨款的独立法人单位，每年财政划拨的经费除人员工资外仅有3万元事业费。雷尊国上任的当年全所只申请到一个科研课题，获得的课题经费仅6万元。由于严重缺乏科研经费，很多研究项目都处于停顿状态，科研人员既没用武之地又没经济收益，纷纷"飞"出去另寻高枝，所以研究所呈现的是人才流失的景象。全所仅有的2名硕士不久前刚刚调走，留下的研究人员队伍中，最高的职称就是副高，而且副高也仅有一人。生物技术研究所的人员，那是全农科院最少的，才32个人。

半年后，原书记兼所长因病退休，雷尊国开始主持研究所党政工作，担任法人代表。

接近40年的人生经历已经证明了雷尊国的足智多谋，那么现在面对人气凋敝的生物技术研究所，他那个善于产出思路的脑袋里，又会拿出什么样的翻盘妙招呢？他明白，贵州经济发展滞后于发达地区，财政不富裕，被动地坐等财政拨款没有出路，必须利用自身资源创造财富，让科研人员获得充足的研究经费，才能摆脱困境。

1999年是一个跨世纪的年代。有了20年改革开放实践的铺垫，人们的思想逐渐从僵化走向开放，很多以前不敢想不敢做的事现在都成为可能。就在那年6月13日，中共中央、国务院做出《关于深化教育改革全面推进素质教育的决定》，提出要培养21世纪现代化建设需要的社会主义新人。

这个关于教育的决定貌似和农科研究挂不上半毛钱关系。但是，雷尊国曾经是个教育工作者，这个关于教育的决定一下子激起了雷尊国的事业灵感。他敏锐地察觉，可以从这里破局！

1999年7月7日，中小学都放暑假了，由生物技术研究所主办的贵州省农业科学院生物夏令营宣布开营。隆重的开营仪式上，当时的明星艺术团体——贵阳市苗苗艺术学校载歌载舞，雷尊国和研究所团队精心准备的3000份生物科普资料一一发到营员们手上。营员是在校中小学生，他们在夏令营活动中学习采集植物标本、蝴蝶标本，学习自己动手把稻谷碾成米粒，把刚磨去麸皮的小麦粉做成香甜松软的面包，还参观农科院的水稻研究所、旱粮研究所、园艺研究所、植保研究所的陈列室，看看科学家们如何在实验室里培育良种，在试验地里播种和收获。走出了教室的学生们在大自然中呼吸着新鲜空气，在参观中开眼界、长知识、学本领，然后写出了一篇篇生动形象的作文。

农科院办学生夏令营，这个操作猛一看离谱，其实顺势应时，完全符合中央精神，受欢迎程度超出想象。教育部门感到这种夏令营模式寓教于乐，适合中小学生的特点，有利于全面推进素质教育。学生家长看到孩子在暑假里获得了全新的成长，当然是喜出望外，积极交费支持。至于孩子们，夏令营为他们提供的是一个广阔的新天地，比学校活跃，比家里自由，夏令营的吸引力足以让他们乐而忘返。

一时间省农科院的夏令营在省城贵阳爆红出圈。好多人是这样说的，以前我都不知道贵阳近郊有个农科院呢，现在孩子去了夏令营，才知道还有这么大的一个省级农科院。

事情朝着雷尊国设计的方向良好发展，发展速度甚至超出了他的预估。贵阳市教育局主动找生物技术研究所接洽，在农科院挂牌建立中小学生学农基地，让各个学校的学生定期轮流前来参加学农实践。

暑期夏令营变身为学农基地，牵动了整个农科院上下体系，院属的其他研究所都参与接待，科研人员身兼数职，又当科技老师又当班主任。招待所和食堂也忙碌起来，安排学生的食宿生活。小客人络绎不绝，规模日益壮大，公交公司也大力支持，派出60至80辆大巴，周一接学生来基地，周五送回。2002年时，又赶上中央有关部门发文要求，中小学生每年的社会实践课程必须保证有20天以上，这更肯定了学农基地是符合中央精神的。农科院专门辟出一块地围起一个大院，建了两栋四层大楼和一栋两层小楼，作为学生们的教室、宿舍和食堂。

2003年，国家教委等四部门联合表彰了全国一批先进的中小学生社会实践基地，贵州省农科院的学农基地获得了这一表彰。

风生水起的学农基地盘活了生物技术研究所这盘棋。研究所的知名度提高了，吸引了一批人才来充实了科研队伍。所里开始积累起资金，添置了设备，营造出良好的事业环境。

2003年，把学农基地交给农科院办公室接手管理后，雷尊国要转型为自己带领的团队搭建继续前进的平台了。

这些年勇于开拓的雷尊国在工作中办过舞厅，办过学农基地，还捎带着办过园林绿化公司，承包管理过酒店。把这些企业管理的实践运用到他所肩负的农业科研管理中，就表现为更懂得注重农业科研成果的应用性、实用性、市场效应和社会效应，更善于让科研成果实现效益的最大化。在农业科研界，这是独特的、很重要的优势。

审视自己置身的生物技术研究所，雷尊国想，生物技术是个宽泛的概念，包含着丰富的内容，而现在这个研究所虽然名为生物技术研究所，其实并没有一项拿得上台面的生物技术学科研究作为主导，看似宽泛，其实散乱。如果仍然像这样漫无目标，没有定位，那么即使聚集了人才，仍是立不起主攻方向明确的课题，出不来针对性很强的成果，这样的团队终将是没有出路的。目标感规划感特强的雷尊国首先要为自己的研究所明确一个定位。

在全省种植面积超过500万亩的大作物中，水稻、玉米、小麦都早已有了专门的研究机构，唯独马铃薯还没有专门的研究机构，是个空白。这个空白能否定位为生物技术研究所的研究重点？

马铃薯，属茄科一年生草本植物，是全球第四大重要的粮食作物，也是生物能源发展潜力很大的农作物，除食用外，还具有广泛的用途，可作为多种工业加工原料。

马铃薯原产于南美洲安第斯山区秘鲁南部，人工栽培历史可追溯到大约公元前8000年到5000年。由于马铃薯作物耐旱耐土地瘠薄，适应性强，产业链长，因而受到世界各国种植业的高度重视，目前全世界已有150多个国家种植马铃薯。马铃薯主要生产国有中国、俄罗斯、印度、乌克兰、美国等。中国是世界马铃薯第一生产大国。

300年前，马铃薯经云南、四川传入贵州，与这里的地理条件和气候环境一拍即合。

贵州有些地区比如威宁县，土壤和气候条件不适合种植其他作物，却特别适合种植马铃薯，因此马铃薯在贵州是有发展前景的农作物。马铃薯的单产和经济价值远远超过传统的小麦、玉米等粮食作物，增产潜力也比小麦、玉米更大。水稻、小麦、玉米都受制于气候、水肥等条件，而马铃薯受这些因素的制约则小得多。因此，马铃薯在经济价值和粮食安全战略上潜力巨大。

1998年，江泽民总书记视察贵州赫章县的农业生产，发现当地生产的马铃薯质量下降严重，立即指示国家扶贫办拨付专项资金在贵州全省48个贫困县实施"脱毒马铃薯种薯温饱工程"。1999年中央财政资金到位，贵州随即开始了马铃薯产业扶贫攻坚行动。这个自上而下的惠民行动正急需科技的有力支撑。雷尊国想，目前全贵州省的马铃薯种植尚未形成规模，产业总体状况散乱，缺乏统一部署，总产量在全国只位居第七。如果自己的技术团队能够参与这项惠民行动，让小而散的马铃薯传统农业模式做大做强，形成具有贵州特色的可持续发展的现代农业，这对于贵州全省的脱贫攻坚、对于在2020年前实现全面小康绝对是一个实质性的贡献。

有脱贫攻坚、实现全面小康这样庄严的目标引领，雷尊国关于马铃薯的选择就坚定不移了。

思路明确了，马上投入行动。2004年4月初，雷尊国带着助理研究员周利均坐了10个小时的农村班车从贵阳去到全省的马铃薯大县威宁开始调研。那是他第一次到威宁，正好是清明节前后，省城贵阳已经暖意融融，而高海拔的威宁却用漫天飞舞的鹅毛大雪和刺骨寒风迎接雷尊国。走进县农业局、农科所，每个办公室都烧着特大号铁炉子取暖。这些炉子下面的煤灰箱里都在烤着马铃薯，薯香扑鼻。雷尊国坐在炉子边，吃着烤马铃薯，喝着彝族特色的乌撒茶，聊着马铃薯话题，马铃薯在这样的背景里给了雷尊国无比亲切的感觉。

10多天时间，雷尊国走访了马铃薯主产区威宁、赫章、毕节、水城、盘县等地的马铃薯科研单位和农业主管部门，会见了一些马铃薯种植大户，详细掌握了当地马铃薯产业涉及的品种、规模、产量、栽培技术、病虫害防控，以及现有的技术人员和研究水平等，他的心里对全省马铃薯的产业情况建立了概念。

从今以后要和马铃薯共命运，首先必须有专业理论知识打底。而贵州的农业院校当时都没有开设马铃薯专业，雷尊国除了从专业书本上自学，就只能四处拜师学艺。先是参加云南农业大学的马铃薯栽培技术培训班，又到西南农业大学马铃薯中心考察学习，接着参加农业部在黑龙江举办的马铃薯病害防控技术培训班，去内蒙古参加马铃薯晚疫病防控学习班；然后又去秘鲁国际马铃薯中心总部学习育种栽培技术，去新西兰参加国际马铃薯中心举办的马铃薯技术培训班，去越南参加国际马铃薯脱毒苗快繁技术培训班，去美国威斯康星州大学参加马铃薯种薯质量控制培训班，去荷兰瓦赫宁根大学参加马铃薯栽培及机械化管理技术培训班，到荷兰的多家农场考察学习马铃薯主食化品种培育与加工技术，去英国皇家植物园学习马铃薯种质资源管理与创制技术，去德国麦肯公司学习马铃薯贮藏与加工……

他的职业为他创造了学习的机会，每一个机会他都充分利用，从不放过。当学习的足迹遍布全世界之后，他就撸起袖子昂首挺胸准备大干一场了。

培育新品初战捷　温饱工程见成效

踏进马铃薯领域，才知道贵州马铃薯种植存在很多问题，栽培管理粗放，田间不去除杂株，种植品种单一，种薯生产没有标准，从生产到销售不分级别，包装袋任意选择，烂薯也混装……这些问题严重制约了马铃薯种植业的发展，抵消了贵州的气候和土壤赋于马铃薯种植的优势。

生产中存在的这一系列问题就是科研的一系列课题，雷尊国梳理了贵州马铃薯产业发展亟待解决的问题，把他的主力团队进行针对性细分，逐步组建起对应的研究团队：种质资源创新与新品种选育团队，栽培技术推广团队，病虫害防控团队，脱毒种薯产业团队……几个团队各自申报课题，分头研究。

新品种选育是马铃薯产业化的源头和基础，是马铃薯产品提高竞争力的关键环节，新品种的质量、适宜种植程度，将直接影响马铃薯的产量和品质，同时也会关系到鲜薯的商品率。

贵州的马铃薯种植面积已达到752.1万亩，在全国位居前列，但是平均亩产只有653.6公斤，低于全国平均水平968公斤约30%，仅居全国第20位。出现这种畸形发展状况很重要的原因就是马铃薯种质资源单一，缺乏优质高产抗病性强的马铃薯品种。部分地区种植中用的仍是20世纪50年代的老品种，那些老品种尽管原本都是高产品种，由于年代久远已经发生严重退化。

2004年夏，雷尊国带领他的团队着手新品种选育。

马铃薯育成一个品种最顺利也需要8到10年的漫长过程，雷尊国等不起。因此在投入自主培育研究新品种的同时，他又寻求与国内外育种单位的合作，与云南省农科院、青海农科院、张家口北方学院和中国农科院蔬菜花卉研究所等几家育种机构签订了合作育种协议，优先引进这几家育种机构的现成品种到贵州试种。

10多年时间，通过杂交育种、化学诱变育种、辐射育种、转基因育种等多种方法，雷尊国团队共选育适宜贵州生态条件的高产型、薯条薯片加工型品种4个，获得审定证书的品种23个，其中获得国家级品种审定证书4个。在育种的道路上，他们这群农科新兵大步迈进，很快就走到了全国前列。

在培育或引进新品种的同时，雷尊国还做了一件基础性的工作，就是在自然条件极差的石漠化片区向那些国家级贫困县的农民推广种植马铃薯，解决温饱问题。

贵州气候凉爽，生态类型多样，小气候丰富，十里不同天，立体农业特点突出。这个气候特点使贵州全省各地都适宜种植马铃薯。但在典型喀斯特地貌的石漠化片区，由于夏季气候炎热，长期以来农民种植的都只是玉米，不敢种植喜冷怕热的马铃薯。

石漠化片区有个特点，就是海拔落差很大，气温相差也极大。低洼处属于亚热带气候，夏季种马铃薯结不出果实。但是高山大坡上却是夏季无酷热，正符合马铃薯的适种温度。高山大坡上缺水严重，而马铃薯恰恰是耐旱作物。如果能在这些高山大坡地区推广种植马铃薯，就能立竿见影地解决温饱问题，改变极贫现状，符合石漠化地区绿色发展的农业方针。雷尊国决定先在石漠化地区的高山大坡地带试行推广马铃薯种植。这些地区包括罗甸县的董王乡、长顺县的敦操乡、荔波县的茂兰镇、三都县的巫不乡和羊福乡、望谟县的麻山乡……

2004年秋，雷尊国把团队人马撒出去，到那些马铃薯的处女地区去宣传发动推广，让从未种过马铃薯的农民也来加入种马铃薯的行列。

第一个示范点就选在黔南州罗甸县董王乡油尖村，这个村距离县城60公里，从边阳镇开车走乡村道30公里到乡政府，再步行5公里才到村里。这里资源困乏，交通不便，干旱缺水，基本口粮难保障。团队成员李飞和王启富、宋吉轩三个年轻人一人一根扁担挑着行李去了油尖村。当地老百姓不但没种过马铃薯，大多数连见都没见过，非常期待省里来的年轻人能教他们种马铃薯，让他们吃饱肚子。

油尖村的贫穷超出了李飞们的想象力：家徒四壁，一间四面透风的屋子，人和猪都住在里面。老百姓把家里唯一的一张床让给三个年轻人挤着睡。由于严重缺水，完全顾不上卫生。由扶贫工程帮助修建的母亲水窖把雨水蓄存起来作为生活用水，蚊虫卵和各种小虫在水里翻腾，李飞他们就用这个水漱口，闭着眼睛往嘴里送，还必须十分珍惜，因为如果长时间不下雨，连这样的水都没有。

团队其他成员卢扬带队驻点荔波县朝阳镇、茂兰镇、捞村乡，邓宽平带队驻点赤水市元厚镇、遵义县枫香镇，丁海兵带队驻点黄平县浪洞乡、旧州镇、从江县丙妹镇，宋吉轩带队驻点水城县玉舍镇，范士杰带队驻点望谟县麻山乡，夏锦慧带队驻点三穗县台烈镇，邓禄军带队驻点黎平县核中潮镇、兴义市桔山办事处……创业阶段困难很多，条件艰苦，雷尊国奔波于各个点之间，只要哪里出现问题，他总是第一时间到达现场，根本没有节假日休息天这些概念。

驻点几个月，整整一个马铃薯的成长季节，从整地、切薯块、施肥、摆种、起垄、覆土，到中耕培土，雷尊国撒出去的这些"种子"传回的都是成功的喜讯。李飞他们共完成了500亩高产品种"会-2"马铃薯的示范任务，收获时测产竟达到亩产2000多公斤。在严重缺水的石漠化地区第一次种植马铃薯就如此鼓舞人心，映证了贵州发展马铃薯产业的美好前景。

年轻人的努力赢得了农民的信赖，也引来了各地党政领导的支持。雷尊国团队在罗甸县试种马铃薯取得成功的董王乡油尖村，正是黔南州副州长吴军的扶贫点。吴军副州长和雷尊国英雄所见略同，都认准了马铃薯对于脱贫致富的意义，目标一致，劲往一处使，两颗心走得非常近。吴军副州长不仅带领黔南全州掀起了推广种植马铃薯的热潮，并且建立了与雷尊国团队的正式合作关系。这对处于起步阶段的雷尊国团队是极大的认可和支持，雷尊国抓住了这个宝贵的机遇。此后，黔南全州的农业工作或扶贫工作会议只要涉及马铃薯产业，都必定邀请雷尊国团队到会听取信息参与意见。由于双方合作顺利有效，2005年3月，趁着参加省农业农村工作会议的机会，吴军副州长直接率领全州12个市县的分管县市长、农业局长、扶贫办主任走进省农科院马铃薯研究所，与雷尊国团队签订了更紧密的技术合作协议，由雷尊国团队向黔南州做出马铃薯产业服务"六包"承诺：包品种选择、包技术培训、包转运到村组、包最低产量1500公斤/亩（全省平均650公斤/亩）、包高产示范、包销售市场信息传输。从此，雷尊国团队的科研方向更加明确，年轻人肩上压了责任，增强了出科研成果的动力。

为了推动马铃薯产业的快速发展，黔南州经常开展各种马铃薯生产现场培训会、技术讲座、参观交流等活动，这些活动声势浩大，媒体争相报道，扩大了雷尊国团队在全省的影响，吸引了省级科研主管部门、产业化主管部门对马铃薯产业和对雷尊国团队关注的目光。省内很多市县的马铃薯产业部门纷纷上门，寻求与雷尊国团队合作。雷尊国团队的事业上升空间逐渐拓展，国家科技部的"十五"科技支撑计划重大项目和省科技厅的连续4个重大专项都直接交给了马铃薯研究所，国家农业部和省农业厅也通过产业化专项的方式给予马铃薯研究所重点支持。从2004年到2010年的6年间，雷尊国从云南引进的高产品种会-2在全省推广超过3100万亩，总产量达3600万吨，占到了全省同期播科面积的40%，与当时的明星品种威芋3号并肩撑起了贵州高产品种的半壁江山，为解决贫困山区群众的缺粮问题做出了巨大贡献。

面向极贫乡镇的马铃薯温饱工程由此开始在全省各地顺利推开。

2005年12月29日，经过向省编办申请获批，在这块写着"贵州省生物技术研究所"的长方形木牌旁边，加挂了一块崭新的木牌——贵州省马铃薯研究所。雷尊国的职务调整为贵州省生物技术研究所所长、贵州省马铃薯研究所所长。

威宁基地达国标，从此贵州有种薯

马铃薯的种子和其他很多作物的种子不一样。马铃薯是块茎植物，果实是埋在泥土里的，它在地面上开花结的籽由于遗传性状不稳定，并不能作为种子用于生产，所以只能把薯块切分作为种薯用于繁殖。而种薯长期埋在土壤里，会受到很多病毒和细菌的侵染，同时位于地上的叶片也会受到蚜虫携带的病毒和细菌的侵染，这样地底下和地面上双重病毒与细菌的侵染，就会导致马铃薯的后代稳定性特别差，种一代退化一代，随你研发出再好的品种，也躲不开退化二字，只能眼睁睁看着它产量越来越低，个头越来越小，品质越来越差。

有没有办法改变马铃薯种薯的这种状况？

有办法。有一项常规薯类作物特有的技术——脱毒种薯繁育。通过脱毒让马铃薯的种薯摆脱病毒和细菌的侵染，生长出质量和产量都有保证的马铃薯。

脱毒种薯繁育是一项程序繁多，至少需要4年时间才能完成的技术。具体操作就是选择马铃薯健康块茎，清洗表面后，放入光照培养箱或人工气候箱进行钝化催芽。2至3周后，当薯块刚刚冒出大约1厘米长的小芽时，就把这尚未带毒的茎芽尖连着芽眼一起取出来，用酒精消毒之后放到无菌条件下的培养基溶液里（这个溶液是加入了多种营养元素的半凝固状溶液），芽尖放入后，要不断地剪断让它继续发芽，剪了几次后就把这个芽种回土壤里。种这个芽的土壤是特殊的混合土壤，不仅要经过严格的消毒，而且四周要有严密的屏蔽网，让蚜虫飞不进去。等到这个芽的地下匍匐茎长成像花生米这么大时，就成为初始状态的种薯，称为原原种。把原原种再种到隔离条件较好的的土壤里，新长出来的这一代称为原种。把原种再种进土壤里如法炮制繁殖一代，叫一级种薯；一级种薯再繁殖一代，就成为二级种薯，也就是马铃薯大面积生产时使用的脱毒种薯。这个从芽尖到二级种薯不断培养转种的过程就是马铃薯种薯的脱毒过程。农民拿着脱毒后的种薯，就可以顺利地种植，短期内不用担心病虫害的侵染。但是这个二级脱毒种薯也最多只能种两季，再继续种又会发生退化。所以要发展马铃薯种植业就必须不断地为农民提供新的脱毒种薯。

由于马铃薯脱毒过程需要非常专业的操作和规范严格的管理，而且还要投入至少4年的时间成本，这些都不是农民力所能及的，所以以前贵州从来没有脱毒种薯。连种植历史长达数百年的马铃薯大县威宁都从来没有脱毒种薯的概念，更不懂脱毒种薯的分级标准。贵州省种子部门也从没有把马铃薯种薯作为监管对象，不曾建立过质量检测标准，对种薯的销售从来没有约束，薯农们用的所谓"种薯"其实都只是商品薯，完全不够格称为种薯，种不出高质高产的马铃薯。薯农需要种薯时只能去几千公里外的河北、内蒙高价购买。而马铃薯种植的用种量特别大，一般每亩地用种量要达到近200公斤，这样算下账来运输成本太高，完全不符合脱贫致富的要求。更重要的是从外省买进的种薯没有质量保证，往往把一些当地的土传病害一起带到了贵州。而且北方长日照生产的品种，大多不适应贵州的短日照气候，会导致晚疫病高发。

如果连种薯都不能自己生产，要依赖外购，那还谈什么把产业做大做强？

贵州必须建立自己的种薯基地！

建立种薯基地，技术方面的问题可以通过团队攻关去克服，难办的是当时社会上还没有建立脱毒种薯的概念，因此都不愿意增加投入去建什么种薯基地。

确实，脱毒种薯的生产成本要高出很多，需要的条件也比一般的商品薯生产严格很多。原种和一级种的扩繁必须有严密的隔离，周边不能种植商品薯，而且前茬作物也不能是马铃薯。这些可不是容易做到的。薯农原本种着商品薯的地，你说不能种商品薯了要改为脱毒种薯的隔离带，人家会答应吗？农民受短期利益驱使不愿接受新事物，农业部门领导固守现有意识求稳当怕麻烦，建立种薯基地虽然利在千秋却有很多障碍。

雷尊国选择马铃薯发展条件最优越的威宁作为建立种薯基地的试点。

2006年春节刚过，雷尊国组织起威宁县扶贫办主任、农业局副局长、农推站站长、植保站站长、土肥站站长以及麻乍乡党委书记、人大主席、副乡长、夏利村村长等13人，乘着火车去到广州，走进南方最大的马铃薯市场——江南果蔬批发市场。这是雷尊国和县政府沟通后开展的一次由省马铃薯研究所出资的大型考察活动，意在让即将投身于种薯基地开发的各个层面代表人物打开眼界，充分感受建立种薯基地的重要性。

考察队伍第一次看到了特大的马铃薯市场批发盛况，看到了货架上摆放整齐、如水果一般包装讲究的马铃薯，看到了表皮光滑品质优秀的马铃薯那远高于威宁马铃薯的批发价格。但是，却看不到威宁马铃薯的踪影。通过多次打听，他们知道了，市场上鲜销的马铃薯品种都是荷兰品种费乌瑞它，其他品种只能靠边站。

第二天，一行人又乘车去到马铃薯强县惠东县铁涌镇，现场观摩万亩连片的标准化早熟商品薯生产。看到几万亩早熟马铃薯开沟起垄都是标准化作业，行距株距规范，长势整齐。收获现场都是精心套袋后装入纸箱，不让果实受到一点损伤。参观者们感慨连连，意识到差距所在。

那次考察还去了位于深圳的海吉星蔬菜批发市场，海吉星市场畅销的品种也是费乌瑞它，威宁马铃薯也是没有席位。这个事实是无声的鞭挞，威宁马铃薯生长条件得天独厚，产品却在省外市场被打入冷宫，高原汉子们怎么忍得下这口气！在深圳那天正是大年十五，参观之后雷尊国和团队成员卢扬、邓禄军、丁海兵一起宴请威宁县的13条汉子。宴席的气氛由沉闷屈辱转为激昂热烈，不甘落后的贵州马铃薯人点燃了斗志，端起酒盅，攥紧拳头，共同的话题就是如何打造威宁种薯基地。

后来，威宁县参加这次考察的13人不负众望，全都成了马铃薯种薯基地和早熟品种的推广骨干。

针对贵州省马铃薯种薯尚没有质量标准的现状，雷尊国组织团队与省种子站共同制订了《贵州省地方标准马铃薯脱毒种薯标准》，送审后，由贵州省质量技术监督局于2010年6月正式发布。后来经过修订补充，又以贵州省地方标准《马铃薯脱毒种薯露地繁育基地建设规范》（DB52/T1573-2021）发布。马铃薯质量标准的推出使贵州省马铃薯脱毒种薯扩繁体系逐步走向完善。

2007年，为了尽快建起脱毒种薯繁育基地，雷尊国安排团队的三名硕士卢扬、邓禄军、丁海兵去内蒙呼伦贝尔购买脱毒原种。雷尊国对他们反复交代：你们要把呼伦贝尔最著名的脱毒马铃薯专家姜兴亚的脱毒繁育和马铃薯晚疫病综合防控两项技术都学到手才能回来。

这三位年轻人不愧是雷尊国的得力干将，他们在呼伦贝尔入乡随俗地不知道喝醉了多少回，终于赢得专家信任，学到了脱毒技术要领。回贵州后，第一个种薯脱毒研究试验点就选在威宁县。

但是对于脱毒，威宁当地老百姓根本不认：洋芋（即马铃薯）有什么毒？我们一天三餐都是吃的洋芋，不是活得好好的！这些省里来的知识分子瞎折腾！

卢扬、邓禄军、丁海兵一腔热血来到威宁不受待见，吃饭什么的根本没人管，天天用自己带的矿泉水煮方便面吃。晚上也没人招呼住宿，孤零零住在牛交易市场，牛住一楼他们住二楼，门和墙壁都没有，四面就围着几根木栏杆。硕士们人生地不熟，听着社会上那些待业的二混混在附近浪荡起哄，飙摩托的油门一阵阵狂轰，哪里敢睡踏实觉？

白天三位硕士换上靴子弯着腰在地里忙碌，老百姓离得远远的冷眼旁观，还得意洋洋地教育自己孩子，你看读书有什么用？这些都是研究生呢，还不是就在那种洋芋，我们不读书，还不是一样种洋芋！

老百姓不知道的是，卢扬、邓禄军、丁海兵为了来威宁做脱毒研究和推广，毅然放弃了所里为他们安排的读博机会，年轻人是牺牲了个人利益来干事业的。

种薯出苗时最怕遇到霜冻，十霜九死。霜冻每次都是来势凶猛如豺狼虎豹，一瞬间温度急剧下降，冷气直接渗透进泥土深处，冻死作物。为对付霜冻，三位硕士研究出两个办法，一是"躲"，二是"驱"。"躲"就是把播种期推后，这样出苗时已过了霜冻期，就避开了霜冻的威胁。"驱"就是在听到气象部门有霜冻的预报后，立即行动，把收集的废旧轮胎堆放在马铃薯地里，点燃熏烟，让烟的热气阻挡霜冻，使霜冻无法落地。老百姓以前也曾采用此法，但效果不好，因为熏出的烟很轻，成直线往天上飘，不能在马铃薯地里停留。要想办法留住烟不让它往天上飞，而是往横处弥漫，尽量覆盖更大的面积。卢扬向气象部门求教，学到一种方法，在废旧轮胎上喷射化学附着剂，改变烟雾比重，让烟雾能均匀散开弥漫在作物上空，挡住自天而降的霜冻。这个方法推广开后，成功地抗击了晚霜危害。

脱毒种薯的繁育使马铃薯的亩产量得到了明显的提升，产业扶贫效果在全省各地凸显，薯农们对脱毒有了认知，中央和省里对马铃薯种薯发展的财政支持力度也逐年加大。到2010年时，全省除了扶贫系统建立起12个县的种薯基地外，省农委以项目形式支持了48个地县建立起自己的脱毒种薯基地，全省各地掀起了一阵马铃薯种薯繁育的热潮。

但是雷尊国的思维没有停顿于此，他以一个农科工作者的专业眼光敏锐地意识到，对于马铃薯的产业化建设来说，这样小农经济的发展模式，目光短浅了，分散火力了，机制是不健全的，远远不能适应规模化发展需要。

有质疑才有科学前进的动力。为了弄清贵州马铃薯脱毒种薯繁育生产的全面状况，雷尊国率领团队对省内48个小型种薯基地进行了追踪调研，发现了种薯生产中存在的种种必须质疑的问题和隐患。

数十个种薯基地的建立，虽然提升了马铃薯产量，但是提升的空间非常有限，因为脱毒种薯的培育对气候和土壤等硬件有很高的要求，种薯生产需要资金密集、技术密集、管理密集的条件保证，需要有对高投入、高风险、长周期的承受能力，那数十个种薯基地受到规模限制，绝大多数达不到。这些小型的种薯基地大多位于中低海拔地区，夏季高温高湿时蚜虫传播病毒速度会非常快，造成种性退化加快。而且由于受到地域的局限，很多种薯基地无法另辟大面积地块，只能将就建在商品薯种植区，种薯基地与周边种植的商品薯之间缺乏自然山体或河流作为隔离屏障，商品薯种植中产生的病毒会很容易被带到脱毒种薯基地。还有一些种薯基地由于条件限制，甚至就建在公路边，每逢刮风下雨，污染物会直接被风雨带入种薯地，后果是引发大量病虫害。再说，种薯基地分得太散，不利于规范有序地进行质量监督管理，容易造成一些资质不全的脱毒种薯繁育企业用不合格的产品去扰乱种薯市场，损害贵州脱毒种薯的声誉。

怎么解决这些问题？雷尊国团队的思路很清晰，态度很明朗：是时候建立一个标准化规模化的全省性种薯基地了。从全省的视角选择最适合种薯生长的具有低温冷凉生态环境的地区，成体系地集中发展马铃薯脱毒种薯繁育，长年有保证地为薯农提供产量最高品质最佳的脱毒种薯。这个思路是雷尊国团队经过多点试验后形成的共识，是他们风里来雨里去从田间地头获取的信念。

威宁县地处低纬度高海拔的高寒山区，是贵州省面积最大的县，也是平均海拔最高的县，总人口140万，国土面积6296平方千米，耕地面积387万亩，大多平整而连片，土层深厚，主要为黄棕壤，土质疏松，透气性好。气候与土质等自然条件都特别适合马铃薯生长。威宁有长期的马铃薯种植历史，是中国南方马铃薯种植面积最大、总产量最高的县。当地出产的马铃薯不但产量高，而且品质特佳，个大，口感绵糯，威宁马铃薯已经成为远近闻名的品牌。自从威宁发展脱毒种薯技术后，每年秋冬季到威宁购买种薯的省内外车队川流不息。2008年至2009年，雷尊国在威宁县挂职科技副县长，对威宁县种薯市场的繁荣情况有了更深入的了解。他坚定地提出，建立全省性大型种薯基地的首选之地应该在威宁县，必须停止各地零零星星建立低质低量种薯基地的做法，只允许由威宁县统一向薯农提供种薯，这样才有利于贵州马铃薯产业的整体科学快速发展。

提出针对性如此明确的建议是需要担当的，归并那除了威宁之外的47个刚建立不久的小种薯基地，阻力极大。但雷尊国底气十足，据理力争，拿出各种数据证明，威宁县的海拔、气候、土壤资源和种植技术都最符合建立大型种薯基地的条件。在威宁县用原原种扩繁原种，亩产量可达1500公斤以上，而在省内其他中低海拔基地仅为800公斤以下。用威宁县的种薯种植的马铃薯，亩产量可达1500至2000公斤，而省内其他那些种薯基地提供的种薯，种植后亩产量仅为1000公斤左右，而且质量也相差极大，用威宁种薯种出来的马铃薯，个头要大得多。

雷尊国还强调了威宁县的地理区位优势，威宁位于贵州西部，与云南昭通、宣威接壤（距省会贵阳350公里），与国内马铃薯主产区内蒙、黑龙江、甘肃相比，距东南沿海马铃薯需求市场距离近得多，特别是与年种薯需求量较大而自身又没有种薯基地的福建、广东、广西相距很近，具有运距短、运价低、种薯擦伤感染机率减小的优势。还有一点，培育种薯的过程是很长的，从原原种到二级种需要的时间是三年，这中间就会出现种子的贮藏问题，夏季气温升高会导致种子变质腐烂。在省内其他地区建的种薯基地，都要同时配套冷藏设施，成本提高了很多。而威宁由于海拔高气温低，天然就是种子的冷库，可以减少投入更多资金解决种子冷藏的问题，可持续发展效应明显高于其他地区。

雷尊国通过学术论文、请示报告等各种形式归纳了威宁县成为全省马铃薯种薯大规模生产基地的七大优势：土地资源优势、气候资源优势、地理区位优势、南方调种茬口衔接优势、种植技术优势、资源整合优势、政策优势。作为贵州省最具权威性的马铃薯研究专业机构，雷尊国和他率领的团队的立足点是全局，依据是科学。

2012年5月，贵州省农业厅正式下文明确支持雷尊国团队的建议，规定全省集中办好威宁县种薯基地，各地所需种薯统一由威宁县提供，省农委把国家和省所有的种薯项目经费全部用于支持威宁种薯基地的建设。

得到上级部门的认可及支持后，威宁县十分珍惜这个机会，雷尊国团队也更加努力，协助威宁县建起了种薯库、预储库、科研综合楼，连续10年每年在威宁县建千亩以上连片种薯示范基地，又开展了种薯质量田间快速检测技术研究、减缓种薯退化技术研究、病虫害防治技术研究和定量施肥技术研究，并配合省种子站制定了不同级别种薯的标准化生产规程，改变了以往种薯生产中存在的原种生产田隔离条件差、不同级别混装等技术问题，使威宁县种薯基地形成了有序的种薯扩繁体系，很快体现了规模效应，全县有近百万亩土地建成了种薯基地。威宁县种薯基地不仅成为贵州省唯一的种薯基地，也成为整个南方唯一的种薯基地，年可供合格种薯达100万吨以上。

威宁这个原先的国家级贫困县，站上了以县为单位的马铃薯种植面积和总产量全国榜首的位置，马铃薯产业已成为农民脱贫致富的主导产业，马铃薯收入已占到全县农民收入的三分之一。

更可喜的是，2019年，国家农业部下文，确定在威宁县建设国家马铃薯种薯基地，部里每年拨款2000万元用于支持基础设施建设，持续5年，计划于2024年全面建成。全国总共才有国家级马铃薯脱毒种薯基地10个，威宁县成了十分之一。这是威宁县的骄傲，是贵州省的骄傲，也是雷尊国团队的骄傲。现在雷尊国团队的硕士博士们去威宁，再也不像当年那样受委屈。打个电话预告说哪天要来你们村，那边必定是家家抢着接待，薯民们用威宁有名的大腿羊肉、火腿、腊肉来表示对雷所长团队发自内心的感谢。

在从2005年到2014年的10年间，贵州马铃薯脱毒技术从无到有的发展，使全省马铃薯种植面积从862万亩提高到1056万亩，亩产量从752公斤提高到1073公斤。8年来共增产485万吨，平均年增收达82.5亿元。对于贵州农村来说，这是多么可观的一个数字。

冬作探索获成功　周年模式创丰产

马铃薯的最佳生长温度是7至25摄氏度，温度太低土地封冻时，果实在泥土下无法生长；而温度太高时，它就只长叶子和花，不长果实。我国北方冬季严寒土地封冻，所以只能每年"五一"后播种，"十一"后收获。南方的两广马铃薯种植区则相反，夏季气温过高马铃薯不长果实，所以只能"十一"后播种，第二年3月份收获。这就导致马铃薯市场供应在一年里总会有1月、2月、5月、6月、7月、8月、9月好几个月是断档的。为了保持市场全年都有马铃薯的供应，有些地区只能把收获下的马铃薯贮存进仓库甚至进行冷藏保鲜，这样做既影响了马铃薯的品质又拉高了马铃薯的销售成本。

贵州冬季没有严寒，夏季除了部分河谷低洼地区外，气温都比较凉爽，所以一年四季都能种植马铃薯，只要统筹安排播种期，合理控制收获期，就能实现全年12个月都有鲜薯直接从田间进入市场，省去了贮存的高额成本，更重要的是在马铃薯市场缺货的季节如果贵州有鲜薯上市，那必定成为紧俏货，能卖得好价钱。这个优势是贵州独有的，其他马铃薯种植省只有羡慕的份。

可是贵州的现状是，这个优势并没有得到充分利用，冬季成了冬闲，稻谷收割后的田白白地撂荒着直到第二年春天才翻耕。贵州农村尚有许多石漠化严重的贫困县还挣扎在温饱线以下，同时却又在容忍这样的资源浪费，雷尊国感到心疼。对标对表补齐高水平全面小康三农短板，这是党中央在全面建成小康社会的决定性战役中关于三农工作的要求。这块短板一定要补齐！

雷尊国算了一笔账，全省除了原有的马铃薯种植区之外，在位于低热河谷区域的荔波、罗甸、册亨、望谟、榕江、从江、黎平、锦屏、赤水、仁怀等很多冬季热量条件好、气温能保持在在15摄氏度左右的地区，如果推广稻薯轮作，秋末冬初割稻后立即播种马铃薯，春季收获后接上春播，一点不影响稻谷种植。这样算下来一亩田一年至少可净收马铃薯2000公斤以上，抵扣掉所有种子、肥料等的投入，可以保证农民每亩田有至少1800元的净收入。而且稻薯轮作还有利于土壤疏松，有利于防治土传病虫害，马铃薯收获后，地上的绿叶部分在春耕犁田时还正好可以用作绿肥，地下没用尽的肥效还可以在稻田里继续发挥作用。稻薯轮作不但能提高土地的使用效率，还能形成最佳的生态循环模式。

雷尊国算的这笔账确实很理想，但是冬作马铃薯在贵州真的行得通吗？在全省广大农业从业人员和农民的概念里，只有威宁这样海拔高气温低的地方才适合种马铃薯。而荔波、罗甸、三都、从江、黎平、赤水、望谟等等这些自从盘古开天地就从没种过马铃薯的低海拔地区，谁敢保证能种得成？

冬作马铃薯为什么这么多年难以推广？那是因为冬作马铃薯必须抢在春耕季节到来之前就完成收割，这样才不会影响大季作物水稻的播种，也就是说，冬作马铃薯只能选择生育期短至65~70天的早熟品种种薯。而贵州当时还不能生产这样的早熟品种种薯，只能生产中晚熟品种种薯。中晚熟品种一方面生育期长达100~120天，春耕季节要打田插秧了，它却还没长成熟，接不上茬口。

那么为什么贵州一直不能生产早熟品种呢？因为早熟品种有个致命的问题，就是抗性特别差，病害严重。多年来，不同部门的技术人员曾经多次在威宁尝试过种植早熟品种，但是一次都没有成功。要推广冬作马铃薯，首先肯定是要突破早熟品种高产栽培技术这个卡壳难题。比如早熟马铃薯的优质品种费乌瑞它，亩产可达4000公斤以上，而且生育期很短，只需60~65天，表皮光滑、芽眼少而浅，黄皮黄肉，果实大而整齐，食味佳，很受市场欢迎，但就是有一个软肋，在潮湿阴冷的气候条件下会特别容易染上晚疫病。那个晚疫病是一种会毁灭马铃薯光合作用的作物疾病，相当于人类的癌症，染上即无治而且会迅速转移蔓延，导致马铃薯块茎大片腐烂，最终全军覆没。而贵州正好是典型的少晴多雨潮湿气候，这样的气候条件下，谁还敢去触碰那个既可爱又可怕的费乌瑞它？

雷尊国不想错过费乌瑞它的优秀，既然品种优质高产，那就正是贫困地区最需要的，怎么能轻易放过？他坚信总有办法取其优而避其劣，让它服务于贵州的脱贫事业而又不染上晚疫病。他说，无非就是多采取有效的预防措施，重点攻克马铃薯晚疫病。

雷尊国着手组建病虫害研究团队，把贵州大学植保方向硕士生邓宽平吸纳进团队，随即送去内蒙古大学，师从享有国际盛名的马铃薯晚疫病专家、美国康奈尔大学博士后张若芳教授。随后，张若芳教授的得意弟子陈恩发也被引进团队。有了人才，有了平台，有了正确的思路，攻克难关只是时间问题。

雷尊国的知识积淀和职务担当给了他在马铃薯领域的发言权和行动权，2006年，他开始带领团队攻关，要把冬闲田变成致富田，提高土地利用率，让贵州全年四季都能收获马铃薯，让农民向马铃薯要收入！

雷尊国把这个行动命名为建立贵州马铃薯的周年丰产模式。

周年丰产模式得到了贵州省农业厅的支持，总农艺师张太平安排了一个40万元的专项"早熟马铃薯高产栽培技术研究示范"给生物技术研究所，获得成功后，贵州省科技厅的攻关重大专项又提供后续支持。从2007年开始，团队花了3年时间蹲守威宁基地，不断试验，反复比对，终于摸清早熟品种播种时间、密度、水肥管理等规律，完善了晚疫病预警防控技术，在威宁地域实现了早熟马铃薯种薯万亩连片种植，获得大面积早熟种薯超高产。此后几年成果不断，用费乌瑞它早熟种薯栽培的马铃薯在威宁测产，分别达到：2008年3487.5公斤/亩，2009年4171公斤/亩，2013年4783公斤/亩，远高于省内其他品种的产量。

2008年，贵州省农委在荔波县雷尊国团队承建的基地召开全省冬作马铃薯现场会，禄智明副省长亲自到会，表示对雷尊国团队最高的肯定和支持。在测产现场，省农业厅长和黔南州分管农业的副州长亲自抬着扁担，禄智明副省长亲自把秤，测得亩产2500公斤，转化为市场价是惊人的9000元以上。雷尊国看到这个数字，禁不住高兴得叫了起来，现场顿时一片喜庆。不管是到会的领导、薯农，还是雷尊国团队，都感动得眼眶湿润，从这个数字里他们都看到了曾经付出的一切，也看到了马铃薯产业在贵州的光辉前景。

薯民们欢欣鼓舞，立即接受了冬作马铃薯这个新名词。

从此冬作马铃薯的推广打开了敞亮的通道！雷尊国的事业也蒸蒸日上，马铃薯研究所当年获得课题立项达到25项，项目合同经费达到了有史以来最高的1296.7万元。

当年，贵州马铃薯种植面积已经跃居全国第一，达到907万亩，超越了油菜和小麦，成为贵州主要农作物的第三位。冬作马铃薯如期上市，时间点恰好扣准了广东市场的"马铃薯荒"。农民一亩地至少能收获1500公斤商品薯，卖到4000元以上，高产的卖到8000元。从2008年至2020年，冬作马铃薯总共实现经济效益接近100亿元，马铃薯一下子变成了金元宝、金蛋蛋。新兴的马铃薯产业成为贵州山区继烤烟之后的又一支柱产业和优势产业，带动着贵州山区相关产业的发展和农村剩余劳动力的转移。此后连续10年，雷尊国率团队在马铃薯冬作区轮流驻点，为扩大开发冬闲稻田马铃薯提供技术保障，使全省的冬作马铃薯种植走向成熟和稳定。

而雷尊国团队又投入了周年模式运作的后续部署。他们对国内外全年马铃薯鲜薯市场进行广泛的调查，研究怎么将马铃薯的栽培区域、播种时间、收获时间、品种选择和市场供求精准结合起来，找到其中的规律，完善对周年模式的设计。

周年模式是国内首创，遭遇很多技术难点却找不到教科书，雷尊国团队只能自己编写教科书，他们在解决技术难点的攻关中独创了两项新技术："中国南方马铃薯晚疫病预测预报体系"和"早霜、晚霜防控技术"。这两项技术突破性地降低了晚疫病对马铃薯产量的影响，控制了春秋两季作区的霜冻危害，一下子冲破了云贵高原不利自然条件对周年模式的约束，使周年模式离成功又近了一大步。这两项创新技术形成理论后，丰富了马铃薯高产栽培理论，至今仍享有国内领先地位。

2010年，雷尊国创建的周年模式终于成形了，一整套立体化、区域化的春播、夏繁、秋种、冬作周年丰产体系，完美实现了鲜薯全年上市的设计。

低海拔冬作季的河谷地带属于冬季作业区域，包括荔波、三都、平塘、长顺、惠水、赤水、仁怀、从江、榕江、黎平、黄平、望谟、册亨、安龙、贞丰等地，建成了早熟菜用型马铃薯生产基地，每年11月到12月间在刚收割的稻田里无间歇播下马铃薯种子，次年4月至5月间收获上市，抢占广东、香港及东南亚市场空白。

中海拔春秋季的800至1500米海拔地带属于春秋两季作业区域，包括贵阳、安顺、修文、开阳、遵义、兴义、安龙、凤冈、德江、沿河、石阡等地，建成了马铃薯中、早熟品种基地，每年1月至2月种植春作马铃薯，6月至7月间收获，供应夏季市场；8月中旬至10月中旬种植秋作马铃薯，11月底至第二年3月中旬收获，供应冬春季市场。

高海拔（1700米以上）的黔西北地带属于一季作业区域，包括威宁、赫章、纳雍、大方、水城、盘州等地，建成了马铃薯中晚熟品种基地，每年2月至4月播种，7月至9月收获，供应秋冬季市场。

到2010年，全省共有900多万亩土地构建成了马铃薯生产的周年丰产模式，这个壮观的错落有致的配套工程，在全国是独一无二的存在。这是知识的力量，理想的力量，坚持的力量，担当的力量！

产业技术创新也为雷尊国申报国家和省的重大项目提供了条件：2011年10月18日，雷尊国以第一人身份率领团队获得国家星火重大专项项目。项目名称为："贵州脱毒马铃薯种薯扩繁及优质鲜薯周年生产产业化示范"。此后几年，团队又分别申请到国家"十一五"重点支撑课题"马铃薯优质生产与产业升级技术——西南马铃薯周年丰产关键技术研究与示范""国家马铃薯改良中心贵州分中心建设"、国家948专项"马铃薯晚疫病抗性品种资源引进"和贵州省重大专项"贵州脱毒马铃薯种薯扩繁及优质商品薯周年生产产业化示范""贵州省优质马铃薯周年丰产技术研究""科特派特色优质马铃薯创业链技术服务与示范"等项目。

2011年，雷尊国率领的团队荣获贵州省"十一五"农业科技十大成就奖。

2014年11月，雷尊国团队在推广冬作马铃薯成功过程中的研究成果"冬作马铃薯精简化高效栽培集成技术"通过了由中国农科院等7个农科专门机构组成的专家团的成果鉴定。这项成果结合贵州冬作马铃薯生产过程中经常面临的低温冻害、早春干旱少雨、晚疫病危害和农村劳动力缺乏等问题，集成了合理安排播期、避开霜冻出苗、马铃薯半机械化播种、一次垄作成型、黑膜覆盖、膜上覆土、水肥一体、晚疫病高效防控等为核心的冬作马铃薯轻简化高效栽培技术，具有省工省事、节本增效、增产增收等特点，应用这套技术在冬闲田生产错季节马铃薯，每亩节省人工投入243元，增产10％以上，总增效593元，前景非常可观。这项研究成果再一次提升了雷尊国团队为冬作马铃薯所做贡献的价值。

市场新宠领风骚　泥巴洋芋已翻篇

雷尊国在马铃薯大道上越走越远，他有一个惊喜的发现：荔波、三都、赤水等刚刚才跻身于马铃薯种植的冬作地区，原来一直被视为种马铃薯的禁区，现在表现出的却是出乎意料的青出于蓝而胜于蓝的新星潜质，单位面积产值超过了好多老牌种植区。这充分说明的是，贵州石漠化最严重的低海拔地区昼夜温差极大的气候特点恰恰有利于被埋在土里的马铃薯果实品质的形成。必须发掘这一优势，选对品种、用对技术，把有培养前途的"新星""重点辅导"一下，打造成漂亮的大牌产品，占领市场高地，卖出最高价格，那样就能让马铃薯不仅仅停留于脱贫，而是发展到更高境界——马铃薯致富！

2006年，雷尊国团队开始打造优质商品薯基地。

第一步要在威宁种薯基地大量培育费乌瑞它、中薯3号、宣薯2号三个优质品种的种薯。雷尊国带着团队的硕士博士们在威宁安营扎寨。

雷尊国团队持续地将一项项技术突破，并进行集成、示范，手把手教会威宁薯农如何调整播期、如何预防晚霜和病虫害等等，改变了薯农以前那种凭着经验和感觉确定播种时间、种植密度、施肥强度、管理方式的粗放做法。提高了生产标准化、科学化、规范化的专业水平，对农民的技术培训也变得更到位。黑膜覆盖，稻田免耕稻草覆盖，起垄高厢栽培，测土配方施肥，病虫害综合防治，茬口衔接……这些促进马铃薯稳产高产的先进技术迅速在薯农中普及，确保科技棒"最后一公里"交接成功。

优质商品薯的种薯培育成功后，第二步就是要从威宁拉种薯送到各个优质商品薯基地，指导薯农整地播种、施肥培土。那个年代没有高速公路，沿着省道102线随便往哪个基地车程都需10多个小时，最惊心动魄的是途中必经海拔2800米的梅花山。梅花山路段是贵州省公路海拔最高地段，不仅地势险要，沿线都是盘山、环形路面，光是急弯就有24处，而且那个路段常年笼罩着铺天盖地的浓雾。雷尊国团队白天从地里收种薯，然后装车，为了抢赶播种季节，通宵开夜车已是家常便饭。被浓雾包围的24道拐白天尚且危险重重，夜晚更是寸步难行。但他们这群心里有目标有方向的人，寸步难行照样风雨兼程，那份艰辛，那份危险，何须对人言说。在最需要的地方付出智慧和汗水，不向光阴惰寸功，这就是雷尊国团队永远的风格，是他们的诗和远方。

雷尊国团队从2008年开始连续8年在荔波县建起千亩连片的早熟优质商品薯基地，这些基地都是平均亩产能达1500公斤以上的新兴产业基地，按年均单价2.4元/公斤计算，每亩都能实现2000元以上的稳定净收入。在建设基地的过程中，团队通过技术成果集成转化和持续的试验示范推广，培养了数以千计的科技二传手，为全省冬闲田产业的继续开发做了充分的储备。

2009年荔波县遭受特大干旱，从当年8月至2010年4月下旬都没有有效降雨，但是到2010年5月收获期时，全县种植的上万亩优质马铃薯新品种费乌瑞它依然获得大面积高产，省农委测产荔波县早熟马铃薯基地9个点，平均亩产2724公斤，亩产值达7650元。

在荔波的成功基础上，雷尊国又连续5年每年派出20人的硕博专家服务团驻点三都县，推广费乌瑞它，把原本一到冬天就撂荒的5万亩水稻田变成全省最连片的优质早熟商品薯基地，年产值达2亿多元。

2009年2月，雷尊国以第一人身份率领团队获得贵州省农业厅颁发的贵州省农业丰收一等奖。成果名称："优质早熟鲜食马铃薯商品薯基地建设及产业化开发示范"。

到2010年，雷尊国团队已建成6个像荔波、三都这样的超万亩优质马铃薯基地，这些基地的核心产区每亩地的效益都可达7500元以上。农民真正体会到了只要勤劳就能致富，他们说，我们现在是春夏季种水稻吃饭，秋冬季种洋芋找钱，一年四季忙得开心，日子好过了！

2010年5月28日至30日，中国马铃薯大会暨贵州马铃薯文化节在贵阳召开。1800多人的参会人数突破了历届中国马铃薯大会的参会人数记录，由省级人民政府主办，省会级人民政府、省农委、省农科院承办的办会规格也开创了中国马铃薯大会的先河。中国农科院副院长（后任农业部副部长、联合国粮油总干事）屈冬玉博士在修文县扎佐乡万亩连片的高标准马铃薯基地现场参观时，看到田土排列整齐，沟渠合纵连横，栽培完全标准化，病害防控到位率100％，白色粉色紫色的马铃薯花迎风摇曳，气势万千，景象繁盛。他不由得感叹：这基地全国一流！贵州马铃薯产业异军突起！当他来到贵州省国际会议中心，看到琳琅满目的炭烤马铃薯、油炸马铃薯粑粑、麻辣马铃薯片、青椒炒马铃薯丝、干煸马铃薯丝……他也兴致勃勃地加入了品尝者的行列。饱含着贵州饮食文化气息的马铃薯食品受到与会者的热烈追捧。权威专家们啧啧惊叹贵州在马铃薯产业上取得的成就，越南马铃薯协会会长当即与代表贵州马铃薯协会的雷尊国签下5年合作备忘录，其他一些东盟客商也主动表示愿与贵州马铃薯协会合作的意向。

到21世纪20年代，贵州全省已建成优质马铃薯基地30个。这些基地的马铃薯一进收获期，来自上海、浙江、广东、广西、湖南的经销商的收货车就直接开到地边排队守着，争先恐后生怕收不到货。经销商们自己带了包装用的泡沫袋和小纸箱，请薯农小心翼翼地一个个装袋装箱。而这些基地产的马铃薯确实有资格配得上如此隆重的待遇，当它们从泥土里被挖出，来到阳光下亮相登场时，你会看到它们薯型漂亮，品相耀眼，个大、干净、端正，是脱颖而出的"气质明星"，是马铃薯中的"扛把子"，平均收购价可达到每公斤2.8元。

经销商说，贵州的这些品种芽眼少而浅，表皮光滑细腻，口感也好，是马铃薯市场的紧俏货，特别受宠。

是的，贵州的马铃薯淀粉含量高，脂肪含量低，蛋白质丰富且优质，不仅鲜薯可以有多种吃法，还为加工马铃薯食品提供了极大的空间。贵州的马铃薯被贬为"泥巴洋芋"的那一页已经翻篇了，现在贵州的马铃薯成了招牌产品，成了吸引大批年轻人从外地回到家乡发展的致富神器。

每一个课题的完成都是一次成长，每一个项目的结案都是一段历练。雷尊国率领的团队从2008年到2021年共实现科技成果转化20多项，完成价值50亿元。

到2020年，贵州已成为中国马铃薯生产发展最快的省份之一，马铃薯种植面积跃升为1240万亩，总产量1349万吨，总产值达到160亿元。贵州昂首步入了中国马铃薯产业大省的行列。

全套服务两条龙　十年一剑获大奖

作为农科研究机构，指导农民种上了马铃薯，产量和质量都发生了翻天覆地的变化，而且还建立了南方最大的种薯基地，创造了全国唯一的周年模式，雷尊国没觉得已经尽职尽力了，他反而觉得自己责任更重大了。在马铃薯没变成钱揣进农民口袋之前，他做不到丢手不管。

马铃薯收获后，后续的情况到底怎么样？雷尊国每年都要去市场调研几次。省农委的种植业处处长黄俊明非常支持雷尊国的这种敬业态度，也成为调研行动的参与者。

每次去市场，总能发现问题。比如早熟马铃薯为了抢市场，皮还没完全长厚实就从土里挖出来了。当然为了保护那层薄薄的娇嫩的皮，每一个马铃薯外面都包了一个泡沫袋。以为这样就行了，够讲究了。但其实根本不够，运输搬动过程中马铃薯的嫩皮被一片片搓掉，掉皮处立刻氧化发黑，看上去伤痕累累，在市场上销路和价格都打了折扣。

市场环节的这些问题一旦积累起来，就会让正在兴盛发展的贵州马铃薯产业倒退，甚至会前功尽弃。必须干预！雷尊国采取眼见为实的办法，组织马铃薯种植和销售运输部门以及基层扶贫办、农业局等管理部门的相关人员乘火车直奔广州市场，让他们亲眼看见那些劳动果实在市场上没出路的情景，让他们树立起这样的新理念：随着科技的发展和人民生活质量的提高，市场对马铃薯的品质要求在不断提升，再用以前粗糙的办法销售马铃薯行不通了。回来后，雷尊国率领团队帮助薯农调整了播期，更换了品种，还帮助他们改变了以前那种优劣混装、大小混装、品种混装的乱象，甚至还帮他们重新设计包装袋。

市场环节跟上了，新的短板又暴露出来——运输能力不匹配了。眼看光鲜的马铃薯产品还没出县门就严重囤积，雷尊国即刻变身调度员，四处协调调拨火车皮。然后又几下广东，跟踪运输渠道销售渠道，发现整个渠道都呈现混乱、缺乏组织的状况，装载着马铃薯的汽车经常被堵在接近批发市场的路上无法动弹，运输和销售人员都只能无奈地看着马铃薯由"水灵灵的大姑娘"被耽搁成"皱巴巴的老伯妈"。

雷尊国沿着产业化的链条一路往前追踪，发现每一个环节都还有很多断裂，有很多空白不知道该由哪个部门来补上，需要做的事很多很多：要建立销售窗口，要有对称的第一时间的信息渠道，要规范整个生产直至销售的流程……这样贵州马铃薯的市场品质才有充分保证。

虽然所有这些琐碎的必须做的事对于农科职责范畴是前人没有尝试过的超越，有点像不务正业。但是面对尚未理顺的马铃薯产业链的一个个节点，如果雷尊国团队袖手旁观，那就会造成产业链的断裂，使前端的农科成果变不成终端的经济效益。无情的现实和扶持农村脱贫致富的使命感逼着雷尊国把着力点随着产业链的延长不断地往前移，从纯粹的农科一直移到传统农科看不懂的地方。马铃薯专家雷尊国愿意让自己的学识才华听从马铃薯更多的召唤。

各种奔走协调，动用各路人脉资源，找省地县各级的行政部门、农业管理部门、交通运输部门、商业部门……遭遇过推诿，经受过委屈，有时不被理解，有时良苦用心被误读。不管雷尊国经历了什么，最终他做出了这样一桩体现他充沛能量的开拓性的大事：2008年，提供一条龙式专业服务的南方马铃薯合作社建立起来了！

薯农再也没有后顾之忧，他们只管按照订单从各产地一车车把收获的马铃薯运到合作社收货处，就等着数票子了，马铃薯统一经由绿色通道快速顺畅地往南方各地发送。而且贵州的马铃薯与时俱进采用了溯源技术，产品标签化，只要一扫码立即能知道马铃薯的具体种植地和销售商家，省外市场更加信任贵州马铃薯的监管力度，贵州马铃薯的品牌打得越来越响亮了。

紧接着，又飞出了另一条龙，那是再接再厉乘胜追击的雷尊国促成建立了"应用科研单位＋公司＋专业合作社＋基地＋农户"的生产模式，通过土地流转机制，形成以土地入股分红，统一技术、生产、管理、销售的产业发展新格局，将马铃薯产业技术体系与农业技术推广体系有机结合。8年时间累计推广马铃薯种植面积1233.74万亩，覆盖全省9个市（州、地）65个县，农户户均增收2602元。

这"两条龙"合理地连通了地头与市场，涵盖了马铃薯从下种到进市场的全过程，确保了薯农辛苦劳作后能有满意的收成，并且能把票子踏踏实实揣进荷包。

2010年11月17日，雷尊国主持完成的科技成果"马铃薯新品种选育及产业化技术研究与应用"获得贵州省科学技术进步一等奖。这个宏大的项目完整系统地展现了雷尊国团队多年来在马铃薯领域的突破性的研究和实践成果，不仅涉及马铃薯新品种开发、脱毒、栽培、病虫害防控、收获、贮存、加工各个环节的技术深化和对农民的培训，而且关注到了与其配套的产品进入市场营销流程的操作，甚至对产品的包装等具体细节也有具体的论述。

十年磨一剑，从2000年到2010年，雷尊国交出了一份满分答卷。他为贵州实现马铃薯产业扶贫所做的一切得到了权威部门和专家学者的充分肯定。

雷尊国的人生达到了一个新的高度。

积极促进主食化　中国饭碗牢牢端

雷尊国总是要求他的团队走出去，走进农村，他说，闭门造车、纸上谈兵的农科没有社会价值。你只有走出去才知道自己的科研成果有没有应用价值；走进市场，你才知道该研发怎样的品种；走到产业链前端，你才知道你的下一步研究课题该是什么。

2012年4月，雷尊国以省马铃薯产业协会会长的身份，组织各地马铃薯种植部门和薯农共100多人，奔赴广州江南果蔬批发市场和深圳海吉星市场，召开贵州省马铃薯产品推介大会，让广东马铃薯经销商、专卖店和贵州的马铃薯合作社、种植大户现场对接，实现了马铃薯销售的规模化、商业化。

2013年4月，马铃薯研究所又自筹资金组织威宁、荔波、三都、锦屏、黄平五个县的35名种植大户到山东滕州学习马铃薯产业化技术，滕州标准化、规模化的现场使贵州的种植大户受到极大的激励，增强了实现马铃薯产业化的信心和决心。

这次成功的对接取得完胜之后，雷尊国的市场经验更丰富了。2015年3月，他向铁运部门申请加挂两节车厢，带领优质商品薯产地三都、威宁、石阡的83位种植大户、行家里手去广东省惠东县学习种植优质商品薯的经验，去广州江南马铃薯批发市场考察市场行情，让薯农们打开了眼界，培养了精准农业的意识，找到了自己产品的市场定位。

　　从栽培到销售的一系列问题都解决之后，贵州薯农的收入已有了明显增加。但雷尊国还不满足于这个增加幅度，他觉得马铃薯的消费需求并没有被彻底开发出来，由于配套加工产业的缺失，导致鲜薯的田间收购价还不够高。贵州的马铃薯一直以辅食的单一形象出现，消费最多的仅停留于菜用薯，而蔬菜市场的价格最容易起伏波动。因而，只有让马铃薯产品突破菜用薯的局限，才能稳定价格，避免薯贱伤农的恶性后果，维持住薯农种植马铃薯的积极性。马铃薯易加工，口味好，营养价值高，能适应现代社会生活快节奏的需要。如果扩充和丰富马铃薯加工产品类型，让马铃薯产品和大米、面粉一样成为生活的必需品，成为高附加值的主食或休闲食品，那就能使农民收入翻倍增长。另外，提高马铃薯的附加值，还能拉动周边产业比如辣椒种植加工、包装业、物流业的发展。

　　长期以来，党和政府一直把解决粮食安全问题作为治国安邦的大事，提出要让中国人的饭碗牢牢端在自己手中。如果能让贵州马铃薯由原料产品向产业化系列制成品转化，由温饱消费向营养健康消费转化，促进马铃薯的主食化，对缓解我国资源环境的压力将十分有利。

　　雷尊国付出10年努力促使贵州成了马铃薯大省，现在他的追求又有了新的叠加。他看到同为种植面积千万亩以上的马铃薯大省，内蒙古、甘肃加工比例都达到30％以上，在欧美发达国家，马铃薯加工比例甚至超过70％，而贵州出产的马铃薯加工比例仅为1.75％。这就形成贵州马铃薯产业链上的新的短板。

　　2013年9月，省马铃薯研究所开始向上级部门申请马铃薯主食化研究的立项，同时策划成立了"贵州金农食品科技有限公司"，研发马铃薯主食化产品及其他食品，承担农业部马铃薯主食化项目、省农委产业化等5个项目研发示范。经过9次论证之后，2014年11月，终于获得了贵州省科技重大专项"马铃薯主食化加工关键共性技术研究及开发"的公开立项。2015年4月，"马铃薯主食化关键共性技术研究与应用推广"重大科技专项启动仪式以新闻发布会的形式在贵阳隆重举行，贵州马铃薯主食化的序幕被雷尊国团队拉开了。马铃薯主食化涉及科研、生产、加工、流通、消费等众多环节，是一项复杂的系统工程。第一个吃螃蟹的雷尊国没有畏缩，他就有这样热血沸腾的担当。

恰逢农业部于2015年在下发的《2015年种植工作要点》中，把马铃薯产业开发列为全年7项重点工作之一，并再次强调了马铃薯的主粮地位，强调了马铃薯在经济价值和粮食安全战略价值上的巨大潜力，提出西部欠发达地区要积极扩大马铃薯及其加工产品，扩大马铃薯的深加工产业链，逐步实现马铃薯主食化，缓解资源环境的压力。2016年，国家科技部立项的由雷尊国团队参与主持的"马铃薯原薯蒸煮制品关键技术研究与产品研发"重点项目开始实施，这使雷尊国深受鼓舞，左右逢源，他赶上了拥有天时地利人和的发展马铃薯事业的良机。

雷尊国顺风扯帆，联合了11家国家级和省级科研院所、高等院校、相关企业，共同攻关，制定具有贵州特色的马铃薯产品发展方案，拓宽马铃薯的食用领域，更重要的是积极促进马铃薯的深加工，把马铃薯分解成淀粉、蛋白，使马铃薯成为更多食品的原料。

两年后，雷尊国团队即提交专利18项，设计了加工工艺尽量简单、能耗尽量减少又能与贵州饮食习惯相符合、能被大众接受的马铃薯产品。一大批马铃薯主食化产品涌进市场，马铃薯版本的馒头、面条、米粉，与小麦粉的制品相比，外观接近，口感独特，营养更佳。

2012年贵州省马铃薯研究所成为中国食品协会马铃薯分会的副会长单位后，研究所拥有了得天独厚的第一手信息资源，这极大地有利于对研发方向和策略的判断。雷尊国团队从一系列产能和销售数据中，判断出薯片将成为明日之星。于是在2016年8月，经过一年多的努力，雷尊国团队指导生产的第一批薯片在长顺成功包装上线，贵州开始有了原创高端鲜切薯片产品，这也意味着马铃薯全产业链已经接近成功完善。

雷尊国的思路符合历史发展潮流和时代进步需求，受到上级领导部门的重视，得到全社会的关注，省编办专门拨给30个全额拨款的事业编制支持雷尊国团队吸纳更多的人才。2016年8月，雷尊国率领的生物技术研究所又新增加了一块牌子——贵州省农科院贵州特色食品加工研究所。

关于马铃薯的理想如同一团炽烈的火焰在雷尊国脑海里燃烧。他设计让马铃薯主食化走航空食品和学生营养餐方向。设计让快餐食品马铃薯泥形成规模化生产，并且用马铃薯泥试制冰皮月饼和冰淇淋。马铃薯主食化是对于粮食安全、国民健康和经济发展都有利的国家战略，他坚信通过探索，一定能让全社会都了解马铃薯、享用马铃薯、爱上马铃薯，逐步走向马铃薯主食化。

2012年3月，贵州省委、省政府授予雷尊国"省管专家"称号。

2015年1月，中华人民共和国国务院向雷尊国授予政府特殊津贴。

2017年，贵州省科协联合贵州日报、多彩贵州网开展了贵州省首届"创新争先·科技榜样"评选活动，共收到123份参评对象材料，最终以"道德第一、奉献为重"作标准，在全省评选出两个"创新争先·科技榜样"科技团队。雷尊国率领的马铃薯全产业链技术研发团队就是这仅有的两个科技团队之一。

团队精英后浪涌　实干兴邦真英雄

从雷尊国当初勇敢闯入马铃薯事业时算起，时间已经过去了20余年。在贵州省委、省政府长期的重视下，贵州的马铃薯产业有序发展，打造了品种专业化、种薯脱毒化、种植区域化、技术标准化、开发商业化的完整马铃薯产业链。

通过调整科研方向，雷尊国把原先只从事生物技术基础研究的生物技术研究所发展成了基础研究与产业研发齐头并进的9个研究机构（其中有3个是国家级平台）：

贵州省农业科学院马铃薯研究所

贵州省农业科学院食品加工研究所

贵州省农业生物技术重点实验室

贵州省马铃薯工程技术研究中心

贵州省薯类产业技术创新人才基地

贵州省薯类产业国际合作基地

国家马铃薯改良中心贵州分中心

国家马铃薯产业技术体系贵阳综合试验站

国家甘薯产业技术体系贵阳综合试验站

现在雷尊国团队拥有着宽敞的办公和科研场地、先进的实验设备，还有对外展示科研成果的陈列室，各机构可开展的系列研究包括种子质量鉴定、生理生化、分子标记、分子育种、基因组学、转基因、农产品加工等等，雷尊国当年设想的火力全开的局面已经完美呈现，一拳之小的马铃薯正在承载许多年轻人关于事业、关于志向、关于未来的宏远梦想。

从2011年到2022年，雷尊国团队共发表论文398篇（其中SCI 67篇），出版专著6部。2011年，团队获得了省科技厅、省委宣传部、省农委等部门联合颁发的贵州省"十一五"农业科技十大成就奖。2014年同时获得贵州省科技厅授予的两个称号：贵州省马铃薯逆境育种与栽培创新团队、贵州省微生物技术创新团队。2012年省政府发文要求全省全面落实良种良法，文件上明确马铃薯重点推广的品种是费乌瑞它、中薯3号、中薯5号、威芋5号、宣薯2号、青薯9号、大西洋共7个，这其中由雷尊国团队选育的品种占到了70％以上。2017年省农业厅组织由国家级岗位专家及宋宝安院士参加的测产验收，雷尊国引进选育的青薯9号亩产达到5252.26公斤，远超全国马铃薯平均单产1300公斤/亩。2014年12月，在中国农学会组织的科技成果评价会上，中国科学院院士方智远等专家书面评价雷尊国团队选育出的抗晚疫病品种和配套栽培技术达"国际领先"水平。

雷尊国刚进生物技术研究所时，全所总共只有32名中级职称研究人员，到2022年，已经打造出一支高知识结构的优质人才队伍，自主培养和引进的博士20人、硕士41人，获得研究员职称的11人，副研究员职称的20人。雷尊国为自己的团队搭建了助力上升的平台，在发展马铃薯产业造福千家万户的同时，年轻人也在伟大的事业中迅速成长起来。

邓仁菊、邓禄军、何天久、李飞等4名研究人员入选了贵州省百千人才（"百人领军人才""千人创新创业人才"）。

曾经并肩作战在威宁推广早熟马铃薯的李飞，已经调去贵州省农科院的园艺研究所担任所长。他主持选育并获得国家非主要农作物品种登记证书的马铃薯新品种黔芋8号、黔芋9号和黔芋10号都以品质出众著称，他攻读硕博学位期间在美国导师帕尔特教授指导下完成的利用种间杂交技术提高马铃薯耐冻性及其鉴定方法至今仍居于世界领先水平。

2008年考入生物技术研究所的四川农村姑娘邓仁菊，刚来时连取个飞机票都不会，胆怯、不自信，如今已经成长为光彩采照人的博士、研究员、栽培研究室主任、贵州长顺八妹农副产品开发有限公司总农艺师，能够独当一面同时承担两三个项目在肩上，并且还获得过省科技进步二等奖和国家农业丰收一等奖。

毕业于西南大学食品加工专业的80后博士刘嘉，刚加入雷尊国团队时，开会发个言都会紧张得声音颤抖。现在做农产品深加工基础研究已经获得两个国家基金项目。他说，在雷尊国团队就像点燃了火苗一样，有强大的驱动力，总想不断寻求突破。云南农业大学用50万年薪的待遇来聘请他，他不接受，就想与雷尊国团队同频共振。

南京大学蔬菜学博士罗小波，90后，2018年毕业就来到所里，那时一介书生的他根本没想到马铃薯研究人员还要掌握马铃薯的市场价格。看到周围的科研人员对马铃薯的市场行情、销售渠道、运输路线啥啥的都门儿清，才知道雷尊国团队的风格是不能闷头实验与实际脱节，要随时关注产业的需求。现在他投身于萝卜栽培研究，目标是通过萝卜与马铃薯的轮作让农民获得更大收益。刚参加工作3年的他，已经获得了1项国家科研基金，主持着2项省级科技攻关项目。

高端人才被吸引过来，所里自己培养的人才也有很多流动去了新的岗位担负重任：博士朱速松担任了水稻研究所所长，博士朱国胜担任中药材所副所长，博士彭慧元担任了中国农业科技出版社编辑，博士刘建魁到电子科技大学任教，硕士王启富担任水产研究所党委书记……雷尊国因为年龄原因现在已退居二线，目前所里的新班子成员党委书记夏锦慧、所长范士杰、副所长刘永翔都是由所里自己培养成长起来的高学历人才。

在事业旗帜的指引下，雷尊国用自己纯粹的品质和亦师亦友的人格修为凝聚起这群精英，使他们发自内心地感受到这个团队充实的正能量和通透的温暖。在国家农业部每年的年度考核中，雷尊国带领的国家产业体系团队都是排在全国前三位，10多年里年年都被评为优秀。

马铃薯研究所的年轻人都像当年的雷尊国一样，能吃苦耐劳，能解决实际问题，而且喜欢打开思维寻求发展，爱好另辟蹊径走向成功，萝卜、山药、甘薯等适宜贵州的块茎类作物已经成为他们探索的崭新领域，还有已经取得试点成果的立体种植，一块地同时种上佛手瓜＋马铃薯＋蔬菜，每亩地年总产值可达到1.3万元。

2000年时，马铃薯研究所全所科研经费不足10万元，雷尊国走马上任后，年均科研经费近千万元，技术成果不断增加。

雷尊国的努力成就了贵州马铃薯，贵州马铃薯也成就了雷尊国的人生。自从进入马铃薯领域，雷尊国先后荣获贵州省科技进步一等奖1项，二等奖2项，三等奖2项，贵州省"十一五"农业科技十大成就奖1项。获得"马铃薯方便湿面及其制备方法""真空冻干彩色马铃薯脆片的制备方法""薯片包装袋设计"等专利共18项。发表论文77篇，出版专著4部：《贵州马铃薯产业技术研究与应用》《贵州冬作马铃薯高产栽培技术》《贵州马铃薯主栽品种特征特性及DNA指纹图谱构建》《中国马铃薯百味食谱》。

出发时是一个科技管理人员，上了跑道增加了一个身份——科技研究人员。边跑边发现短板，不断补齐短板，不断跨界出圈，不断前移终点，把一场百米冲刺跑成了马拉松。这就是雷尊国。这个刚踏进农科领域时被认为只能打打酱油的门外汉，现在已经成为贵州马铃薯产业的领军人物。

2007年5月，担任中国食品工业协会马铃薯食品专业委员会副会长。

2008年8月，担任国家马铃薯产业技术体系贵阳综合试验站站长。

2009年8月，被选为中国作物学会马铃薯专业委员会理事。

2011年起，担任贵州省蔬菜行业协会理事会副会长。

2012年7月，被马铃薯大省内蒙古聘为内蒙古马铃薯产业协会高级顾问。

2013年5月，担任贵州省马铃薯产业协会会长。

2013年7月，被贵州省科技特派员创业行动协调指导小组办公室聘为贵州省首席科技特派员。

2014年被任命为贵州省南繁工作领导小组办公室副主任。

2015年5月，担任贵州省马铃薯工程技术研究中心主任。

2016年5月，被聘为贵州省巾帼农业科技扶贫专家服务团服务专家。

2016年12月，被聘为贵州省产业技术发展研究所特聘专家。

2017年1月，被聘为国家马铃薯工程技术研究中心学术委员会副主任委员。

2019年9月，担任国家马铃薯产业创新联盟常务理事。

在中国完成全面脱贫的时代华章中，贵州的马铃薯没有缺席。贵州曾是贫困问题最突出的欠发达省份，推进农业结构调整，进一步加快特色产业发展是贵州"三农"工作的重点。2012年中央1号文件明确指出，必须把农业科技摆在更加突出的位置，为农业增产、农民增收、农村繁荣注入强劲动力。雷尊国这名农业科技工作者，没有辜负党和人民的期望，他和他所率领的团队永志吾土吾民，积极投身科技帮扶、星火带动等科技兴农战略，用知识才华铁肩担当，推动着宏伟历史滚滚向前。在当今信息时代，他们又同时开通了电话服务、网络咨询（QQ、微信、电子邮箱等）服务，建立了马铃薯信息网站，随时更新发布马铃薯市场信息、抗旱防冻信息及病害预测预报信息，全天候更高效地为基层薯农提供服务。

2017年12月31日，雷尊国入选贵州省委宣传部评选的2017年贵州脱贫攻坚群英谱。

当创新和担当已成为时代主题，在研究所年轻博士硕士们的眼里，在威宁、三都、遵义、长顺等马铃薯产区薯农们的心里，雷尊国就是"马铃薯男神"般的存在。接近60岁的他，自带一种干事业的风采，永远有更新的理想、更远的目标在前方引领行动。他用自己的思想、自己的节奏、自己的精神，感染人、激励人、影响人。他周围的年轻人说，你如此智慧和卓越，还这样自律拼搏，这样德厚流光，那我们还有什么理由不努力？

当然，别人看到的都是他生命的剪辑版，只有他自己知道全部。那些热火朝天轰轰烈烈的背后，那每一个项目每一次获奖每一回试验、每一份规划的审批，都蕴藏着千千万万关于失败的压力和关于挫折的回忆。单是在马铃薯加工成薯片的过程中选定一种香辣口味的配方比例，就需要做上千次的实验，反复研究，调整数据。马铃薯种植科研的每一个项目都不可能三年两年就看到业绩收获成果，做一个课题少不了四五年时间，承受漫长的等待是必修课。在这个快节奏的时代，农科的节奏却仍然是按部就班，必须顺应季节不急不缓的步履。不断研发新品种和不断深化栽培技术都需要一次次试验。还有每推广一项新技术时农民的不信任和抵制，要用极大的耐心去面对，甚至忍受很多委屈反复讲解说服，挽起袖口直接扒开泥土做示范，直到出了效益，才能赢来支持。在提出每一项创新技术时，难免还要经受专家权威的质疑，最终要让时间和实践来当裁判……

2009年到2010年，他主持的后来获得省科技进步一等奖的那个项目进入了倒计时的冲刺阶段，正在紧张攻关时，接到通知全国马铃薯大会定于2010年5月底在贵阳召开，他被指派同时担任大会的技术、后勤、学术交流负责人，并被任命为现场组组长。身负重任的雷尊国没有一句叫苦的话，带领着团队没日没夜地埋头工作，展现出一种运筹帷幄的大将风范。2010年，他大获全胜，主持的项目获得了省科技进步一等奖，筹备的全国马铃薯大会受到与会专家、农业部领导、省领导的一致好评。尘埃落定之后，研究所办公室主任曾宪浩透露说，正是在这段工作超负荷的时间里，雷尊国的父亲因为病重在医院住了8个月，这8个月里，雷尊国除了工作的压力还要暗自承受来自家庭的压力，还要挤出仅有的一点休息时间去医院照护父亲，经常熬得通宵不能合眼。团队的伙伴们得知情况都非常心疼他们的所长，惊讶他是怎么做到有如此充沛的精力和如此强大的能量。

雷尊国就是这样一个不知疲倦的人，永远对重要的事充满滚烫的激情。雷尊国听到自己行走的脚步，那是和他的团队在一起，稳健向前符合时代潮流的脚步，是凭借专业能力实干兴邦的脚步。他们所代表的那个群体，正是当之无愧的我们祖国的脊梁。

和雷尊国聊天，总是听他不断刷新对马铃薯的认知。马铃薯从不嫌弃穷乡僻壤，也不会畏惧水瘦山寒，有一种倔强支撑着它。它回报给种植者的果实中淀粉、蛋白质、脂肪、糖分以及钾、钙、铁、维生素C、维生素B、粗纤维等多种营养元素含量的比例很均衡，另外还含有胡萝卜素与抗坏血酸，这两项元素能有效地帮助人体预防动脉硬化，提高免疫力。马铃薯的蛋白质可利用价值为71%，比谷物高21%。食用马铃薯不必担心脂肪过剩，它只含0.2%的脂肪，是所有可充饥食物中脂肪含量最低的。食用马铃薯也不用担心碳水化合物过量，因为它的碳水化合物含量仅是同等重量大米的五分之一。马铃薯淀粉中含有抗性淀粉，其性质类似溶解性纤维，有利于人体健康。大米和小麦的蛋白质在氨基酸组成上与人体需求相差较大，而马铃薯蛋白质的氨基酸组成与人体比较接近，有利于在人体内转化为优质蛋白。马铃薯在国际上被称为十全十美的食物。现代科学研究证明，如果人类只能通过一种食物满足所需营养元素，那么，马铃薯便是最好的选择。

一提起马铃薯雷尊国就生龙活虎滔滔不绝，其实，他的底色是宁可捧着一本书修身养性的宅男。事业如星辰大海，他仍是寂寞，喜欢与孤灯相伴。看见他穿着白大褂专注地埋头于显微镜前的身影，看见他在学术研讨中发表见解时明眸中透出的睿智，看见他挽着裤腿流淌着汗水行走在田间地头踩下的脚印，看见他紧握方向盘奔向各马铃薯基地时沉稳干练的模样，你会觉得，他就和自己热爱的马铃薯一样，地面上开放着浅色的小花，不鲜艳夺目但充满活力，果实埋在泥土下，安静而蓬勃地生长，丰硕、实在。

这就是当代中国优秀农业科学家的样子。

吹尽狂沙始见金

——记玉米育种专家任洪

◆ 黄彩梅

任洪 （1964.6—）男，贵州省习水县人。现任贵州省农科院二级研究员、国家玉米产业体系贵阳综合试验站站长，曾任贵州省旱粮研究所所长、贵州金农科技有限责任公司董事长。领衔承担国家农业科技成果转化资金项目、贵州省科技攻关计划项目和科技支撑计划项目等20余项，在利用地方玉米品种改良温带高配合力自交系种质创新、热带玉米群体改良与生产应用等领域科技创新的成就显著，发表了《Suwan种质在玉米育种中的利用》《贵州省抗旱耐瘠玉米育种》等高质量研究论文30余篇，成功培育黔单10号、黔玉3号、黔糯768等20多个玉米品种和西南骨干玉米自交系QR273等，这些品种和自交系在生产上累计推广应用数千万亩，新增经济效益数十亿元，为我国西南地区玉米产业提质增效和推进农业现代化高质量发展做出了重大贡献。获贵州省科技进步一等奖2项、贵州省科技进步二等奖1项、贵州省科技进步三等奖2项。个人获得国务院政府特殊津贴，系贵州省劳动模范、贵州省省管专家，荣获贵州省高层次创新型人才"百"层次人才、贵州省首届青年创新人才、贵州省优秀青年科技人才等荣誉称号。

引　言

看这人的微信头像，简朴诚实，深藏厚重，穿着一件蓝白相间的格子衬衫和灰色牛仔裤，盘坐在丰收的玉米堆仓里，喜悦笑脸掩饰不住收获的开心。他就是我国著名玉米育种专家——贵州省农科院任洪研究员。

勤耕苦读农家娃

1964年6月，任洪出生于贵州省习水县温水镇泸村任家寨，这是一个偏僻的小山村，村民们到镇上去赶集来回要走一天的时间。

任洪的祖祖辈辈就生活在这里，他的父母都是正直而厚道的农民。母亲袁树招，小学文化，年轻时当过小学教师。她善良贤惠，从不骂一句脏话，心灵手巧又吃苦耐劳，家里每一个人从小到大穿的衣裤和鞋子，都是她一针一线地缝制出来的。在当时的大集体年代，"人多地少"是普遍的现象，一年劳作所分得的粮食是不够一家人吃一年的，任洪家也不例外。但是他的母亲很有策略，善于计划，每年分到的粮食按一年四季的进程计划使用，并且在房前屋后可以种地的地方，根据季节的不同，种植上玉米、红薯、瓜豆、蔬菜等，不仅决了自家缺粮的问题，而且还经常接济左邻右舍。父亲任德奎，也是小学文化，曾任当地小学的正式教师，困难时期回家务农了。父亲不仅勤劳好学，为人也谦逊随和、乐于助人，加上又写得一手好书法，是当地人公认的"老乡贤"。

任洪说，他很怀念小时候，那时父辈兄弟姐妹很多，有两个叔叔和六个姑姑，其中任洪父亲和两个叔叔、一个姑妈都结婚成家后还生活在一起，加起来二十多人还未分家，生活得团结融洽，他们一家人的和睦相处在当地传为佳话。

任洪小的时候也不乏淘气和贪玩，有一次在放牛的途中，跑去采摘杨梅，导致他家的牛跑到别人家的地里把玉米吃了一半。回到家后，他受到父亲严厉的批评和奶奶的说教，这件事让他懂得了做事要专心、要有责任心的道理。

任洪从小孝顺体贴，经常帮助家里做一些力所能及的家务活。上初中的时候他每天早上起来剁好猪草，做好早餐，然后背上书和背篼走7公里的路去上学，放学后还要采上满满的一背篼猪草回家。平时他看见母亲为了给他们做布鞋，手指头常常被针扎出血，他就心疼得舍不得穿鞋，大多数时间都打着光脚板走路上学或上山放牛。

任洪从小就爱读书。因为父亲已经给他树立了勤耕苦读的榜样，父亲经常在昏暗微弱的煤油灯下专注于看书学习，然后把学习的收获分享给他们。因为父亲的引领，任洪兄妹从小就养成勤奋好学的习惯。

任洪少年时期爱读书，在村里是出了名的，放学回家放牛的时候，他总是一手牵着牛，一手拿着书他的学习成绩在小学时基本上都是班级的前三名。上初中时他写的作文多次被老师当作范文在课堂上读。中考的时候他的成绩是班上第一名。

随着国家改革开放的春风吹来，农村实行了土地承包到户，人们的生活条件也就逐渐改善了，但任洪家的人口较多，家里经济负担仍然还是较重，就连晚上读书需要照明的煤油灯也是有时间限制的，所以，那时的任洪特别害怕天黑，天黑了他的学习就困难了。尽管如此，任洪却抱着"纵使疾风起，人生不言弃"的信念，因为在他心里，"安居不用架高堂，书中自有黄金屋，男儿若遂平生志，六经勤向窗前读"。他对美好的世界充满了憧憬，于是强迫自己要更加刻苦学习，瞌睡来了就用手使劲在腿上抓掐，不让自己睡，常常抓出血痕。任洪说："1982年参加高考的那年，每次预考的时候，我的成绩总是名列前茅，可是当正式高考分数下来时，我的考分就只是超过了重点大学录取分数线一点点，好险！一直等消息呀，到了8月的一天，终于收到了重点大学西南农学院的录取通知书，当时兴奋得好几天没睡觉……"说完，他腼腆地笑了。

钟情农业立志向

任洪上大学的第一天，就遇到了一件尴尬事。当时他有一个同乡考上西南师范学院，与西南农学院相邻，于是两人结伴同行。到达重庆后，任洪没赶上去西南农学院接新生的车，就同老乡一起上了西南师范学院接新生的车，可是到了西南师范学院时已是晚上十点多钟，又没有其他的车可坐，第一次出远门的任洪，扛着沉重的背包，急了！怎么办？……

那天刚好西南师范学院的党委书记也在学校，当知道情况后，便安排了他的专车送任洪到西南农学院去报到。任洪感慨地说："当时我太感动了！因为在那时的轿车可是稀奇之物，我长到那个年龄是第一次坐轿车，以至于我们班上的有些同学还误认为我是高级干部的孩子。"

大学一年级时，任洪的身体状况不太好，经常出虚汗。为了锻炼好身体，他每天除了学习，就坚持跑步，短跑300米、长跑1000米一直坚持着，到了大三的时候，他的各项跑步成绩在班上都名列前茅。

大学期间，任洪除了用60％的时间学习专业知识外，还喜欢文学，经常饱一餐饿一餐地省钱来订阅《青年文摘》《读者文摘》。特别是周末，大多数时间泡在图书馆，读报纸和杂志。看了历史，读唐诗、宋词、元曲，研习天文地理，博览群书，吸收其精华。广泛涉猎科学文化知识，开阔了任洪的视野，提高了自身的道德品行修养，坚定了他热爱农民崇尚农业和攀登科学高峰的志向信心。

任洪是家里的老大，大学毕业后，他没有考研，而是选择参加工作，任洪说："当时没有考研，是由于家庭的经济困境。大学期间有两件事，我至今难忘。两次难忘之事均是回家过春节返校时筹借路费和书费的经历。一次是寒假回家过春节，临上学时家里没钱给我，母亲就让我拿两块熏好的腊肉到镇上去卖来筹集路费，对我们家来说，这腊肉可是家里最值钱的东西了。还有一次也是春节回家过年的时候，家里的小水牛掉到冷水田里冻死了，父亲将牛肉做熟后，让我上学时带到重庆去卖。于是，我到了学校后，来不及休息，就兴冲冲地用塑料袋包好牛肉，放在背包里背着走了好几公里到镇上的集市去卖。由于不懂推销诀窍，缺乏磋商沟通的灵活技巧，像'守株待兔'一样，辛辛苦苦地背着牛肉来回跑了好几天都没有卖出去。因为天气逐渐变热，把本来是优质的牛肉活生生给放坏了，只好把它扔掉，还不敢给父亲说。"

接下来陪伴任洪最多的一个字是"饿"。这个"饿"对他来说，一方面是生活条件的艰难，但更主要就是对农业专业知识的如饥似渴，没钱买书满足知识上的需求。在那段时间里，他用来充饥最多的就是玉米了。在他的心里，"玉米真是一个好东西，是能够救命的"。当笔者问他，为什么就这么钟情于玉米？他回答："因为玉米可以囤积，我们9月份开学时也正是苞谷成熟的季节，每次我都要多准备一些，先煮熟，再晒干，这样可以放很长时间，要吃的时候，加清水一煮，就成了我的美味佳肴。这也是我热衷于研究玉米的原因，也使我更加坚定了将来要种好玉米的决心。"说完，呵呵地笑了……

他的这段经历像极了路遥的小说《平凡的世界》里面的孙少平。他俩同时都处于青春时期，饥饿对他们来说，不单是生活和生理上的难题那么简单，它还牵扯到怎样面对同学的调侃、异性的羞涩、好心人的怜悯等等，这些比饥饿本身沉重得多，或者说让人感到精神压抑。

1986年7月，任洪大学毕业后分配到了贵州农科院旱粮所工作，正当他兴奋地等着单位通知上班时，他接到的通知却是被分配到紫云苗族布依族自治县的猴场中学支教。虽然这个派遣很突然，但他还是愉快地服从了安排。

猴场镇位于贵州省紫云苗族布依族自治县南部，小镇三面均是大山，是一个"藏在深闺无人识"的美丽乡村。冬无严寒、夏无酷暑，一条地下河流出来，自西向东流去，虽然很偏僻，但风景很美，当地的人把这里称为小花溪。

任洪到学校报到后，被安排上初三的化学和初二的生物，这对他这个刚毕业的大学生来说，是比较得心应手的。但为了能让学生们听得懂，对化学实验课感兴趣，他每次课前都要做好充分的备课工作，上实验课前就先认真钻研教材，提前检验好教学实验和课件，熟知各项操作的规范和要领，熟悉实验的每一个步骤。在课堂上认真指导学生阅读有关教材内容，弄懂实验的要求、目的，理解实验原理，弄清操作步骤，并对实验中的关键步骤进行指导和提示，然后才带学生们进入实验室进行实验操作学习，直到最后一个学生做完实验，填写好实验记录表格后，他才会离开。

任洪支教的一年，不管是在教室里讲课，还是在实验室演绎科学实验，或是在生产田间的实践活动中，师生们的交流互动都生动活泼，彼此相处得像家人和朋友一样，同他们一起分享学习、生活和工作的快乐。所以学生们也非常喜欢他，他的言传身教使学生懂得立德做人的基本道理，他教会了学生"攻书莫畏难""世上无难事，只要肯登攀"的治学态度和踏实作风。他教的那届初三毕业班的成绩很好，许多学生都如愿升学了，甚至还有好几个直接考进了中等专业学校。可以说，任洪支教那一年，既是得到锻炼成长的一年，也是能够学有所用，服务山区教育做出贡献的一年，在他的人生中有着非凡的意义。

起航玉米科研路

1987年8月,任洪支教期满回单位后,就被分配到芸豆和高粱课题组,跟着老一辈的专家们做了两年的芸豆和高粱育种工作。在任洪的记忆里,有一位叫钟晓光的老师,是一个性格温和、忠厚实在的老专家,做事不急不躁,非常认真。当时的科研实验记录都是用手写,钟老师的试验记录做得最规范、完整、清晰。这两年的时间,让他学会了一些工作经验和作物栽培技术。如芸豆的生长发育要求什么样的环境条件,任洪便随口就能够答得上来。对怎样培育出健壮无病虫害的秧苗,他更是自有一套创新方法。首先,选有光泽、粒大饱满、无病虫害的种子,播种前一系列的准备和播种时的程序,以及出苗前出苗后的管理,病虫害的防治,促苗健壮生长的方法及经验等等。

1989年的冬天,任洪调到了玉米课题组,如鱼得水,开启了探索玉米科学奥秘的科研征程。

玉米的研究工作主要是育种繁殖,而此项工作的试验点主要是在海南贵州育种繁殖基地(以下简称南繁基地)。南繁基地位于海南省北纬18度线以南,一般设置在三亚、陵水、乐东三市县等几个地方,是中国农业科研种子供给的常备库。

从20世纪50年代起,每年9月至翌年5月,先后有6万多名科研工作者从不同的地方像候鸟一样不约而同"飞"到海南,利用南繁基地的优越条件,开展作物种子繁育、制种、加代、鉴定等科研活动。多少年来,这些科研工作者用青春、智慧、汗水繁育出了优良种子,为"中国饭碗"铸造了最坚实的底座,为中国用不足世界上10%的耕地,养活了世界上近20%人口的奇迹夯实了根基,任洪也是这其中的一只"候鸟"。

任洪从接受育种繁殖任务的时候开始,海南成了他研究玉米工作的主战场。在四季分明的贵州,搞玉米科研的人一年中只能进行一次试验研究,因为贵州一年只能种植一季玉米。而海南四季如春,冬季特别适合玉米作物的生长,科研人员们在冬天到海南进行一季的种植试验,就等于提高了一倍的工作效率。任洪回忆说:"那时的交通极其不方便,要到南繁基地开展育种工作是非常艰难的。1987年我第一次和所里的一位同事到海南,要转好几趟火车。首先从贵阳坐火车到柳州,再从柳州到湛江，从湛江坐公共汽车到海安，从海安乘渡船到海口，从海口再坐公共汽车到三亚，路上至少要花四天时间。一路上要拖着播种的种子和行李，还得小心翼翼，最怕的就是装种子的袋子被划破，所以是包了好几层的塑料袋后，还要用布袋再包。哪像今天快递这么方便，两天就寄到，还很安全。"

当时的三亚市是中国空气质量最好的城市，拥有全岛最美丽的海滨风光。可是任洪他们工作的地方却是在三亚市远郊的荔枝沟师部农场，离三亚市还有十多公里，并且从三亚市到他们的育种基地是没有公共汽车的，只能坐侧面加一个斗厢和轮胎的那种三轮摩托车到基地。当时的荔枝沟师部农场基地是育种队最集中的地方，大多数省、区（市）的育种基地也都选择在那里，条件和贵州省内的村庄差不多，没有大学里的那种实验室，也没有城市的热闹非凡，这也让追梦玉米高科技高质量发展的小伙子心里多少有些忐忑失落。有一年任洪和一位同事去得特别早，各省育种队的科技人员都还没有到，他们到的时候整个师部农场空荡荡的，显得很冷清。第二天，同事说有事就离开了，留下他一个人在基地的小楼里住了十多天。白天还好，可以到农场的基地里开展工作，时间也打发得快，可到了晚上，就是最难熬的时间了。一个人住在空荡荡的小楼里，外面静得吓人，只有没消停的风呼啸而过的声音，不时还传来几只蟋蟀的叫声。那段时间，任洪有些孤独和无助，再加上荔枝沟当时的治安不太好，经常有小偷出没，也有抢夺自行车和手机的事情发生。所以，那几年他不但要组织打好玉米科学研究攻坚战，还要守卫好南繁基地人财物安全，哪怕只是一粒种子。

刚开始在南繁基地还有一个吃住的地方，但是后来师部农场不再给育种工作提供土地了，任洪他们就只好向其他地区转移，每年换不同能够租赁土地开展试验的地方工作，像打游击战似的，给工作上增加了很大的困难。住的地方更是不稳定，有几年住在一个农场生产队的三间旧房子里，外边一间作厨房，中间一间几个男同事住，里面一间分给女同事住。任洪他们住的这一间，房顶上的一个大窟窿都没有时间检修，晚上月光直接照射到床前，下雨时还得把床往四周的边上挪，找几个盆接雨，还好海南的冬天很少下雨。"不过还挺有诗意的，简直就是：床顶明月光，床下水荡漾。"任洪说完哈哈大笑。

玉米课题组科研团队人员较多，既有科技创新骨干力量，也有科技攻坚克难坚兵。课题组科研目标就是做玉米新品种选育，试验地除了南繁基地就是各省的山区，工作起来蛮辛苦的。这个组刚开始的时候，有好几个是1977年恢复高考后第一届毕业的大学生，但因为种种原因，经过一段时间后有些人就调离这个研究组了。

任洪是进入这个组比较晚的，他说："我们刚开始搞科研时的工作成长过程还是比较艰难的，头两年还有年长的同事带，可带着带着，不是调到其他单位去了，就是到了退休时间，青黄不接，专家指导时常断层，我们的工作没有一个完整的上一代老师系统传授的过程。而玉米育种又是一项理论性和实践性都很强的工作，特别是实践经验对育种材料的了解和掌握，对玉米育种工作的成功与否至关重要，好多技术步骤和方法都需要自己去一点一滴地摸索，只有靠自己多思考、多下地、多劳动、多记录，以勤补拙。"

20世纪90年代国家的科研经费投入不多，还没有科研助理制度，很多劳作要自己亲自动手，以弥补科研经费的不足。1996年旱情特别严重，试验基地的喷灌设备绝大部分都是坏的，又没有经费买新的，任洪就查阅一些有关资料，自己琢磨着学做维修，修好了就亲自灌溉，可用不了多久又坏了。他又把它维修好接着用，如此反复多次。他不仅是搞玉米育种的专家，还成为维修维护设施设备的师傅了。

时间过得真快，一晃任洪已经到了男大当婚的年龄。但在任洪工作的这个地方，环境相对闭塞，交通不便，人员汇集和交流的机会较少，接触适龄女青年的机会就更少了，所以要想谈恋爱还是比较困难的。可是，没过多久，他的运气来了，不，应该说是他人好的缘故吧，经朋友介绍，他认识了一位非常优秀的女性，就是他现在的妻子李瑞琼。刚开始约会的时候，任洪有点惴惴不安，因为直觉告诉他，他配不上人家，想打退堂鼓。可是，这女孩却喜欢上了这位质朴诚实、勤奋、有责任心的农民大学生。采访李瑞琼时，她说："我们第一次见面的时候，我感觉到他是一个非常普通的人，长相一般，可以说普通得和一般的农民没有什么区别。由于他从农学院出来就天天在田地里工作，脚上经常带着泥，皮肤也晒得黑黑的，给人的印象就是非常的肯干踏实。"任洪给人的印象确实是这样的，他不爱说话，做起事来却是一股劲的认真到位，他不讲究吃穿享乐，无论是学习还是工作，他都一丝不苟、求真求实。他非常喜欢阅读和思考，走进他的房间，只见书架上、桌子上都摆满了书，就连卧室里的床上也都是书。尽管学习和工作的时间紧张，但他的住所，特别是书房都整理得规整和干净，这也是任洪吸引她的原因吧。她动情地说："在交往的过程中，任洪的热心、真心、好心、细心使我非常感动。任洪做事非常认真，他的日记本和科研记录本，字迹清楚，条理清晰。他的记录本，不仅里面整洁，就连外壳也是干干净净的，只要看见哪个记录本的角卷了，他就会很细心地把它整理平整后，放到书的最底下压平，他的这些优秀品质也是我选择他的原因吧！"

和李瑞琼刚认识的时候，任洪经济上是很困难的，因为刚参加工作，工资低，父母家是在农村，还需要他的帮助，再加上他的钱几乎都花在买书上，所以很多时候任洪身上是没有钱的。但是李瑞琼并没有在意这些，她只觉得他是一个思想内涵丰富、有责任心和事业心的人，和他在一起是很充实和满足的，那才是真正的幸福。

任洪说："刚结婚那几年，由于农业科研工作的需要，我经常是每年数月在海南贵州育种基地或者贵州省的偏远山区开展科研试验，家里的一切事务都交与妻子打理。那个时候的交通极为不便，通信落后，要想摇个有线电话都必须通过有关审批手续，当时与家里的交流就只有通过书信来往，可一封信寄到家里要十多天时间才能收到，再等回信就要一两个月了。"远方的游子呀，在外面最高兴的一件事，就是收到家里人或朋友的来信。

后来任洪得到了单位领导的关心，批准他每年可以有两三个月的时间在贵州省农科院本部工作。他高兴地说："每当要回家的时候都归心似箭，我的家是我科研之路上的爱情成果，是我最好的依靠和力量来源。回到家里不仅可享天伦之乐，还有如释重负、轻松自如的感觉，因为衣食无忧啦！可以集中精力去做点科研的事情了。"

由于过度劳累，免疫机能降低，任洪患上了慢性鼻炎，感冒、头晕、口腔溃疡是常有的事。但为了工作，有时刚刚输了液，针头一拔掉就往地里跑搞科研了。有一次他口腔溃疡很严重，整个嘴唇肿起来好高，又是六月间大热天，嘴唇都肿得流血了，他还是坚持去玉米地里工作。当他从玉米地出来的时候，大家都对他说，你真是工作狂，连命都不要了。回到家，妻子也心疼地说："你生病这么严重，就休息几天，去医院好好治疗一下吧。"他回答说："季节不等人呀，我得抢时间把该做的工作做了，不然这一季的育种就废了。"

任洪的鼻炎比较严重，有时甚至会影响他的正常生活。常常是每二十天左右，就要到医院输一次消炎抗生素，他还戏称它为"清除体内病菌的营养液"，他把自己也比喻成玉米了，身体要经常输液杀虫灭菌。在这样的身体状况下，他仍坚持工作，而且大多数时间是穿梭在烈日之下的苞谷林里，这需要高于常人的毅力啊！他的妻子噙着眼泪告诉笔者说："那几年他的身体一直是我最担心的，甚至有时到了恐慌的地步。关于鼻炎，我劝说他好多次，他才答应和我跑了几家医院，医生都说要手术治疗，住院单都开了好几次，可他都说工作太忙，只请医生开一些应急性的药。直到实在是太严重了，他才同意做手术，手术过后没几天就又开始上班了。"

科学精神树口碑

一个潜心研究、严谨治学的人

贵州省旱粮研究所副研究员王春梅说："任洪老师是一个工作起来特别投入的人，也是一个非常耐心，并且会毫无保留地将自己的知识传授给别人的人。记得我们几个学生毕业后分到这里上班时，每次和他下地记录观察、收集资料时，他总是耐心地给我们讲解。如：这个玉米材料是什么亲缘关系？从哪里来的？现在到了第几代？区别是什么？和什么组配比较好？产量比较高？等等，不仅细心还很耐心，经常在地里给我们讲解各种知识讲到忘记了吃饭时间，到中午一点过了，才发现肚子饿了要吃饭。这时，他就会一个人跑到三轮车上去，拿上午出门时准备好的食品给我们吃。在我心里，任洪不仅是老师还是厨师。"

贵州省旱粮研究所的赵晓燕说："任洪老师是一个实干型的专家，平时寡言少语，从不骄傲炫耀。对工作兢兢业业，勤勤恳恳，恪尽职守，任劳任怨。他平时不是在出差，就是在出差的路上；不是在地里，就是在下基地的路上；出差回来，他还要在仓库里面清理种子。有一次，同事下班路过存放种子的冷库时，发现门没关，往里面喊了几声，见没人应答，还以为是谁出来时忘记关门了，便随手把冷库门锁了。哪知此时任老师正在里边清理种子，由于太专注没有听见同事在外面的喊声。等他清理完种子准备出来的时候，才发现门被锁了，幸亏当时他带了手机，赶紧打电话联系同事来开门，可是有钥匙的同事离这里又有点远，哎呀，让任洪老师在里面又等了差不多一个小时后才得到出来。害得任老师感冒了好几天。"

任洪的玉米育种基地不只是在海南南繁基地，在贵州也有好几个。有贵阳、威宁、思南、塘头等试验基地。因为玉米选好材料后，要将不同时代的材料在不同生态区域多年种植，这样才能选出优质高效适应性强的优良自交系。威宁虽然温度不高但紫外线强，有一年任洪去播种时穿的短袖，又没戴草帽，播种时没感觉到紫外线的强烈，等回到家后，脸上、手臂全被晒脱了一层皮。在给玉米套袋授粉阶段，那一定是要在夏天烈日高温下进行，有时温度可高到42℃～43℃，如果身体抵抗力不行，就会中暑。任洪说："我还好，从小在农村长大，还扛得住，那些没吃过苦的年轻人就有些恼火（方言：严重）了。曾经在思南、塘头、三亚等试验基地，都有年轻人不同程度地发生重度中暑现象。"世上无难事，只要肯登攀，在科学大道上没有平坦的大路可走，只有在崎岖的小路上攀登而不畏劳苦的人，才有希望到达光辉的顶点。

一个集智攻关、团结奋斗的人

沈建华副研究员回忆说："记得我刚上班的那几年，任老师为了节省课题经费，每年邮寄到各个试验点的种子，都是同我们用手推车推到各个镇上去邮寄。手推车很破旧，遇到爬长坡，都要费很大的劲才能推上去，每次任老师都累得满头大汗，喘着粗气。特别是遇到下绵绵细雨的天气，路是打滑的，大家都给累得半死。"据沈建华回忆说，6年前，不管是在南繁基地还是在贵州的科研试验基地，都因晒场有限，他们从玉米试验地收获的科研育种种子，都是抬到楼下院坝和二楼楼顶上去晾晒，一袋70斤重，100多袋都是任老师亲自和课题组的科研人员早上背到楼下和楼顶，晚上又背到二楼的临时仓库。海南的天气虽好，也会有突然下雨的时候。有一个夜晚，明月高照，万里无云，想到不会下雨，他们就没有收外面晒的玉米。已经累了一天的任洪也上床休息了。谁知道半夜就下起了大雨。任洪瞌睡轻，听见下雨，一骨碌爬起来，便冲到院里大声呼喊："下雨了，大家快起来帮忙收玉米。"一听见喊声，大家慌了，男同事们来不及穿上外衣就赶紧跑出来，有的跑上楼顶，有的跑下院坝，等大家都给玉米盖好"被子"后，每个人都淋得像落汤鸡，特别是任洪为了抢时间，上衣都忘了穿，整个人像是才从河水里捞上来的一样。

在育种中，不管是播种、授粉还是收获玉米，日晒雨淋都不怕，最怕的是，玉米快成熟时受大风大雨的袭击，有时大雨过后，马上又阳光暴晒。为了能抢救倒在地里的玉米，任洪和他的队员们要立即对试验地的每行玉米进行记载和测产，有时两个人要负责10亩多地，1000多行，逐一调查登记记录清楚。有一次，任洪感觉鼻子里不停地流出像水一样的东西，用手一摸，是鼻血，吓得几个队员赶紧让他休息，他却用纸巾擦了擦，又接着干活。王伟副研究员回忆说："当时天气太热了，温度高达38摄氏度以上，我都感觉到胸口有点闷，头有点晕。我们也只有不停地喝水，因为当地的人不断地给我们送水，叫我们多喝水，可以缓减中暑的风险。当地人干活时间一般是上午10点到下午4点，但我们不行，再热再累也得坚持把工作干完。我每次看到任老师那瘦弱的身躯，满头的大汗，衣服都可以拧出水的样子，真是很痛心。"

由于试验基地大多都在农科院以外，而且基地也不止一个，科技工作者们也常常分散在不同的基地，因此，即使是团队成员，大家也难得见上一面，有关工作的请示汇报，队员们通常都是通过给任洪打电话沟通解决。特别是南繁基地的育种到了授粉高峰期时，任洪更是没有什么午休、周末、节假日了。他首先扛起工具和用品，吆喝一声，便带领在南繁基地的科研人员赶往基地开始干活，一直干到太阳落山。有时为了缓减队员们的疲劳，不管自己有多累，他都会甩开嗓音唱上几句歌，大家也会跟着哼唱起来。

干这一行，每一个环节都是很辛苦的，虽然有时也请来临时工帮忙，但大多数时候的人手不够，很多事情还得自己亲自做，如天气好的时候，要晒种子，来不及等临时工来，任洪就甩开膀子自己扛，亲自背、亲自晒。从楼上背到楼下，从楼下又背到楼上，一趟下来早已汗流浃背。路途远的地方，他们会用人力车来回拉玉米晒，任洪就跟着，一会儿在前面拉，一会儿在后面推，一天下来，大家都累得不想动了，任洪还得给他们做吃的，他最最擅长的是煮面条。每次刚进他们课题组的新成员都说最怕周末，因为周末经常接到任洪喊加班的电话，然后又是吃面条。赵晓燕说："以前在网上看到有人形容地质队的是：远看像个流浪的，近看像个要饭的，仔细一看是个地质勘探的。我觉得这句话用来形容搞农业的，也很贴切。"

人生最可贵的品格是本分自然的生活，踏踏实实地做事，兢兢业业地工作，诚诚实实地交友，心底坦荡地为人。任洪做到了。

一个惜时如金、苦干实干的人

从事玉米遗传育种的王伟副研究员也讲述了与任洪在一起工作的故事，他说：2018年冬季的一个上午，我去南繁基地出差进行玉米田间套袋授粉。一到基地我就给任老师打电话，告诉他我已经到基地了，5分钟不到，只见任老师身戴玉米套袋授粉时穿的围腰，围腰兜里放置一些田间记录本、套袋用的纸袋、吊牌等全副武装地从玉米地里出来，满脸笑容地对我说："来，你赶紧准备一下，我们马上去另外一块试验地进行授粉。"我准备好以后，就和任老师全副武装上车，由任老师驱车到约5公里以外的另一块试验地。

下了车，我们俩马不停蹄就下地。刚走进地里，任老师就对我进行套袋授粉技术的传授："玉米为什么要套袋授粉？它的好处是什么？套袋授粉的最佳时间？"接下来是套袋规程、技巧、方法、要点、好处、目的等等，可以说是毫无保留地教我。说话间我们已经在地里工作快3个小时了，但是好像离完成任务还差得很远，而我的肚子已经饿得咕噜咕噜乱叫了。我看了一下手机，已经是中午1点多钟了，我边授粉边纳闷，难道任老师不饿吗？又过半小时，我已经快忍不住了，忽听任老师在叫我："王伟，王伟，我们先吃点东西再接着干吧。"我从地里出来，看到任老师已经从车上把早已准备好的干面包和矿泉水拿了过来，满头大汗中带着歉意的笑对我说："我们中午就随便吃一点吧，中午授粉效果最好，我们争取下午3点钟之前完成后再回去。"我们匆匆吃完东西后，立即又钻进玉米地里，持续了1个多小时，才将玉米套袋授粉工作全部完成。回到住处，我已经太累了，一头倒在床上呼呼大睡了，任老师做好饭后才把我叫醒。

玉米套袋授粉技术是育种过程中最基本的田间操作技术，贯穿于玉米育种的始终，是玉米自交系选育过程中的重要环节。通过这件事，我在思考，这是对玉米育种工作多么深的热爱，才能使这么一位年近花甲之人不顾身体疲劳，辛勤劳作，专心忘我地工作啊！

凡是在西南从事玉米育种工作的人都知道，每年9月下旬是观看玉米组合田间表现最好的季节。王伟回忆说：2018年9月，我刚进任老师的课题组不久。一天，任老师对我说："王伟，我最近要去云南出差，你安排好时间，和我一起去吧。"我兴奋地答应了。我们从贵阳出发，先后到了罗平、昆明、会泽、楚雄、大理、保山、德宏等地，详细了解云南不同区域的玉米种植情况及品种类型等。每到一处，任老师总会详细地告诉我该区域的玉米品种类型，生产上应注意哪些主要的病虫害情况等诸多方面的知识，重点提示我要怎样记录，并说只有详细了解了这些情况和知识，在后续玉米育种研发过程中，方向上才能有针对性。任老师还耐心地对我说关于玉米的科研方向，应围绕生产上存在的主要问题来开展，只有这样，我们取得的科研成果才能应用于生产，才能为老百姓服务，脱离生产实际的科研是没有意义的。

在这次经历中，也从云南玉米育种的一些专家那里了解到，任老师选育的玉米育种材料QR273在云南应用非常广泛，据了解利用该材料组配的玉米杂交种在云南玉米生产应用中达到1/3左右，云南的实际玉米种植面积很大，应该在3000万亩以上，也就是QR273作亲本的品种一年的推广面积至少有好几百万亩。因此，任老师选育的玉米育种自交系材料和品种是比较接地气的，是比较符合玉米生产实际的。

黔系玉米结硕果

民为国基，谷为民命，中国饭碗任何时候都要牢牢端在自己的手上。玉米对保障国家粮食安全具有重要战略地位，培育和推广应用优良品种是促进玉米产业高质量发展的有效途径，而种质资源是育种工作的基础。贵州是我国玉米地方品种资源最丰富的地区之一，但由于缺乏对其进行科学系统的资源评价，限制了其在育种中的改良与利用，这已经成为我国玉米新品种选育及其科技创新的重要课题。

任洪依托其所在单位贵州省农科院的地理区域优势和科技支撑平台，针对我国西南山区玉米生产特点，确定了以地方优异种质评价和创新利用为核心，以提高品种综合抗性和耐瘠薄能力为目标，以热带种质光周期钝感驯化为手段，通过对贵州地方种质和国内外优良资源针对性地改良提升，创制优良自交系，建立玉米新品种培育技术体系，成功培育黔单10号、黔单24号、黔单25号、黔玉3号、黔糯768号等20多个优良新品种，在贵州及中国西南山区广泛推广应用，为科技支撑农业现代化产业高质量发展做出重大贡献，科研硕果累累，其中获得贵州省科技进步一等奖2项、二等奖1项、三等奖2项（排名第一）。任洪个人获得国务院政府特殊津贴，长期作为国家玉米产业技术体系试验站站长，为区域玉米产业技术发展提供科技支撑。

初出茅庐的黔单10号成为贵州首个国家审定农作物品种

20世纪末期，任洪课题组在贵州高原山区环境条件下，选用478改良系93-63为母本、玉米群改种吉综D分离系Q102为父本，采用一环系方法连续加代自交分离，经5年8代选育成黔单10号玉米新品种。该品种适宜高原山区气候的栽培环境，配合力强，具有抗病、持绿性好、籽粒金黄色、容重大的特点，是贵州省第一个自主知识产权的紧凑型玉米品种，达到超高产玉米杂交种产量水平。2000—2004年间，在贵州、云南、四川、重庆、广西等省市区推广应用580万亩以上，平均增产可达7.84%，创增产产值14150.19万元。为整合资源优势，利用大公司的市场运作能力，扩大黔单10号的进一步推广应用，2004年课题组成功地完成了黔单10号玉米新品种知识产权的转让和转化应用，为推进区域科技创新和农业现代化发展注入了科技贡献。2004年，该研究成果"超高产紧凑型玉米杂交种黔单10号的选育及应用"获得贵州省科技进步三等奖，任洪排名第一。

黔单10号是任洪科研成果审定初出茅庐的第一个玉米新品种，也是贵州省通过国家区域试验审定的第一个玉米国审品种，其主要特点是高产稳产，株型紧凑，可耐高密度高肥水种植，抗病和抗旱能力强、适应性好，经农业农村部谷物品质监测试中心分析鉴定，赖氨酸含量0.37%，接近高赖氨酸玉米水平，蛋白质含量11.27%，较一般玉米杂交种高10%以上；该品种克服了北方引进的紧凑型玉米在西南山区抗病性、抗旱性差不适应的难题，在中等以上肥力土壤的山区可广泛推广种植。黔单10号玉米品种的选育历经12年时间，该品种自交系的选育从任洪1989年进入玉米课题组开始到1993年经历4年8代选育基本定型，到1993年冬季进行组配，经1994年田间鉴定，1995年进行品比试验表现突出，定名编号为黔9501参加贵州省1996—1997年区试，因贵州省区试表现突出推荐参加1998—1999年国家区试，2000年通过国家审定。

在这10多年期间，任洪们的科研经费非常紧张，工资待遇很低，当时工资只够维持基本生活，育种长时间出不了成绩，所以有几个同事都耐不住调离了，但任洪一直执着地坚守着。辛苦的付出终于有了回报，该品种审定推广后，贵州电视台做了专题报道，贵州省农科院也给了任洪2万元的奖励，这也是贵州省农科院建院以来第一次给出的最高科技奖励。因为这个科研做出的成绩，省科技厅也给了相应的项目支持，这个品种的成功，对任洪后续的育种研究及其科技创新持续发展起到了较大的作用。

有效解决抗旱耐瘠玉米自交系及新品种选育科技难题

从1993年开始，任洪课题组与贵州大学合作开始了"抗旱耐瘠玉米自交系及杂交种选育研究与应用"，先后承担完成了国家农业科技计划和贵州省科技攻关计划11个项目的科技计划任务。

有些育种试验地是靠马路边的，经常有人在地里下"地雷"（大便）。任洪和课题组的科技人员下地做收获记载组合时总是很小心，但是任洪工作起来太认真太专注了，经常踩到"地雷"，每次他踩到"地雷"时，同事们都笑他"中大奖"

了。在无数次的"中大奖"后，他迎来了一个真正的大奖，2009年11月他们与贵州大学合作研究的课题"抗旱耐瘠玉米自交系及新品种选育研究与应用"迎来了贵州省科技进步一等奖，任洪排名第一。

这个成果属于农业应用学科，农作物新品种选育领域。主要科研内容是针对西南地区自然条件差、耕作粗放、迫切需要耐瘠、抗旱、适应性好的玉米品种，良种选育在国家和省11项科技计划项目的资助下，历经16年时间，开展了玉米抗旱材料的筛选及遗传育种研究、玉米抗旱耐瘠自交系及新品种选育制种及应用栽培配套技术研究、种子产业化转化经营、跨省区大面积示范应用等6个重要方面的研究工作。取得的主要成果有：（1）深化了玉米抗旱材料筛选及其生物学、生理特性和遗传规律研究，建立起玉米抗旱的有关评价参数和抗旱性综合评价指标体系；通过对抗旱玉米杂交组合形态指标、水分利用率等的研究，建立了不同抗旱类型等级与水分利用率大小的对应关系；创制出一批玉米抗旱耐瘠资源新材料。（2）育成耐瘠、抗旱、综合表现优异具有自主知识产权的玉米自交系3个，并用其组配出抗旱耐瘠、适应性广、品质优异，抗病性、抗虫性强的突破性玉米新品种3个。（3）亲本种子繁殖面积500多亩，生产亲本种子10万公斤，杂交制种3.75万亩，生产种子1500万公斤；累计应用示范面积1012.68万亩，新增粮食21350.7万公斤，新增效益27755.9万元，种子企业创利3038.04万元，制种农户增收1382.3万元，累计新增效益32176.24万元，经济、社会效益显著。（4）在《中国农业科学》等重要学术刊物发表学术论文27篇，培养核心专家1名、省管专家2名、优秀青年科技人才4名，晋升高级职称15名，培养研究生16名，培训农民等10万余人次。

这项由任洪领衔完成的科技成果建成抗旱玉米种质基因库和抗旱玉米遗传育种鉴定评价指标体系，建立抗旱耐瘠玉米三交种杂种优势组配模式（TST模式），育成抗旱耐瘠和高产优质玉米新品种黔玉1号、黔玉2号、黔玉3号，在西南山区种植，具有广泛的适应性和创新特色，成功解决了玉米抗旱耐瘠遗传育种方法和种质创新应用的科学问题。该成果经专家评审认定为达到国际先进水平。

糯玉米新品种选育应用与特色食品研发成效显著

糯玉米的营养和食用品质优于普通玉米，我国西南山区具有长期种植糯玉米的习惯，为世界糯玉米的起源地之一。长期以来，人们种植糯玉米用作鲜食、酿酒、制作汤圆粉和爆米花等，丰富了人们的膳食结构。

贵州省是一个山区省份，长期以来复杂的生态类型和相对隔离的生产条件形成了丰富多样的糯玉米地方品种，为糯玉米新品种的选育改良提供了丰富的种质资源，但糯玉米新品种的开发却远远滞后于市场发展的需求。任洪科研团队及时把握了这个科技需求的机会，从1992年起开展糯玉米新品种选育的科研立项，并得到贵州省科技厅及其他部门共8个项目的资助，这些项目包括省基金项目、省优秀人才项目、省重点成果推广项目、省农科院育种与中试等，目标是选育满足鲜食、加工等不同特性需求的优良糯玉米新品种，推广应用并对糯玉米传统特色食品进行工艺改进，进行市场化开发。

　　历时20余年科研试验，筛选出一批如黔西黄糯、郑黑糯1号等可用于糯玉米杂交种选育需要的优良种质资源材料，选育出4个糯玉米杂交种通过新品种审定，其中1个品种获得国家植物新品种权保护，2个审定品种（黔糯768、黔糯668）推广应用形成了高产高效无公害配套栽培技术体系，获得国家发明专利2项，发表研究论文10篇。该科研成果"糯玉米新品种选育应用与特色食品研发"获得2014年贵州省科技进步三等奖。

立足玉米种质创新育种，追赶世界科技前沿

　　我国是生物多样性特别丰富的国家之一，也是生物多样性受到威胁最严重的国家之一，统筹资源保护和品种创新，推进优异种质资源创制与应用，加快现代科技在品种创新上的推广应用已经成为当前时代科技发展的热点和难点问题。任洪及科研团队与贵州大学合作，立足贵州植物多样性区位优势，坚持科技面向和服务建设21世纪的中国特色社会主义现代化科技强国的发展需求，瞄准国际前沿，高标准开展贵州乃至我国玉米地方品种资源的搜集保存与科学评价，通过对贵州地方种质国内外资源针对性地改良提升，建立南种北制技术体系，创制具有抗病耐瘠薄优良自交系，选育适应西南地区玉米生产的突破性新品种，以贵州大学为第一完成单位、贵州省旱粮研究所为第二完成单位形成"贵州玉米优异种质挖掘创新及杂交种选育与应用"科研成果，获得2020年贵州省科技进步一等奖（任洪排名第二）。

　　该成果研究时间长达29年，在优异种质挖掘、自交系创制、新品种选育、育种和种子生产技术等方面取得重要突破。首次全面系统地鉴定和评价了贵州玉米地方种质资源，挖掘出一批各具特点的优异种质资源，构建起贵州玉米地方种质资源核心种质库，明确了贵州玉米地方种质的杂优利用模式，引进鉴选出一批国内外玉米

优良种质。丰富和拓宽了贵州玉米育种资源，通过对贵州地方优异种质和国内外优良资源的改良提升，创制出优良玉米自交系19个新品种。发表高质量研究论文40余篇，出版专著2部。新品种在西南省区累计推广1728万亩，新增产值107723.2万元，经济、社会效益显著，为西南山区玉米产业高质量发展奠定坚实基础。

协作创新出精品

　　长期以来，贵州省农科院培育的糯玉米新品种在市场上都享有盛誉，黔糯768品种就是任洪科研团队选育的第一个糯玉米品种。这个品种具有高产、大穗、食味品质好的特点，从2002年审定后在生产上已推广应用20年，经久不衰。

　　任洪谈到所取得科研成果时说："有些品种的育成也有一定的偶然因素，如黔糯768母本自交导系B7的发现到育成。"育种人都知道，要育成一个品种并非易事，需要一系列田间观察、收获鉴选等过程，是要从成千上万的普通玉米植株中去发现，去遴选有用的中选植株。任洪从1991年开始进行糯玉米选育研究，经历了13年才育成黔糯768。他说："我们从事玉米育种的都是站在巨人的肩膀上发展的，育种材料需要一代代人的付出积累。768的父本自交系是贵州省农科院已退休的老专家胡建华老师选育的，这个自交系配合力高、品质好，我们团队便利用这个自交系组配了几个杂交种，通过审定，在生产上都具有较好的应用推广。黔糯768的母本自交系B7是我在工作中发现并选出的，在这之前也有其他老师选育了一个玉米自交系叫毕七，毕七选自贵州省地方玉米品种毕节大白，我们主要用它组配选育普通白玉米品种。"有一年任洪从毕七的繁殖材料中发现一个变异植株，它比"毕七"株型好，叶片较直立，收获后观察其果穗长，行直立，籽粒为糯籽粒，具有很好的糯玉米市场需求的特征性状。自交繁殖两代后很快就稳定一致了，就用它作母本，和胡建华老师选育的自交系H168作父本组配成黔糯768。这个杂交种表现很突出，一次鉴定就选中了，然后通过省级区试后完成了新品种审定。

　　任洪科研团队又研究出了一个重大成果QR273，一个组配了10多个国家审定品种的玉米自交系。这个品种在西南玉米生产中的地位举足轻重，每年推广面积至少有好几百万亩，并于2021年7月26日将生产经营权以高价成功转让给北京大北农生物技术有限公司，以最优的方式发挥其在玉米生产中的作用。

为什么这个项目能高价转让？它的价值何在？

玉米自交系QR273是任洪和他的团队历时10年，从热带种质中选育出来的、具有自主知识产权的骨干玉米自交系，具有抗病性强、一般配合力高等特色优势。

西南地区的生态复杂，土地瘠薄，玉米生产条件差。干旱缺水、低温多雨、高温高湿、寡日照等并存兼有，玉米病虫害发生严重，区域气候性差异性大，从而导致了多种非生物、生物胁迫影响着玉米生长及其生产，在生产上需要具有抗旱耐瘠性好、抗多种病虫害、适应性好的优质高产玉米品种。Suwan1号是泰国人工合成热带玉米群体，在热带、亚热带地区具有高产、优质、多抗、适应性好的特点，在第三世界国家应用广泛，在20世纪80—90年代，该群体引进我国后，西南片区的云南、广西、贵州三省直接在生产上使用，推广应用面积较大。四川农业大学利用Suwan1育成优良自交系S37、贵州黔西南州农科所育成苏11组配的玉米品种，在西南山区取得很好的推广应用效果。

通过以上事例的启发和前沿追踪研究，任洪科研团队在20世纪90年代后期，选择Suwan1号作为重点育种基础材料开展山区玉米种质创新应用，育成一批优良自交系，QR273便是其中之一。

任洪介绍，选育方法与选育过程是科学严谨和技术性很强的系统性工程。从1997年用Suwan1群体做基础材料开始，经贵阳和海南8代自交后，于2002年稳定选育而成，273为2002年田间编号。QR273的选育主要采用了以下先进技术手段：

（1）大群体选择，在1997—2005年期间，Suwan1群体种质穗行种植在贵阳和海南，均维持在500～1000穗行之间，确保选择必需的基本群体量。

（2）早代较高密度胁迫，当时玉米育种地一般种植密度都在3000～4000株/亩之间，在利用Suwan1做育种材料时，可将在S4以前的密度提高到6000株/亩左右，以提高育种材料的耐密性。

（3）低N胁迫选择，在S2、S3做2代低N选择，同一穗行跨厢种植2行，一行正常施氮肥，一行不施氮肥进行对比。

（4）酸性土壤胁迫，选育QR273那段时间，正好任洪他们租用的试验地为贵州一劳改农场的茶园地，土壤酸性重，检测其酸性土壤胁迫效应。

（5）中世代测配，在S4—S5世代自交系丰产性、抗逆性和其他农艺性状基本定型后，用温带骨干系进行测配。因此可以说，QR273的育成既有育种设计，也有偶然的因素。

QR273具有半紧凑株型形态特征，叶片斜上举，在海南南繁基地种植的株高

160厘米左右、穗位70厘米左右。雄穗一次分支10个左右，雄穗最低侧枝以上主轴长29厘米，最高侧枝以上主轴长24厘米，雄花护颖绿色，花药黄色，花丝绿色，籽粒黄色，硬粒型，穗轴白色。特点是与其他材料的遗传存在差异：贵州省农科院副院长陈泽辉的课题组用226份自交系材料主成分分析的研究成果已经证明，QR273和其他材料间存在着显著的遗传差异性，其主要体现在：

（1）一般配合力显著提高。QR273与瑞德配合力高，与兰卡、旅系等温带种质以及贵州地方种质都具有较高的配合力，但与黄改系配合力则较差。四川农业大学用300份自交系的一般配合力测试，QR273排在第一位。

（2）弱光周期反应强。大部分热带材料光敏性强，难以在北方正常结实成熟，QR273光敏性较弱，在甘肃、新疆、河南等地均能正常授粉结实。在新疆和甘肃，抽雄散粉吐丝只比PH6WC晚7天左右，种植多年都基本稳定一致。

（3）叶片持绿性好、功能期长。组配的杂交种具有持绿性好和保持功能期长的特性。

（4）综合抗性较好，一般叶斑病抗性均在中抗以上，抗茎腐性能强，据生产部门反映QR273组配的品种在生产上多具有良好的抗茎腐能力，可作为茎腐病抗性资源加以利用。

（5）组配的品种在西南山区群体一致性好，具有较好的耐密性。

（6）硬粒型金黄色籽粒。组配的品种籽粒商品性状好，容重高，组配审定的品种容重多在780克以上。

（7）蛋白和脂肪含量较高。蛋白质和粗脂肪含量普遍高于其他种质材料，蛋白质含量一般在11%～12%之间，部分材料在13%以上，而一般材料多在9%～10%之间；粗脂肪含量在6%左右，少量材料在7%以上，而其他材料一般在4%～5%之间。

（8）含紫色抑制基因，可用于特殊的遗传育种设计。

该品种自交系的缺陷是：耐高温能力弱，不宜在西南低热区种植，如果气候异常就有可能出现香蕉穗和籽粒脱水慢、发生穗腐病等现象。

基于以上原因，任洪科研团队对QR273种质开展了改良研究，得出以下结论：（1）基于QR273的配合力、抗性和品质特性，QR273作为优良的热带种质资源可导入改良温带种质，具体育种设计可根据自己的材料基础和育种方向确定，建议用于改良脱水和抗倒好的兰卡种质，选择配合力的同时提高其抗性和品质；改良黄改系也应加入其他脱水和抗倒性好的材料，同时注意耐高温和光敏性选择。郭向阳博士利用273改良Iodent种质已经取得了重要研究进展。（2）西南地区也可考虑导入温带种质和其他热带种质对QR273进行改良，以克服QR273的缺点。（3）据不完全统计，QR273目前审定品种近20个，其中审品种3个，目前直接用它组配的杂交种在西南地区的年应用面积估计在500万亩以上。贵州省已知的273衍生和改良系有GD909、GD932、QR743、R43、R167、QB2232、QB2219等，这些改系目前在生产上的年应用面积在200万亩以上。

任洪所在的单位在贵州，而他的试验基地大多在海南南繁基地，两地相隔甚远，气候环境差异大，这就需要他们付出更多的努力和辛勤劳动，才能取得优秀的科研成果。海南的冬天是旱季，水是生命之源，干旱会使农作物大量减产或绝收，因此，在冬天对水的管理是作物生长的关键。灌水时间要由师部农场统一安排，他们经常把灌水的时间安排在晚上，一干就是通宵。水要从很远的水渠引到地里，沿途要经过很多农户的土地，农户的地里也缺水，所以当夜值班的人员要不停地在水沟里来回走动，如果看见有个别的农户截水灌地，也免不了要和截水的农户发生冲突。而值夜班最多的也是任洪，他不仅认真负责，而且还和当地农民关系处理得非常好。因为他是农民出身，从小在农村长大，了解农民的疾苦，所以工作之余他就将自己的科研成果传授给当地的百姓，告诉他们怎样能种植出优质的玉米。

凡是在南繁工作过的人，都知道有"两怕"，一怕毒蛇，二怕毒虫。海南天气湿热，除了毒蛇多，还有一种毒虫叫隐翅虫，毒性非常大，只要在皮肤上爬过就会引起严重的过敏反应，造成皮肤溃烂，严重的话就必须到医院住院治疗。在南繁工作的人员很多都遭遇过隐翅虫的伤害，任洪也不例外，所以再热的天也要穿长袖衣服和长裤。特别是晚上出来放水时，既怕遇见毒蛇，又怕被隐翅虫攻击。可是为了工作需要，又不得不夜出抢水灌溉，那种境地就可想而知了。后来时间长了，有经验了，任洪还将自己总结的经验告诉其他人，特别是女同事，告诉她们手里一定要拿一个资料袋，不停地摇出声音，蛇听见声音就不会出来了。对于隐翅虫，他也有招数，如果遭遇隐翅虫爬到身上，不要拍打它，因为当虫体被打死或捻碎时才会造成毒液大量溅出，若患者手指沾到毒液，再去碰触到其他皮肤就会引起皮肤病变，所以这时应该用嘴使劲吹口气把虫子吹跑，或是找个其他东西把虫子赶下就可以了，然后赶紧用肥皂或牙膏清洗被爬过的部位。他的这个经验得到同事们的高度认可。

在这样艰苦的环境中工作，任洪没有向单位领导叫过苦，而是兢兢业业地勤奋工作，默默无闻地坚守职责。

由于刚开始的时候没有固定基地，他们寄住在农户家，需要自己做饭，所以他们大多数时间是随便吃点稀饭或面条充饥，中午饭的时间也不太固定。身为所长的任洪每天起得最早，做早餐时，他都会多做一些，连同中午的一起做，然后打包装上车子，中午和大家一起吃。

后来贵州省农科院在海南省三亚市乐东县九所镇镜湖村建起了稳定的南繁基地，由任洪担任所长的贵州省农科院旱粮所负责实施和管理，为贵州全省科研教学单位服务。

科研平台工作条件改善了，职工有了固定的食堂，有了先进的平台条件就得做出优秀卓越的工作业绩，这就倒逼出科研团队的紧迫感和拼搏创新的不懈努力的精神。任洪科研团队带头先行、苦干实干，到了中午开饭时间就赶忙从地里出来，吃了午饭又立即下地，一直忙到太阳落山、视线看不清时才从地里出来。这样的劳动强度是非常大的，身体素质不好的人根本受不了。任洪从不叫苦，反而在地里高歌一曲，或吟诗一首。如遇见一只大花蜘蛛，他就来一首："玉米地中好浪漫，随处有见花姑娘，精心结网在中央，郎君到时把路拦！"让同事们疲劳顿消；到了收成的时节，他满心欢喜，也来一首："枝叶变黄时，眼里满是金，又一丰收季，不负耕种人。"他常醉心于观察记录玉米果实和籽粒特性，在他的心里，"自得其乐把玉玩，此玉非璞非翠瑰，落地不用三十万，有钱未必能相看"。任洪说越是在艰苦的环境下，越要以愉快的心情工作。任洪处处以身作则、率先垂范，他那种敢于战胜困难和以苦为乐的踏实作风，深深感染着周围的每一个人——无论是专家团队成员，还是科研基地的工人，或者是农民朋友们，都无一例外地称任洪是科研的师傅和学者的榜样。

家人理解动力足

为了支持任洪的工作，妻子李瑞琼毅然担负起家庭的义务和责任，就连任洪母亲生病，他都没有能够在身边照顾，直到母亲去世前的一段时间他还在外省出差。

任洪每次提到此事，都很伤心，并说这是他一生中最大的遗憾。俗话说："百善孝为先。"他很爱自己的父母亲，却因为工作太忙，无法分身。任洪现在最大的愧疚，就是没有时间常陪伴在老人身边，有愧于父母。

每年春节时想要回去团圆一次，这对于他和他的父母、妻子、女儿来说，也是一种奢望！因为春节期间正是海南育种基地套袋授粉最繁忙的时候，也是最需要人的时候，他又是负责人，肯定得带头坚守岗位，对玉米的成长状况不间断地进行观察、记录，并选收符合优质要求的植株，装入专用袋中并填上标签。当忙完这些的时候，都已经过完元宵节了。难得有一年，因为气候的原因，玉米授粉提前完成，任洪提前回到了贵阳。心想终于可以带妻儿回老家陪父母过年了，便第一时间和家人联系，说要回家过年。当他兴高采烈地去买火车票时，票却售完了，他急得像热锅上的蚂蚁，也难过极了。因为好不容易才有这么一次能回老家过年的机会，他实在是不甘心，在火车站走来走去，希望能遇到有人退票。也许是上天被感动了吧，火车出发前还真有人将票退给了任洪，还是卧铺。妻子回忆说："记得那天下着大雪，非常冷，绿皮火车上又没有空调，任洪让我和女儿挤睡在一个铺上，说这样可以取暖，还把所有的衣服给我们盖上。那晚我们睡着了，他却整夜没有合眼，上下牙齿冷得咯咯地响。四点我们在重庆的赶水下车，等了四个小时，八点的时候我们才上了通往任洪老家温水镇的大巴，下了大巴以后我们又走了三四个小时的山路，天黑了才到家。他父母高兴坏了，把孙女搂在怀里好久好久。"一家人在昏暗的灯光下开心地吃着年夜饭，任洪和家人的脸上，露出了久违的喜悦光芒。晚上一大家子围着火炕烤火时，看着慈祥的父母对孙女的百般宠爱，任洪想起自己儿时顽皮放牛时摘杨梅让牛吃了别人家的玉米，不禁吟诗一首："忆及牧童摘梅吃，忘却日暮归家时。牛在邻里庄稼地，慈父亦严挥竹枝。"然后一家人哈哈大笑，其乐融融。

　　说到对家人的陪伴，任洪常说他有愧。2005年，他的母亲不幸患了肝癌，他因为工作忙长期出差在外，是贤惠的妻子把他的母亲接到贵阳医治，可医生告知说，他母亲的日子不多了，希望家人多陪陪她，多给她一些安慰。而此时的任洪，不仅有繁重的科研任务，而且还担任了贵州旱粮所的所长，行政事务繁杂缠身，让他能够在家的时间就更少了，家里的一切全靠妻子一人承担。其妻回忆说："我亲眼看见肝癌病人的痛苦，吃不下东西，只要闻到一点油腻的味道就吐得翻江倒海，然后是一身虚汗，成天发着低烧，太可怜了。母亲在病痛的折磨中很少说话，眼睛却一直盯着窗外，她只是时不时地说上一句话，'你说，任洪这孩子好久才能回来嘛？'我每次都给她说，他忙完工作后就回来了，然后躲到一边去流泪。"

　　是的，此时的任洪奔波在各个地方的育种基地检查工作，从这个基地到另一个基地，马不停蹄，根本没有时间回家陪伴重病中的母亲。最终他的母亲在痛苦和盼望中离开了人世。作为孝子，任洪对母亲有着太多太多的遗憾和内疚；作为丈夫，妻子长时间期盼着他的温暖和关爱；作为父亲，孩子希望得到他的家训教育和成长关怀。可是，他总是一次又一次地迟到或者缺席。

20世纪90年代，海南的贵州基地是没有座机电话的，只有湖北、广西等几个省的基地安装得有。每次任洪的妻子要找他，只能打到这些基地的办公室请人家转，一次两次还可以，次数多了也不好意思。李瑞琼说："有一次任洪给我发电报说他工作将要完成，两天之后就回到贵阳。我和孩子很高兴，到了时间，我们盼望着敲门声音，然而菜凉了，等到半夜他也没有回来，我们想可能是有事情耽搁了，肯定要回来的，继续等呗。一小时两小时这样过去了，始终不见人回来，直到凌晨快天亮了我才和孩子去睡觉。第二天我们又像头一天那样等待，菜冷了再热，饭冰了再蒸，结果还是一场空。我们每一天从盼望到失望，三天过去仍不见踪影，我开始感到恐惧。女儿不懂事，我极力地控制自己的情绪，安慰着她。其实我内心却像热锅上的蚂蚁，难以控制。到了第四天，我给任洪和他的同事连发了三封电报，三天过去了，还是没有回音，我的心一下子提到嗓子眼了，心怦怦直跳。怎么办？是不是任洪他们出什么意外了？回不来了？八天过去了，我越想越着急，正要去他们单位找领导的时候，任洪和同事突然回来了，此时我顾不得面子，我的担心和惊喜化作了旁若无人的号啕大哭，把任洪吓了一大跳。"

妻子后来问任洪原因，任洪说本来是要按时回家的，因为海南天天下大雨，淋湿了种子，要晒干以后才能走，不然这一季就白种了。不过从那次起，任洪也有经验教训了，能不能回家、几时回家都会提前告知了。

任洪在家的时间实在是太少了，常年出差在外，即使回到贵阳，也整天不是在加班就是在加班的路上，不是在试验地里就是在去试验基地的路上。对家庭的照顾太少太少，就连女儿是怎么长大的他都不知道。妻子伤感地说："就是在贵阳的时候也是三天两头地各个县跑，和家人是聚少离多。我和孩子都盼着他回来，可是我们又害怕他回来。因为这次的归来意味着又要有很长的分离，带给我们的是很长的思念惆怅。大禹三过家门而不入，那是传说，而我们一家人的离别痛苦却是真实的。"妻子一脸的无奈，接着说："几十年过去了，我有着深刻感受：任洪每一趟去海南南繁基地的科研工作完成以后，一般要回到贵阳休息两到三周，每当这个时机到来，我们就高兴得不得了，我会准备好可口的饭菜，我们也会去车站或是机场接他，久违的亲人见面那一刻，真的是无法形容的激动，感觉就是幸福快乐的一家人。短暂的相聚过后，又是痛苦的长时间的分离。任洪每次要走的时候，我们娘儿俩的心里提前一两天就会开始难受。离别的这一天我提前做好饭菜，一家三口吃完饭，我给他收拾好行李，送他出门，我和孩子站在楼梯口直到他的背影消失在黄昏之中。我们回到家中孩子就哭起来："爸爸好久回来？"这句话我听得耳朵都起了老茧，而此时我心里更不是滋味，但是我竭力忍着泪水，不能让孩子看见我伤心。我只能安慰她说，爸爸忙完事情过后，几天就会回来的。女儿一天天长大，也一天天懂事了。但在她成长的路上爸爸的陪伴太少了，对孩子来说，是一大缺憾吧！"

任洪的女儿却说："爸爸在我的内心世界里，形象高大，是我学习的好榜样。"任洪心疼地打量了女儿一会儿，又会心地凝望着他的妻子，自信地笑了。喃喃低语道："……只有家人理解才有不竭动力，这毕竟就是'功成不必在我，功成必定有我'的鲜活现实呗。"

后　记

在深入学习贯彻党的二十大精神之际，《贵州科学家传记丛书》（简称《丛书》）第四卷付梓印刷。这部50余万字的传记问世，对于弘扬科学精神，宣传科学家，无疑具有深远的人文价值和现实意义。

为曾在贵州这块贫瘠但充满希望的热土上辛苦耕耘，付出艰辛和心血的贵州科学家立传，这是一项值得推崇但又卷帙浩繁的伟大工程，是我们的光荣与骄傲，更是义不容辞的神圣使命。

编撰《丛书》第一卷到第四卷，历时五年多，在编辑与采访过程中，我们每每会被科学家们对科学事业孜孜不倦的探索精神所感动，为他们伟大的人格魅力所折服。许多撰稿作家满含深情地说："在撰写科学家们科研硕果以及对人类科学事业做出贡献的同时，更应该彰显他们在历史进程中的重要意义。或许，在人格魅力和道德品质方面，他们对人类精神文明的昭示性更大，更具教育意义。"

的确如此，入传科学家们不平凡的人生经历、强烈爱国主义精神、超凡的创造能力、坚定的信念以及纯洁的品质，是使他们矗立在天地之间的精神财富。因此，彰显入传科学家的科学精神和人格风采，是《丛书》编辑部始终不渝秉行的宗旨，并要求撰稿作家以饱满的创作热情，以严谨的创作态度，以人物传记的写作手法，尽可能地撷取入传科学家工作生活中的典型事件，力求展现科学家的独特人格魅力和孜孜求索的精神风貌。

在此，对《丛书》第四卷编辑出版给予大力支持的贵州省科学技术协会、贵州省地矿局、贵州省气象局、贵州出版集团公司、贵州省作家协会、中科院贵阳地化所、贵州大学、贵州省农科院、贵州磷化（集团）有限责任公司、贵州航空集团有限公司、中铝集团贵阳铝镁设计研究院、贵州正业国际工程企业管理集团有限公司表示由衷的感谢！

对入传科学家及其亲属、同事和学生在接受作家采访、收集相关线索、入传文稿修订过程中的参与和给予的帮助表示由衷的敬意！

　　因入传科学家人数较多、学科纷繁，10余位特约撰稿作家虽竭尽心力，但疏漏之处在所难免，写作表现方法也可能不尽如人意，请广大读者和各方专家不吝指正。

编　者

2022年12月于贵阳